【제2판】

보육교사 1급 승급교육

정가윤 김지현 강은영 김에스더 문현영 박은주 신수아 안명옥
안명현 유광재 이은지 이은화 이진실 최지경 한승의

KNOWLEDGE COMMUNITY 공동체

머리말

보육교사로서 처음 어린이집 현장에 들어갔을 때 영유아를 만나면서 느꼈던 설렘과 두려움, 그들을 마음껏 사랑하고 지원하려고 했던 여러분의 열정과 영유아에게서 끝없이 위안을 받았던 시절을 기억했으면 한다. 나의 삶과 영유아의 삶이 서로 교차하면서 새로움을 생성해 나가고 그 안에서 영유아도 여러분도 같이 성장했던 모습을 기억했으면 한다. 보육교사라는 직업이 다른 사람과 나의 삶을 변화시키고 성장시키는 아름다운 직업임을 기억해야 하는 이유는 사회적 편견과 어려움 안에서도 우리가 계속 이 일을 하고 있기 때문이다. 보육교사로서 성장하는 여정 속에서 1급 승급교육은 보육교사 자격증을 취득한 후 얻게 되는 또 하나의 큰 마일스톤이라고 할 수 있다. 여기까지 잘 버텨온 보육교사 여러분들이 지금까지 우리가 해왔던 아름다운 일을 기억하고 열정을 회복하여 밝은 미래에 대한 희망을 만들어 갈 수 있길 바란다. 본 보수교육 교재는 어쩔 수 없는 의무사항이 아니라 여러분이 열정을 회복하고 새로운 시대에 적응할 수 있도록 곁에서 지원하는 역할을 할 것이다.

4차 산업혁명과 코로나19 상황 속에서 사회는 급속하게 변화하고 있다. 이런 변화 속에서 우리의 우려와는 달리 영유아는 누구보다도 잘 적응하고 있고, 아이들은 변화된 세상을 이끌고 새롭게 만들 것이다. 이런 시대적 변화에 발맞추어 제4차 어린이집 표준보육과정(2020년 9월 시행)도 개정되었다. 개정된 표준보육과정에서는 영유아의 주도적인 힘을 발휘하기 위한 자발성이 강조되고 있고 그들의 무한한 가능성을 펼칠 수 있는 놀이를 강조하고 있다. 또한 이를 지원하기 위한 교사의 자율성이 강조되고 있다. 새로운 보육과정은 새로운 시대를 위한 기본 방향을 제시하고 있기 때문에 이 책은 새로운 변화의 방향을 최대한 반영할 수 있도록 구성하였다. 또한 보건복지부 2023년 개정 보수교육과정 매뉴얼의 지

PREFACE

침에 따라 각 교과목의 목표와 내용을 구성하였다. 첫 번째, 인성 · 소양은 보육철학과 아동인권, 직무윤리와 역량강화, 보육교사의 정신건강관리에 관한 내용을 담아 교사로서의 인성과 소양에 대해 재정립할 수 있다.

두 번째 건강 · 안전은 영유아 안전과 건강관리, 응급처치와 위기관리, 아동학대 예방과 긍정적 양육으로 구성하여 영유아의 안전과 건강에 관한 필수적인 내용으로 구성하였다.

마지막으로 전문지식 · 기술에서는 실제 보육교사 직무의 핵심적인 관찰기록과 평가, 상호작용과 놀이지원, 교수 · 학습 방법 개발, 부적응행동 지원, 장학, 상담, 취약보육지원 등 교사의 효과적인 직무수행을 위한 핵심적인 내용을 다루었다.

내용의 전문성을 강화하기 위해 어린이집 현장에서 오래 일하고 노하우를 쌓은 교사와 원장들을 지자로 모셨고, 그 외에도 영유아와 관련된 다양한 현장에 종사하시는 분을 저자로 모시고자 하였다. 또한 최신 학계의 내용을 담기 위해 학계의 다양한 재원들을 저자로 모셔서 교재를 구성하였다. 이 책을 출판하기 위해 함께 수고하여 준 저자들에게 서로 배우고 더욱 성장할 수 있는 기회를 마련해 주어 감사하다는 말을 전한다. 이 모든 과정에서 함께하여 주고 이 책이 출판될 수 있도록 수고하여 준 공동체 출판사에 감사드린다. 이 교재를 통해서 보육현장이 조금이라도 나아지고 행복한 곳이 되고 교사들이 성장하는 데 도움이 될 수 있길 바란다.

2024년 4월

저자 일동

차 례

CONTENTS

차 례

01 PART

인성 · 소양(11시간)

CHAPTER 01

보육철학과 아동인권

최지경(마음in심리발달센터 소장, 명아가족어울림협회장)

학습목표

- 일상적 보육실무에서 아동을 교사와 동등한 인권을 가진 인격체로 존중하는 태도를 가진다.
- 보육현장에서 아동권리에 대해 인식하고 인권친화적 보육을 실천하고 확산시킨다.
- 보육을 아동과 가정에 대한 포괄적인 양육지원서비스로 인식하고 실천한다.
- 돌봄의 중요성과 가치에 대해 자부심을 가지고, 전문적 돌봄을 수행한다.
- 보육전문가로서 교사의 역할과 그 경계를 명확히 인식하고, 부모와의 협력적 관계에서 보육을 수행한다.

최근 우리 사회는 아동권리 개념에 대한 이해는 점차 증가하는 추세이나 여전히 이에 대한 명확한 인식과 실천을 위한 노력이 필요하다. 아동인권과 관련하여 단순히 아동을 학대하지 않거나 보호하는 수준에 그치지 않고 아동의 권리를 존중하기 위하여 인권의식을 확립하고 인권감수성을 함양하는 등의 실천적 변화가 필요하다. 그러나 아동의 인권이 강조되지 않은 사회문화적 환경에서 성장한 보육교사들은 인권에 대한 교육을 받을 기회와 스스로의 권리를 존중받은 경험이 제한적이어서 아동권리에 대한 인식을 개발할 기회가 부족할 수밖에 없다.

이러한 실정임에도 불구하고, 보육교사들은 포괄적인 보육서비스를 제공하기 때문에 아동권리의 최전선에서의 역할이 강조되므로 아동인권에 대한 중요성을 인식하여 단순한 돌봄의 행위에서 벗어난 일상생활에서 영유아의 인권을 존중하는 태도를 갖는 것이 필요하다. 이러한 태도의 변화는 보육교사의 인간적 자질 향상에도 매우 중요하며 아동의 인권을 존중하려는 실천적 노력을 통해 보육 전문가로의 정체성을 확립할 수 있을 것이다.

이를 위해서 보육교사는 다음과 같은 노력이 필요하다. 첫째, 일상의 보육실무에서 아동의 인권존중 태도를 실천하고 정착시킨다. 둘째, 보육현장에서 인권친화적 보육문화를 발전 · 확산시킨다. 셋째, 돌봄에 대한 협소한 시각에서 벗어나 보육을 전문적이고 포괄적인 양육지원서비스로 인식하고 이를 실천한다.

1. 아동인권에 기초한 역할수행과 책임

1) 아동인권에 대한 이해

(1) 인권의 개념(국가인권위원회, 2018)

아동권리를 이해하기 위해 먼저 인권이 무엇인지 이해할 필요가 있다. 인권이란 사람이 사람답게 살아가기 위해 가장 필요한 기본적인 권리, 즉 인간의 권리를 말한다. 인권은 이 세상에 살고 있는 모든 사람이 누구나 똑같이 가지고 있는 권리이다. 어른과 아동, 피부색, 종교, 정치, 문화적 배경, 사는 곳에 상관없이 사람이라면 누구나 행복하고 건강하게 살 인간으로서의 기본적인 권리가 있다.

사람으로서 가진 기본적인 권리가 존중받아야 함을 세계 최초로 인정한 것은 1948년 유엔에서 채택한 세계인권선언이다. 세계인권선언의 제1조에 '모든 사람은 태어날 때부터 자유롭고 동등한 존엄성과 권리를 가지고 있다'라고 명시하고 있다. 세계인권선언은 현재 세계적으로 가장 많이 인용되는 인권 선언으로, 많은 국제협약과 선언의 바탕이 되었으며, 세계인권선언에 담긴 인권 존중의 이념은 현재 수많은 국가의 헌법과 법률에 반영되어 있다. 아동권리에 대하여 살펴보기 전에 교사 스스로 아동의 권리를 보호하는지를 간단하게 확인해 보기 위한 체크리스트를 〈표 1-1〉에 제시하였다.

〈표 1-1〉 유치원 교직원용 아동권리보호 체크리스트

이 체크리스트는 유치원 교직원이 일과 중에서 아동의 권리를 보호하는지 그 민감도를 파악하기 위한 자가 체크리스트입니다. 해당하는 문항에 '예' 혹은 '아니요'로 응답해 보세요.

문 항	예	아니요
1. 유아를 때리거나 신체에 고통을 가한 적이 있다.		
2. 도구 등을 이용하여 유아를 억압하거나 위협한 적이 있다.		
3. 유아가 한 행동을 그대로 하도록 하는 보복성 행동을 요구한 적이 있다.		
4. 아동을 위협하는 언어를 사용하여 공포 분위기를 조성한 적이 있다.		
5. 유아에게 비난, 원망, 거부, 우롱, 경멸적인 언어를 사용하여 공개적으로 창피를 준 적이 있다.		
6. 유아의 인격이나 감정/기분을 무시하거나 모욕하는 행위를 한 적이 있다.		
7. 유아가 할 수 없거나 원하지 않는 활동을 강제적으로 시킨 적이 있다.		
8. 수업시간이나 급 · 간식 시간에 유아를 의도적으로 배제시킨 적이 있다.		
9. 유아를 교실이나 특정 장소에 혼자 있게 하거나 움직일 수 없도록 강제한 적이 있다.		
10. 유아의 신체 위를 만져 유아를 불쾌하게 만들거나 불편하게 한 적이 있다.		
11. 교육과정과 무관하게 노골적이거나 자극적인 성적 표현을 하거나 관련 자료를 보여준 적이 있다.		
12. 유아의 요구에 대해 모른 척하거나 아무런 반응을 보이지 않은 적이 있다.		
13. 유아에 대한 기본적인 보호와 돌봄을 소홀히 한 적이 있다.		
14. 교육활동 중에 유아와 직접 관련 없는 개인적인 행동을 하느라 유아를 방치한 적이 있다.		
15. 유아가 한 수행결과에 대해서 공개적으로 비난하거나 창피를 준 적이 있다		

〈자가 체크리스트 활용방법〉

- 교직원이 직접 활용 : 주기적으로 자기 행동을 평가해 본다.
- 교직원 상호 모니터링을 위한 활용 : 주기적으로 짝으로 정한 교직원의 행동을 평가하고 그 결과를 서로 나눈다.
- 원장의 교직원 관리를 위한 활용 : 주기적으로 원장이 소속 교직원의 행동을 평가하고 그 결과를 교직원 컨설팅 자료로 활용한다.

〈구분 내용〉

모두 아니요 : 당신은 아동의 권리보호를 위해 최선을 다하고 있습니다.

1개 이상 '예'에 체크한 경우 : '예'에 해당하는 문항의 행동을 하지 않도록 주의가 필요합니다.

출처 : 아동권리보장원(www.ncrc.or.kr).

(2) 아동권리의 개념

유엔아동권리협약에 따르면 아동을 18세 미만에 속한 사람으로 규정하고 있다. 아동권리란 아동이 가진 인권으로 인간으로서 누려야 할 기본적인 제반 권리를 말하는 것이다. 아동의 발달적 특성으로 단순히 보호의 대상인 소극적인 존재로 볼 것이 아니라 발달적 특별함을 고려하되 아동을 권리의 주체자로 인식해야 한다.

아동의 권리를 이야기할 때, 두 가지 측면을 알아둘 필요가 있다. 하나는 아동에 대한 보호로 아동의 기본적인 욕구나 필요를 충족시킬 의무를 강조하는 것이다. 성인에게 주어지는 인권은 아동에게도 그대로 적용되나 아동이 스스로 생존을 보장할 수 없는 특별한 존재라는 것이 고려된 내용이다. 교육, 양육, 적절한 음식과 보호처, 사랑, 애정 등에 대한 아동의 권리와 이를 실현시킬 의무가 부모와 국가에게 있다. 다른 하나는 아동의 선택과 자유를 강조하는 것이다. 아동권리는 아동 자격으로서 갖게 되는 권리와 인간으로서 갖게 되는 권리로 구성된다. 인간의 존엄성에 근거하여 자연적으로 가지는 권리이며 아동의 고유 권리는 아동이 가지고 있는 정신·신체적 요구를 법적으로 승인하는 것이다(김정애, 2002).

(3) 유엔아동권리협약의 이해

1989년 유엔 총회는 법적 구속력을 가진 아동권리협약을 만장일치로 채택하였다. 유엔아동권리협약은 국제적인 인권조약으로 세계적으로 많은 국가들이 이 협약에 비준하였으며 아동권리를 법과 정책으로 추진하게 됨으로써 아동과 아동이 속한 사회에 크게 영향을 주고 있다. 유엔아동권리협약의 특징을 정리하면 〈표 1-2〉와 같다.

〈표 1-2〉 유엔아동권리협약의 4-3-1 원칙

4	아동의 권리 4가지	생존권 보호권 발달권 참여권
3	아동의 정의	아동이란 18세 미만의 모든 사람을 말한다.
	아동 최우선의 이익	아동에게는 최선의 이익이 제공되어야 한다.
	비차별화의 원칙	차별 없이 모든 아동들에게 적용되어야 한다.
1	모든 사람에게 책임이 있다.	유엔아동권리협약의 실행과 모니터링, 보고서를 제출함에 있어 모든 사람이 참여할 책임이 있다.

출처 : 노병일(2012).

① 유엔아동권리협약의 원칙(UNICEF, 1999)

유엔아동권리협약은 네 가지의 일반적인 원칙을 따르고 있다. 네 가지 원칙 중 처음의 두 가지 원칙은 모든 사람에게 적용되는 것이며 나머지 두 가지는 아동과 특히 관련된 것이다.

- 아동은 아동 · 부모 · 법적 보호자의 인종, 피부색, 성, 언어, 종교, 정치적 견해나 기타 견해, 국적, 재산, 장애, 출신 상태나 기타 상태에 따라서 차별받지 말아야 한다.
- 아동은 자기 생활의 모든 측면에서 생존하고 발달할 권리를 가진다. 여기에는 신체적 권리, 정서적 권리, 심리사회적 권리, 인지적 권리, 사회적 권리, 문화적 권리가 포함된다.
- 아동 개인이나 아동집단에 영향을 미치는 모든 결정이나 행동에서는 아동의 이해관계를 가장 잘 충족하는 것을 우선적으로 고려하여야 한다.
- 아동 생활에 영향을 미치는 모든 문제에 아동이 적극적으로 참여하는 것을 허용하여야 하며, 또한 아동은 자기 의견을 자유롭게 표현할 수 있어야 한다.

② 유엔아동권리협약의 기본권리

- **생존권** : 아동이 생존 또는 생활에 필요한 제반조건의 확보를 요구하는 권리를 말하는 것으로 질병으로부터 최상의 건강상태를 유지하고 영양가 있는 음식을 제공받고 가족과 사회로부터 사랑과 보호를 받으며 적절한 생활수준

을 누릴 권리, 차별 받지 않는 필요한 의료서비스를 받을 권리이다.

- **보호권** : 모든 형태의 학대와 방임, 착취, 차별, 폭력, 고문, 징집, 부당한 형사처벌, 과도한 노동, 약물과 성폭력, 기타 어린이에게 유해한 것으로부터 보호받을 권리이다.
- **발달권** : 교육, 놀이, 여가, 정보를 누릴 수 있는 권리로서 잠재능력을 최대한 발휘하는 데 필요한 권리, 교육을 받을 권리, 여가를 즐길 권리, 문화생활을 하고 정보를 얻을 권리, 사고·양심·종교의 자유를 누릴 권리가 포함된다.
- **참여권** : 자신의 의사를 표현할 자유와 자신의 생활에 영향을 주는 일에 대하여 말할 수 있는 권리로서 책임감 있는 성인이 되기 위해 아동 자신의 능력에 부응하여 적절한 사회활동에 참여할 수 있는 기회를 가질 권리이다. 구체적으로 자신의 국가와 지역사회 활동에 적극적으로 참가할 수 있는 권리, 자신의 의견을 표현하고, 자신의 삶에 영향을 주는 문제들에 대해 발언권을 가지고, 단체에 가입하거나 평화적인 집회에 자유롭게 참여할 수 있는 권리가 포함된다.

③ 유엔아동권리협약의 내용

유엔아동권리협약은 각 조항마다 아동권리의 내용을 구체적으로 제시하고 있다. 그 내용을 간략히 요약하여 〈표 1-3〉에 제시하였다.

〈표 1-3〉 유엔아동권리협약의 내용 요약

다음의 내용 중 자신이 근무 중인 어린이집의 영유아에게 해당하는 조항에 체크해 보자.

조	내 용		조	내 용	
1	아동의 범위 : 18세 미만		21	입양 : 정부기관에 의한 입양	
2	차별금지 : 인종, 종교, 성별, 언어, 장애, 신분		22	난민 아동의 보호 및 원조	
3	어린이를 제일 먼저 : 아동 최우선의 이익		23	장애아동의 권리	
4	정부의 의무		24	영양과 보건 서비스에 대한 권리	

5	부모의 지도 : 부모나 성인의 지도의 권리와 책임	25	시설아동에 대한 실태조사	
6	생존과 발달할 권리	26	사회보장을 받을 권리	
7	이름과 국적을 가진 권리	27	적절한 생활수준에 대한 권리	
8	신분 되찾기 : 이름과 국적을 빼앗긴 경우	28	인격을 존중하는 교육에의 권리	
9	부모와 함께 생활하거나 만날 권리	29	교육의 목적	
10	가족과의 재결	30	소수민족의 언어와 종교의 권리	
11	내 나라에서 살기	31	여가와 놀이 및 문화생활의 권리	
12	의견존중 : 의견을 말할 권리	32	경제적 착취 및 유해 노동으로부터의 보호	
13	표현의 자유와 권리	33	마약(해로운 약물)로부터 보호	
14	양심과 종교의 자유	34	성 학대 및 착취로부터 보호	
15	모임의 자유 : 집회 결사의 권리	35	인신매매와 유괴 예방 및 보호	
16	사생활 보호	36	모든 형태의 착취로부터의 보호	
17	유익한 정보 얻기	37	아동 범죄자에 대한 보호	
18	부모님의 책임	38	전쟁 국가의 아동 : 특별한 보호 및 15세 미만의 참전 금지	
19	폭력과 학대 및 방치에 대한 보호권	39	신체 및 심리적 회복 및 사회복귀	
20	특별한 보호 : 부모가 돌볼 수 없는 경우	40	공정한 재판과 대우	

2. 어린이집의 아동인권침해 사례분석

어린이집에서 아동권리는 이미 법과 정책에 반영되어 실천하고 있다. 대표적으로 2013년부터 0세부터 5세아 무상보육이 실시되고 있다. 무상보육은 맞벌이 가정의 돌봄 충족뿐만 아니라 아동권리의 최우선 원칙이라는 관점에서 볼 때 이는 아동권리의 보호권 및 발달권을 보장하기 위한 정책으로 볼 수 있다. 어린이집 내에서 아동권리를 이야기할 때 가장 쉽게 떠올리는 것이 아동학대예방과 관련된 것이다. 보육교직원은 아동학대 신고의무자로서 관련 교육을 이수하고 있다. 아동학대를 예방하는 것은 다양한 아동권리 중 하나이며 이 외에도 어린이집에서 아동의 권리는 다양한 측면에서 적용되고 있다. 아동권리와 관련된 내용은 표준보육과정이나 누리과정에도 반영되고 있다. 보육교직원은 표준교육과정과 누리과정에 따른 활동뿐 아니라 영유아의 생활지도나 부모 상담에서도 아동권리에 대한 인식을 가지고 대처해야 하는 경우들이 생기게 된다. 어린이집에서 실제로 아동권리가 어떻게 적용될 수 있는지를 살펴보면 다음과 같다.

1) 어린이집에서의 아동권리

아동을 인간의 존엄성을 가진 존재로 인식하는 동시에 발달적 특성을 고려하여 권리와 균형을 이루는 교육을 하는 것은 결코 쉽지 않은 문제이다. 아동 기본권리는 서로 완전히 독립적이지 않고 상호 의존적이기 때문에 아동권리는 권리 영역과 발달 및 연령에 따라 고려되어야 하는데, 생존권, 보호권의 경우 교사 등 성인에 의한 사회화에 보다 비중을 두고 발달권, 참여권의 경우 아동의 자율성에 보다 비중을 둘 수 있다(유해미 외, 2011).

(1) 영유아의 생존권

인간은 누구나 생존권을 가지고 태어난다. 유엔아동권리협약 제6조에 근거하여 영유아의 생명은 존중되어야 하고, 그 생명 활동이 유지되기 위한 권리가 보장되어야 하며 장애가 있거나 발달이 지체된 아동도 예외가 아니다.

(2) 영유아의 보호권

성인과 달리 영유아는 스스로 보호할 수 있는 능력이 발달되지 않았기 때문에 성장하는 과정에서 안전하게 보호받을 권리를 가진다. 영유아는 발달에 적합한 가정환경을 보장받아야 할 권리(제5조, 제18조)를 가지고 있으며 가정이 그 역할을 할 수 없을 때 국가와 사회가 그 역할을 대신하여야 한다. 이러한 측면에서 무상보육은 아동권리 측면(제18조 제3항)에서도 의의가 있다. 또한 부모에 의한 방임이나 학대와 같이 가정환경이 아동의 발달에 부적절한 경우에도 대리보호자에 의해 보호받을 권리(제9조)를 가지고 있다.

(3) 영유아의 발달권

영유아는 신체적 및 심리적으로 성장하고 발달해야 한다. 이는 영유아의 발달 과업인 동시에 권리(제6조)이다. 발달이 급진적으로 나타나는 시기인 영유아의 성장 발달을 저해하는 행위는 생명에 손상을 입히는 것과 같은 학대 행위이다. 어린이집에서는 영유아에게 충분한 영양섭취를 위한 식품을 제공하고, 교육 및 활동을 통해 연령에 적합한 지적 자극을 제공해야 한다.

(4) 영유아의 참여권

영유아를 미숙하고 어린 존재로만 보는 시각은 영유아의 참여권을 침해할 수 있다. 유엔아동권리협약 제12조에 의하면, 자신의 견해를 형성할 능력이 있는 아동에 대하여 본인에게 영향을 미치는 모든 문제에 있어서 자신의 견해를 자유스럽게 표시할 권리를 보장하며, 이들의 견해에 대하여는 아동의 연령과 성숙 정도에 따라 정당한 비중이 부과되어야 한다고 명시되어 있다. 이처럼 영유아가 연령에 적절한 수준으로 자신의 의견을 표현하고 의견이 수용되는 경험은 중요하다. 그러나 '정당한 비중'이라는 용어처럼 보육교사의 판단에 의해 참여권의 보장 여부가 달라질 수 있으므로 유의해야 한다.

2) 보육교사의 인권감수성

보육현장의 상황(아동 수, 물리적 환경, 보육시간 등) 속에서 아동권리 의식이 투철한 보육교사라 할지라도 영유아 개개인의 인권을 존중하고 보장하는 데는 많은 어려움과 딜레마를 겪을 수밖에 없다. 아동권리, 교권, 교사 자신의 인권이 복합적으로 개입된 갈등상황에서의 해결방법은 전적으로 보육교사의 의식수준에 의해 결정된다. 그러기에 보육교사의 인권의식은 중요한 의미가 있다(정원주, 2008).

인권감수성은 일상생활에서 만나는 다양한 자극이나 사건에 대하여 매우 작은 요소에서도 인권적인 요소를 발견하고, 적용하면서 인권을 고려하는 것을 말한다(국가인권위원회 홈페이지 인권용어사전). 즉, 인권문제가 발생된 상황에서 문제 상황을 인권 관련 상황으로 지각하여 해석하고, 자신의 행동이 관련된 당사자에게 미치는 영향을 예상하여 행동에 책임감을 느끼는 능력이다. 보육교사의 인권감수성은 아동의 인권이 침해되는 상황에서 아동에 대한 공감뿐만 아니라 그 상황에 대한 교사의 정서를 탐색하고 아동의 입장을 이해하며 인권 침해의 문제를 공유하는 것이다. 따라서 교사의 인권감수성은 아동인권 옹호의 출발이며, 인권의식의 근원이 될 수 있다.

(1) 어린이집에서의 인권보장 사례

보육교사들은 어린이집에서 아동의 생존권, 발달권, 보호권, 참여권을 보장하는 다양한 역할을 제공한다. 이 중 자신의 의사를 말로써 명확하게 표현하는 것이 제한적인 어린 아동들에게 참여권을 보장하는 것은 어려운 일로 인식될 수 있다. 그러나 아동의 참여권을 보장하는 것은 그리 어려운 것만은 아니다. 다음은 어린이집에서 아동의 참여권을 보장한 사례이다.

〈표 1-4〉 어린이집 참여권 보장 사례

급간식 시 유아가 스스로 먹도록 자율성을 격려하고, 즐거운 분위기에서 대화를 나눈다.

사례 나 혼자서 먹어볼래요(0세)

영아가 월령이 높아질수록 이유식 시간에 수저를 혼자 잡아보려는 욕구가 강해지는데, 이 무렵 영아가 수저를 입속에 넣기까지의 연습이 필요하여 놀잇감으로 수저를 제공하거나 일상 중간에 수저를 쥐어주며 연습을 할 수 있도록 하였다. 식사 시, 처음에는 교사가 손을 잡아 도와주어 믹다가 앙이 적게 남았을 때만 영아 혼자 떠먹어 볼 수 있도록 하고, 점차 처음부터 수저를 쥐고 영아 스스로 먹어보도록 하였다. 자율적으로 스스로 먹는 과정을 통해 영아는 성취감을 느껴 지속적으로 스스로 하고자 하는 욕구를 나타냈다.

사례 점심시간이 즐거워요(4, 5세 혼합연령반)

유아들과 함께 점심을 준비하는 방법에 대해 이야기를 나누다 영유아의 입장에서 배식을 받는 것이 아닌, 스스로 하는 자율배식을 해보기로 하였다. 자율배식을 하면서 지켜야 할 약속에 대해 이야기를 나누며 함께 정해보고, 유아 스스로 식판 위에 먹고 싶은 만큼 밥과 반찬 · 국을 덜어 식사를 하고 마친 후 자신이 먹고 난 자리와 식판을 정리하였다. 자율배식을 하고 난 후의 유아들의 느낌과 생각에 대해 이야기를 나누었다. 유아 스스로 반찬을 담도록 하였더니 싫어하는 반찬을 아주 조금 담더라도 골고루 담아 먹었으며, 자유롭고 즐거운 분위기 속에서 이전보다 식사시간을 단축시키는 모습을 보였다(성인주도의 배식보다 올바른 식생활습관 형성에 훨씬 효과적).

출처 : 유해미 외(2011).

(2) 어린이집에서의 인권침해 사례

한 사람이 인권을 옹호하는 행동을 하려면 다음과 같은 심리적 과정 요소를 거쳐야 한다. 상황지각능력(인권문제로 인식하고 받아들이는가에 대한 해석능력), 결과지각능력(자신과 타인에게 미칠 행동의 가능한 결과를 상상하고 이해할 수 있는 정서인식능력), 책임지각능력(인권과 관련된 행동에 대한 책임을 자신과 관련하여 지각하고 이를 실제행동으로 실천하고자 하는 의지와 능력)의 세 가지 하위개념으로 구분된다(문용린 외, 2002). 다음은 어린이집에서 인권 침해 문제가 발생할 수 있는 상황으로 교사 스스로 인권감수성을 점검해 볼 수 있다.

다음의 내용은 문용린 외(2002)의 「인권감수성 지표 개발 연구」를 이미래(2012)가 어린이집 실정에 적합하게 수정한 내용이다. 각 문항 내용들은 아동에게 보장되어야 한다고 인정된 권리이다. 사례를 읽고 해당 권리가 아동들에게 얼마나 중요하다고 생각하는지 척도 항목에 체크하여 스스로의 인권감수성을 확인해 보자.

사례 1 선생님의 고민

선생님은 어느 날 어린이집에 들어오는 지혜의 모습이 이상하다는 것을 발견했다. 지혜의 머리 모양이 갑자기 짧아졌을 뿐 아니라 고르게 다듬어지지 않고 아무렇게나 가위질해져 있었다. 자세한 이유를 알아보니 지혜 부모님께서 아이의 교육상 그렇게 하셨다는 것이었다. 지혜 부모님은 지혜가 혼을 내도 스마트폰만 보려 하고 거짓말을 자주 하며 동생도 괴롭혀서 다시는 그러지 못하도록 그렇게 하셨다는 것이었다.

Ⅰ. 위 사건과 관련하여 다음과 같은 주장을 하고 있습니다. 각각의 주장이 어느 정도 중요하다고 생각하십니까?	① 전혀 중요하지 않다	② 별로 중요하지 않다	③ 보통이다	④ 대체로 중요하다	⑤ 매우 중요하다
1. 자녀교육상 부모는 어쩔 수 없이 위와 같은 방법을 써야 할 때도 있다.					
2. 부모라도 자녀의 신체를 함부로 다루어서는 안 된다.					

Ⅱ. 위 사건과 관련하여 다음과 같은 결과가 있을 수 있습니다. 각각의 결과가 어느 정도 중요하다고 생각하십니까?	① 전혀 중요하지 않다	② 별로 중요하지 않다	③ 보통이다	④ 대체로 중요하다	⑤ 매우 중요하다
1. 지혜는 이제 부모님의 말을 잘 들을 것이다.					
2. 지혜의 가슴에 큰 상처가 남게 될 것이다.					

Ⅲ. 위 사건과 관련하여 다음과 같은 행동을 할 수 있습니다. 당신이라면 어떻게 하시겠습니까?	① 전혀 중요하지 않다	② 별로 중요하지 않다	③ 보통이다	④ 대체로 중요하다	⑤ 매우 중요하다
1. 지혜에게 앞으로는 부모님의 말씀을 잘 들으라고 타이른다.					
2. 부모가 다시는 그런 일을 하지 않도록 충고해 준다.					

사례 2 교동이의 고민

교동이 반에는 성수라는 아이가 있다. 성수는 말이 없고 수줍음을 많이 타는 편이다. 몸도 약하고 언어발달도 늦은 편이며, 아이들과 잘 어울리지 못하고 혼자 놀이할 때가 많다. 교동이네 아이들은 성수가 어딘가 모자란 아이라 생각하고 있다. 그러던 어느 날 교동이는 고민이 생겼다. 팀별로 퍼즐 빨리 맞추기 놀이를 하기로 했는데 성수가 같은 팀이 된 것이다. 교동이는 성수와 함께 하면 보나마나 제일 꼴찌를 할 게 틀림없다고 생각되었다. 그래서 교동이는 선생님께 팀을 바꿔 달라고 말할까 생각하고 있다.

Ⅰ. 위 이야기와 관련하여 다음 두 가지가 어느 정도 중요하다고 생각하십니까?	① 전혀 중요하지 않다	② 별로 중요하지 않다	③ 보통이다	④ 대체로 중요하다	⑤ 매우 중요하다
1. 성수의 조는 다른 조에 비해 불리하다.					
2. 성수도 어느 조든지 속하여 게임을 해야 한다.					

Ⅱ. 선생님이 성수의 요구를 들어주면 어떻게 된다고 생각하십니까?	① 전혀 중요하지 않다	② 별로 중요하지 않다	③ 보통이다	④ 대체로 중요하다	⑤ 매우 중요하다
1. 교동이 조는 좋은 성적을 받을 수 있다.					
2. 성수는 마음에 상처를 입을 것이다.					

Ⅲ. 여러분이 교동이라면 어떻게 하시겠습니까?	① 전혀 중요하지 않다	② 별로 중요하지 않다	③ 보통이다	④ 대체로 중요하다	⑤ 매우 중요하다
1. 선생님께 조원을 바꿔 달라고 한다.					
2. 성수와 함께 한 조가 되어 게임을 한다.					

사례 3 없어진 자동차

어느 날 재민이는 엄마가 사줬다며 새로 산 자동차를 가져왔다. 집에 귀가할 시간이 될 때쯤 재민이는 자동차가 없어졌다며 울기 시작했다. 선생님은 교실을 다 찾아봐도 찾을 수 없자 아이들에게 자동차를 보지 못했냐고 물어보았다. 그러나 아무도 모른다고 하였다. 그러자 아이들은 종호를 의심하기 시작했다. 왜냐하면 종호는 전에 짝꿍의 색연필을 가져간 적이 있었고, 오늘도 재민이 자동차를 몇 번이나 뺏으려고 했기 때문이다. 아이들의 수군거림 속에서 종호가 자유놀이 시간에 재민이 자동차를 만지작거리던 것을 보았던 지선이는 종호가 그런 것 같다고 선생님께 말씀드릴까 고민하고 있다.

Ⅰ. 위 이야기와 관련하여 다음 두 가지가 어느 정도 중요하다고 생각하십니까?	① 전혀 중요하지 않다	② 별로 중요하지 않다	③ 보통이다	④ 대체로 중요하다	⑤ 매우 중요하다
1. 상황으로 보아 종호가 가져간 것 같다.					
2. 확실하지 않은데 종호를 의심하면 안 된다.					

Ⅱ. 지선이가 종호가 범인인 것 같다고 말한다면 어떻게 될 거라고 생각하십니까?	① 전혀 중요하지 않다	② 별로 중요하지 않다	③ 보통이다	④ 대체로 중요하다	⑤ 매우 중요하다
1. 누가 그랬는지 판가름이 날 것이다.					
2. 종호는 억울할 것이다.					

Ⅲ. 여러분이 이 학급의 학생이라면 어떻게 하시겠습니까?	① 전혀 중요하지 않다	② 별로 중요하지 않다	③ 보통이다	④ 대체로 중요하다	⑤ 매우 중요하다
1. 종호에게 평소에 의심받을 행동을 하지 말라고 말해준다.					
2. 지선이에게 근거 없이 남을 의심하지 말라고 말해준다.					

3. 보육철학에 기초한 포괄적 보육서비스의 실천

영유아기는 아동 발달의 결정적 시기로 모든 영유아에게 최적의 돌봄과 교육을 제공하기 위하여 2013년부터 무상보육이 실시되고 있다. 이제까지 우리사회는 돌봄을 여성의 도덕성에 기인하는 특질로 간주하여 여성이라면 누구나 돌봄을 잘 할 수 있는 것으로 인식하였다. 영아기의 아동에게 돌봄은 생명과 직접적으로 연관된 매우 중요한 분야임에도 돌봄이 대다수의 여성 비전문가에 의해서도 이루어질 수 있다는 인식으로 인해 보육교사의 전문성이 간과되는 경향이 있었다. 이에 돌봄의 의미를 살펴보도록 하겠다.

1) 보육교사의 돌봄 전문성(이진선, 2023)

보육교사의 역량에 가르치는 능력뿐 아니라 돌보는 능력도 중요하지만 전문성에 돌봄의 중요성과 가치를 제대로 포함하지 못하고 있다. 실제 보육교사 자격 취득을 위해 이수해야 하는 교과목에도 주로 교수 방법이나 지도 등의 용어가 사용되며, 돌봄이 언급되지 않고 있다. 어린이집에서 어린 영유아를 보살피는 것은 돌봄과 교육이 동시에 이루어짐을 말한다. 그러나 현재와 같은 여건은 보육교사가 돌봄과 교육을 제공하는 전문가로서의 신념을 형성하는 데 어려움을 느끼도록 만들고, 교사 스스로 자신의 직업 정체성을 교육에 치중하도록 만들 수 있다. 따라서 영유아가 신체적 · 정서적으로 건강하고 안전하게 생활하는 데 보육교사가 적절한 보육을 제공하도록 하기 위해서는 영유아를 교육하고 지도하는 역량과 더불어 교사의 돌봄 전문성을 증진할 수 있도록 현행 양성과정에 돌봄 역량에 관한 내용을 포함해야 한다. 이에 교사들이 학습한 내용을 바탕으로 실제 어린이집에서 아동을 돌보는 경험을 통해 보육교사의 전문성이 함양되는 내용에 대하여 살펴볼 것이다.

(1) 안전과 보호를 위한 돌봄 역량 : 관찰과 주의력

아이의 생명을 보호하고 안전을 확보하기 위해 보육교사는 일과 동안 모든 영유아를 수시로 관찰하고 살펴야 한다.

(2) 욕구 충족을 위한 돌봄 역량 : 민감성과 유연성

아이의 성장을 위해 정서적·심리적으로 안정된 환경을 제공하는 것과 관련이 있는 것으로 상황적 지식이 적립되면서 보육교사는 영유아의 상태를 빠르게 파악하고 아이의 필요와 욕구를 읽어내어 이를 신속히 충족시켜 줄 수 있게 된다.

(3) 감정 관리를 위한 돌봄 역량 : 인내와 수용

보육교사는 감정 노동을 수행하는 직업으로 아동을 돌보면서 감정을 조절하고 인내하는 능력이 요구된다. 보육교사가 원하는 바와 상황이 다르게 진행되더라도 이를 계획대로 수행하기 위해 애쓰기보다 아동의 의견을 존중하며 기다리고 그 상황을 받아들이면서 인내하는 것이 필요하다.

(4) 관계 형성을 위한 돌봄 역량 : 신뢰와 존중

관계 형성을 위해서 아동과 적당한 거리감을 유지하면서 동시에 지속적인 관심을 보이는 것이 아동과 관계 맺는 중요한 전략이 될 수 있다. 또한 아동과 신뢰 관계 형성을 위해서는 아동을 존중하는 태도가 중요하다. 어린 아동들도 본인의 의사가 있기 때문에 아동의 의사를 먼저 물어보는 것을 존중의 중요한 태도이다.

(5) 지속적인 돌봄을 위한 돌봄 역량 : 애정과 책임

돌봄 동기는 보육교사가 강도 높은 업무를 지속하는 데 많은 영향을 미친다. 보육교사가 아동을 돌볼 수 있게 하는 힘은 책임감에서 비롯되며 이는 교사 업무를 할 수 있게 만드는 원동력이 되기도 한다. 보육이 단기적인 목표를 달성하거나 눈에 보이는 성과를 내는 일은 아니지만 아동을 성장시키고 변화할 수 있도록 돕는 것은 가치 있는 일이다. 돌봄노동은 쉽게 측정되기 어렵지만 보고 느낄 수 있는 성과를 경험하게 된다. 아동발달의 중요한 시기를 맡고 있다는 책임감과 아동의 변화를 돕고자 하는 이타심은 돌봄에 대한 책임감으로 이어질 수 있다.

2) 포괄적 보육서비스의 이해 및 실천

(1) 포괄적 보육서비스의 개념(김기환, 2000)

① **목적의 포괄성** : 보육서비스는 아동, 가정 및 지역사회의 복지를 동시에 추구한다.

② **관점의 포괄성** : 생태체계적 관점에 기초하여 아동, 가정, 보육시설, 지역사회가 상호작용 안에서 가장 효과적인 프로그램이나 서비스를 제공해야 한다는 것이다.

③ **기능의 포괄성** : 보육서비스의 기능이 아동복지의 지지적, 보충적, 대리적 기능을 포괄한다는 것을 의미한다.

④ **대상의 포괄성** : 아동은 물론 아동의 가정을 서비스 대상에 포함하여, 나아가 지역사회 주민들까지 서비스 대상에 포함하는 것이다.

⑤ **내용의 포괄성** : 아동의 기본적 욕구를 위한 서비스 외에 사회 · 문화적 욕구를 위한 정서적 지원, 교육, 부모참여, 지역사회 교류 등과 같은 다양한 서비스가 보육프로그램에 모두 포함되어야 한다.

⑥ **시간의 포괄성** : 아동의 개별적 특성을 조사하여 연차적 계획과 목표를 설정하고 평가를 통하여 졸업 후까지 지속적인 서비스를 제공하는 것이다.

(2) 포괄적 보육서비스의 실천방안(정명숙, 2011)

① 포괄적 보육서비스를 확대 · 강화를 위한 종사자 인원 및 전문성 확보

② 정부의 보육정책의 개선 및 강화

③ 시설장의 포괄적 보육서비스에 대한 확고한 신념의 필요

3) 부모와 가정의 양육지원

아동권리협약의 이념에 의하면 아동 양육의 1차적 책임은 부모에게 있으며 부모가 이를 이행하기 제한적일 때 국가와 사회의 책임이 있음을 강조하고 있다(제4,

5조). 따라서 보육교사들은 가정의 고유성을 존중하면서 부모의 양육에 대한 지원을 하는 역할을 하게 된다.

(1) 가정의 양육 연계

부모와의 협력은 아동이 어린이집에서 경험하고 배운 것을 일반화하는 데 도움이 될 뿐 아니라 보육에서 부모의 양육을 지원하는 역할을 수행하기 때문에 매우 중요하다. 이러한 내용은 보육교사의 윤리강령 제2장에서도 내용을 강조하고 있다. 각 가정의 가치를 존중하는 가운데 보육활동 및 아동의 발달상황에 대한 정보를 정확하게 제공하여 영유아에 대한 가정의 이해를 돕고 보육프로그램과 주요 의사결정에 가정이 참여하도록 안내하는 것이 필요하다.

(2) 부모교육 및 부모참여 수업

어린이집에서 영유아의 가족과 연계 프로그램 중 가장 대표적인 방식이 부모교육이나 부모참여 수업이다. 영유아의 발달과 관련된 내용뿐 아니라 아동의 권리를 위해 부모들에게 프로그램을 제공할 수도 있다. 그중 가장 일반적인 내용이 아동학대와 관련된 것이다. 아동학대를 예방하는 측면뿐 아니라 아동권리의 보장 측면에서도 부모에게 아동의 발달 및 양육을 위한 다양한 교육을 제공하는 것이 바람직하다.

부모교육에 대한 교사 인터뷰(유해미 외, 2011)

저희가 작년에 원장님이 부모참여 수업을 할 때... 프로그램 회의를 하면서 원장님이 부모님들한테 아동권리교육을 아이들한테 하는 것처럼 해보면 어떻겠냐고... 부모참여 수업 때 어머님들 대상으로 아동권리교육을 했었어요. 어머님들 반응이 처음에는 너무 몰라서 이런 개념을 알았다는 자체가 너무 좋았고 자기가 너무 죄인 같았다는 그런 말씀도 하셨고 집에 가서 아이들 대할 때 다르게 대하게 되었다고... (보육교사2)

참고문헌

국가인권위원회(2018). 사이버인권교육 보조교재 「유엔아동권리협약」의 이해.

김기환(2000). 저소득층 아동을 위한 포괄적 보육프로그램. 삼성복지재단 보고서.

김정애(2002). **아동권리향연**. 경기 : 교육과학사.

노병일(2012). **아동복지론**. 경기 : 공동체.

문용린 · 문미희 · 곽윤정 · 김민강 · 유경재(2002). 인권감수성 지표 개발 연구. 국가인권위원회.

유해미 · 김은설 · 황옥경 · 김재원(2011). 육아지원기관에서의 아동권리 실태와 증진방안 연구. 육아정책연구소.

이미래(2012). 보육교사의 인권감수성과 아동인권인식에 관한 연구. 중앙대학교 사회개발대학원 석사학위논문.

이진선(2023). 유급 노동으로서의 아이 돌봄 수행과 의미 : 보육교사의 현장 경험을 중심으로. 서울대학교 대학원 석사학위논문.

정명숙(2011). 포괄적 보육서비스를 위한 학부모 욕구조사. 상지대학교 대학원 석사학위논문.

정원주(2008). 보육교사의 인권에 대한 관심도가 인권상황지각수준에 미치는 영향. **유아교육 · 보육행정연구**, **12**(4), 170-182.

UNICEF(1999). *The Conven on the Right of the Child*. New York : UNICEF.

PTER 2

직무윤리와 역량강화

김지현(명지대학교 아동학과 교수)
이은지(명지대학교 아동학과 박사)

학습목표

- 보육교사 직무윤리에 수반하는 책무성을 점검한다.
- 보육교사의 인성함양의 중요성을 살펴본다.
- 영유아의 최적의 발달을 지원할 수 있는 전문적 역량을 기른다.
- 전문직업적 정체성을 확립하고 사회인정감을 높인다.
- 경력교사로서 후배교사와의 멘토-멘티 역할을 수행한다.
- 보육교사로서 자신의 권리보호를 위해 민감하게 대처한다.
- 국내외의 다양한 교사 역량강화 프로그램을 탐색한다.

1. 보육교사의 직무윤리와 책무성

1) 보육교사 직무윤리에 기반한 책무성

(1) 직무윤리에 기반한 책무성 인식

윤리란 인간이 다른 사람과 더불어 살아가는 가운데 마땅히 지켜야 할 것으로 기대되는 사회적 규범의 총체이다. 보육교사의 직무윤리는 보육교사직을 수행함에 있어 스스로 마땅히 지켜야 할 것으로 인식되는 행동의 지향점이자 자율적 행위와 규범이다(조형숙, 2012). 보육교사는 직무를 수행하는 과정에서 수많은 교육적 의사결정을 행하게 되기에, 보육교사의 결정은 본질적으로 윤리에 기반하게 된다. 보육교사가 경험하는 여러 가지 윤리적 문제를 해결하기 위해서는 교과내용 지식이나 교수기술을 넘어 직무윤리에 기반한 책무성을 온전히 이해하는 것이 필요하다.

보육교사의 직무윤리에 기반한 책무성은 양질의 보육과정을 운영하기 위해 전문성을 바탕으로 자율적으로 스스로를 통제하면서 책임과 의무를 다하고, 그 결과에 책임을 지며, 그 과정에서 인식한 과오를 수정해 나가려는 의지이다(이영안 · 이홍재, 2017; 홍민희, 2022). 교사의 책무성은 교육활동 및 교수 역량과 관련이 있는데, 특히 교육적 책무성은 교사의 놀이지원역량을 직접적으로 높이는 변인으로 밝혀졌다(홍민희, 2022). 보육교사의 직무윤리에 기반한 책무성은 윤리강령의 존재 이유와도 연결된다.

(2) 보육교사 윤리강령

윤리강령이란 특정 전문직 종사자들에게 기대하는 적합한 행동들을 진술해 놓은 것으로, 해당 직업인들에게 어떠한 행동이 옳고 적절한지에 대한 명백한 기준을 제공해 준다. 보육교사에게 윤리강령이 필요한 이유는 다음과 같다(공인숙 외, 2017). 첫째, 영유아기가 발달적으로 스스로를 보호할 수 있는 기술이나 자신의 삶을 결정할 역량이 취약하기 때문이다. 둘째, 어린이집에는 다양한 영유아와 그 가족이 있기에, 한 유아의 권리 보호가 다른 유아의 권리를 침해하거나, 가족의 요구를 들어주는 행위가 유아의 권리를 침해하는 결과를 가져올 수도 있기 때문이다. 보육교사는 윤리강령을 반성적인 사고를 하며 동료 교사들과 함께 최선의 해결책을 도출하기 위한 건강한 논의의 기준으로 삼아 윤리적 딜레마 상황을 극복해 나가는 데 도움을 받을 수 있다. 특히 제4차 어린이집 표준보육과정부터 보육과정 운영에서의 교사의 자율성을 강조하고 있기에, 매순간 영유아를 중심으로 하는 의사결정을 하기 위해 윤리강령은 그 필요성이 더 강조되고 있다.

우리나라 어린이집 원장과 보육교사가 지켜야 할 윤리강령은 2009년 보건복지부와 한국보육시설연합회에서 육아정책연구소에 의뢰하여 개발되었고, 2010년 제정 · 공포되었다(김은설 · 박수연, 2010). 이후 놀이의 중요성이 강조되고, 아동학대 관련한 법적 측면이 변화되고(신고의무 강화, 신고방법 변경 등), 아동권리에 대한 사회적 인식이 증가함에 따라 윤리강령 개정에 대한 필요성이 대두되었다(한국보육진흥원, 2022). 이에 현장의 활용도를 높이고, 보육교직원의 의무만을 강조하기보다 교사의 권리나 자긍심을 함양할 수 있도록 하며, 보육교직원이 윤리강령 개발과정에 참여하는 방향으로 윤리강령 개정이 이루어졌다(한국보육진흥원, 2022). 현장의 활용도를 높이기 위해 중복 항목을 통합하여 항목 수를 줄이고 보육교직원이 이해하고 실천하기 쉽도록 기존 4영역 36항목을 4영역 26항목으로 개정하였다. 그리고 기존의 영유아나 가족의 권리 존중을 위한 보육교직원의 의무에 초점이 맞추어졌던 부분을 '나' 또는 '전문성'을 반영하여 교사의 권리나 자긍심 함양을 위한 항목을 추가하였다. 그 결과 2021년 11월에 영유아에 대한 윤리 8항목, 가족에 대한 윤리 6항목, 동료에 대한 윤리 8항목, 나와 사회에 대한 4항목, 총 26항목으로 구성된 새로운 '어린이집 윤리강령'이 개발되었다.

각 장에서 개정된 주요 내용은 다음과 같다(한국보육진흥원, 2022). 영유아에 대한 윤리는 영유아 존중, 놀이권 보장의 내용을 포함하고, 보육교사를 아동학대의 잠재적 가해자로 오해할 수 있는 표현을 수정하였다. 가족에 대한 윤리는 아동양육의 1차적 책임이 부모에게 있음을 명시하고, 보육은 가족과의 협력적 관계에서 이루어지는 것임을 명확히 하였다. 동료에 대한 윤리는 보육교직원과 원장의 문항을 구분하고, 원장이 추가로 지향해야 할 내용을 명시하였으며, 비차별의 내용을 '다양성 인정'의 의미로 포함하였다. 나와 사회에 대한 윤리는 영유아뿐 아니라 보육교직원의 권익, 사명감, 사회적 위상 문항을 추가하였다. 또한 윤리강령의 전문에는 윤리강령이 추구하는 일반적, 보편적 이념과 그 배경을 밝히는 1문장과, 기본 이념을 윤리강령에 적용할 시 준거 기준으로 삼아야 할 8개의 기본원칙이 구성되었다. 2021년에 개정된 우리나라 어린이집 윤리강령은 〈표 2-1〉과 같다.

〈표 2-1〉 어린이집 윤리강령

어린이집 윤리강령 전문

모든 영유아는 **불가침의 인권**을 가진 존재임을 확인하고,
보호의 대상이기 이전에 한 사람의 구성원으로서
헌법이 정한 **인간의 존엄과 가치를 가지고 있음**을 인식하여,
유엔아동권리협약의 이념에 따라 보육의 윤리원칙을 정하고,
이에 준거한 보육교직원 윤리강령을 준수할 것을 다짐한다.

하나. 영유아 한 사람 한 사람을 **독립된 인격체**로 존중한다.
하나. 보육의 과정에서 **영유아의 이익**을 최우선으로 고려한다.
하나. 영유아를 어떠한 이유로도 차별하지 않고 **평등**하게 대한다.
하나. 영유아의 바람과 감정이 무엇인지 **항상 귀 기울인다.**
하나. 영유아가 보육경험을 통해 세상에 대한 **신뢰를 형성**하도록 돕는다.
하나. 부모가 자신의 양육책임을 잘 수행하도록 **협력적 관계**에서 보육을 수행한다.
하나. 동료를 공정하고 포용적인 태도로 존중하고 **민주적인 조직문화**를 조성한다.
하나. 보육업무의 가치에 **자긍심**을 가지고, 보육철학, 지식, 기술을 지속적으로 키워나간다.

제1장. 영유아에 대한 윤리

1. 영유아를 독립된 인격체로 존중하고 건강하고 행복한 사회 구성원으로 성장하도록 돕는다.
2. 영유아를 성별, 종교, 문화, 장애, 가정배경 등에 따라 차별하지 않고 평등하게 대한다.
3. 영유아의 신체적, 심리적 발달에 부정적인 영향을 주는 행위를 하지 않고 안전하게 보호한다.
4. 영유아의 발달 특성을 이해하고 영유아 개인의 흥미와 요구, 의견을 존중한다.
5. 놀이가 영유아의 권리임을 인식하고 충분히 놀이할 수 있도록 지원한다.
6. 영유아가 학대나 방임에 노출되어 있는지 민감하게 관찰하고 필요한 조치를 한다.
7. 특별한 보호와 지원이 필요한 영유아에게 관심을 가지고 적절한 서비스를 받도록 한다.
8. 영유아의 사생활을 존중하고, 개인정보에 대한 비밀을 보장한다.

제2장. 가족에 대한 윤리

1. 양육의 1차적 책임이 부모에게 있음을 인식하고, 그들과 협력적 관계에서 보육을 수행한다.
2. 개별가족의 양육가치와 신념, 가족의 사회문화적 다양성과 고유성을 이해하고 존중한다.
3. 어린이집의 보육철학, 프로그램 특성을 가족과 공유함으로써 보육에 대한 이해를 돕는다.
4. 영유아의 보육경험과 발달 특성, 건강 및 안전 상황에 관한 정보를 가족과 공유한다.
5. 어린이집을 가족에게 개방하고, 보육에 대한 가족의 참여를 보장한다.
6. 가족의 사생활과 비밀보장에 대한 권리를 존중한다.

제3장. 동료에 대한 윤리(보육교직원)

1. 서로의 자율성과 다양성을 인정하고 존중과 신뢰를 바탕으로 협력한다.
2. 갈등이나 의견 차이를 개방적이고 수용적인 태도로 해결한다.
3. 어린이집의 철학과 신념을 공유하여 프로그램을 지속적으로 개선시킨다.
4. 서로의 지식과 경험, 자원을 공유하고 전문성 향상을 위해 노력한다.

제4장. 나와 사회에 대한 윤리
1. 보육의 사회적 책임을 인식하고 질 높은 보육을 제공한다.
2. 영유아와 보육교직원의 권익을 위한 제도의 수립과 개선에 적극 참여한다.
3. 아동친화적인 양육환경 조성을 위해 지역사회 관련 기관들과 협력한다.
4. 보육교직원으로서 사명감을 갖고 사회적 위상을 높이기 위해 노력한다.

보육교사는 보육과정을 운영하는 가운데 한 영유아의 관심을 수용하면 다른 영유아의 관심을 수용하지 못하게 되거나, 부모의 요구를 들어주면 영유아의 권리가 존중되지 못하는 등 여러 역할에서 상충되는 경험을 빈번하게 할 수 있다. 윤리강령은 실제 교사가 딜레마 상황에 부딪혔을 때 그 문제를 해결하는 데 도움을 준다. 윤리강령에 기초하여 우리는 어디에 우선순위를 두고 보육 실행의 방향과 관점을 설정해야 하는지 결정해 나갈 수 있다. 윤리강령을 실제에 적용하는 것은 다음의 단계를 거칠 수 있다(박은혜 · 박선혜 · 박신영 · 장민영 · 김지은, 2019).

1단계		2단계		3단계		4단계
상황과 관련된 이슈 분석하기	⇨	윤리강령에 포함된 원리 찾아 문제해결 지침 세우기	⇨	원리를 적용하여 초기 문제해결 시도하기	⇨	결과를 평가하여 반성하기

| 그림 2-1 | 윤리강령 적용 단계

생각나누기 보육 과정에서 경험하는 딜레마 상황의 예

[영유아와 가족에 대한 윤리적 딜레마]

사례 1) "선생님도 시켜 줘." 교사가 유아들이 활동하고 있는 영역에 참여하면 교사에게만 관심을 보이거나 교사주도 활동이 되기 때문에, 유아들이 활동에 별로 흥미를 보이지 않고 교사만 따라다니려는 모습을 나타내었다. 그래서 "선생님과 아까 함께 놀았으니까 이번에는 친구들과 해볼까?"라고 이야기하며 유아의 요구를 다른 곳으로 돌리려고 하였다. 그런데 유아가 집에 돌아가서 "우리 선생님은 나랑 안 놀아 줘"라는 식으로 부모님께 전달하였다.

출처 : 이완정 · 권기남 · 이윤선(2015).

사례 2) 이제 네 살이 된 진희는 오후 낮잠 시간에 대략 한 시간씩 낮잠을 자고 있다. 그런데 진희의 어머니는 어린이집에서 진희의 낮잠을 재우지 말라고 요구하였다. 이유는 어머니가 새벽 다섯 시에 일어나 출근을 해야 하는데, 진희가 어린이집에서 낮잠을 자면 밤 열 시까지 잠이 들지 않아 어머니가 숙면을 취할 수 없기 때문이라는 것이다.

출처 : 이완정(2005).

[동료 교사에 대한 윤리적 딜레마]

사례 3) "제가 선배교사인데 후배교사에게 업무적인 이야기를 했다가 관계가 완전히 안 좋아진 경우가 있었어요. 만약 서로 오해가 생기면 서로 이해해 주고 감싸주어야 하는데, 그런 것 없이 제가 없는 자리에 가서 제 이야기를 해서 힘들었어요."

출처 : 임정수 · 이완정(2009).

2) 영유아의 긍정적 발달에 영향을 미칠 수 있는 보육교사의 역할과 책임

보육의 질은 교사의 질을 넘어설 수 없다. 특히 보육교사는 영유아기라는 발달의 결정적 시기에 놓인 대상을 보육하기에 보육교사의 역할과 책임은 그 어느 시기보다 중요하다. 정옥분 외(2021)에 따르면 보육교사는 다음과 같은 직업적 특성을 갖는다. 첫째, 보육교사는 교사에 대한 의존도가 높고 환경적 위험에 취약한 어린 영유아에 대한 보호자로서의 역할을 한다. 둘째, 보육교사는 영유아와 안정 애착을 형성하며 애착의 안전기지 역할을 한다. 셋째, 언어능력이 아직 발달 중에 있는 영유아이기에 보육교사는 부모와 긴밀한 유대관계를 형성하며 정보를 공유하는 역할을 한다. 넷째, 보육교사는 중요한 발달을 이루어 나가는 시기의 영유아를 대상으로 하기에 전문적인 지식과 기술이 필요하다. 다섯째, 보육교사는 영유아의 전인발달을 도모하기에 다른 직업보다 인성이 중요시된다.

이러한 보육교사의 직업적 특성은 보육교사가 영유아의 긍정적 발달에 영향을 미칠 수 있는 역할과 책임을 갖는다는 점을 말해준다. 이는 보육교사가 양육자로서의 역할, 교육자로서의 역할, 아동권리 옹호자로서의 역할, 인성교육의 주체자로서의 역할 등을 기대받기 때문이다(Jalongo & Isenberg, 2003). 이러한 역할은 보육교사의 윤리와 도덕성을 기초로 한다. 공인숙 외(2017)에 따르면, 각 역할에서 보육교사의 윤리와 도덕성이 요구되는 배경은 다음과 같다.

(1) 양육자로서의 보육교사

보육교사는 영유아를 보호하고 양육하는 것을 뜻하는 보살핌의 역할을 맡는다. 보살핌이란 길리건(Gilligan)에 의해 '보살핌의 윤리'로 설명된다. 보살핌은 나와 특별한 관계에 있는 사람에게 특별한 관심을 보이면서 그 사람이 처한 상황에 공감하고 그 사람이 필요로 하는 것을 수용하고 반응하는 행위로, 서로 간의 조화로운 관계는 윤리적 보살핌을 기반으로 한다. 보육교사는 영유아의 요구에 민감하게 반응하며 긍정적인 상호작용을 통해 안정적 애착 관계를 형성하여 영유아가 그 관계를 기반으로 건강하게 성장하고 발달하도록 지원한다. 이는 보육교사의 양육자로서의 역할이 보살핌의 윤리와 도덕성에 기인한다는 점을 말한다. 나딩스(Noddings)에 따르면 공감 능력이 보살핌의 윤리를 실천할 수 있는 역량이 될 수 있다. 보육교사는 영유아의 요구나 필요, 생각과 감정에 귀 기울이며 친밀감을 구축하기 위해 보살핌의 윤리에 기반한 도덕성을 갖출 필요가 있다.

(2) 교육자로서의 보육교사

보육교사는 공식적/표면적 교육과정을 통해 영유아와 놀이 중심의 보육과정을 실행한다. 이때 영유아의 발달특성을 고려하면서 특히 장애를 가진 영유아, 다문화 영유아, 빈곤한 환경에 놓인 영유아 등 다양한 발달적 요구를 반영하는 결정을 한다. 그리고 보육교사는 비공식적/잠재적 교육과정을 통해 영유아에게 모델링의 역할을 하는데, 이 과정에서 영유아는 교사의 모습을 관찰하며 도덕적인 가치, 태도, 신념 등을 배울 수 있다.

(3) 아동권리 옹호자로서의 보육교사

모든 영유아에게는 신체, 언어, 인지, 정서, 사회 등 모든 영역의 발달 과정에 있어

발달의 권리, 그리고 이를 보장하기 위한 특별한 보호와 배려가 필요하다. 모든 영유아는 자신의 존재 가치와 존엄성을 인정받아야 하며, 어떠한 상황과 조건에서도 차별받지 않아야 한다. 교사는 영유아의 관심, 요구, 흥미, 의도, 행동 등에 민감하게 반응하고 지지해 줌으로써 영유아가 어린이집에 있는 동안 편안하고 안정적으로 생활할 수 있도록 지원할 수 있다. 영유아가 교사의 보호와 존중을 통해 자신에 대한 긍정적인 개념을 갖고 타고난 잠재력을 발휘하며 건강하게 성장하는 것은 그 무엇보다 중요하다. 이와 같은 영유아의 권리를 옹호하기 위해 보육교사는 영유아가 자신의 생각을 표현할 수 있는 기회를 주고, 영유아의 역량을 신뢰하며 존중하려는 윤리적 책무성을 가져야 한다.

3) 보육교사 인성함양의 중요성

보육교사는 보육과정을 실행하는 과정에서 수많은 의사결정과 판단의 순간을 만난다. 보육교사의 전문성은 보육의 기술이나 방법론을 넘어 보육교사 직무에 대한 사명감과 헌신, 윤리의식에 기초를 두어야 하며, 나아가 보육에 대한 깊이 있는 관점과 안목과 연결되는 인성(인간됨) 안에서 발휘되어야 한다. 여기서 인성이란 품성이나 사람됨을 뜻하는데, 개인이 공동체 안에서 사람답게 살아가기 위해 갖추어야 하는 가치관 및 태도를 포함하는 인간의 마음과 행동이다(정옥분 외, 2021).

저출생 시대에 공보육을 뛰어넘어 유아기 의무교육이 논의되고 있는 현 시점에서, 영유아의 대부분이 생의 초기부터 보육교사와 장시간 함께 생활하게 되었다. 이에 자녀를 맡기는 부모들도 보육교사의 전문적인 보육과정 운영 역량뿐만 아니라 보육교사의 인성을 중요하게 생각하게 되었다. 어린이집에 오래 머무는 영유아에게 있어 보육교사의 말투나 행동은 모방학습의 대상이 되어 영유아의 인성 발달에도 큰 영향을 미친다. 보육교사의 인성은 영유아의 사회적 능력, 교사와 영유아 간 언어적, 행동적 상호작용 등 영유아의 발달에 긍정적인 영향을 미치고, 교사 자신의 심리적 안녕감, 행복감, 전문성 발달, 직무소진 등 교사 자신의 역할 수행에도 의미 있는 영향력을 미친다(정옥분 외, 2021).

인성의 개념은 관점에 따라 상이할 수 있고 강조하는 덕목에 따라 차이가 있겠지만, 사람이 살아가는 사회 속 구성원으로서 보편적으로 갖추어야 할 가치를 포함한다. 보육교사의 인성이 어떠한 개념으로 구성되는지에 대해서도 많은 학자들이 정의를 내렸다. 이 중 김성원과 신정애(2019)의 정의를 살펴보면, 교사가 교육현장에서 대면하는 영유아, 부모 또는 동료교사를 향한 존중을 의미할 뿐 아니라 교직 자체에 대한 존중, 즉 소명감을 포함하는 '존중', 단순히 대인관계를 잘하는 것뿐만 아니라 양심, 윤리, 예를 전제로 하는 '인간관계', 그리고 '배려와 협력', '자기조절', '성실'로 구성되었다. 한국보육진흥원에서는 2016년부터 '마음성장 프로젝트(https://mind-up.kcpi.or.kr/home/kor/main.do)'를 실시하며, 보육교사의 인성 함양을 위해 자존감, 소명감, 정서능력, 대인관계, 스트레스의 다섯 가지 영역으로 구성된 인성자기진단(자기이해테스트) 및 인성교육(마음성장 소양교육)을 실시하고 있다.

전홍주, 권현조와 변길진(2018)의 연구에 따르면, 보육교사의 교직윤리의식과 교직인성은 각각 교직전문성 인식에 영향을 미쳤다. 특히 교직인성 중에서는 소명의식이 교직전문성 인식에 가장 큰 영향력을 미쳤다. 이는 보육교사 직업에 대해 소명감을 가지는 것이 전문성 함양에 매우 중요하다는 점을 말해준다. 또한 이 연구결과는 보육의 질을 높이기 위해서는 보육교사의 직무윤리와 인성을 함께 함양해야 한다는 점을 말해준다.

2. 보육교사의 직업 정체성과 사회인정

1) 전문직업적 정체성의 의미

어린이집에서 생활하는 영유아들은 자신을 보살펴 주는 보육교사의 영향을 많이 받는다. 최근 영유아·놀이중심 보육과정의 전환으로 영유아의 자율성이 적극적으로 존중받고 있으나, 이 또한 보육교사가 제공하는 자율성 범위 내에서 영유아의 자유로운 놀이 및 생활이 결정된다. 영유아의 발달에 큰 영향을 미치는 보육교사의 돌봄 행위들은 보육교사가 그동안 쌓아온 전문적인 지식과 교사로서의 신념이 그대로 투영된다. 그러므로 보육교사는 자신이 어떠한 교사인지, 영유아를 어떻게 바라보고 있는지 돌아보는 성찰의 과정이 필요하며, 자신을 이해하고 인식하는 정체성을 확립하여야 한다.

보육교사의 전문직업적 정체성이란 교사로서 전문성의 특성과 본질에 대해 아는 것이며, 보육교사로서 스스로 전문직이라고 내리는 주관적 평가를 의미한다(정효정, 2020). 보육교사는 전문직업적 정체성 확립 여부에 따라 보육의 방법과 내용 등이 결정되고, 나아가 자신들의 권리가 침해되지 않고 사회적으로 존중받고 있다는 신념에 큰 영향을 미치기 때문에 전문직업적 정체성을 확고히 하여야 한다.

그렇다면 보육교사는 전문직인가? 전문직이란 내적으로 특정한 영역의 전문적 지식과 기술에 기초하여 일을 수행하고, 외적으로 그에 상응하는 사회적 평가를 받는 직업을 말한다(이경화 외, 2020). 즉, 전문적 지식과 기술, 자율성, 봉사성, 사회적 지위, 직업윤리 유무를 기준으로 전문직을 판단해 볼 수 있다(김현진 · 신은수, 2008). 만일 보육교사가 전문직이라면 일반적인 전문직 개념과는 어떠한 공통점과 차이점이 있을까?

전문직의 특성에 비추어 보육교사의 전문성 요건을 정리한 표이다. 어린이집 현실에서는 얼마나 충족되고 있는지 평가해 보자.

생각나누기

전문직의 특성	전문직으로서의 보육교사	평 가		
		아니다	보통이다	그렇다
고도의 전문화된 지식, 기술 및 이를 활용한 활동을 요구한다.	보육교사는 유아의 발달 및 교육에 대한 전문적인 지식과 기술을 지니고 이를 활용하여 교육활동을 한다.			
장기간의 사전 전문교육과 훈련, 자격증, 지속적인 현직교육을 요구한다.	보육교사가 되기 위해 일정 기간 이상의 양성교육과정을 거쳐야 한다.			
자율성과 책임감을 요구한다.	교육과정 운영의 자율권을 지닌다.			

사회적인 지위와 경제적인 보상을 요구한다.	국가가 정한 호봉체계에 따라 보수가 주어진다.			
의사결정의 적절한 기준을 제시하는 고유의 윤리강령을 가진다.	보유교사로서 행동하는 데 기준이 되는 헌장, 강령이 있다.			

출처 : 이경화 외(2020).

2) 보육교사가 느끼는 전문적 직업의 의미

전문직업적 정체성은 근무환경이 만족스럽고 사회적으로 인정받을 때 더욱 확고해진다(김현진 · 정효정, 2015). 그러나 보육교사의 근무환경 및 처우는 열악하여 전문성 있는 보육교사들은 보육현장을 떠나고 있다. 육아정책연구소에 따르면 보육교사 10명 중 2명은 그만둘 계획이고, 3명은 이직을 고민한다(양미선 외, 2020). 이직 사유 중 가장 높은 사유는 근무시간 및 업무량 등 근무조건의 불만족이다.

더불어 아동학대 사건 등으로 인해 보육교사에 대한 사회적 평판마저 나빠져, 사회적 인식이 매우 낮아진 상황이다.

> 그러니까 조금 뭐 이렇게 놀다가 그러면 책상에 부딪쳐서 멍이 들잖아요. 그러면 부딪쳐서 멍이 들었다고 아이들이 얘기를 했지만 '선생님이 때린 거 아니야?' 선생님이 어디 밀어서 부딪친 거 아니야?' 그렇게 바로 발문을 다시 해 버리니까, 어머님들이 그렇게 질문을 한다는 자체가 선생님은 아이들을 그렇게 할 수 있다는 게, 자리 잡고 있으니까. 그래서 완전 저는 지금은 현재는 전문직보다는 그냥 되게 자존심도 상하지만 서비스직에 가까운 것 같아요.

영유아보육법에서 보육교사는 영유아를 보호하고 교육하는 전문가로서 보육교지원으로 명시하고 있으나, 근로기준법상으로는 근로자의 신분을 가지며, 교육법에 근거한 법적 교원지위는 확보하지 못하고 있다(정효정, 2020). 이에 따라 보육교사는 '교사'로서의 법적 · 사회적 권익보호보다 '근로자'로서의 권익보호를 보장받고 있고, 육법상의 교원 지위는 확보되어 있지 않아 그에 따른 '교사'로서의 직업 정체성 혼란이 발생하고 있다. 더불어 전공학과와 관계없이 다양한 경로에서 보육교사 자격증

취득이 가능한 보육교사 양성과정은 전문성 논란에 큰 요인으로 작용하고 있다.

이런 다양한 요인으로 인해 보육교사에 대한 사회적 인식이 낮아지고, 직업정체성에 혼란이 되어 보육교사 스스로가 열악한 직업이라고 회의를 느끼는 경향이 강하다는 것이다.

3) 보육교사의 인권침해 사례와 권리보호

보육교사는 우선 한 인간으로서 헌법에서 규정하는 기본권과 교육활동 전문가로서의 권리, 전문직 종사자로서의 권리가 보장되어야 한다. 이러한 보육교사의 권리는 영유아의 권리를 보장하기 위해 필요하며, 교권침해는 영유아의 권리 침해로 이어진다고 볼 수 있다. 따라서 영유아의 권리와 교권이 상호 존중받는 보육문화를 만들기 위해 모두가 함께 노력해야 한다.

전국보육실태조사(2021)에 따르면 보육교사의 30.1%가 권리를 침해당한 적이 있다고 답했다. 권리 침해 주체는 부모가 71.9%, 원장이나 대표자 등이 33.0%였다. 보육교사의 권리 침해가 잇따라 발생하고 이로 인한 심리적 어려움을 호소하는 사례가 증가하고 있다. 이에 보육교사의 인권보호를 위해 보건복지부와 한국보육진흥원(2023)에서는 「보육교사의 보육활동 보호를 위한 대응 가이드」를 제작하여 각 어린이집에 배포하였다.

(1) 보육교사의 인권침해 사례

① 폭행, 상해 사례

> 재원생 중 발달 지연 및 ADHD 증상이 의심되어 보호자와 상담을 진행하는 중에 관련 정보 및 지원 사항을 안내했어요. 그런데 보호자는 아이 발달에 문제가 있다고 안내하는 것 자체가 기분 나쁘다는 이유로 담임교사의 멱살을 잡아 흔들고 욕을 했어요.
>
> [한국어린이집총연합회 사례 재구성]

출처 : 보건복지부 · 한국보육진흥원(2023).

② 불법정보유통 사례

> 저는 작년에 아동학대로 신고를 당했습니다. 아이가 혼자 뛰다 넘어진 것을 확인하였으나 제가 배식 중이라 다른 교사가 아이를 안아주었음에도 담임이 아이를 안아주지 않아 정서적 학대를 했다며 고소를 한 것입니다. 아이 부모는 아동학대로 결론지어 ○○지역 카페, 국민청원 등을 통해 여론몰이를 하였습니다. 결국 5개월 만에 검찰에서 혐의 없음 처분을 받았지만, 저는 이미 마녀사냥의 희생양이 되어 사실과 관계없이 아동학대 교사인 것처럼 되어버렸습니다.
>
> [한국어린이집총연합회 사례 재구성]

출처 : 보건복지부 · 한국보육진흥원(2023).

③ 보육활동 부당 간섭 사례

> 학부모가 어린이집에 전화하여 미세먼지 농도 기준이 보통인데도 "오늘은 미세먼지가 많으니 야외 활동을 하지 말고, 어린이집 안에서 놀이를 시켜 달라"고 한 뒤, 1시간 후 또 전화해서 확인했어요. 해당 학부모는 자주 어린이집에 전화하고, 요구에 대한 반영이 곤란하다고 하면 화를 내면서 전화를 끊었어요.
>
> [한국어린이집총연합회 사례 재구성]

출처 : 보건복지부 · 한국보육진흥원(2023).

④ 보육활동 중 무단촬영 · 녹음 · 배포 사례

> 11년 차 어린이집 교사인 임모 씨는 "최근 옆 반 학부모 중 한 명이 아이 치마에 주머니를 달아서 녹음기를 들려 보냈다"며 "당황한 교사가 학부모에게 직접 전화를 걸어 학부모 상담을 하기도 했다"고 했다.
>
> [뉴시스 "요새 세상이 험해서"… 어린이집 '녹음기 등원' 논란(2023. 6. 13)]

출처 : 보건복지부 · 한국보육진흥원(2023).

(2) 보육교사 권리보호를 위한 지침

구 분	내 용
원 장	• 보육교사의 자율적 영유아 · 놀이 중심 보육과정 운영을 믿고 지원합니다. • 보호자에게 놀이중심 보육과정 운영에 대한 이해를 돕기 위해 부모교육을 실시합니다. • 보호자로 인한 보육활동 침해 상황이 발생할 경우 즉시 조치를 취합니다. • 보육교사가 보호자로부터 부당한 대우를 받지 않도록 힘이 되어 줍니다. • 어린이집 오리엔테이션 및 가정통신문 등을 활용하여 보호자에게 보육활동 침해 예방교육을 실시합니다.
보육교사	• 보육교사로서 전문성 증진을 위해 지속적으로 노력합니다. • 어린이집 보육과정 운영에 대한 보호자의 이해를 돕기 위해 다양한 방법으로 보호자와 공유하고 소통합니다. • 영유아에게 최선의 보육환경 제공을 위해 보호자로부터 정당한 보육활동에 위협이 되는 상황에 처하거나 요구를 받을 경우, 정중하게 수용할 수 없음을 표현합니다. • 영유아에게 최선의 보육환경 제공을 위해, 보호자와 문제가 발생할 경우 원활하게 해결할 수 있도록 노력합니다.
보호자	• 보육교사는 자격을 갖춘 보육전문가임을 알고 존중합니다. • 자녀양육의 주책임자는 보호자임을 알고, 영유아 발달을 위해 보육교사와 긴밀한 파트너십으로 상호 협력합니다. • 보육교사의 자율적 영유아 · 놀이 중심 보육과정 운영을 믿고 지원합니다. • 자녀와 관련한 문제가 발생했을 경우, 먼저 객관적 사실관계를 정확하게 파악하고 감정적 대응이나 폭력적인 언행을 하지 않도록 유의합니다. • 긴급한 일이 아닌 경우, 보육교사의 업무시간 이외(퇴근 시간 이후 혹은 주말)에는 전화, 문자 보내기 등으로 보육교사의 사생활을 침해하지 않도록 유의합니다. • 영유아들과 함께하는 보육활동 시간에는 문자, 전화 등으로 연락을 자제합니다. 보육활동 중 상담이 필요한 경우에는 사전에 약속을 한 후, 정해진 일정에 상담하도록 합니다. • 인터넷 게시판, 단체문자, 채팅방 등 사이버 공간에서 사실이 아닌 내용을 유포하거나 보육교사의 명예를 손상시키기는 행동을 하지 않습니다.

(3) 보육교사 권리보호를 위한 도움기관

- 국가인권위원회 www.humanrights.go.kr
- 육아종합지원센터 central.childcare.go.kr
- 서울시 감정노동종사자 권리보호센터 www.emotion.or.kr
- 서울 심리지원센터 (서울 3개소) 센터별(동남/동북/서남) 상이
- 서울시 보육교직원 안심상담실 sctrights.com

- 정신건강복지센터 mentalhealth.go.kr
- 어린이집안전공제회 www.csia.or.kr

4) 전문직업인으로서의 사회인정감

보육교사의 전문적 지식과 기술의 의미는 아동발달이나 심리학적 이론에 근거한 전문적 지식과 기술을 많이 아는 것만을 의미하는 것이 아니라, 영유아에 대한 존중, 사랑, 열정, 책임감 등을 일컫는다(이경화 외, 2020). 보육교사의 전문성은 초·중등학교의 교과목 관련 수업 전문성과는 차이가 있다. 보육교사는 영유아의 독특함을 알고 세심하게 배려하는 '돌봄 전문성'이 있다. 최근 '돌봄'이 보육교사의 전문성 덕목으로 강조되고 있다. 아이의 기저귀를 갈아주거나 밥 먹는 것을 도와주는 것 등 보육교사의 역할은 단순 돌봄이 아닌, 교육적 가치를 내포한 '전문적 돌봄'으로 인식할 필요가 있다.

또한 보육교사는 자신의 교실 내에서 영유아와 함께 '만들어 가는 보육과정'을 이끌어갈 수 있는 자율성이 있다. 우리반 교실은 전날 계획한 일정이 있으나 그대로 흘러가지 않는다. 영유아의 상황과 요구에 따라 결정해야 하는 수많은 의사결정의 순간들이 보육교사 앞에 놓여 있다. 이때 보육교사는 크고 작은 갈등 상황조차도 단순한 해결방안만을 택하지 않는다. 교사는 영유아가 처한 다양한 상황 속에서 교육적 가치를 찾고자 하고, 교사 자신의 행위가 영유아를 위한 것인지 고민한 끝에 자율적이고 헌신적인 의사결정을 한다. 이렇듯 보육교사는 영유아의 언어적·비언어적 표현에 귀 기울여 들으려 하고, 영유아와의 힘을 동등하게 하기 위해 자신의 힘을 내려놓으려 노력한다. 이러한 보육교사의 노력은 곧 보육교사의 전문성이라 할 수 있다.

이러한 보육교사만의 전문성의 개념이 보육교사 자신과 사회적으로 인정이 되어야 비로소 전문직업인으로서의 정체성이 확립이 될 수 있을 것이다. 이를 위해서는 교사의 처우개선 및 교권 확립 등 제도적 뒷받침이 마련되어야 하고, 보육교사를 전문직업인으로 인정하는 사회적 분위기가 조성이 되어야 한다. 동시에 교사 또한 역량을 강화하여 양질의 보육과정을 운영할 수 있는 전문가가 되어야 할 것이다.

> 보육교사와 어린이집에 대한 그런 국가, 사회적인 인식이 개선되는 것이 가장 시급하죠. 유치원은 학교인데 어린이집은 그럼 뭐야. 그냥 뭐 동등하다 말하고. 아무리 '누리과정으로 다 똑같이 해요.' 이렇게 말을 해도 인식 자체가 너무 다르니까. 그런 사회적인 인식이 제일 필요하지 않나 싶어요. 뉴스 보도나 이런 데에서 계속 이렇게 안 좋은 보도만 되니까요. 좀 긍정적인, 얼마나 중요한지 이런 것들을 사회적으로 알려서 학생들이 이 분야에 희망을 갖고 올 수 있게 정책적으로도 발전이 필요하지 않을까 하는 생각이 듭니다.
>
> [J어린이집 원장, 2021. 9. 16]

3. 국내외 보육교사 역량강화 프로그램

교육의 격차는 교사의 전문성 격차로부터 기인한다고 해도 과언이 아니다. 정부나 지자체 중심의 연수나 보수교육도 필요하지만, 어린이집 및 교사의 실질적인 도움을 줄 수 있는 컨설팅이나 멘토링, 교사가 주도하는 학습공동체의 형태 등이 더욱 중요하다 할 수 있다. 이에 대한 국내외 역량강화 프로그램의 사례들을 함께 살펴보며 우리 기관에서 도움이 될 수 있는 역량강화 방안에 대해 논의해 보자.

1) 국내 역량강화 프로그램 공유와 모델링

우리나라에서 의무적으로 이루어지는 교사 재교육과정은 승급교육과 직무교육이 있다. 영유아보육법에 따르면 원장과 보육교사는 매 만 2년이 경과할 경우 직무교육을 받아야 하고, 기한 이전에는 교육을 받기 어렵다. 그러나 매 순간 고민과 성찰이 필요한 놀이중심 보육과정에서는 교사가 능동적으로 배움을 성취하기를 기대한다. 놀이중심 보육과정의 자율적 운영을 위하여 교사는 교육과정의 문해력 및 실행력이 요구된다(정미라 · 김경철 · 정대련 외, 2019). 이를 위해서는 기존 교사연수와 컨설팅 방식에서 벗어나 교사 스스로 문제점을 발견하고 해결할 수 있는 교육방식으로 변화해야 한다.

(1) 보육컨설팅

보육컨설팅은 어린이집 내 원장과 보육교사가 영유아 놀이 중심 보육과정을 이해하고 지속적으로 적용할 수 있도록 보육 전문가인 컨설턴트가 어린이집에 직접 방문하여 컨설팅을 진행하는 것이다. 원장 및 교사교육과 방문 컨설팅, 원내협의를 통해 어린이집 실천 과정에서의 고민과 해결 방법을 스스로 찾아갈 수 있도록 지원한다. 단순히 연수나 단일성 교육으로는 변화하기 어려웠던 놀이에 대한 신념을 장기적인 컨설팅을 통해 변화할 수 있다. 이러한 맞춤 컨설팅은 시도 및 시군구 육아종합지원센터의 보육컨설팅에 참여하여 지원을 받을 수 있다. ❙그림 2-2❙는 서울시육아종합지원센터가 자치구육아종합지원센터와 협력하여 진행하는 맞춤컨설팅의 진행절차이다.

생각 바꾸기		들여다보기		이해하기		따라가기
1차 컨설팅	⇨	2차 방문컨설팅 +원내협의	⇨	3차 방문컨설팅 +원내협의	⇨	4차 방문컨설팅 +원내협의
보육과정 속 영유아 · 놀이 다시보기		놀이 관찰 및 지원		놀이 관찰 및 지원		놀이 관찰 및 지원

❙그림 2-2❙ 서울시육아종합지원센터 맞춤컨설팅 진행절차

(2) 학습공동체

어린이집 내에서 자발적으로 학습공동체를 구성하여 보육교직원의 전문성을 향상시키는 노력을 할 수 있다. 학습공동체의 특징으로는 첫째, 교사들의 자발적 참여, 둘째, 전문적 협력 관계, 셋째, 공동체에 대한 소속감과 헌신, 넷째, 공동체적

가치와 목표 공유가 있다(Rogers & Babinski, 2005). 학습공동체는 일방적으로 지식을 전수하는 형태가 아닌, 구성원들의 필요에 의해 자생되고 함께 배우고 탐구해 가는 방식이어야 더욱 의미가 있다.

현 영유아 · 놀이중심 보육과정은 교사가 단순히 이론을 많이 알거나 다양한 놀이방법을 많이 안다고 해서 혼자 풀어낼 수 있는 실타래가 아니다. '함께' 모여 앉아 '몰입할 수 있는 배움'이 있을 때, 서로 격려하고 지지하면서 '성찰과 성장이 지속'될 때 비로소 함께 만들어 가는 놀이중심 보육과정이 될 것이다. 함께 놀이를 들여다 보면서 놀이를 다시 보게 되는 배움의 경험과 서로의 이야기에 귀 기울이고 다양한 사례를 나누며 함께 고민하고 지원하는 협력의 경험은 올바른 학습공동체의 모습이다.

〈표 2-2〉 학습공동체 운영일지

일 시	20○○년 ○월 ○일 ○요일 16:00~16:30
장 소	회의실
활동사진	 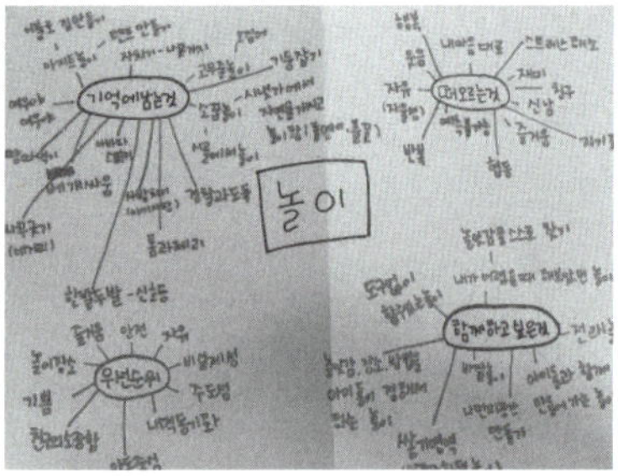
협의내용	• 놀이에 대한 브레인스토밍을 하고 네 가지 질문에 대해 생각을 나누어 보는 시간을 가짐 〈질문〉 1. '놀이' 하면 떠오르는 단어는? 2. 어릴 때 해본 놀이 중 가장 기억에 남는 놀이는? 3. 아이들이 놀이를 할 때 가장 우선으로 여겨져야 한다고 생각되는 것은? 4. 아이들과 했을 때 해보고 싶은 놀이는? - 브레인스토밍을 하며 서로 몰랐던 놀이방법을 공유했다.
기타사항	• 다음 주제를 실행하기 위해 다양한 놀이의 유형을 알아보기로 했다. • 등원 연기로 인하여 계획 변경 희망(독서토론 먼저 실행)

출처 : 교육부(2020).

2) 해외 역량강화 프로그램 탐색과 모델링

교사교육의 역량강화 체제를 선도하고 있는 미국, 영국, 호주의 해외 사례를 살펴보며 우리나라의 실정에 맞는 역량강화 프로그램 개선방안을 모색해 보자.

(1) 미국

미국 내 건강가족복지부와 교육부는 교사훈련과 전문성 발달을 다양한 방식으로 지원하고 있다. 교사를 위한 재정적 지원과 전문성 발달 활동 지원을 위한 온라인 데이터베이스를 운영하며 교사의 전문성 발달을 위하여 경력단계에 따른 가이드를 제시한다. 교사는 경력단계에 따라 학위취득, 연수, 멘토 역할수행, 국가적 수준의 아동보육 전문조직활동 참여, 학회 참석 등과 같은 다양한 전문성 발달 활동에 참여해야 한다. 이러한 지원을 위해 대학 강좌이수에 필요한 장학금, 보조금, 급여상승과 같은 재정지원을 제공하고, 멘토링 및 코칭과 같은 맞춤식 조력을 제공한다(김명순 · 신윤승 · 이세원 · 서재화, 2016). 이러한 교사 전문성 발달을 위한 다방면의 지원 노력은 교사의 동기부여에 많은 영향을 미친다.

(2) 영국

영국은 교사의 전문성과 질 관리를 위해 교사기준을 개발하고, 현장 교사와 컨설턴트를 위한 영유아 질 향상 프로그램(EYQISP : Early Years Quality Improvement Support Programme)을 수행하며, 다양한 맞춤형 온라인 교사교육을 제공한다. 영국은 교사교육에 있어 자기평가검사를 통해 우선적으로 향상시켜야 할 것들을 판단하여 교육할 수 있도록 지원하고 있다. 또한 온라인사이트를 통하여 맞춤형 교사교육에 참여할 수 있다. 교사 개인의 자격과 경력에 따른 수많은 교사 교육 프로그램이 탑재되어 있고, 개인의 필요에 따라 전문성을 향상할 수 있는 프로그램에 자유롭게 참여가 가능하다. 영국은 국가-기관-개인 간 유기적인 연계가 활발히 일어나고 있으며, 교사 맞춤식 교육 및 멘토링이 적극적으로 이루어지고 있다. 이러한 영국의 체계적인 교사 재교육 시스템은 개별성을 고려한 교사 재교육 프로그램이 요구되는 우리나라의 실정에 많은 시사점을 준다.

(3) 호주

호주는 영유아교사 대상의 의무적으로 실시하는 국가적 차원의 재교육은 없다. 그러나 각 지방자치단체에서 영유아교사의 재교육을 위하여 비용과 자료를 지원하고, 교사들이 자발적으로 교육에 참여할 수 있도록 돕는다. 주별로 전문성 지원 코디네이터가 설치되어 있어 영유아교사 교육일정 및 프로그램 과정을 계획하여 각 기관의 교사들이 교육을 수강할 수 있도록 홍보한다. 예를 들어, Victoria 주에서는 교사재교육을 개별 맞춤형 전문성 개발을 위한 강좌, 맞춤형 코칭, 타 기관 견학, 대소집단 토론, 반성적 학습모임, 온라인 전문성 개발 등의 형태로 지원하고 있다 (Gowrie Victoria, 2015). 우리나라도 교사 교육에 대한 개별적 관리 및 다양한 교사교육 형태를 통해 교사로 하여금 자발적 참여를 독려하고 동기를 유발할 수 있는 교사교육 프로그램이 필요하다.

참고문헌

공인숙 · 권기남 · 권혜진 · 김영주 · 김진욱 · 민선영 · 민하영 · 박초아 · 이성옥 · 이완정 · 최지현(2017). **보육교사 인성론**. 서울 : 학지사.

교육부(2020). **교사를 위한 놀이운영 사례집**. 세종 : 교육부.

김명순 · 신윤승 · 이세원 · 서재화(2016). 영유아교사 전문성 관련체제 고찰 : 미국, 영국, 호주를 중심으로. **한국보육지원학회, 12**(4), 151-181.

김성원 · 신정애(2019). 영유아교사 인성 측정도구 개발과 타당화. **육아정책연구, 13**(1), 3-27.

김은설 · 박수연(2010). **보육 시설장, 교사 윤리강령 개발 연구**. 서울 : 육아정책연구소.

김은영 · 구자연 · 김혜진 · 차기주(2020). **2019 개정 누리과정 모니터링 및 지원방안 연구(1)**. 육아정책연구소.

김현진 · 신은수(2008). 보육교사의 전문성 발달수준에 대한 연구. **한국교원교육연구, 25**(3), 239-259.

김현진 · 정효정(2015). 보육교직원의 전문직업적 정체성에 영향을 미치는 요인-어린이집 원장과 보육교사를 중심으로-. **한국영유아보육학, 94**, 187-210.

박은혜 · 박선혜 · 박신영 · 장민영 · 김지은(2019). **보육교사 인성론**. 서울 : 창지사.

보건복지부 · 한국보육진흥원(2023). **보육교사의 보육활동 보호를 위한 대응 가이드**. 세종 : 보건복지부.

양미선 · 이윤진 · 김동훈 · 조숙인 · 김근진 · 구자연 · 오미애 · 김문정(2021). **2021년 전국보육실태조사-어린이집 조사 보고-**. 보건복지부 · 육아정책연구소.

이경화 · 손원경 · 남미경 · 정혜영 · 김남희 · 손유진 · 정혜영 · 이연선(2020). **유아교사론**. 서울 : 학지사.

이영안 · 이홍재(2017). 보육교사의 전문적 책무성 영향요인 : 교사의 개인 특성 및 원장의 리더십 요인을 중심으로. **국정관리연구, 12**(2), 159-179.

이완정(2005). 보육시설 영유아의 권리보호를 위한 각국의 보육종사자 윤리강령 연구. **아동권리연구, 9**(4), 789-816.

이완정 · 권기남 · 이윤선(2015). **안심보육 교직원연수 교육과정 개발**. 한국보육진흥원 안심보육 교직원연수 교육과정 개발 연구용역 보고서.

임정수 · 이완정(2009). 유아교사 윤리강령을 토대로 분석한 동료 관계에서의 스트레스의 대처방식. **아동권리연구, 13**(4), 529-554.

전홍주 · 권현조 · 변길진(2018). 보육교사의 교직윤리의식과 교직인성이 교직전문성 인식에 미치는 영향. **한국영유아보육학, 110**, 33-57.

정미라 · 김경철 · 정대련 · 권정윤 · 최일선 · 임수진 · 강수경(2019). '유아 중심'과 '놀이 중심'의 누리과정 실행에 대한 유아 교사들의 담론분석. **정기학술대회논문집, 2019**(1), 115-118.

정옥분 · 김경은 · 김미진 · 노성향 · 박연정 · 방은정 · 서정연 · 엄세진 · 임정하 · 정순화 · 황현주(2021). **보육교사인성론**. 서울 : 학지사.

정효정(2021). 보육교사의 권익보호 저해 요인에 대한 논점과 제언. **한국영유아보육학, 130**, 137-157.

조형숙(2012). 유아교사의 교직윤리 의식 함양을 위한 교육과정 모형개발. **유아교육학논집, 16**(4), 373-394.

홍민희(2022). 분산적 리더십이 유아교사의 놀이지원역량에 미치는 영향 : 유아교사의 자기 결정성 및 교육적 책무성의 다중매개효과. 안양대학교 대학원 박사학위논문.

Gowrie Victoria(2015). Professional learning program guide. Retrieved December 11, 2015 from http://www.gowrievictoria.org.au/Portals/12/PSC/PL_Program_Guide_Sem-1-2015.pdf

Jalongo, M. R., & Isenberg, J. P.(2003). *Exploring Your Role : A Practitioner's Introduction to Early Childhood Education*(2nd ed.). NJ : Upper Saddle River, Prentice Hall.

Rogers, D. L., & Babinski, L. M.(2005). *From isolation to conversation : supporting new teacher's development*. **초임교사를 위한 학습공동체**(조부경 · 백은주 · 고영미 공역). 서울 : 양서원. (원서 발간일 2003)

한국보육진흥원 마음성장프로젝트. https://mindup.kcpi.or.kr/home/kor/main.do

한국보육진흥원(2022). **어린이집 윤리강령 전문.**
https://www.kcpi.or.kr/kcpi/cyberpr/noti/detail.do?colContentsSeq=63861에서 2023년 11월 9일 인출

CHAPTER 3

보육교사의 정신건강관리

김에스더(우주고래 심리발달연구소 소장)

학습목표

- 어린이집에서 촉발할 수 있는 보육교사의 정신건강 위해 요인을 분석한다.
- 업무수행 시 스트레스 유발 요인을 발견하고 스스로 관리하는 방법을 안다.
- 정신건강의 중요성을 인식하고 필요시 상담 기회를 갖는다.
- 정신건강 문제는 업무 소진을 초래할 수 있음을 안다.

1. 보육교사의 상담지원과 정신건강관리

1) 보육환경의 정신건강 위해요인 탐색

보육교사는 어린이집에서 영유아의 전인적인 성장과 안전과 발달에 중요한 대상으로 직접적인 영향을 미친다. 보육교사는 어린이집에서 중요한 양육자의 역할을 수행한다. 영유아를 돌보는 업무 외 직업상 다른 부수적인 업무처리를 해야 한다. 즉, 영유아를 지속적으로 돌봐야 하는 육체적인 노동과 근무 시간 외 일지 작성 및 행정업무, 차량 등 · 하원, 어린이집의 안전하고 깨끗한 학습환경 조성을 유지하기 위해 많은 시간을 사용하고 있다. 또한 학부모와의 관계 및 동료 교사와의 원만한 관계(위영희 외, 2008)는 영유아에게 직접적으로 영향을 미친다.

코로나19(COVID19) 이후 보육교사는 방역업무, 영유아 위생관리, 긴급 돌봄과 부수적인 행정업무가 더해졌다. 코로나19 팬데믹(Pandemic : 전염병의 세계적 유행) 이후 엔데믹(Endemic : 일상적 유행)으로 전환되었지만 그것으로 인해 수반되는 보육교사의 업무 증가로 직무 스트레스는 증가하였다(신나리 외, 2020; 명준희 외 2021). 보육교사는 직무로 인해 오는 정신적 스트레스 질환이 약 40%로 가장 많다고 보육교사 실태조사(보육교사 실태조사, 2012)에서 보고하고 있다. 스트레스가 많을수록 열의, 의욕, 사기가 낮아지고, 영유아와의 상호작용의 질 저하(유재경, 2013)로 이어져 영유아의 신체건강 · 정신건강에 영향을 미치게 된다. 결국은 영유아의 보호자와 관계 부처에서 요구하는 보육의 질이 떨어지게 되는 것이다.

언어가 트이지 않은 영아부터 학령전기 유아까지 보육교사의 영유아 발달에 대한 이해와 끊임없는 훈련으로 전문성을 쌓고 있지만, 보육교사에 대한 사회적인 인식은 아직도 낮은 편이다. 이러한 요인은 직무소진과 직무 스트레스 등으로 연결되며, 결국 보육교사의 신체적 · 정서적 고갈로 나아가 직무 만족도가 낮아져 잦은 이직 및 퇴사로 이어진다. 이에 보육교사의 정신건강을 유발하는 요인 분석과 대처 방안이 필요하다(이채호 · 고태순, 2009).

2) 스트레스 유발요인 발견 및 대처하기

첫 번째, 신체건강 측면에서 직무 스트레스가 지속되면 심장이 빨리 뛰고 혈압이 높아진다. 또한 실제 감정과 다른 감정을 반복적으로 표현하고 피로감도 증가한다(고용노동부, 2019). 직무로 인해 요통이나 관절염, 근육통, 두통, 탈모, 기침과 천식, 과호흡, 구토, 위장장애가 발생할 수 있으며 여성의 경우 방광염, 월경불순 등이 발생한다(서울시 감정노동종사자 권리보호센터, http://emotion.or.kr).

두 번째, 정신건강 측면에서 직무 스트레스로 인해 불안과 초조, 근심, 걱정, 신경과민, 분노, 짜증, 불면증, 우울증 등이 생길 수 있다. 직무 상황에서 외현적으로는 웃고 있지만, 내면적으로는 우울함을 가질 수 있다. 이로 인한 서비스를 제공한 고객으로부터 받은 상처로 인해 자살 충동이 일어날 수 있으며, 자아존중감이 낮아지고, 이러한 상황이 만성적으로 지속되면 우울장애가 발생할 수 있다. 이는 결과적으로 해당 직무를 소홀하게 할 수 있는 요인이 되며, 직무소진으로 이직률이 높이게 되는 측면이 발생한다.

이러한 문제들이 해결되지 않고 지속해서 발생한다면 노동자는 과식, 과음, 폭력적인 언행을 사용할 수 있다. 이러한 행동이 발생하는 요인과 관련된 주요 우울증상과 기분 저하증 등이 생길 수 있다.

세 번째, 사회적 관계 측면은 감정노동 종사자는 직무로 인해 생기는 문제로 사업주와의 마찰과 불편감이 생길 수 있으며, 이로 인한 직장 동료와의 의사소통 결여가 생기며 관계가 위축되고, 가족관계에서도 직무로 인해 악화하기도 한다.

네 번째, 산업재해의 문제는 노동을 수행하는 과정에서 작업환경이나 작업 행동 등 업무상 사유로 발생한 근로자에 신체적 · 정신적 건강에 피해가 일어나는 것이다. 서비스를 받은 고객의 불만족으로 인해 폭언이나 폭행을 당한다면 서비스제공자인 종사자는 업무상 적응 장애가 생길 수 있다.

앞서 위 내용과 같이 신체 · 정신건강 상태로 생기는 문제점에 대해 〈표 3-1〉로 살펴보고자 한다.

〈표 3-1〉 감정노동자가 겪는 문제

영 역	내 용
정신건강	감정노동 직무 스트레스로 인한 화병, 우울증 대인기피증, 수면장애, 공황장애 등이 발생되어 개인의 정신건강에 문제가 생김
인 권	헌법상 보장된 건강하게 살 권리와 행복추구권이 침해받음
이직률	과도하게 장시간 지속되는 스트레스를 견디지 못하고 직장을 떠나게 되는 이직률이 증가하게 되고 이로 인해 기업은 숙련된 노동의 이탈로 인한 생산성에 손실 발생
신체건강	두통, 탈모. 과호흡, 위경련, 고혈압, 탈진, 뇌심혈관계질환(뇌출혈, 뇌경색, 심근경색 등) 등
건강행동	과식, 과음, 폭력적인 말, 행동, 흡연, 음주, 자살 등
인간관계	스트레스를 해소하기 위해, 가족, 친구, 동료 또는 주변 사람들에게 무의식적으로 행해지는 폭력적인 언행으로 인간관계가 불편해짐

출처 : 서울시 감정노동종사자 권리보호센터(http://emotion.or.kr).

생각나누기

- 사례 1. 영유아와의 기관 내 다툼으로 인해 부모와 불편한 관계
- 사례 2. 동료 선생님 또는 원장과의 불편한 관계
- 사례 3. 기관의 과도한 업무

■ 위 내용의 사례 1, 2, 3 중 자신에게 해당이 되었던 사례가 있나요?
나에게도 비슷한 일이 업무에 있는지 서로 이야기 나누어 봅시다.
또한 이러한 일들이 생기면 내가 보육하는 영유아에게 어떠한 영향을 미치는지 이야기해 봅시다.

먼저 직무 스트레스는 업무수행 과정에서 개인의 능력과 비례하여 감당하기 어려운 업무를 경험하는 것이다. 이때 근로자, 즉 보육교사는 불안과 동반되는 흥분, 신체적인 변화와 불일치하는 감정부조화를 겪을 수 있다. 보육교사의 1일 근무 시간이 8시간 이상인 경우 스트레스 수준이 높게 나타났다(정진옥 · 표은영, 2018). 경력이 높을수록 직무 스트레스가 낮아진다는 연구(김신혜, 2006; 박영화, 2006; 조하나, 2009)는 지속적으로 검증되고 있다. 이러한 스트레스는 보육교사와 관계하는 영유아에게 영향을 줄 수 있다.

직무소진은 조직으로부터 과도한 요구로 인해 해당 직종에 열정, 흥미, 사명감 등이 상실되고 지친 상태에서 에너지가 고갈되는 것이다(최광일, 2017).

〈표 3-2〉 보육교사의 스트레스 및 신체적 · 심리적 건강상태에 대한 인식

구 분	전혀 그렇지 않음	별로 그렇지 않음	조금 그러함	매우 그러함	계(수)	4점 평균	
						2018년	2015년
직무 스트레스	12.6	41.0	41.4	4.9	100.0(3,400)	2.4	2.5
업무 피로도	12.0	38.1	42.0	7.9	100.0(3,400)	2.5	2.7
우울감	39.3	48.7	10.9	1.1	100.0(3,400)	1.7	2.1
정신적 피로	27.4	41.4	26.1	5.1	100.0(3,400)	2.1	-
신체질환	24.5	34.9	33.0	7.6	100.0(3,400)	2.2	-
분노 조절 어려움	48.5	44.2	6.7	0.6	100.0(3,400)	1.6	-

출처 : 유해미 외(2018).

먼저 보육기관의 직무와 관련하여 보육교사가 겪을 수 있는 감정 부조화(Morris & Feldman, 1996; 1997), 직무소진(Maslsch & Jackson, 1981)과 직무 스트레스(조규영, 2011; 서정은, 2015)에 대해 체크리스트로 점검해 보도록 하자(표 3-3, 표 3-4).

〈표 3-3〉 감정 부조화, 직무 스트레스, 직무소진 체크리스트

문항 번호	문 항	전혀 아니다	아니다	보통 이다	그렇다	매우 그렇다
1	나는 유아 또는 부모들을 대할 때 진짜로 웃는 것보다 일부러 웃는 것이 어려운 일이다.	1	2	3	4	5
2	나는 일을 하면서 감정대로 표현하지 못하는 것이 대단히 어려운 일이라 생각한다.	1	2	3	4	5
3	나는 피로함을 보이지 않으려고 항상 미소로써 유아 또는 부모들을 응대하는 것이 어려운 일이다.	1	2	3	4	5
4	나는 나의 역할을 효과적으로 수행한다.	1	2	3	4	5
5	나는 업무상 발생한 문제들을 효과적으로 해결한다.	1	2	3	4	5
6	나는 직장에서 가치 있는 것을 성취하고 있다.	1	2	3	4	5
7	나는 업무로 인해 완전히 기진맥진한 상태이다.	1	2	3	4	5
8	나의 업무는 나를 정말 피곤하게 만든다.	1	2	3	4	5
9	나는 퇴근시간 때쯤이면 완전히 지친다.	1	2	3	4	5
10	학부모들은 우리 어린이집에 무리한 요구를 한다.	1	2	3	4	5
11	원아 간의 싸움이나 미미한 안전사고 등으로 항의하는 학부모가 많다.	1	2	3	4	5
12	학부모들이 자신의 아이에게 관심을 쏟아 달라고 지나치게 요구한다.	1	2	3	4	5
13	보육시간 이외의 부수적인(수업준비 및 정리) 일들이 많아 스트레스가 크다.	1	2	3	4	5
14	보육의 행정업무(예 상담일지, 관찰일지, 전화일지, 차량운행, 일일계획안 등)량이 많아 스트레스가 크다.	1	2	3	4	5
15	우리 어린이집은 행사가 너무 많아 스트레스가 크다.	1	2	3	4	5
16	어린이집에서의 근무시간이 너무 길고 업무가 많아 스트레스가 크다.	1	2	3	4	5

17	어린이집에서의 휴식 및 자기개발 할 시간이 부족해 스트레스가 크다.	1	2	3	4	5
18	수업 및 학급운영을 위해 준비할 시간이 부족해 스트레스가 크다.	1	2	3	4	5
문항 번호	문 항	아주 많다	대체로 많다	보통 적다	대체로 적다	아주 적다
19	나의 급여를 나의 업무량과 비교한다면?	1	2	3	4	5
20	나의 급여를 나의 의무 및 책임 정도와 비교한다면?	1	2	3	4	5
21	나의 급여를 나의 타 어린이집과 비교한다면?	1	2	3	4	5
22	나의 급여를 나의 생활비와 비교한다면?	1	2	3	4	5

출처 : 최광일(2017).

〈표 3-4〉 감정 부조화, 직무소진, 직무 스트레스 설문 채점

구 분	하위내용	설문번호	문항수	최고점수	합 계
감정부조화	감정부조화	1~3	3	15	
직무소진	개인 성취감 감소	4~6	3	15	
	정서적 고갈	7~9	3	15	
직무 스트레스	학부모 관계	10~12	3	15	
	업무 과부하	13~18	6	30	
	급여 불공정성	19~22	4	20	

출처 : 최광일(2017).

3) 정신건강 문제가 영유아에게 미치는 영향

보육교사의 신체적 건강과 더불어 정신건강 관리를 간과하게 된다면 이와 관련된 질병을 얻을 수 있으며, 보육업무에 차질이 생기게 된다. 보육교사와 친밀감을 가진 영유아는 불안감을 보일 수 있고 따라서 보육 기관에 적응하기가 어려울 수 있다. 또한 어린이집의 등 · 하원 시간에 영유아의 부모나 보호자를 만날 때 자신의 감정이 좋거나, 슬프거나, 화나는 상황이 있지만, 보육 기관의 평가를 위해 숨겨야 하는 일이 많다.

보육교사는 영유아에게 보육과 교육 서비스를 제공하고 어린이집은 사회복지서비스업에 속한다. 사회복지서비스업 종사자이며, 타 직종의 노동자와 동등하게 「근로기준법」 등에 근거하여 보호받는다(최효미 외, 2020). 감정을 숨기는 것은 상당한 스트레스를 받을 수 있는 직업임에는 틀림이 없다.

보육 기관의 평가를 위해 보육교사의 감정이나 인권은 가려져 제대로 보호받지 못하는 현실에 처해 있다. 이러한 것을 '감정노동'이라고 이야기하는데 유럽과 일본 등 전 세계적으로 중요한 노동의 요소로 인정이 되었다. 우리나라에도 감정노동자를 보호하기 위해 2018년 10월 18일에 산업안전보건법이 개정되었다. 감정노동을 주로 하는 노동자들의 직무소진과 피해를 예방하고 치료하기 위해 여러 가지 대책을 세우고 있다(서울시 감정노동종사자 권리보호센터, http://emotion.or.kr). 감정노동자에 대한 분류는 〈표 3-5〉에 제시하였다.

〈표 3-5〉 **감정노동 직업군 분류**

구 분	직 업
직접 대면(고객)	백화점, 마트의 판매원, 호텔 직원, 음식업 종사원, 항공사 승무원, 골프장 경기보조원, 미용사, 택시 및 버스기사, 금융기관 종사원 등
간접 대면(고객)	콜센터 상담원, 온라인 상담원 등
돌봄 서비스(사람)	요양보호사, 간호사, 보육교사, 특수교사 등
공공서비스, 민원처리	시/구청(민원실), 주민센터 직원, 공단 직원, 사회복지사, 경찰, 소방관 등

출처 : 고용노동부(2019).

성인이 되면 직업을 가지게 되는데 에릭슨(Erikson)은 이 시기를 생산성의 시기라고 하였다. 이때 직장 내의 대인관계, 과도한 업무, 신체적 피로가 스트레스로 신체적 건강과 정신적 건강에 부정적인 영향을 끼친다(김혜련 · 신혜섭, 2001).

감정노동은 실제 자신이 감정과는 다르게 직무를 행해야 하는 과정에서 말투나 몸짓 등 감정적 노동으로, 이러한 직종 종사자를 '감정노동자'라 한다. 고용노동부는 노동자가감정을 관리해야 하는 부분이 근무 시간의 직무가 50%를 초과할 경우를 감정노동에 해당한다고 규정지었다(고용노동부, 2019). 최근 직업의 다양화로 보육교사의 직무도 직접 영유아나 영유아의 보호자를 상대하는 직무로 감정노동 직군으로 분류되어 있다. 어린이집에서 근무하는 보육교사의 감정표현은 일반적인 서비스 영역의 감정표현과 다르다(고재욱, 2012). 실제 이용자인 영유아 외에 영유아의 부모와 보호자와 상호작용을 하면서 노출이 되기 때문이다.

2. 교사 상담지원과 정신건강 지원 사례

보육교사는 자신의 건강한 신체와 정신건강을 위해 개인 차원으로 나를 돌볼 필요가 있으며, 조직적 차원에서는 직장 동료와 가족에게 지지와 자신의 상태를 정확하게 이야기할 필요가 있다. 그래야만 자신의 직무와 관련된 일을 건강하고 행복하게 또한 안전하게 지속시킬 수 있다.

1) 상담의 필요성과 효과성 인지

(1) 개인 차원에서 대처전략

나의 재능과 강점을 찾아보고, 대표 강점을 개발하여 일상생활에서 활용해 보도록 하자. 긍정적인 생각을 가짐으로써 나의 자존감을 높이고 나아가 자신감을 가질 수 있다. 대개 부정적인 신념은 자신에 대한 무가치감과 부정적인 사건의 경험이 많이 쌓이게 되면 생긴다. 이러한 부정적인 신념은 우울로 이어질 수 있으며 심각해지면 행동에도 영향을 미치게 된다.

(2) 조직적 차원에서의 대처전략

타인을 지지하고 강점을 이야기해 주는 것은 나의 긍정적인 자존감이 있을 때 가능하다. 가족과 직장 동료, 또는 친구들에게 지지받는다는 것은 사회 구성원으로서 더욱 가치 있는 삶의 원동력이 된다. 또한 고민이 있거나 상담이 필요할 경우

가까운 지역의 건강가정지원센터에서 개인 상담, 전국 육아종합지원센터에서 상담 전문요원이 배치되어 보육 교직원들의 심리적 · 정서적 고충 상담과 건강 · 영양 · 안전 교육 및 아동학대 예방, 영유아 성 행동 문제 관련 업무수행 상담(보건복지부, 2022)이 가능하다. 또한, 한국보육진흥원에서 보육 교직원의 업무 · 스트레스 점검 및 지원을 위한 마음성장 프로젝트에서 대상에 맞는 대면 · 비대면 교육이 가능하다 (마음성장 프로젝트, https://mindup.kcpi.or.kr).

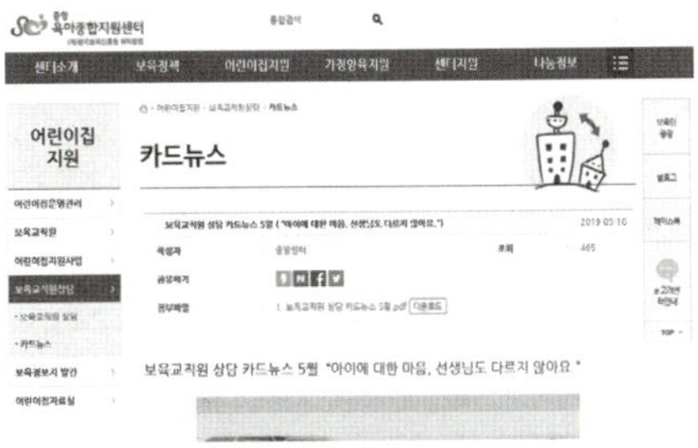

중앙육아정보지원센터
(www.central.childcare.go.kr)

마음성장 프로젝트(한국보육진흥원)
(mindup.kcpi.or.kr/home/kor/main.do)

| 그림 3-1 | 보육교사 상담

출처 : 육아정보지원센터, 마음성장 프로젝트.

2) 상담지원과 정신건강 지원 사례탐색

적당한 스트레스가 있는 것은 우리의 성장과 건강 유지를 위해 필요하다. 하지만 너무 많은 스트레스는 신체와 정신적 건강에 이롭지 못하기 때문이다. 건강하고 행복한 교사가 되기 위해 스트레스에 대한 효과적인 대처 방법의 하나는 미리 예견되는 스트레스를 대비하고 해결해 가는 것이다. 스트레스를 유발하는 개인의 행동 변화를 확인하고, 상황적 환경을 변화시키도록 노력해야 한다. 특히, 명상 및 마음 챙김은 보육 교직원의 정신건강에 효과적(김준호 외, 2019; 한미영, 2024; 고효림, 2024)이다.

- 명상 및 점진적 이완훈련, 마음챙김
- 생각 중단하기, 자기주장 훈련, 행복 채널 선택하기
- 인지행동 수정하기

참고문헌

고용노동부(2019). 감정노동 종사자 건강 보호 핸드북.

고재욱(2012). 보육교사의 감정노동 해소에 관한 연구. **유아교육 · 보육복지연구, 16**(2), 271-294.

고효림(2024). 직무스트레스가 직무만족도에 미치는 영향에서 마음챙김의 매개효과. **열린유아교육연구, 29**(3), 171-189.

김신혜(2006). 유치원교사의 직무스트레스 관련 변인연구. 연세대학교 교육대학원 석사학위논문.

김혜련 · 신혜섭(2001). **정신건강론**. 서울 : 학지사.

명준희 · 송지훈 · 이혜정(2021). 코로나19 상황이 보육교사 직무스트레스에 미치는 영향. **한국생활과학회지, 30**(1), 35-44.

박영화(2006). 보육교사 직무스트레스와 시설장 리더십에 관한 연구. 한양대학교 교육대학원 석사학위논문.

보건복지부(2018). 「어린이집 및 이용자통계」 통계청보고서.

_________(2022). 2022 보육사업안내.

보육교사 실태조사(2012). 국가인권위원회.

서정은(2015). 유아의 도전행동에 대한 보육교사의 지도전략과 직무스트레스, 자아존중감, 영유아인권인식 관계연구. 숙명여자대학교 대학원 박사학위논문.

신나리 · 백선정 · 김상림 · 송승민 · 이주연(2020). 코로나19가 변화시킨 어린이집의 일상, 그리고 던져진 과제. 2020 한국보육지원학회 · (재)경기도가족여성연구원 추계학술대회 주제발표 논문(pp. 97-118).

위영희 · 한성희 · 박정원 · 석은선 · 문혁준 · 이희정(2008). **영유아 교수방법**. 서울 : 창지사.

유재경(2013). 유아교사의 직무스트레스와 교사-유아 상호작용이 유아의 친사회적 행동에 미치는 영향. 경희대학교 교육대학원 석사학위논문.

유해미 · 강은진 · 권미경 · 박진아 · 김동훈 · 김근진 · 김태우 · 이유진 · 이민경(2018). 2018년 전국보육실태조사, 어린이집 조사. 세종 : 보건복지부 · 육아정책연구소.

이채호 · 고태순(2009). 보육교사의 심리적 안녕감. 건강지각 및 건강증진 생활양식에 관한 연구. **유아교육 · 보육복지연구, 12**(2), 23-40.

장현갑(2019). **명상이 뇌를 바꾼다**. 서울 : 불광출판사.

정진옥 · 표은영(2018). 보육교사의 스트레스 수준, 건강상태가 소진에 미치는 영향. **한국산학기술학회, 19**(2), 347-356.

조규영(2011). 보육교사의 직무스트레스 선행요인과 행위결과에 관한 연구. 동아대학교 대학원 박사학위논문.

조준오 · 김경애(2019). 유아교사를 위한 명상 프로그램 개발 및 적용. **한국영유아교원교육학회, 23**(2), 145-177.

조하나(2009). 유아교사의 직무스트레스와 교사효능감에 대한 연구. 경남대학교 교육대학원 석사학위논문.

최광일(2017). 직무소진이 정신건강에 미치는 영향 : 사회적 지지의 조절효과를 중심으로. 가천대학교 일반대학원 박사학위논문.

최효미 · 박은정 · 이혜미(2020). 어린이집의 작업장 폭력 발생 위험과 보육교사 보호 방안. **노동정책연구, 20**(3), 55-78.

한국산업안전보건공단(2021), 감정노동 종사자 건강보호 가이드.

한미영(2024). 스트레스가 교사소진 및 주관적 행복에 미치는 영향 : 마음챙김의 매개효과. **한국교육문제연구, 42**(3), 113-133.

APA, 권준수 외(2015). **정신질환의 진단 및 통계편람 제5판**. 서울 : 학지사.

Maslach, C., & Jackson, S. E.(1981). The measurement of experienced burnout. *Journal of Organizational Behaviour, 2*(2), 99-113.

Morris, J. A., & Feldman, D. C.(1997). Managing emotions in the workplace. *Journal of Managerial Issues, 9*(3), 257-274.

서울시 감정노동종사자 권리보호센터 http://emotion.or.kr

02
PART

건강 · 안전(12시간)

CHAPTER 04

영유아 안전과 건강관리

강은영(시립 은계행복어린이집 원장)

학습목표

- 영유아기 안전사고 수칙을 숙지하고 위기상황 발생 시 올바르게 대처한다.
- 표준보육과정과 어린이집 평가 지표의 건강 · 안전 영역에 대해 알고, 안전 및 보건 위생 관리를 실천한다.
- 영유아기 감염병 및 알레르기, 약물 오남용의 특징을 알고 관리할 수 있다.
- 영유아기 올바른 미디어 활용방법을 안다.

1. 안전관리 수칙과 위기관리

1) 영유아기 안전사고 수칙과 예방방안

(1) 영아기

안전사고는 2세 미만 영아기 사망원인의 주요 요인이며, 영아기에는 운동발달과 더불어 계단이나 책상, 의자에서 떨어져 추락에 의한 상해를 입기 쉽다. 또한 이물흡입이나 중독, 질식과 같은 안전사고에 노출된 확률이 높아 각별한 주의가 필요하다.

〈표 4-1〉 영아기 안전사고의 유형 및 예방방안

사고유형	위험요소	예방방안
화 상	• 목욕물 • 뜨거운 물이나 음식 • 전기 콘센트, 다리미 등	• 팔꿈치로 목욕물의 온도 측정하기 • 영아 주변에 두지 않기 • 사용 즉시 손이 안 닿는 곳에 치우기
추락사고	• 안전 보호대가 없는 침대 • 계단	• 침대에 안전대 설치하기 • 계단에 안전울타리 설치하기
질식사고	• 푹신한 요와 베개 • 우유에 의한 질식 • 이물질에 의한 질식	• 6개월 미만의 영아는 엎드려 재우지 말고 푹신한 것보다는 단단한 것으로 준비하기 • 수유 후에 반드시 트림을 시키고 옆으로 재우기 • 단추, 구슬, 동전 등은 주의하여 보관하기
영아 돌연사	• 사망 원인 불명확	• 생후 1년 이내의 영아들은 잠자는 시간에도 잘 지켜보기
놀이사고	• 끝이 날카로운 놀잇감	• 위험한 놀잇감은 비치하지 않기 • 파손된 놀잇감은 즉시 수리하거나 교체하기
위험물질 흡입사고	• 의약품, 화학약품, 화장품, 세제, 살충제 등	• 영아의 손에 닿지 않는 곳에 보관하고 잠그기
추락 및 충돌	• 안전 보호대가 없는 침대 • 방충망, 창살 없는 창문 • 물체와 충돌	• 침대에 안전대 설치 • 창문 밑에 올라갈 수 있는 가구 두지 않기 • 베란다에 영아 혼자 두지 않기 • 영아 주변에 위험한 물건 치우기
익사사고	• 목욕탕이나 물가에서 익사로 인한 질식사	• 욕조 주변이나 물가에 혼자 두지 않기
교통사고	• 길에서 혼자 노는 상태 • 자동차, 오토바이, 차도에서 보행 중의 사고	• 위험한 길에서 혼자 놀지 않도록 지도하기 • 교통규칙과 교통사고의 위험에 대한 체험적 안전교육 실시하기

(2) 유아기

유아기 안전사고는 예측하지 못한 상황에서 일어나므로 사전에 예방하는 것이 중요하다. 특히 보호자의 보호에서 벗어나기 시작한 유아기는 스스로 자신을 보호할 수 있어야 하므로 생활 주변에서 위험을 인식하고 안전행동 방법을 익힐 수 있도록 지도하는 것이 바람직하다.

〈표 4-2〉 유아기 안전사고의 유형 및 예방방안

사고유형	위험요소	예방방안
교통사고	• 자동차, 버스에 의한 안전사고 • 통원버스, 학원 차량, 급정거에 의한 사고	• 교통규칙을 가르치고 준수하도록 하기 • 통원버스에서 지켜야 할 규칙 알려주기 • 통원버스에 교사가 반드시 탑승하기
놀이 중 사고	• 놀이기구에 매달리는 사고, 끼이는 사고 • 칼, 총 등 공격적인 놀잇감 • 수영 및 물놀이에 의한 익사 사고	• 놀이기구를 안전하게 이용하는 방법 지도하기 • 위험한 놀잇감은 비치하지 않기 • 물의 위험을 교육하고 수영 지도하기
추락 및 충돌	• 엘리베이터, 계단, 창문에서의 추락 • 실외놀이기구에서의 추락 • 책상이나 가구 모서리에 충돌	• 엘리베이터 이용법, 계단에서의 안전한 보행, 창문 밖을 내려다보지 않도록 지도하기 • 놀이기구 이용 시 위험한 행동에 대해 지도하기 • 모서리보호대 설치하기
화 상	• 각종 전열 기구, 뜨거운 물, 정수기	• 난방 기구에는 보호대를 설치하고, 다리미는 사용 후 유아의 손이 닿지 않는 곳에 치우기 • 정수기의 온수 작동 꼭지에 안전장치 설치하기
운동 관련사고	• 자전거, 스케이트, 킥보드 등	• 운동기구의 올바른 사용법과 사고 예방법을 교육하기
기타 안전사고	• 유괴, 성폭력, 학대 등	• 유괴와 성폭력 예방법을 주기적으로 교육하고, 교사들은 학대받는 유아가 있는지 세심하게 살피고 발견하면 신고하기

2) 2024년 개정 표준보육과정과 안전내용

2024년 개정 표준보육과정에서는 영유아의 안전을 위한 안전교육을 계획 운영하여야 함을 제시하고 있다. 또한 어린이집에서는 영유아가 놀이안전과 생활안전을 지키고, 위험한 일이 발생하였을 때 도움을 받아 대처할 수 있는 능력을 기를 수 있도록 안전교육을 실시하여야 함을 강조하고 있다.

(1) 2024년 개정 표준교육과정

2024년 개정 표준보육과정 5개 영역 중 신체운동 · 건강 영역 '안전하게 생활하기'에 내용이 제시되어 있다.

〈표 4-3〉 **2024 개정 표육보육과정 신체운동 · 건강 영역**

내용범주	0~1세	2세
안전하게 생활하기	• 안전한 상황에서 놀이하고 생활한다. • 안전한 상황에서 교통수단을 이용해 본다. • 위험하다는 말에 주의한다.	• 안전하게 놀이하고 생활한다. • 안전한 상황에서 교통수단을 이용해 본다. • 위험한 상황에 대처하는 방법을 경험한다.

출처 : 교육부(2024).

(2) 2019 개정 누리과정

3~5세를 위한 2019 개정 누리과정은 5개 영역으로 구성되어 있으며, 안전과 관련된 내용은 신체운동 · 건강 영역의 '안전하게 생활하기' 내용에 제시되어 있다.

〈표 4-4〉 **2019 개정 누리과정 신체운동 · 건강 영역**

내용범주	3~5세
안전하게 생활하기	• 일상에서 안전하게 놀이하고 생활한다. • TV, 컴퓨터, 스마트폰 등을 바르게 사용한다. • 교통안전 규칙을 지킨다. • 안전사고, 화재, 재난, 학대, 유괴 등에 대처하는 방법을 경험한다.

출처 : 보건복지부(2019).

3) 2024 개정 어린이집 평가지표와 안전내용

2024 개정 평가제에서는 보육교직원과 영유아를 대상으로 안전교육을 지속적으로 실시하는지, 영유아 학대 예방 지침을 준수하는지, 안전설비를 비상시 효율적으로 사용할 수 있도록 관리하는지에 대해 평가한다.

〈표 4-5〉 안전관련 평가제 평가지표

6-3-1 보육실과 실내외 공간 및 시설 · 설비를 안전하게 관리한다.
① 어린이집 대문과 현관문에는 개폐 장치를 설치하여 관리한다.
② 2층 이상의 창문에는 창문 보호대가 설치되어 있다.
③ 가구 및 설비는 파손된 곳이 없고, 모서리가 날카로운 경우 보호대가 설치되어 있다.
④ 사고 유발 위험이 있는 설비, 적재물은 영유아 활동 공간과 분리하여 안전하게 보관되어 있다.
⑤ 영유아가 성인이 주로 사용하는 실내외 공간에 출입하지 않도록 관리한다.
6-3-2 놀잇감, 놀이기구, 위험한 물건을 안전하게 관리한다.
① 영유아의 놀잇감의 형태와 크기, 재질 등이 안전하다.
② 영유아의 놀이기구(고정식 놀이기구, 볼풀장 등)는 안전하게 설치되어 있으며, 파손된 곳이 없다.
③ 위험한 물건은 안전하게 보관되어 있다.
6-3-3 비상사태용 시설 · 설비를 상시 사용할 수 있도록 관리한다.
① 경보시설 · 소화시설 · 대피시설 등의 비상시설 · 설비가 항상 제대로 작동되도록 관리하고 있다.
② 모든 보육교직원은 비상시설 · 설비의 위치와 실제 사용법을 알고 있다.
6-4-1 일과 중 영유아를 안전하게 보호한다.
① 영유아 인계 과정에 대한 어린이집 지침에 따라 출석과 귀가 지도가 이루어지고 있다.
② 교사는 영유아의 안전을 위해 항상 전체 상황을 주시하고, 장소가 바뀔 때마다 전체 영유아를 확인한다.
③ 교사는 영유아가 안전하게 놀이하고 생활하도록 안내하고 교육한다.
④ 교사는 영유아 학대 예방 지침을 준수한다.
6-4-2 비상시 신속하게 대처할 수 있도록 관리한다.
① 아프거나 다친 영유아를 위한 지침을 숙지하고 실행한다.
② 보육교직원은 비상시 지침에 따른 자신의 역할과 업무를 숙지하고 실행한다.
③ 모든 영유아에게는 비상시 피난 대피를 도울 보육교직원이 지정되어 있다.
6-4-3 등 · 하원 차량을 운행할 경우 안전요건을 갖추어 관리한다.
① 운전자 외에 책임 있는 성인(원장, 교사 등)이 동승한다.
② 차량에 동승한 성인(교사 등)과 모든 영유아가 개별 안전띠(또는 영아용 보호창구)를 착용한 후 차량을 출발시킨다.
③ 운전자와 차량에 함께 탄 성인(교사 등)은 마지막에 모든 영유아가 차에서 내렸는지 전 좌석을 확인한 후, 어린이 하차확인장치의 버튼을 누르고 하차한다.

출처 : 교육부 · 한국보육진흥원(2024). 2024 개정 평가제 어린이집 평가 매뉴얼.

4) 영유아에 대한 안전교육

어린이집은 영유아 스스로가 자신의 안전을 보호할 수 있는 능력과 기술을 가지도록 교육해야 한다. 안전교육 기준(아동복지법 제31조 및 같은 법 시행령 제28조)에 따라 성폭력예방교육, 아동학대, 실종유괴의 예방 · 방지교육, 감염병 및 약물의 오남용 예방 등 보건위생관리교육, 재난대비 안전교육, 교통안전교육 등 안전교육의 내용이 포함되어야 한다.

〈표 4-6〉 아동의 안전교육 기준

구분	성폭력 예방교육	아동학대 예방교육	실종 · 유괴의 예방 · 방지 교육	감염병 및 약물의 오용 · 남용 예방 등 보건위생관리 교육	재난대비 안전교육	교통안전 교육
실시 주기 (총시간)	6개월 1회 이상 (연간 4시간 이상)	6개월 1회 이상 (연간 4시간 이상)	3개월 1회 이상 (연간 10시간 이상)	3개월 1회 이상 (연간 10시간 이상)	6개월 1회 이상 (연간 6시간 이상)	2개월 1회 이상 (연간 10시간 이상)
교육 내용	• 내 몸의 소중함 • 내 몸의 정확한 명칭 • 좋은 느낌과 싫은 느낌 • 성폭력 예방법과 대처법 • 성폭력의 개념 및 성폭력의 주체에 대한 교육	• 나의 권리찾기(소중한 나) • 아동학대 및 아동학대행위자 개념 • 자기감정 표현하기 및 도움요청하기 • 신고 이후 도움받는 방법	• 길을 잃을 수 있는 상황 이해하기 • 미아 및 유괴 발생 시 대처방법 • 유괴범에 대한 개념 • 유인 · 유괴 행동에 대한 이해 및 유괴예방법	• 감염병 예방을 위한 개인위생 실천 습관 • 예방접종의 이해 • 몸에 해로운 약물위험성 알기 • 생활주변의 해로운 약물 · 화학제품 그림으로 구별하기 • 모르면 먼저 어른에게 물어보기	• 화재의 원인과 예방법 • 뜨거운 물건 이해하기 • 옷에 불이 붙었을 때 대처법 • 화재 시 대처법 • 자연재난의 개념과 안전한 행동 알기	• 차도, 보도 및 신호등의 의미 알기 • 안전한 도로 횡단법 • 안전한 통학버스 이용법 • 날씨와 보행안전 • 어른과 손잡고 걷기
교육 방법	• 전문가 또는 담당자 강의 • 장소 · 상황별 역할극 실시 • 시청각 교육 • 사례 분석	• 전문가 또는 담당자 강의 • 장소 · 상황별 역할극실시 • 시청각교육 • 사례분석	• 전문가 또는 담당자 강의 • 장소 · 상황별 역할극 실시 • 시청각 교육 • 사례 분석	• 전문가 또는 담당자 강의 • 시청각교육 • 사례 분석	• 전문가 또는 담당자 강의 • 시청각 교육 • 실습교육 또는 현장학습 • 사례 분석	• 전문가 또는 담당자 강의 • 시청각교육 • 실습교육 또는 현장학습 • 일상생활을 통한 반복지도 부모교육

출처 : 아동복지법 시행령 별표6.

5) 어린이집의 안전법규와 안전관리 지침

(1) 어린이안전관리에 관한 법률(제23조)

「어린이안전관리에 관한 법률」에서는 '어린이의 생명과 신체에 대한 위험을 예방하고 어린이안전을 확보하기 위한 사항을 규정함으로써 어린이가 행복하고 건강한 삶을 누릴 수 있는 환경을 조성하는 것'을 목적으로 하고 있다. 이에 따라 보육교직원은 세부내용을 인지하여 안전교육을 실시하여야 한다.

〈표 4-7〉「어린이안전관리에 관한 법률」 안전교육 주요 내용

구분	조 항		주요 내용
법	제16조	어린이안전교육	원장은 보육교직원에게 매년 응급처치 실습(소아심폐소생술 포함)을 포함한 어린이 안전교육을 실시하여야 함(이론과 실습 포함 4시간)
	제17조	어린이안전관리 담당자	어린이 이용시설 관리주체는 다음 각 호의 업무에 관하여 어린이 안전관리담당자를 지정하여야 함 1. 응급조치 수칙의 수립 및 교육에 관한 사항 2. 그 밖에 다른 법률에 따른 안전관리 교육에 관한 사항

(2) 안전관리 지침

교육부(2025) 보육사업안내에는 어린이집의 설치기준과 운영 등 전반적인 지침이 수록되어 있다. 어린이집의 안전관리에서는 안전관리 원칙과 분야별 안전관리, 안전사고 예방대책 등의 내용을 담고 있으며 내용은 〈표 4-8〉, 〈표 4-9〉, 〈표 4-10〉, 〈표 4-11〉과 같다.

〈표 4-8〉 어린이집 안전관리 원칙

관련 내용
• 원장 등 보육교직원은 업무를 수행함에 있어 영유아의 생명 · 안전보호 및 위험방지를 위하여 주의의무를 다해야 함 • 어린이집 원장은 보육교직원 및 부모와 함께 영유아의 안전사고 예방을 위해 성실하게 노력하고 안전교육을 실시해야 함

- 어린이집은 인근 소방서, 경찰서 및 가스, 유류 등의 안전상태를 점검하는 유관기관에 의해 정기점검을 실시하고 비상연락체계를 구축해야 하며, 자체적으로 정기적인 시설 안전점검을 실시하고 기록 · 관리해야 함
- 어린이집 보육교직원은 영유아의 실내 · 외 활동 시 안전을 위해 영유아를 보호 · 감독해야 하며 원장은 영유아에 대한 물리적 환경과 인적환경에 대한 안전확보를 위해 시설 및 환경을 조성하고 관리해야 함
- 어린이집 내 'CCTV' 등 설치 운영과 관련된 사항은 어린이집 영상정보처리기기 설치운영 가이드라인에 따름

〈표 4-9〉 **분야별 안전관리(물리적 · 인적)**

구분	내용
물리적 환경에 대한 안전관리	• 어린이집의 보육교직원은 안전관리의 중요성을 인식하고 이를 실천하기 위하여 노력해야 함 • 원장은 『어린이집 통합안전점검표』(② 안전분야)에 따라 매일, 매월 시설안전점검을 실시하여 화재 · 상해 등 위험발생요인을 사전에 제거해야 함 • 100인 이상을 보육하는 시설은 어린이보호구역으로 지정 · 관리할 수 있음
인적 환경에 대한 안전관리	• (보육교직원 행동 지침) 어린이집 보육교직원은 영유아의 안전사고 예방을 위해 영유아에 대한 보호와 감독을 철저히 해야 함 • (안전관리 및 교육) 어린이집 보육교직원은 안전점검방법 및 안전점검표의 활용법, 영유아의 발달단계 특성을 고려한 보호 및 안전교육 방법에 대해 숙지 • 어린이집 보육교직원은 영유아의 안전을 위해 영유아의 보호자와 상호 협력 • 어린이집에서는 영유아와 부모에 대한 안전교육을 시행 • 원장은 모든 보육교직원에 대해 안전교육을 실시하고, 관련 기관 등에서 전문적인 안전교육을 받을 수 있도록 조치

출처 : 교육부(2025). 보육사업안내.

〈표 4-10〉 **대상별 안전교육(영유아 · 보육교직원 · 부모)**

구분	내용
영유아에 대한 안전교육	• 영유아 스스로가 자신의 안전을 보호할 수 있는 능력과 기술을 가지도록 교육해야 함 • 어린이집의 장은 비상대응계획을 작성하고, 소방 대피, 지진 대피, 폭설 대비 훈련을 포함한 다양한 유형의 재난대비 훈련을 실시해야 함 • 어린이집의 장은 보육대상 아동의 연령을 고려하여 아동복지법령의 안전교육 기준에 따라 매년 안전교육계획을 수립하여 교육을 실시하고, 계획 및 교육 실시 결과를 관할 시장 · 군수 · 구청장에게 매년 3월 31일까지 보고해야 함
보육교직원에 대한 안전교육	• 어린이집 보육교직원은 안전교육지침 등을 숙지해야 하며, 시 · 도 및 시 · 군 · 구 등에서 안전관련 교육을 시행할 때 적극 참여 및 이수해야 함 • 화재 등 긴급사태에 대비한 계획수립 및 정기적인 점검 · 훈련을 실시해야 함
부모에 대한 안전교육	• 어린이집의 장은 영유아의 건강 · 위생, 아동학대, 안전, CCTV 열람 등과 관련된 내용을 포함하여 부모와 충분히 협의 · 고지해야 하며 안전, 아동학대예방 등 관련교육에 부모가 참여할 수 있도록 해야 함

출처 : 교육부(2025). 보육사업안내.

〈표 4-11〉 차량안전관리(차량을 운행하는 경우)

구 분	관련 내용
통학차량 신고	• 도로교통법 제52조(어린이 통학버스의 신고 등) 참조 • 원장이 전세버스 운송사업자와 운송계약을 맺은 차량도 어린이 통학버스로 신고가능(2008. 9. 2) • 어린이 통학버스 미신고 차량 운행 시 행정처분 : 시정명령
운전자	• 운전기사 채용 시 채용신체검사서 제출, 교통안전교육 이수 여부 확인 및 성범죄 경력조회 실시 • 운전자는 통학 차량에 승차한 영유아가 좌석에 앉았는지, 하차한 영유아가 보도 또는 길 가장자리 구역 등 자동차로부터 안전한 장소에 도착했는지를 확인한 후 통학차량 출발 • 음주, 휴대폰, 이어폰 사용 등 운전판단 능력에 영향을 미치는 행위 금지 • 출결 상황 확인이 종료될 때까지 통학차량을 다른 장소로 이동하지 아니하고 차량에서 대기해야 함 • 영유아의 승하차를 위해 차량을 주정차할 경우 도로방향이 아닌 보도나 길 가장자리 구역 옆 등 안전 위해요소가 없는 방향에서 승하차할 수 있도록 차량을 주정차해야 함
동승자	• 등 · 퇴원차량 운행 시 운전기사 및 보육교사 등 동승자는 영유아를 안전하게 담당 보육교사나 보호자에게 인도해야 하며, 모든 영유아가 안전하게 인도되었는지 여부를 확인해야 함 • 보육교사 등 차량에 동승하는 사람은 도로교통공단이 주관하는 동승보호자 안전교육(온 · 오프라인 모두가능)을 받고 수료증을 어린이집 원장에게 제출하도록 함 • 교사와 영유아는 차량 운행 시작 전 안전벨트 착용 • 어린이집에 통학차량이 도착하여 영유아가 하차한 후 지체 없이 통학차량 이용 영유아들의 승하차 상황을 확인하고 담임교사에게 통보해야 함(무단결석 영유아 확인 시 보호자를 통해 영유아의 소재 확인−확인이 되지 않을 시 통학차량에 영유아가 남아 있는지 재확인)
통학차량 설비	• 운전자는 통학차량 내부에 안전수칙을 부착하고, 차량용 소화기 및 구급상자를 비치, 어린이집 통합안전점검표(③ 차량분야)에 의한 안전점검 실시 • 금연을 상징하는 표지판 또는 스티커 부착, 스티커 미 부착 시 시정명령 부과, 시정명령을 따르지 아니한 경우 500만 원 이하의 과태료 부과 • 영유아의 하차 여부를 확인할 때에는 행정안전부령 '어린이 하차 확인장치'를 작동해야 함 • 좌석 안전띠 착용 및 보호자 동승확인기록(안전운행기록)을 작성, 보관하고 매 분기 어린이 통학버스를 운영하는 시설을 감독하는 주무기관의 장(지자체장)에게 안전운행기록을 제출하여야 함 • 교통안전법 제55조에 따라 어린이 통학버스를 운영하는 자는 어린이 통학버스에 운행기록장치를 장착하여야 함

출처 : 교육부(2025). 보육사업안내.

6) 어린이집 실내외 안전관리

어린이집에서는 실내외 환경을 수시로 점검하고, 위험요인이나 잠재적 위험 발견 시 제거 등 수리 등 정기적 관리를 통하여 안전한 환경이 될 수 있도록 관리해야 한다. 또한 보육교직원과 영유아들이 실내외 환경의 안전수칙을 익혀 안전하게 생활할 수 있도록 하여야 한다.

(1) 어린이집 실내 안전관리

① 현관 및 출입구

어린이집 내에 있는 모든 출입문 및 창문의 개폐관리(비상구 제외), 현관문은 영유아가 성인의 보호 없이 나갈 수 없도록 개폐관리, 신발장 고정 상태와 문 손끼임 방지처리, 계단, 입구에 미끄럼방지 매트를 사용하여야 한다.

② 복도 및 계단

복도 및 계단에서는 최소한 성인 두 사람이 어깨를 부딪치지 않고 지나갈 수 있는 정도의 너비를 확보하여 영유아의 충돌을 방지한다. 창문이 있는 경우 추락방지기구(안전창), 창문보호대를 설치(120cm 이하 창문, 2층 이상)하여야 한다(어린이집평가매뉴얼, 2023). 계단 바닥재는 미끄럽지 않은 재질을 사용하고, 끝부분에 미끄럼 방지대를 설치하며, 계단의 유효높이는 15cm 이내를 권장한다. 계단의 안전손잡이, 적치물, 난간의 고정 상태를 확인하고 실내추락사고 방지를 위해 난간을 확인해야 한다. 두 개 층 이상 개방된 계단이나 복도 등에 설치하는 난간의 경우는 높이 120cm 이상, 난간 사이의 간격은 10cm 이하로 강도 및 내구성 있는 재료를 사용하고, 영유아의 신체 치수를 고려하여 보조손잡이 설치도 가능하다(보육사업안내, 2023).

③ 보육실

- 놀잇감의 경우에 영아(0~1세 이하)에게 제공되는 놀잇감은 직경이 약 3.5cm를 초과하여야 한다.

- 영유아에게 충분한 수의 교구를 마련해 주고, 동일한 것으로 여러 개 구비하여 갈등상황의 유발을 방지하여야 한다.
- 모든 교구는 정기적 점검을 실시하여 파손 또는 노후화 발견 시 수리 혹은 파기할 수 있도록 해야 한다.
- 놀잇감을 찌든 때 및 먼지 없이 청결하게 관리하고, 특히 영아가 입으로 넣어 빨기 쉬운 영아용 놀잇감은 놀이활동이 끝나면 별도의 바구니에 분리하고 매일 세척해야 한다.
- 문의 경우에 미닫이문으로 한 방향으로 열고 닫도록 설치하고, 문틀 사이, 문틈 아래에 공간이 있는 경우 끼임 방지대를 설치하여야 한다. 또한 영유아 신체에 손잡이가 닿을 경우 둥글게 처리된 손잡이를 사용하거나 손잡이 쿠션을 씌워서 사용한다.
- 영유아가 보육실에 들어가서 문을 잠그지 않도록 잠그는 기능은 제거한다. 가급적 안과 밖이 다 보일 수 있는 투명 강화유리를 설치하고 스티커 등을 부착하여 부딪침을 방지해야 한다.
- 창문의 경우에 바닥부터 120cm 이하인 창문에는 추락방지기구, 모서리보호대 등을 설치해야 한다. 커튼 블라인드 선은 정리하고, 창문에 설치하는 커튼류의 경우에는 방염제품을 사용한다.
- 2층 이상의 경우 안전장치를 설치하며, 강화유리가 아닐 경우에는 파손대비 투명 시트지를 부착하고, 추락 등의 위험이 있는 공간에 있는 창호 등은 개폐 시 추락 등을 방지하기 위해 안전시설을 설치하여야 한다.
- 벽면과 바닥의 경우에 필요시 게시판 모서리에 안전장치를 부착하고 게시판 부착 시 고정 상태를 확인하여, 미끄러질 우려가 있는 곳에는 고무매트나 카펫을 깔아 둔다.
- 벽 교구장과 가구장, 피아노 등의 경우에 영유아용 책상, 의자, 활동자료장 등은 영유아의 신체 크기에 적합하여, 영유아 스스로 사용 가능한 제품으로 사용한다.

- 놀잇감 수납 시 추락 위험이 있는 무거운 놀잇감은 즉시 안전한 위치로 이동한다. 교구장 등은 넘어지지 않도록 고정해 주어야 한다.
- 피아노 밑 부분, 건반과 뚜껑 사이에 푹신한 천이나 부직포를 부착하고 피아노를 사용할 때를 제외하고 항상 뚜껑을 닫아 놓고 잠금장치를 부착해야 한다.
- 가전제품의 경우에 움직이지 않도록 고정하여야 하며, 모든 전선, 콘센트(이동식 콘센트 포함), 플러그 등은 파손되거나 손상되었는지 점검하고 즉시 교체하며, 사용하지 않는 콘센트는 안전덮개를 사용하여야 한다(어린이집 평가매뉴얼, 2023).

④ **공동놀이터**(실내놀이터)

대근육 활동기구는 충분한 주변 공간을 둔다. 영유아의 키 높이의 벽면, 바닥, 기둥, 모서리에 충격을 완화할 수 있는 장치 또는 안전매트를 설치한다. 창문이 없는 벽면에 놀이기구를 배치하고, 실내놀이터는 놀이터를 사용하는 전용 공간으로 확보해야 하며, 조명, 채광, 환기, 온·습도가 적정해야 한다(보육사업 안내, 2023).

실내놀이기구는 살이 베이거나 찔릴 수 있는 날카로운 부분, 돌출 부분, 파손 부분이 없도록 관리해야 한다. 1m 이상 높이의 모든 놀이기구에는 바닥, 기둥, 모서리, 벽면에 충격을 완화할 수 있는 안전매트나 장치를 설치해야 한다. 또한 미끄럼틀에서 내려오는 바닥에는 안전매트를 설치하여 충격을 최소화한다(영유아보육법 시행규칙 제9조).

⑤ **화장실**

세면대는 단단하게 고정해야 한다. 스테인리스, 타일 등으로 제작된 각진 모서리는 모서리 보호대 등을 설치한다(영유아보육법 시행규칙 제9조). 물에 젖으면 감전 등의 위험이 있거나 욕조(고인 물) 등에 빠지기 쉬운 물품은 안전한 곳으로 이동 또는 제거한다. 위험요소 및 영유아의 손이 닿는 곳에 위험한 물건이 있는지 확인한다. 바닥이 미끄러울 경우 미끄럼 방지 또는 물기 제거판을 설치한다. 영유아용 화장실 문은 영유아가 스스로 열고 닫을 수 있도록 설치하되, 문에 손끼임 방지장치를 설치한다. 영유아가 사용하는 변기, 화장실의 휴지걸이, 수건걸이 등은 영유아의 신체 크기에 맞게 설치하며, 남아용 소변기가 여러 개일 경우 소변기 간 가림막 설치를 권장한다. 3세 이상의 유아가 재원하는 어린이집은 남자용과 여자용이 구분되도록 화장실을 따로 설치하는 것을 권장한다. 화상방지를 위해 영유아가 사용하는 세면대나 정수기 등에 온수조절장치를 설치한다(보육사업안내 부록, 2023).

⑥ 조리실 및 식당

조리실은 영유아 활동 공간과 분리되어야 하며, 분리가 어려운 경우 안전장치를 설치한다. 식자재의 보관, 세척, 조리장소를 구분하여 공간을 배치한다. 화상방지를 위해 뜨거운 물과 음식은 미리 식혀서 제공하고, 정수기에서 뜨거운 온수가 나와 화상의 위험이 없도록 안전조치한다. 조리실 벽, 바닥, 천장은 모두 내화성, 내수성, 내구성이 있는 재질로 설비한다. 조리실은 채광이 잘되고 환기를 자주 시켜 실내 환경을 유지한다. 조리실에는 자동확산 소화기 혹은 스프링클러 설비 등 주방자동 소화 장치 설치를 의무화한다. 조리실 내에 소화기 등 소방 설비를 설치한다(소화기구 및 자동 소화장치의 화재안전기준, NFSC 101). 위생관리 및 식재료 관리에 있어서 조리 후 2시간 이내 배식하고, 배식 직전에는 반드시 손을 씻어야 한다. 배식 시 음식별 그릇, 집게 또는 배식도구를 사용하고, 영유아 개별 식기를 사용한다. 1회 조리된 음식은 당일 소모하고, 남은 음식은 전량 폐기한다. 유통기한이 지난 어린이집 내 모든 공간의 식품은 조리 목적과 상관없이 보관을 금지한다(보육사업안내, 2023).

조리하고 제공한 식품의 매회 1인분 분량을 섭씨 영하 18도 이하로 144시간 이상 보관해야 한다. 완제품 형태의 가공식품은 유통기한 내에서 해당식품의 제조업체에서 정한 보관방법에 따라 보관할 수 있다. 식중독 발생 시 원인 규명을 위하여 보존식 보관방법을 준수하여 보관하여야 한다(식품의약품안전처, 2019). 보관은 스테인리스 재질로 각각의 뚜껑이 있는 전용 용기 또는 1회용

멸균 팩에 보관해야 하며, 집단급식소의 경우 식품위생법에 의거 보존식 보관 의무 대상임에 주의하여야 한다.

(2) 어린이집 실외 안전관리

① 옥외놀이터 및 기타 공간

놀이기구의 고정 여부, 놀이시설 볼트, 너트 등 돌출물 관리 및 이음장치, 구조물의 부식 여부를 매일 점검하여야 하며, 움직이는 부분이 서로 맞물려지는 놀이시설물의 경우, 영유아의 신체가 놀이기구에 끼지 않도록 맞물림의 형태 등을 점검하여야 한다.

모래놀이터는 무게감 있는 덮개로 덮어서 관리하고, 주기적으로 살균 소독을 하여야 한다. 야외 놀이도구의 정리를 위한 별도의 공간이 마련되어 있는 것이 바람직하다. 특히 계절의 변화에 따른 놀이터 상황을 주의하여 한여름의 옥외 놀이터 사용 시 미끄럼틀, 모래 등의 온도를 확인 후에 사용하고, 비나 눈이 내린 다음에는 미끄러지지 않도록 이용 전에 확인하여야 한다.

어린이집에서는 동물(애완동물, 곤충 등)을 원칙적으로 두어서는 안 된다. 동물을 어린이집에 두게 될 경우에는 사전에 부모에게 알려야 하며, 영유아의 알레르기, 질병, 상해 등을 방지하기 위해 수의사를 통해 정기적으로 면역 조치 등을 받아야 한다. 실외 동물사육장은 해당 동물의 습성을 반영하여 영유아의 안전을 고려하여 설치하여야 한다.

② 외부 공간(실외활동 및 등하원)

관람, 체험, 견학 등의 현장 학습 시에는 계획을 수립하고, 부모님께 공지하여 사전답사를 통해 안전사고의 위험성을 파악하여야 한다. 특별히 응급처치에 대한 요령을 평소에 숙지하고, 응급상황을 대비하여 영유아 보호자 전화번호 목록을 지참하고 있어야 한다. 영유아에게 어린이집명과 어린이집 연락처가 기재되어 있는 명찰을 착용할 수 있도록 하며, 실외활동 전에 비상약품을 챙기고 비상 연락망 등을 준비하여야 한다. 현장 학습 시 수시로 인원 체크를 할 수 있도록 한다.
등하원 시 지도에 있어서 입소 시 모든 영유아의 보호자에게 귀가동의서(영유아성명, 귀가 시 영유아를 인계받을 보호자의 성명, 관계와 연락처, 보호자 서명)를 받고, 영유아 인계규정(영유아가 등하원하는 구체적인 절차와 방법, 지정된 보호자에게 영유아를 인계한다는 내용, 영유아를 혼자 귀가시키지 않는다는 내용)을 수립하여야 한다.

2. 건강관리를 위한 보육환경과 지원

1) 2024 개정 표준보육과정과 건강내용

(1) 2024 개정 표준보육과정

2024 개정 표준보육과정은 신체운동 · 건강, 의사소통, 사회관계, 예술경험, 자연탐구의 5개 영역으로 구성되어 있다. 건강 관련내용은 신체운동 · 건강 영역에 속한다.

〈표 4-12〉 2024 개정 표준보육과정 신체운동 · 건강 영역

내용범주	0~1세	2세
건강하게 생활하기	• 도움을 받아 몸을 깨끗이 한다. • 음식에 관심을 가진다. • 하루일과를 편안하게 경험한다. • 건강한 배변 습관을 갖는다.	• 자신의 몸과 주변을 깨끗이 해본다. • 음식을 즐겁게 먹는다. • 하루 일과를 즐겁게 경험한다. • 건강한 배변 습관을 갖는다.

출처 : 교육부(2024).

(2) 2019 개정 누리과정

3~5세를 위한 2019 개정 누리과정은 의사소통, 사회관계, 신체운동 · 건강, 예술경험, 자연탐구의 5개 영역으로 구성으로 건강에 관한 내용은 신체운동 · 건강 영역의 '건강하게 생활하기'에 제시되어 있다.

〈표 4-13〉 2019 개정 누리과정 신체운동 · 건강 영역

내용범주	3~5세
건강하게 생활하기	• 자신의 몸과 주변을 깨끗이 한다. • 몸에 좋은 음식에 관심을 가지고 바른 태도로 즐겁게 먹는다. • 하루 일과에서 적당한 휴식을 취한다. • 질병을 예방하는 방법을 알고 실천한다.

출처 : 보건복지부(2019).

2) 2024 개정 어린이집 평가지표와 건강내용

2024 개정 평가제에서는 실내외 공간을 청결하고 쾌적하게 유지하여 영유아의 면역력을 키우고, 영유아에게 안전하고 풍부한 식재료로 청결하게 조리한 음식을 제공함으로써 영유아가 건강하게 성장할 수 있도록 지원해야 한다고 제시하고 있다.

〈표 4-14〉 건강 관련 어린이집 평가지표

6-1-1 보육실 공간을 청결하고 쾌적하게 관리한다.
① 보육실을 청결하고 환기가 이루어지도록 관리한다.
② 보육실 내의 놀잇감, 개별 침구 등을 청결하게 관리한다.
6-1-2 실내외 공간을 청결하고 쾌적하게 관리한다
① 보육실을 제외한 실내외 공간을 청결하게 관리한다.
② 실내외 공간의 놀이기구, 놀잇감 등을 청결하게 관리한다.
③ 화장실(이동식 변기, 기저귀 가는 공간 포함)을 청결하고 쾌적하게 관리한다.

출처 : 교육부 · 한국보육진흥원(2024). 2024 개정 평가제 어린이집 평가 매뉴얼.

(1) 어린이집 감염병 발생 시 대응절차

① 감염병이 의심되는 환아는 신속하게 진단을 받도록 한다.

② 감염병으로 의심되는 증상 발견 시 즉시 시, 군, 구청 보육 담당부서 및 관할보건소에 신고한다.

③ 어린이집에서 영유아의 감염병 의심 등 이상 징후 발견 시 즉시 보호자에게 알려 의료기관의 진료를 받도록 안내하여야 한다.

④ 의사의 진단결과 감염성 질환에 감염된 것으로 밝혀지거나 의심되는 영유아는 어린이집으로부터 격리하여 치료하도록 한다.

⑤ 어린이집에서 전염력이 강한 감염병이 발생하면 보육담당부서(보육통합정보시스템)에 신고하여 적절한 대책을 취한다.

3) 감염병 및 약물 오남용 예방과 위생관리

(1) 감염병 증상 및 예방방법

영유아는 세균이나 바이러스 같은 병원체에 오염된 손가락이나 장난감 등을 습관적으로 입으로 가져가는 특징이 있으며 어린이집은 다수의 영유아가 밀집해 생활하는 곳으로 침, 땀, 토사물, 대소변 등의 감염위험물질에 접촉하기 쉬운 조건을 갖추고 있어 호흡기 및 접촉성 감염병이 신속하게 확산될 수 있다.

병 명	증 상	예방방법
수족구	• 발열, 식욕부진, 인후통으로 시작하고 시간이 지나면서 구강 통증도 유발 • 작고 붉은 반점이 혀, 잇몸, 뺨의 안쪽에서 시작하여 물집, 궤양으로 발전, 가려움이 없는 피부발진이 손바닥, 발바닥에 나타남	• 특별한 예방방법은 없으나 손씻기를 통해 개인위생을 철저히 하고 장난감이나 놀이기구 등의 청결유지와 환아와의 접촉을 피하는 등 위험을 감소시키기 위한 활동이 중요함
수 두	• 발진 발생 1~2일 전부터 권태감, 미열이 동반되고 24시간 내에 반점, 구진, 수포, 농포, 딱지의 순으로 진행 • 발진은 몸통, 두피, 얼굴에 발생하고 매우 가려움	• 최초 발진이 생기기 일주일 전부터 5일까지 전염력이 있는 기간이므로 이 기간 동안 환아의 등원을 중지하도록 함 • 생후 12개월 무렵에 예방접종을 실시함 • 피부위생을 유지하고 칼라민 로션을 발라줌 • 환아의 손톱을 성리해 주고 긁지 못하도록 하며 영아는 손싸개를 해줌

홍 역	• 발열, 기침, 콧물, 결막염, 구강 내 병변이 나타나고 홍반성 발진이 목 뒤, 귀 아래에서 시작하고 몸통, 팔, 다리 순으로 퍼짐 • 발진은 3일 이상 지속됨	• MMR 접종을 통해 예방이 가능하며 생후 12~15개월, 4~6세 2회에 걸쳐 예방접종을 함 • 어린이집 등에서 홍역 발생 시는 환아를 엄격히 격리하여야 하므로 즉시 귀가하여 가택 격리하도록 하여야 함 • 홍역 유행 시 12개월 이상의 영아는 환아에게 노출 후 72시간 내에 백신접종을 하면 예방이 가능함
독감 (인플루엔자)	• 38℃ 이상의 전신 증상(갑작스러운 고열, 두통, 근육통, 피로감)이 나타남 • 호흡기 증상(기침, 인후통, 가래 등)이 나타남	• 인플루엔자 백신으로 예방접종이 가능함 • 매년 10~12월 또는 유행 시작 1~2주 전 접종을 권함
일본뇌염	• 증상 - 초기에 두통, 발열, 오한, 구토, 설사 등이 나타남 - 증상이 심할 때 고열, 의식저하, 혼미, 시력저하, 경련 발작 등이 나타남 - 후유증으로 기억력, 계산능력, 언어장애, 운동장애 등이 나타날 수 있음	• 일본뇌염 예방접종을 통해 예방이 가능함

(2) 약물 오남용 예방과 위생관리

① 올바른 약물의 사용 및 관리

- **개별투약 전후 보육교사의 손 씻기 등 위생관리**

  영유아에게 약을 투약하기 위해서는 투약 전 후 교사는 반드시 손을 깨끗이 씻어 위생관리를 철저히 함으로써 2차적인 감염이 발생하지 않도록 주의한다.

- **투약조건**

  - 의사의 지시하에서만 약물을 주어야 한다.
  - 부모의 서면 동의 없이는 어떠한 약물도 영유아에게 제공되어서는 안 된다.
  - **처방된 약의 경우** : 영유아의 이름, 약 이름, 제조일자 및 유통기한, 1회 투여량, 투약횟수, 투약방법을 포함하고 있어야 한다.

- 약에 의해 나타날 수 있는 부작용에 대해서 알아두고, 만약 어떠한 부작용이 나타난다면 즉시 부모에게 알린다.
- 저장방법에 관한 표기내용을 항상 숙독하여야 한다.

• 투약방법
- 구강으로 투약하는 경우 영아가 삼키는지 확인한다.
- 눈에 투약하는 경우는 눈 안쪽에서 바깥쪽으로 향하게 하여준다.
- 코에 투약하는 경우는 가급적 영유아를 서 있는 자세로 한 채로 투약하는 것이 좋다.

• 투약의뢰 및 투약보고 관련 기록
- 투약의뢰시 의뢰서를 보내야 하고 영유아에게 의뢰서의 내용대로 정확히 투약한다.
- 투약하는 기준에 준수하여 투약한다.
- 투약보고 시 투약 여부와 투약시간, 투약자를 반드시 기재한다.

4) 알레르기의 원인과 증상 및 대처

(1) 알레르기의 원인

알레르기란 특정 식품을 먹은 후에 면역계가 과민하게 반응하여 일어나는 이상 증상을 말한다. 원인이 되는 식품을 먹고 난 후 면역글로블린E, 림프구 등 몸의 면역체계가 식품 내 항원(단백질 성분)과 반응하여 다양한 증상을 일으키는 것을 말한다. 일반적으로 식품 알레르기는 성인보다는 영유아에게 빈도가 더 높고, 소아기 아동의 약 4~8%가 알레르기 증상을 보인다. 보통은 성인이 되면서 자연치유가 되기도 하지만 때에 따라서는 평생 특정 식품 알레르기를 가지고 살기도 하므로 관리가 필요하다.

(2) 알레르기의 증상

특정 식품을 섭취, 접촉할 때마다 피부, 호흡기, 순환기 등 다양한 기관을 통해 증상이 나타난다. 매우 소량에도 반응을 보일 수 있으며, 섭취하지 않고 몸에 묻거나 공기 중의 성분을 흡입만 해도 반응이 나타나고, 식품섭취 후 바로 증상이 나타나기도 하고 수일 후에 나타나기도 한다. 특히 아나필락시스(전신적인 반응), 혈관부종, 혈압저하, 천식 발작 등은 즉각적인 응급처치가 없으면 생명에 위협을 줄 수 있다.

(3) 알레르기의 대처방법

조 사	매년 신입생 입학시 알레르기 안내문 및 조사서 발송하기
심층조사	식품 알레레기가 있는 영유아의 증상에 대한 보호자 면담 실시하기
계 획	관리 방안 및 보호자 동의서 작성
준 비	• 해당 영유아 중 식품 알레르기 유발 식품 및 증상 파악하기 • 해당 영유아에 대한 관리방안 회의 진행 • 응급상황 대처방안 숙지 • 에피네프린 사용방법 숙지
실 행	• 해당 영유아 대체식 또는 가정식 제공 • 식사 중 해당 어린이 관찰 • 해당 영유아 및 같은 반 영유아들에게 식품 알레르기를 이해할 수 있도록 충분한 교육 및 지도 • 원아 기록카드 또는 운영일지에 대체식, 가정식, 제거식 기록
의사소통 및 관리	• 주간 또는 월별 회의 진행 • 지속적인 증상 및 관리 내용을 기록 및 보호자와 소통

출처 : 한영신 · 이윤나(2016).

5) 시설 및 설비의 보건 위생관리

(1) 실내외 환경관리

① 모든 실내 공간(보육실, 현관, 복도, 유희실, 교사실, 자료실, 식당, 계단 등)은 매일

청소 및 정리정돈을 한다.

② 모든 실내 설비 및 비품(바닥, 천장, 창문과 창틀, 교구장, 책상, 의자, 사물함 뒤편 구석진 곳 등)도 청결하게 유지한다.

③ 영유아가 사용하는 공동매트도 정기적으로 세탁하고 일광소독을 한다.

④ 바퀴벌레 등 해충이 발생하지 않도록 한다.

⑤ 실외놀이 기구의 볼트와 너트 등이 튀어나온 부분, 갈라진 틈이 있는지 매일 점검한다.

⑥ 실외 놀이시설에 유리 파편, 돌 등 위험한 이물질이 없는지 수시로 확인한다.

⑦ 주변 환경에 대해 매일 안전 점검한다.

(2) 조리실 위생관리

① 조리실 · 식품 등의 원료 및 제품 보관실 · 화장실 · 침구 · 놀잇감 등에 대하여 정기적으로 소독을 실시하고 청결하게 관리한다.

② 어린이집의 원장 및 급식을 조리 · 제공하는 보육교직원은 어린이집에서 식중독 환자가 발생하지 않도록 위생관리를 철저히 한다.

③ 어린이집의 조리 직원(영양사, 조리원)은 작업 전 건강상태를 확인하고 위생모, 위생복, 위생화를 착용(장신구는 착용 불가)한다.

* 조리 전 · 후 식재료 및 음식 상태를 점검하는 등 위생관리를 철저히 하고 화기 및 조리기구 사용에 유의하여 안전사고가 발생하지 않도록 주의한다.

④ 식품과 소모품은 별도로 구분하여 보관하되 여건상 부득이 함께 보관할 경우에는 서로 섞이지 않도록 분리 보관하고 식품과 소모품의 품명, 용도 등을 표시한다.

⑤ 유통기한이 경과되거나 상한 원료 또는 완제품을 조리할 목적으로 보관하거나 이를 음식물의 조리에 사용하여서는 아니 되며, 이미 급식에 제공되었던 음식물을 재사용하여서는 안 된다.

⑥ 부패 · 변질되기 쉬운 식품 등의 원료 및 제품은 냉동 · 냉장시설에 보관하는

등 철저하게 관리한다.

※ 냉장고 확보 및 음식물류 사전검사, 유통기한 경과 등 유의

(3) 화장실 위생관리

① 바닥에 물기가 없고 건조한 상태로 유지한다. 바닥에 물기가 있을 경우 수시로 닦는다.

② 악취, 하수구, 나프탈렌, 소독액 등의 냄새가 날 경우 환기를 시켜 냄새가 나지 않도록 한다.

③ 이동식 변기를 사용하는 경우에는 사용 후 오물(대 · 소변 등)을 바로 처리한다.

3. 미디어 중독예방을 위한 가정양육지원

1) 영유아기 미디어 과의존 진단 및 지도

(1) 미디어(인터넷, 스마트폰 등) 과의존이란?

양육자 또는 자녀가 미디어 과의존 상태인지 확인하고자 할 때는 '현저성', '사용조절력', '문제적 결과'를 살펴보는 것이 필요하다. 미디어 사용에 있어서 이 세 가지의 모습이 보인다면 과의존 상태라고 볼 수 있다.

현저성	스마트기기를 과도하게 사용하여 다른 어떤 활동보다 스마트기기 사용하는 것을 좋아해요. 특히 아이들의 경우 다른 어떤 놀이보다 스마트기기를 갖고 노는 것을 좋아하고 수시로 스마트기기를 사용하고 싶어 하는 모습을 보여요.
사용조절력	스마트기기 사용시간을 자신이 원하는 만큼 스스로 조절하기 어려워요.
문제적 결과	스마트기기 사용으로 일상생활에 부정적인 영향을 경험하고 있음에도 스마트기기를 지속적으로 사용하고 있어요.

출처 : 한국지능정보사회진흥원(2021).

(2) 미디어기기 사용방법

영유아가 위험한 상황에 처하지 않도록 안전교육을 실시하듯이 영유아에게 바른 미디어기기 사용법을 알려줘야 하는 시대에 살고 있다. 영유아의 미디어기기 사용이 늘어난 만큼 과의존 현상 또한 갈수록 심각해지고 있다. 가급적 미디어기기의 부정적 영향을 줄이고 유익하게 활용할 수 있도록 올바른 사용규칙을 정하는 것은 매우 중요하다. 다음과 같은 규칙을 정하고 모두 함께 지킬 수 있도록 노력해야 한다.

① 미디어기기는 어른의 허락을 맡고 사용할 수 있도록 지도한다.
② 가족과 약속한 시간에만 미디어기기를 사용한다.
③ 미디어기기 화면을 볼 때에는 충분한 거리를 두고 바른 자세로 앉아서 볼 수 있도록 지도한다.
④ 약속한 시간이 끝나면 스스로 미디어기기를 끄도록 한다.
⑤ 미디어기기 외의 재미있는 활동을 많이 경험할 수 있도록 한다.
⑥ 잠자기 30분 전, 식사 시간에는 미디어기기를 사용하지 않도록 한다.

2) 부모 양육태도와 영유아의 미디어 과의존 경향성

부모가 미디어기기를 많이 사용하면 영유아들도 미디어기기에 의존하게 된다. 그래서 부모 자신이 현재 미디어기기를 얼마나 사용하는지 스스로 아는 것이 중요하다. 육아를 한다는 것은 체력적, 심리적 에너지를 많이 요구하기 때문에 양육자에게 쉽지 않은 일이다. 특히 아이가 어릴수록, 양육자 혼자 아이 양육을 전담하는 가정일수록 양육자의 스트레스는 높다. 양육자의 스트레스가 높으면 그만큼 아이에게 긍정적인 양육태도를 유지하기 어렵다. 아이가 어릴수록 양육자가 집안에서 있는 시간이 늘어나며 SNS를 통해 사람들과 연결되고 싶은 욕구를 더 많이 느낄 수 있다. 영유아의 발달특성상 부모의 양육행동은 아이에게 영향을 미치게 되므로 스마트기기에 의존하기보다는 다른 긍정적인 방법으로 스트레스를 관리할 수 있도록 안내해야 한다.

3) 미디어 과의존 및 중독예방을 위한 가정양육지원

① 부모님도 스마트폰 과의존 예방교육에 참여할 수 있도록 안내한다.

② 스마트폰 이용 지도에 어려움을 느낀다면 발달센터 및 스마트쉼터를 통해 전문가의 도움을 받도록 지원한다.

③ 스마트폰의 긍정적인 기능과 함께 스마트폰을 지나치게 사용하면 위험하다는 것을 알려주고, 스마트폰을 올바르게 사용하는 습관을 가질 수 있도록 안내한다.

참고문헌

교육과학기술부 · 보건복지부(2019). 2019 개정 누리과정 해설서.

교육부(2025). 보육사업안내.

교육부 · 한국보육진흥원(2024). 2024 개정 어린이집 평가 매뉴얼.

보건복지부(2019). 어린이집 보육교직원 안전교육.

________(2020). 보육사업안내.

________(2020). 제4차 어린이집표준보육과정 해설서.

________(2021). 보육사업안내.

________(2023). 보육사업안내.

시흥시어린이급식관리지원센터(2023). 식품 알레르기관리 지침서.

안전공제회(2021). 사례로 알아보는 어린이집 안저사고 예방 대응.

어린이집안전공제회(2020). 「2019 개정 누리과정」적용에 따른 보육교사의 안전인식.

________________(2020). 보육교직원 안전교육 심화과정 개발 연구.

한국지능정보사회진흥원(2021). 영유아 스마트폰 과의존 예방 부모책자.

한영신 · 이윤나(2016). 식품알레르기의 올바른 이해. 어린이시설에서의 관리매뉴얼.

어린이집안전공제회 www.csia.or.kr

CHAPTER 5

응급처치와 위기관리

한승의(전 중앙대학교 평생교육원 강사)

학습목표

- 응급상황 대처요령을 알고 질환 및 증상에 따른 응급처치 방법을 익힌다.
- 응급처치 시 주의사항을 알고, 사고 및 증상에 따른 응급처치 방법을 숙지한다.
- 응급처치 및 사후관리 절차를 알고 실천한다.

보육교사는 갑작스럽게 발생한 생명을 위협하는 외상이나 질환에 대해서 전문 의료인이나 응급구조 대원이 도착하기 전까지 최소한의 행해지는 조치를 행할 수 있어야 하며 영유아기에 발생할 수 있는 상황별 응급처치 방법을 숙지할 수 있어야 한다.

이를 위해 보육교사는 첫째, 응급상황에 대한 빠른 판단과 적절하게 대처하는 능력을 기르고, 둘째, 응급처치 시 주의사항과 사후관리 요령을 익혀 응급상황 발생 시 피해를 최소화할 수 있는 대응 능력을 갖출 수 있게 반복 교육이나 훈련을 지속해야 한다.

1. 응급처치 실시와 사후관리

1) 응급의료 관련 법령 및 응급상황 대처 요령

(1) 응급의료 관련 법령

응급의료에 관한 법률(제1조)에서는 국민들이 응급상황에서 신속하고 적절한 응급의료를 받을 수 있도록 응급의료에 관한 국민의 권리와 의무, 국가 · 지방자치단체의 책임, 응급의료 제공자의 책임과 권리를 정하고 응급의료자원의 효율적 관리에 필요한 사항을 규정함으로써 응급환자의 생명과 건강을 보호하고 국민의료를 적정하게 함을 목적으로 밝힌다. 따라서 어린이집의 보육교직원은 다친 원아나 급성질환자에게 사고 현장에서 즉시 조치를 행하는 것으로 보다 나은 병원 치료를 받을 때까지 일시적으로 도와주는 것뿐 아니라, 적절한 조치로 회복상태에 이르도록 응급처치를 실시할 수 있어야 한다.

(2) 응급상황 대처 요령

- 아무리 긴박한 상황이라도 응급처치자 자신의 안전과 현장 상황의 안전을 확보할 것
- 전문가가 판단하기 전까지 환자나 부상자의 생사를 판단하지 말 것
- 전문가에 의해 정확한 진단이 내려지기 전까지는 의약품 사용은 금할 것
- 응급환자의 구강을 통한 음식물 섭취는 기도폐쇄의 가능성이 있고 응급수술이나 중요한 검사의 지연을 초래할 수 있으므로 제공하지 말 것
- 긴급한 문제부터 해결할 것
- 119나 의료기관에 도움을 요청 할 경우 정확한 환자 상태 및 응급처치 내용을 알릴 것
- 현장에서 응급처치로 의식이 회복되었더라도 전문 의료인에게 반드시 인계할 것

2) 질환 및 증상에 따른 응급처치 방법

(1) 영아돌연사증후군(Sudden Infant Death Syndrome, SIDS)

영아돌연사증후군은 생후 1년 이내 영아가 갑자기 사망하는 경우로 조산아, 저체중출생아, 잦은 호흡기 질환 등 병력이 있는 영아는 특별히 주의하여 관찰한다.

주로 깊은 밤부터 아침 9시 사이에 발생하며, 가을과 겨울철에 더 많이 발생하고 6:4의 비율로 남아에서 더 많이 발생한다.

- 단단한 침구 위에 바로 눕혀 혼자 재우기
- 고개를 옆으로 돌려서 재우기
- 주변의 푹신한 물건 놓지 않기
- 너무 덥지 않게 적정 온도 유지하기
- 옷을 많이 껴입히지 않기
- 모유나 우유 수유 후 트림시키기

(2) 열성경련

영유아들이 몸에서 열이 나다가 경련을 일으키는 경우를 말하며, 대부분 10~15분 이내에 진정되며 생후 5개월~5세 이하에서 발생한다.

- 아이를 옆으로 눕혀 기도를 확보한다.
- 아이들이 입은 옷을 느슨하게 풀어주거나 옷을 벗긴다(열을 떨어뜨리는 효과).
- 미지근한 물로 수건을 적셔 살짝 짜서 손발부터 마사지하듯 전신을 닦아준다.
- 경련이 일단락되면 병원을 찾아 정확한 진단과 검사를 받아야 한다.

(3) 외상

외상이란 다양한 원인에 의해 피부 및 점막, 내부 조직까지 손상을 입은 것을 말한다.

외상을 입으면 출혈이 있고 감염되기 쉬우므로 적절한 응급처치를 해야 한다.

① 외상의 종류

- **찰과상**(긁힌 상처) : 마찰이나 긁혀서 생기며 피부의 표층이나 점막이 손상을 받거나 벗겨진 상처
- **절상**(베인 상처) : 예리한 기구에 베인 상처로서 가장 자리가 매끈한 상처
- **자상**(찔린 상처) : 바늘, 송곳, 못 등 날카로운 물체에 찔려 만들어진 상처
- **교상**(물린 상처) : 사람을 포함한 동물에 물려서 생긴 상처
- **열상**(찢긴 상처) : 조직이 찢어져서 불규칙하게 난 상처
  - 상처 부위를 깨끗이 씻는다.
  - 우선 피가 흐를 시 직접 압박을 하여 지혈을 해준다.
  - 상처의 중심에서 바깥쪽으로 소독한다.
  - 밴드나 드레싱을 이용하여 상처를 덮어주고 심장보다 높게 들어준다.
  - 합병증 등 감염의 신호를 잘 살핀다.
  - 베인 상처가 클 경우 봉합수술을 해야 할 수 있으므로 연고나 지혈제는 바르지 않는다.
  - 상처 부위에 이물질이 박혀 제거하기 어려운 경우에는 전문가의 도움을 받아야만 한다.
  - 파상풍에 걸릴 위험이 있음을 고려해야 한다.

(4) 화상

① 열탕화상

열탕화상은 뜨거운 물에 의한 화상을 말하며 열을 식히는 것이 가장 중요하다. 가능한 경우 화상 부위의 옷을 벗기고 15~20분 정도 상온의 물로 식혀준 뒤 깨끗한 거즈로 상처를 보호한 후에 병원에 간다.

- 겹겹이 끼는 옷을 입었을 때에는 상온의 물로 열을 식히면서 동시에 옷을 벗겨야 한다.
- 상처에 물을 뿌릴 때 수압이 센 물이 상처에 직접 닿으면 2차 조직 손상을

일으키므로 상처 윗부분에 비껴 대고 물을 흘려보내야 한다.

- 몸에 착용하고 있는 액세서리(시계, 반지, 목걸이, 벨트)는 제거해야 한다.
- 물집은 터트리지 말고 연고나 기름 등도 바르지 않는다.
- 간장이나 감자를 사용하는 민간요법은 오히려 세균에 감염될 수 있으므로 사용하지 않는다.
- 화상 부위에 표면이 거친 얼음을 직접 사용하면 피부손상을 유발할 수 있다.
- 화상 부위에 깨끗한 거즈를 대고 붕대로 감아준다.

② 전기화상

- 전기 차단기를 내린 후 119에 구조 요청을 한다.
- 부도체(고무장갑, 나무젓가락, 플라스틱 빗자루)를 오른손에 잡고 어린이와 전기를 분리한다.
- 감전사고 시 몸에 흐르는 전류에 의해 호흡근육이 수축될 수 있으므로 인공호흡을 한다.

(5) 코피

코피는 영유아들에게 흔히 나타나는 증상으로 고개를 숙이고 코를 10분 이상 압박해 주어야 한다. 콧볼은 최대한 세게 압박을 해야 효과가 커진다. 얼음주머니를 이용하면 혈관이 수축되어 더 빨리 지혈할 수 있다.

- 코피가 날 때 고개를 뒤로 젖히면 코피가 기도로 넘어갈 수 있어 위험하다.
- 코피가 날 때 가장 안 좋은 방법은 똑바로 눕는 것이다.
- 탈지면이나 휴지를 너무 자주 넣었다 뺐다 하면 지혈이 안 되고 오히려 2차 출혈을 일으킬 수 있다.

(6) 중독사고

락스 같은 알칼리성이나 빙초산 같은 강산성 물질을 마셨을 때 부식성이 매우 강해 삼킴과 동시에 내부장기 화상이나 조직이 손상되므로 바로 119에 연락한다.

참고 **주의해야 할 행동**

- 억지로 토하게 하지 않는다(부식된 장기에 또다시 화상을 입히는 것이며 토하면 조직이 죽고 출혈이 발생할 수 있다).
- 물이나 우유를 한두 잔 이상 마시게 하지 않는다(너무 많이 마시면 구토가 유발되고 소장까지 유독물질이 내려갈 수 있다).
- 똑바로 누워 있는 자세를 취하지 않게 한다.
- 가급적 앉아 있는 자세가 좋지만 의식이 없을 시 기도확보를 위해 옆으로 눕히고 턱을 손으로 받힌다.

참고 **예방법 및 대처법**

- 락스 같은 위험한 유독물질 등은 원래 용기에 보관한다.
- 어린이 손에 닿지 않는 곳에 보관한다.
- 물이나 우유 같은 음료 등을 빨리 마시게 해서 독성을 희석시켜 준다.
- 병원에 갈 때는 마신 내용물이 들어 있는 병과 먹은 시간, 양을 파악한 후 의료진에게 알려준다.

(7) 근골격계 질환

① **타박상** : 외부충격에 의해 피부 및 모세혈관 등이 손상된 상태로 충격을 받은 부위가 멍이 드는 것

② **염좌(삠)** : 관절을 지지해 주는 인대 혹은 근육이 외부 충격 등에 의해 늘어나거나 일부가 찢어지는 것

③ **탈구** : 관절 부위의 뼈가 원래 있던 자리에서 빠져나가는 것

④ **골절** : 뼈에 금이 가거나 부러지는 것

참고 **RICE 요법**

- Rest(안정) : 움직이거나 체중이 실리게 되면 손상이 더 악화될 수 있으므로 안정을 취함
- Ice(냉요법) : 72시간 안에는 얼음팩을 이용한 냉찜질을 적용해서 부종과 통증을 완화시킴
- Compression(압박) : 다친 부위를 탄력붕대 등으로 움직이지 않게 하고 압박을 줌
- Elevation(거상) : 다친 부위를 심장보다 높게 위치하게 하여 부종을 완화시킴

(8) 알레르기

알레르기는 음식물, 외부물질 등에 의해 나타나는 면역계의 과민반응을 일컬으며, 아나필락시스 반응은 중증의 두드러기, 가려움, 기도부종으로 인한 쉰 목소리나 멈추지 않는 기침, 호흡곤란 등이 나타나고 심한 경우 사망에 이를 수도 있다.

- 경증의 두드러기는 특별한 처치 없이 몇 시간 이내에 회복될 가능성이 높다.
- 수일간 회복되지 않으면 병원에 방문한다.
- 아나필락시스 반응이 나타나면 즉시 119 신고 및 병원 이송이 필요하다.

3) 응급처치 시 주의사항 및 사후관리

- 모든 교사는 기도확보와 심폐소생술 등의 응급처치법에 관한 교육을 받음
- 교사가 손이 쉽게 닿는 곳에 필요한 물품이 갖추어진 구급상자를 준비함
- 영유아의 비상연락망, 응급 시 도움을 요청할 수 있는 기관의 전화번호와 응급절차 과정목록 등을 전화기 옆에 비치
- 야외학습을 나갈 때 교사는 휴대용 구급상자와 비상연락망을 준비함
- 응급상황 발생 시 조치에 대한 부모동의서를 받도록 함
- 사고보고서를 작성하여 재발을 예방하도록 함

출처 : 강인혜 · 남윤신 · 박인성 · 최미영(2020).

4) 응급처치 실습

(1) 심폐소생술

심장과 폐의 활동이 멈추었을 때 인공적으로 혈액을 순환시키고 호흡을 돕는 응급처치 방법으로 환자의 심박동을 정상화시키기 위해 시행한다.

① **환자의 의식 확인**(환자의 반응과 호흡 유무) : 환자의 의식이 없거나 호흡이 없거나 비정상적인 호흡을 할 시 심정지 상태로 판단

② **119 신고와 자동심장충격기 요청** : 손을 들어 한 사람을 가리켜 신고자를 지목해 도움을 요청

③ 심폐소생술 실시

- **C-가슴압박** : 환자를 편평한 바닥에 눕힌다. 환자의 가슴 옆에 무릎을 꿇고 앉는다. 웃옷을 벗겨 가슴을 노출해 가슴압박이 쉽도록 한다. 양쪽 젖꼭지 연결선과 가운데 흉골이 만나는 지점에 대고 한쪽 손바닥 아래 부분을 놓고 그 위에 다른 손바닥을 겹쳐 깍지를 껴서 두 손으로 압박한다. 이때 아래쪽 손가락의 바닥은 가슴에 닿지 않도록 한다. 팔꿈치를 펴고 팔이 바닥에 수직을 이룬 상태에서 체중을 이용해 압박한다. 팔꿈치를 곧게 펴서 환자 가슴을 5~6cm 깊이(몸 두께의 1/3 깊이)로 수직으로 누른다. 압박 후엔 가슴이 원래의 위치로 돌아오도록 힘을 빼주어야 한다. 1분에 100~120회의 속도로 30회 반복한다.
- **A-기도유지** : 한손은 환자의 이마 위에 얹어서 머리를 젖히고 한손으로 턱을 들어올려 준다. 턱, 귓볼, 바닥이 수직선상에 오면 충분히 기도가 유지되었다고 볼 수 있다. 턱 끝을 들어올릴 때에는 턱의 뼈 부분을 들어 올려야 한다. 목 부분을 손으로 누르지 않는다.
- **B-인공호흡** : 기도를 유지한 손을 그대로 한 채 코를 막고 1초 동안 가슴이 부풀어 오를 정도로 2회 숨을 불어 넣는다. 인공호흡을 할 때에는 가슴이 상승하는지 확인한다. 너무 빠르거나 강한 압력의 호흡은 피한다(가슴압박 대 인공호흡의 비 = 30 : 2, 구급대원이 도착할 때까지 시행한다).

④ 자동심장충격기

심폐소생술 중 자동심장충격기가 준비가 되면 바로 적용한다.

- 일단 전원을 켠다.
- 두개의 패드를 꺼내서 환자의 몸에 부착한다.
- 패드와 자동심장충격기 본체가 분리되어 있는 경우에는 연결한다.
- "분석 중"이라는 음성지시가 나오면, 심폐소생술을 중지하고 환자에게서 손을 뗀다. 또한 주위 모든 사람에게 떨어지라고 말을 해야 한다.
- 자동심장충격기가 분석이 끝나면 제세동을 해야 할지 다시 흉부압박을 해야

할지 말한다. 제세동이 필요한 경우에만 제세동 버튼이 깜박이고 깜박이는 제세동 버튼을 눌러 제세동을 시행한다.

- 제세동 버튼을 누르기 전에 반드시 다른 사람이 환자에게서 떨어져 있는지 다시 한 번 확인한다.
- 제세동이 끝나면 바로 흉부압박과 인공호흡 비율을 30 : 2 비율로 심폐소생술을 한다.
- 자동심장충격기는 2분마다 심장리듬 분석을 반복해 시행하고 자동심장충격기 사용과 심폐소생술은 119 구급대가 현장에 도착할 때까지 지속한다.

(2) 기도폐쇄 응급처치(하임리히법)

기도가 이물질로 인해 부분 혹은 전체적으로 폐쇄되어 호흡이 이루어지지 않을 경우 하임리히법을 시행한다.

① 영아 하임리히법

- 1세 이하(10kg 이하)의 영아에게만 해당된다.
- 손바닥을 아이 턱에 대고 아이의 얼굴이 아래쪽을 향하게 고정하고 무릎 위에 놓은 후 다른 한 손으로 어깻죽지 사이를 세게 5회 친다. 그다음 얼굴 위쪽을 보도록 돌려 양쪽 젖꼭지 가상으로 연결한 선 아래 부위를 세 손가락으로 5회 누른다. 한 번 시행 후 아이의 입속과 의식을 확인한 후 즉시 반복한다.

② 1세 이상 또는 성인용 하임리히법

- 우선 말을 걸어 의식을 확인한다. 최대한 기침을 유도한다.
- 119에 구조요청을 한다.
- 환자의 뒤에 서서 다리 사이에 한쪽 다리를 넣어 균형을 잡고 배꼽과 명치 사이에 주먹 쥔 손을 대고 다른 한 손은 주먹 쥔 손을 감싼 후 위로 5회 빠르게 밀쳐 올려 압박하면 흉강의 압력이 높아져 이물질이 배출된다.

2. 위급한 사고 대응사례

1) 위급한 사고에 대한 대응사례 분석

(1) 화상사고 사례 및 대응

① **전기주전자의 물이 쏟아졌어요** : 주전자가 바닥으로 떨어지면서 아직 식지 않은 뜨거운 물이 원아 몸 전체에 쏟아졌고 원아는 큰 화상을 입게 되었다.

② **뜨거운 국이 엎질러졌어요** : 점심시간 원아가 테이블 아래로 기어들어갔다가 갑자기 일어서는 바람에 국통이 엎어졌고 원아는 뜨거운 국물에 화상을 입게 되었다.

③ **선생님의 뜨거운 글루건을 만졌어요** : 선생님이 글루건을 예열시키고 있는데 원아가 호기심이 생겨 뜨거운 글루건을 만져서 화상을 입게 되었다.

- **대응사례** : 원아를 안전한 곳으로 이동시키고 찬물을 이용하여 열을 식혀주는데 최소 15~20분 이상 환부의 열기를 지속적으로 제거해 주도록 한다. 물집이 생겼을 때는 터뜨리지 않고 화상 부위에 민간요법은 시행하지 않도록 한다.
- **예방법** : 영유아가 주방에 출입할 수 없도록 분리하고, 전열기구 등은 영유아들의 손이 닿는 곳에 노출되지 않도록 해야 한다. 급식 배식 시에는 정해진 곳에서 기다린 후 자리에 앉아서 식사할 수 있도록 하고 뜨거운 음식이 있는 식판이나 그릇을 들고 다니지 않도록 한다.

(2) 이물질 삼킴 및 중독사고 사례 및 대응

① **작은 블록을 삼켰어요** : 원아가 활동시간에 평상시와 달리 배가 아프다고 해서 병원에 갔는데 진료결과 배 속에 이물질이 있음을 확인하고 며칠 후 수술을 하게 되었다.

② **자석을 꿀꺽 삼켰어요** : 자유놀이 시간에 원아가 자석을 삼켜서 수술로 제거하였다.

③ **비눗물을 삼켰어요** : 특별활동 시간에 원아가 빨대를 힘차게 분다는 것이 호흡 조절을 잘 하지 못하여 실수로 비눗물을 들이마셔 버렸다.

- **대응사례** : 원아가 이물질을 삼키거나 빨아먹은 경우에는 겉으로는 증상이 없어도 식도나 위 손상이 있을 수 있으므로 억지로 토하게 하지 않고 빨리 응급실을 방문하도록 한다.
- **예방법** : 영유아 보육활동 시 세제, 화장품 등의 화학제품이나 3.5cm 이하 물건이나 놀잇감을 사용하게 될 경우 삼키거나 코, 귀 등에 넣지 않도록 지도한다.

참고문헌

강인혜 · 남윤신 · 박인성 · 최미영(2020). **심폐소생술과 응급처치**(제3판). 서울 : 범문에듀케이션.

보건복지부(2020). 제4차 어린이집 표준보육과정.

__________(2023). 2023년도 보육사업안내.

보건복지부 육아정책연구소(2022). 2022년 개정 보수교육과정 매뉴얼.

서울특별시(2016). 서울시 어린이집 안전수칙 매뉴얼.

심윤희 · 김용희 · 황혜경 · 김보영 · 이회현 · 이미란(2018). **영유아교육기관에서의 안전교육**. 경기 : 파워북.

어린이집 안전공제회(2019). 어린이집 안전사고 사례집 vol.3.

임미혜 · 조숙경 · 지명숙 · 채혜선(2006). **영유아 건강 및 안전교육**. 경기 : 양서원.

임민정 · 임영심 · 정정희(2021). **영유아건강교육**(제2판). 경기 : 공동체.

정정옥 · 임미혜(2010). **영유아교육기관에서의 안전교육**. 서울 : 창지사.

조경자 · 이현숙(2011). **유아건강교육**(제3판). 서울 : 학지사.

한국보육교사교육연합회(2018). **보육교사 일반직무교육**. 경기 : 양성원.

감염병포털-질병관리청 www.kdca.go.kr

국가법령정보센터 www.law.go.kr

네이버 사전-네이버 국어사전 dict.navar.com

식품의약품안전처 www.mfds.go.kr

어린이집안전공제회 www.csia.or.kr

예방접종도우미 www.nip.kdca.go.kr

CHAPTER 06

아동학대 예방과 긍정적 양육

신수아(전 명지대학교 아동학과 객원교수)
유광재(전 명지대학교 아동학과 객원교수)

학습목표

- 영유아기의 신체적 · 성적 · 정신적 폭력의 경험이 아동기뿐만 아니라 성인기까지 전 삶에 미치는 부정적 영향을 인식하고, 학대에 대한 민감성을 높인다.
- 민법의 징계권 폐지의 의미를 실천적으로 이해한다.
- 올바른 훈육과 긍정적 양육의 원칙과 방법을 사례에 적용한다.
- 아동학대에 관한 법령과 법적 조치과정을 잘 알고 학대범죄에 대처한다.
- 어린이집 학대 중 비사법적 대처가 필요한 사례를 판단하고 적절한 조치를 취한다.

1. 아동학대 근절을 위한 윤리적 책무

1) 아동학대의 부정적 영향

(1) 아동학대의 부정적 경험 및 사례

아동기의 부정적 경험(ACEs : Adverse Childhood Experiences)은 아동기에 학대, 가난한 가정환경, 가정폭력, 부모의 별거 및 이혼 등 스트레스가 높고 외상적인 사건들을 집중적이고 지속적으로 경험하는 것을 뜻한다. 1998년 미국에서 성인 17,421명을 대상으로 대규모 역학조사를 실시한 결과 아동기 ACEs 검사가 개발되었다. ACEs 점수는 0~13점까지로 산출되는데, 점수가 높을수록 아동기에 부정적 경험을 중복해서 겪었다는 것을 의미한다(한국보건사회연구원, 2017).

ACEs는 전 세계에 걸쳐 연구가 진행되며, 모든 국가 혹은 인종에서 인생 전반에 걸친 우울증, 불안, 약물남용, 흡연, 비만 등 여러 문제와 강한 연관성을 보이는 것으로 나타났다. 우리나라에서는 2017년 성인 4,008명을 대상으로 생애주기별 학대경험의 상호관계성 연구(한국보건사회연구원, 2017)가 실시되었는데, 아동기 동안 한 번 이상 부정적 사건을 경험한 적이 있는 성인이 78.9%로 나타나 아동기 학대 및 폭력 등 부정적 경험의 보편성을 확인하였다. 또한 가정 내 폭력 가해경험을 가진 성인 89.5%가 아동기에 부정적 사건을 경험한 것으로 나타나 학대의 세대 간 전이가 관찰되었다(한국보건사회연구원, 2017). 2018년에 진행된 2차년도 연구에서는 아동기의 신체학대 경험이 청년기의 우울, 흡연, 폭음에 영향을 주고, 정서학대 경험이 추후 우울과 불안, 자살생각, 폭음, 자아존중감, 삶의 만족도에 부정적 영향을 주는 것으로 나타났으며, 성학대의 경우 삶의 만족도, 자살생각에 영향을 주는 것으로 나타났다(한국보건사회연구원, 2018).

세계보건기구(WHO : World Health Organization)는 ACEs를 인간의 복리와 건강에 치명적인 영향을 줄 수 있는 스트레스로 인식하고 이와 관련한 대응체계를 구축하기 위해 노력하고 있다(장영인, 2022). 최초로 ACEs 연구를 실시했던 미국에서는 ACEs의 예방 및 대응 차원에서 임신기에서 영아기까지 사회복지사, 간호사, 유아교육자 등의 전문가들이 가정을 방문해 올바른 양육방법을 지원하는 홈비지팅(HVP : Home Visiting Program) 서비스를 제공하고 있다.

| 그림 6-1 | ACEs가 개인의 복리와 건강에 영향을 미치는 메커니즘

(2) Near Miss

니어미스(Near Miss)란 원래는 군사용어로 사격이나 포격 시 표적에 가까운 화탄을 뜻하는 용어이다. 항공분야에서는 비행 중인 항공기가 다른 항공기에 가까이 접근하여 충돌의 가능성이 있는 경우를 일컫는다. 이처럼 니어미스란 안전사고가 발생할 뻔했지만 다행히 사고로 이어지지 않은 것을 의미한다. 니어미스가 발생하면 이를 보고하고 그 원인을 파악해 안전사고를 미리 예방하고 관리하는 것을 원칙으로 한다. 최근 어린이집에서의 아동학대도 니어미스 수준에서 적극적으로 관리되어야 한다는 관점이 확대되고 있다(한국보육진흥원, 2023).

어린이집에서는 부주의한 지도 행위가 발생하면 이를 아동학대의 니어미스로 인식하고 보육교직원의 행동이나 업무환경을 변화시키도록 노력해야 한다. 부주의한 지도 행위로는 무시, 비난, 조롱, 거짓협박, 차별, 거친 접촉 등이 있으며 이러한 부주의한 지도 행위를 니어미스 수준에서 적극적으로 수정 및 관리하지 못하면 은밀성, 반복성, 고의성을 포함하게 되고 아동학대 위험이 확대된다.

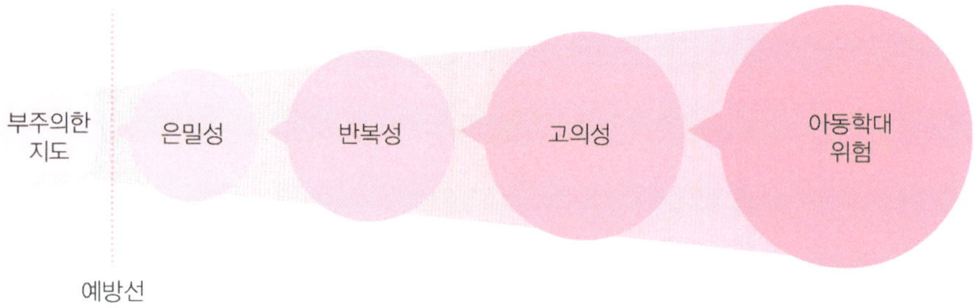

| 그림 6-2 | 아동학대 위험의 예방선

출처 : 보건복지부 · 한국보육진흥원(2021).

(3) 아동학대의 개념과 유형

아동복지법 제3조 제7호에 따르면, 아동학대는 '보호자를 포함한 성인이 아동의 건강 또는 복지를 해치거나 정상적 발달을 저해할 수 있는 신체적 · 정신적 · 성적 폭력이나 가혹행위를 하는 것과 아동의 보호자가 아동을 유기하거나 방임하는 것'을 말한다.

일반적으로는 아동학대는 신체학대, 정서학대, 성학대, 방임으로 구분하며, 아동복지법 제17조에서는 이를 포함한 금지행위로 다양한 형태의 아동학대 행위를 지정하고 있다.

① 신체학대

신체학대란 아동학대의 주요 형태 중 하나로 '아동의 신체에 손상을 주거나 신체의 건강 및 발달을 해치는 신체적 학대행위(아동복지법 제17조 제3호)'로 정의된다. 신체학대는 아동의 신체적 안녕과 건강을 위협하는 모든 행위를 포함하며, 직접적으로 신체에 가해지는 폭력적인 행위, 과도한 신체적 제약 행위, 충분한 음식이나 수면을 제공하지 않는 것과 같이 아동의 기본적인 욕구를 무시하거나 억압하는 행위도 신체학대로 분류될 수 있다.

② 정서학대

정서학대란 '아동의 발달 및 정신건강에 해를 끼치는 정서적 학대 행위(아동복지법 제17조 제5호)'로 정의되며, 가정폭력에 아동을 노출시키는 행위도 포함된다. 아동에게 부정적, 공격적인 언행을 사용하여 정서적 위협이나 공포심을 유발하는 것, 아동의 정서적 요구에 반응하지 않는 것, 아동에게 지나치게 엄격하고 제한적인 규칙과 기대를 부여하여 압박하는 행위 등이 정서학대로 분류될 수 있다.

③ 성학대

성 학대란 '아동에게 음란한 행위를 시키거나 이를 매개하는 행위 또는 아동에게 성적 수치심을 주는 성희롱 등의 성적 학대행위(아동복지법 제17조 제2호)'로 정의된다. 아동을 성적으로 추행하는 행위, 아동에게 유사성행위를 하는 행위, 성적 수치심을 유발하는 행위, 아동에게 성적인 노출을 하는 행위, 성매매를 시키거나 매개하는 행위가 포함된다.

④ 방임

방임은 '자신의 보호 · 감독을 받는 아동을 유기하거나 의식주를 포함한 기본적 보호 · 양육 · 치료 및 교육을 소홀히 하는 행위(아동복지법 제17조 제6호)'로 정의된다. 방임은 물리적 방임, 의료적 방임, 교육적 방임으로 구분될 수 있다. 물리적 방임은 아동에게 기본적인 의식주를 제공하지 않거나, 장시간 위험하고 불결한 환경에 방치하는 행위를 포함한다. 의료적 방임은 예방접종과 같은 아동에게 필요한 의료적 처치를 제공하지 않는 행위를 뜻한다. 교육적 방임은 아동의 교육적 요구나 의무를 무시하거나 교육환경을 제대로 제공하지 않고 방치하는 행위를 포함한다.

(4) 아동학대의 발생현황

① 아동학대 신고현황

2022년 집계된 아동학대 신고접수 건수는 총 46,103건이다. 신고자 유형을 중심으로 살펴보면 신고의무자에 의한 신고는 16,149건(36.3%)으로 초 · 중 · 고교 직원이 6,370건(14.3%), 사회복지전담공무원 4,492건(10.1%) 순으로 나타났다(보건복지부, 2022). 비신고의무자에 의한 신고는 28,382건(63.7%)으로 이 중 부모가 10,779건(24.2%), 아동 본인 9,488건(21.3%), 이웃 · 친구 2,760건(6.2%) 순으로 나타났다(보건복지부, 2022).

② 아동학대 인구사회학적 요인

2022년 집계된 아동학대 신고접수 건수 중 피해아동의 연령은 13~15세가 6,903건(24.7%), 10~12세 6,522건(23.3%), 7~9세 5,331건(19.1%)으로 연령이 낮아질수록 신고접수 건수가 줄어드는 경향을 보였다(보건복지부, 2022). 피해아동 가족유형은 친부모가정이 18,152건(64.9%)으로 높은 비율을 차지했으며, 학대행위자는 부모가 23,119건(82.7%)으로 가장 높게 나타났다(보건복지부, 2022).

③ 아동학대사례 유형과 인구사회학적 요인

2022년 집계된 아동학대사례 유형은 정서학대가 10,632건(38.0%), 중복학대 9,775건(34.9%), 신체학대 4,911건(17.6%), 방임 2,044건(7.3%), 성학대 609건(2.2%) 순으로 높게 나타났으며, 중복학대는 신체학대 · 정서학대가 8,439건(30.2%)으로 가장 높은 비율을 차지했다(보건복지부, 2022). 아동학대사례 유형별 피해아동의 성별을 살펴보면 신체학대, 방임 사례는 남아가 여아보다 높게 나타났으며, 성학대 사례는 여아가 86.4%로 압도적인 비율을 차지했다. 아동학대사례 유형별 학대행위자는 성학대를 제외한 유형에서 부모에 의한 학대가 가장 높은 비율을 보였으며, 특히 정서학대 사례에서 83.9%로 가장 높게 나타났다(보건복지부, 2022).

2) 징계권 폐지와 보육교직원의 책무

(1) 징계권 폐지 배경과 의미

아동학대의 81.3%는 가정에서 일어나고, 82.7%는 부모에 의해 발생한다(보건복지부, 2022). 아동학대를 저지른 부모 등 주양육자는 자신의 행위를 학대로 인식하기보다는 훈육목적의 징계권 행사로 항변해 왔다. 심지어 학대로 인하여 아동이 사망하는 경우에도 훈육할 의도였다고 주장해 왔다. 이런 주장을 할 수 있는 근간에는 민법 제915조 '친권자는 그 자녀를 보호 또는 교양하기 위하여 필요한 징계를 할 수 있고 법원의 허가를 얻어 감화 또는 교정기관에 위탁할 수 있다'는 일명 징계권이 있었다. 이러한 징계권 오용에 대한 꾸준한 우려와 더불어 2020년 10월 입양부모가 입양영아를 학대에 사망에 이르게 한 일명 '정인이 사건'으로 아동학대가 사회적으로 큰 논란이 되었다. 이에 2021년 1월 8일 민법 제915조를 삭제하는 개정안이 국회에서 의결되며 2021년 1월 26일을 기점으로 징계권이라는 민법상 권리는 사라지게 되었다.

징계권은 폐지 이후에도 끊임없는 논란이 있었는데, 그 핵심은 친권의 일부인 징계권 전면폐지가 훈육을 위한 권한까지 앗아간 것은 아닌가 하는 부분이다. 즉, 징계권 폐지가 일체의 모든 징계행위를 금하는 것인지, 아니면 훈육을 위해 필요한 징계행위는 인정하는 것인지이다. 그러나 훈육을 위해 필요한 징계행위라는 관점은 학대와 훈육 그 사이의 혼란을 가중시키는 측면이 있다. 또한 징계 없는 훈육으로는 아동을 올바르게 성장시킬 수 없다는 두려움을 포함하고 있기도 하다.

따라서 우리는 징계권 폐지를 단순히 훈육의 수단으로 아동에게 징계를 가할 수 있는 법적 근거를 없앤다는 소극적 의미에서 나아가 훈육을 가장한 학대행위를 멈추고 긍정적 양육행동의 실천 근간을 마련해야 한다는 적극적 의미에서 해석할 필요가 있다.

(2) 아동학대에서 보육교직원의 책무

아동학대에 노출된 아동의 징후는 학대의 유형 및 특성, 발생시기, 기간, 강도 등에 따라 다양하게 발현된다. 다음과 같은 특성들은 아동학대로 인해 나타날 수 있는 문제이기도 하고, 때로는 다른 원인으로 나타날 수 있다. 그럼에도 불구하고 다음과 같은 특성을 파악한다면, 보육교직원은 아동학대에 노출된 아동의 신체적·행동적 징후를 인식하여 조기개입 확률을 높일 수 있다.

〈표 6-1〉 아동학대에 노출된 아동의 징후

발달지연	아동기에 풍부하고 일관된 경험이 부족하면 신체, 언어, 사회, 인지 발달의 지연이 나타날 수 있다.
섭식행동문제	심각한 방임을 경험한 아동은 음식을 감추거나 모으는 행동을 보일 수 있다.
진정행동	어떤 아동은 머리를 앞뒤로 흔들거나, 벽에 부딪치거나, 긁거나, 상처를 내는 등 평범하지 않은 진정행동을 보인다.
정서문제	학대에 노출된 아동은 대개 우울과 불안을 동반한 매우 넓은 범위의 정서문제를 동반한다. 어떤 아동은 안전에 대한 기본 욕구로 인하여 성인에게 매우 빨리 애착을 형성하기도 한다.
부적절한 모델링 행동	학대하는 행위자를 모방한 행동, 성인의 성적 행동에 대한 모방 행동이 나타난다.
공격성	학대에 노출된 아동은 공감능력이 부족하고 충동조절에 어려움을 겪으며, 타인에게 자신의 행동이 미치는 영향에 대한 이해력이 떨어지기 때문에 타인에게 공격적이거나 잔인한 행동을 할 수 있다.

출처 : 보건복지부 · 한국보육진흥원(2021).

〈표 6-2〉 아동학대 징후 체크리스트

번호	내 용	예	아니요
1	사고로 보기에는 미심쩍은 멍이나 상처가 발생한다.		
2	상처 및 상흔에 대한 아동 혹은 보호자의 설명이 불명확하다.		
3	보호자가 아동이 매를 맞고 자라야 한다는 생각을 가지고 있거나 체벌을 사용한다.		
4	아동이 보호자에게 언어적, 정서적 위협을 당한다.		
5	아동이 보호자에게 감금, 억제, 기타 가학적인 행위를 당한다.		
6	기아, 영양실조, 적절하지 못한 영양 섭취를 보인다.		
7	계절에 맞지 않는 옷, 청결하지 못한 외모를 보인다.		
8	불결한 환경이나 위험한 상태로부터 아동을 보호하지 않고 방치한다.		
9	성학대로 의심될 만한 질환, 신체적 흔적이 있다.		
10	성인의 성적 행동을 모방하는 행동을 나타낸다.		
11	자주 결석하거나 결석에 대한 사유가 불명확하다.		
12	아동에게 필요한 의료적 처치 혹은 예방접종을 실시하지 않는다.		
13	보호자에 대한 거부감과 두려움을 보이고, 집(보호기관)으로 돌아가는 것에 대해 두려워한다.		
14	아동이 매우 공격적이거나 위축된 모습 등의 극단적인 행동을 한다.		

출처 : 보건복지부(2021).

또한 어린이집은 학대위험에 노출된 아동에게 안전지대가 될 수 있다. 어린이집에서는 피해아동의 특성을 이해하고, 긍정적 일과 경험을 제공하여 세상에 대한 신뢰를 회복할 수 있도록 도와주어야 한다.

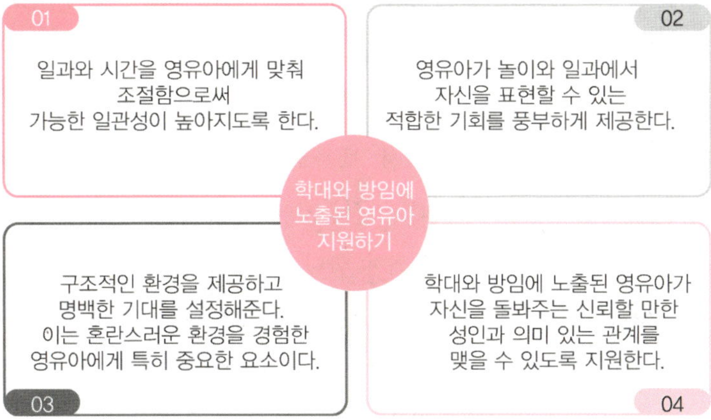

| 그림 6-3 | 학대와 방임에 노출된 아동 지원하기

출처 : 한국보육진흥원(2023). 어린이집 보육교직원 아동학대 예방교육.

3) 아동학대 신고의무 및 교육

어린이집 보육교직원은 「아동학대범죄의 처벌 등에 관한 특례법」 제10조에 따라 아동학대 신고의무자로 지정되며, 아동학대가 의심되면 즉시 시·군·구 또는 수사기관에 신고하여야 한다.

「아동학대범죄의 처벌 등에 관한 특례법」 제10조(아동학대범죄 신고의무와 절차)

② 다음 각 호의 어느 하나에 해당하는 사람이 직무를 수행하면서 아동학대범죄를 알게 된 경우나 그 의심이 있는 경우에는 시·도, 시·군·구 또는 수사기관에 즉시 신고하여야 한다.

12. 「영유아보육법」 제7조에 따른 육아종합지원센터의 장과 그 종사자 및 제10조에 따른 어린이집의 원장 등 보육교직원

아동학대 신고의무자가 아동학대를 신고하지 않을 경우, 「아동학대범죄의 처벌 등에 관한 특례법」 제63조에 의거하여 1천만 원 이하의 과태료를 부과한다.

아동복지법 제26조 및 제75조에 따라 아동학대 신고의무자는 매년 1회, 1시간 이상의 '아동학대 신고의무자 교육'을 이수하여야 한다. 아동학대 신고의무자가 소속된 기관의 장이 교육을 미실시한 경우, 300만 원 이하의 과태료가 부과된다.

보육교직원은 아동학대 의심 정황을 인지 또는 발견하는 즉시 지방자치단체 혹은 112에 신고해야 한다. 아동학대 신고 전, 보육교직원은 피해아동의 현재 상황, 인적사항, 학대행위자 관련사항, 아동학대 의심상황에 대한 내용을 파악하여 가능한 한 많은 정보를 전달할 수 있도록 노력해야 한다. 신고자의 인적사항 기재는 생략될 수 있으며, 신고자의 인적사항, 신고인임을 미루어 알 수 있는 정보를 누설한 경우 3년 이하의 징역이나 3천만 원 이하의 벌금에 처해진다(아동학대범죄의 처벌 등에 관한 특례법 제62조 제2항). 또한 보육교직원은 아동의 진술이 오염되지 않도록, 직접 상담하기보다는 전문가와 상담할 수 있도록 한다. 아동학대 신고와 관련한 상담은 보건복지상담센터(129)에서 이루어진다.

〈표 6-3〉 아동학대 신고예시

전화	• 112 전화신고 예시 - ○○어린이집에 재직하고 있는 교사입니다. - ○○어린이집에 재원하는 아동에 대해 (　　　)의 이유로 아동학대가 의심되어 연락드립니다. ※ 학대 의심이 있는 경우에도 신고 가능 - 아동의 현재 상황은 (　　　　)입니다. ※ 아동의 안전여부, 응급조치 필요 여부, 아동의 심신상태, 가정상황 등 - 아동의 인적사항은 (　　　　)입니다. ※ 이름, 성별, 연령, 주소, 전화번호, 주민등록번호 등 - 학대행위자로 의심이 되는 사람은 (　　　　)입니다. ※ 이름, 성별, 연령, 주소 등. 학대행위자 정보를 파악하지 못해도 신고 가능 - 신고자는 (　　　　)입니다. ※ 성명, 전화번호, 주소, 아동과의 관계 등 ※ 익명으로 신고 가능

문자	• 112 문자신고 예시 1. 학대피해 의심 아동 정보(추정) 1) 이름 : 2) 성별 : 3) 연령 : 4) 주소(학대발견지 혹은 실거주지) : 2. 학대 의심내용 3. 기타사항

출처 : 보건복지부 · 경찰청(2021); 교육부 · 보건복지부(2016).

2. 올바른 훈육과 긍정적 양육

1) 올바른 훈육과 긍정적 양육의 개념

1989년 제정된 유엔아동권리협약에서는 아동에 대한 모든 형태의 폭력을 금지하고, 아동을 보호해야 함을 명시하고 있다. 유엔 및 유럽평의회 등 국제기구는 징계를 기반으로 하는 훈육의 대안으로 긍정적 양육을 강조해 왔다. 유럽평의회(Council of Europe)에 따르면 긍정적 양육(positive parenting)은 아동에게 있어 최선의 이익에 입각해 아동을 돌보고, 역량을 강화하고, 폭력적인 행동을 삼가며, 아동의 충분한 발달을 위해 한계를 설정하고 이를 인식할 수 있도록 지원하는 것이다.

또한 아동을 존중하는 올바른 훈육이란 결국 긍정적 양육을 바탕으로 아동이 스스로 판단하여 상황에 적절한 행동을 실천할 수 있는 자율성을 키워내는 것이다. 따라서 올바른 훈육을 위해서는 아동의 문제행동보다 아동과의 상호작용을 통한 긍정적 관계 형성에 집중하고, 아동의 자기통제를 통한 자기훈육에 초점을 맞추어야 한다.

2) 사례를 통해 본 올바른 훈육과 학대

(1) 사례 1

<table>
<tr><th colspan="4">등원하면서 가져온 팔찌를 보여주고 싶어 교사에게 계속 이야기하는 경우(3세)</th></tr>
<tr><td>부주의한 지도</td><td>• "○○이 선생님 지금 바쁜 거 안 보여? 간식 챙기느라 정리하느라 바쁘잖아!"
• "(아동의 팔찌를 뺏어 사물함에 넣고 닫으며) 알았어. 빨리 들어가서 앉아. 집에서 물건 가져오지 말라고 했지."</td><td>이유</td><td>• [무시] 아동의 요구에 대한 경청과 공감 결여
• [거친 접촉] 아동의 동의를 구하지 않고 빼앗음
• [비난] 아동의 관심과 행동이 약속을 어긴 것으로 반응하여 죄책감을 갖게 함</td></tr>
<tr><td>올바른 훈육</td><td colspan="3">• [공감] "어서 와! ○○이가 선생님한테 팔찌를 보여주고 싶었구나?"
• [한계설정] "선생님도 정말 궁금한데, 지금은 친구들을 맞이해야 하고 간식도 나눠주고 있어. 가방 있는 곳에 갈 수가 없는데 기다려 줄래?"
• [대안제시] "잠깐만~ 친구들 맞이하고 같이 이야기하자. 기다려 줘서 고마워."</td></tr>
</table>

출처 : 한국보육진흥원(2023).

(2) 사례 2

<table>
<tr><th colspan="4">같은 자동차 모형을 서로 갖고 놀겠다고 소리를 지르며 다투는 경우(4세)</th></tr>
<tr><td>부주의한 지도</td><td>• "자꾸 싸우면 동생 반 줘버릴 거야. 아니면 선생님이 가져가 버릴 거야."
• "너! 다른 거 가지고 놀면 안 되니? 왜 꼭 같은 거 가지고 싸우는 거야? 그럼 둘 다 못 놀게 할 거야!"</td><td>이유</td><td>• [무시] 놀잇감과 관련한 요구에 대한 경청과 공감 결여
• [거짓협박] ~하면 ~한다(비현실적 결과)로 위협함
• [비존중] 두 입장을 모두 고려한 중재자 역할이 없음</td></tr>
<tr><td>올바른 훈육</td><td colspan="3">• [공감] "○○이와 □□이, 둘이 싸워서 속상하구나?"
• [경청] "잠시만 선생님하고 이야기할까?(이야기를 충분히 듣고) 서로 같은 놀잇감을 가지고 놀고 싶을 때는 어떻게 하면 좋을까?"
• [한계설정] "우리가 약속을 정할 수도 있어!"
• [대안제시] "(아동의 생각을 듣고) 아! 그런 방법도 있구나. ○○이는 어때? □□도 그 방법이 괜찮다고 생각하니?"
• [기다려 주기] "그럼 너희들이 생각한 방법으로 놀이해 보자. 이따 정리시간에 둘이서 어떻게 재미있게 놀았는지 이야기 들려줘."</td></tr>
</table>

출처 : 한국보육진흥원(2023).

3) 긍정적 양육을 위한 행동요령 및 실천사례

〈표 6-4〉 긍정적 양육을 위한 행동요령

<table>
<tr><td rowspan="3">보육교사 행동요령</td><td rowspan="2">일상 수준</td><td>경청하고
공감하기</td><td>① 관찰 : 아동의 표정과 행위의 특성을 관찰한다.
② 연결 : 관찰한 표정과 행위를 아동의 감정과 연결하여 표현해준다.
③ 표현 : 아동이 자신이 느끼는 감정과 행위에 대해 표현할 수 있도록 도와준다.
④ 재공감 : 아동이 표현한 감정과 행위를 설명해주며 다시 한번 경청하고 공감한다.
* 유의점 : 경청하고 공감하기에서는 아동의 감정이나 행위를 옳고 그름으로 판단하여 지도하지 않도록 유의한다.</td></tr>
<tr><td>대안 및 한계
제시하기</td><td>① 대안제시 : 아동에게 스스로 대안을 생각해보도록 하거나, 다른 놀이나 활동, 문제해결 방안을 제시하여 선택하게 한다.
② 선택격려 : 아동의 선택을 격려한다.
③ 한계설정 : 아동에게 한계(공간, 시간, 놀잇감 유형 및 개수, 규칙 등)를 제시하여 활동이나 놀이의 허용범위를 정한다.</td></tr>
<tr><td>지나친 수준</td><td>멈추기</td><td>아동이 지속적으로 거부하거나 지도가 잘 이루어지지 않는 경우 아동학대의 함정에 빠져들지 않기 위해 보육교직원은 ‘멈추기’를 통해 아동의 곁에 머물면서 아동이 스스로 진정할 수 있도록 기다린다.
① 감정조절하기 : 복식호흡, 창문 밖을 보며 물 마시기
② 생각하기 : 즉각적 판단을 유보
③ 도움 구하기 : 원장과 동료에게 지원요청, 전문가 상담 요청</td></tr>
<tr><td rowspan="3">어린이집 행동요령</td><td rowspan="3">보육교사
행동요령
실행 상황이
지나친
수준일 때</td><td>원장과 부모 및
양육자에게
알리기</td><td>• ‘멈추기’를 실행하였을 경우, 부모 및 양육자에게 상황을 설명하고, 원장에게 보고한다.</td></tr>
<tr><td>보육교직원과
협의하기</td><td>• 원장 및 동료와 행동 요령 실행 과정 경험을 공유한다.
• ‘멈추기’ 행동 요령의 어려움을 나눈다.
• 원장은 보육교사의 잘잘못을 따지기보다 수용하고 격려한다.</td></tr>
<tr><td>부모 및
양육자와
소통하기</td><td>• ‘부모 및 양육자에게 알리기’를 실행했음에도 소통이 원활하지 않을 때, 원장은 부모 및 양육자의 입장을 경청하고, 개별 상담을 진행한다.
• 원장은 부모 및 양육자에게 ‘보육교사 행동요령’과 ‘어린이집 행동요령’ 교육을 실시한다.</td></tr>
</table>

출처 : 보건복지부(2020).

① 대집단 활동을 하는 상황

대집단 활동을 하는 경우 아동이 주의집중을 하지 못하거나, 돌아다니거나, 친구와 장난치거나, 혼자서 다른 놀이를 하는 경우가 있다. 영아의 경우 대집단 활동을 실시하지 않는 것을 원칙으로 하며, 유아의 경우에는 필요한 경우에만 최소로 실시한다(예 생일축하, 행사소개 등). 아동의 관심이 다른 곳에 있다고 판단될 때, 보육교사는 대집단 활동 참여를 강요하지 않는다. 이 경우 소집단 활동이나 개별 활동으로 전환하여 활동을 진행한다.

보육교사 행동요령			
	일상 수준	경청하고 공감하기	① 관찰 • 주의집중을 못 하는 아동 • 돌아다니는 아동 • 친구와 장난치는 아동 • 혼자서 다른 놀이를 하는 아동
			② 연결 "네가 (주의집중을 못 하고) (돌아다니고) (친구와 장난치고) (혼자서 다른 놀이를 하고) 하는 것을 보니, 오늘 선생님이 해주는 이야기에 흥미가 없어 보이는구나."
			③ 표현 "네가 하고 싶은 이야기를 해볼래?" "○○이의 생각을 이야기해 볼까?"
			④ 재공감 "네가 흥미가 없어서 돌아다니고 있었던 거구나."
		대안 및 한계 제시하기	① 대안제시 "○○아, 너는 어떻게 했으면 좋겠니?" "친구를 방해하지 않도록 조용한 놀이 하다가 대집단 활동으로 올까?"
			② 선택격려 "그래, 네가 원하는 대로 해보자." "네가 선택한 ○○을 아주 잘했구나."
			③ 한계설정 "네가 ○○까지만 같이 해볼까?" "대집단 활동을 하고 싶지 않을 때 우리는 어떻게 하면 좋을까?"
	지나친 수준	멈추기	"그래, 너희들이 원하지 않으니까 대집단 활동을 그만할게." "어떤 놀이를 하고 싶니?" (대집단 활동을 멈추었음에도 불구하고 진정이 되지 않는 아동에게) "괜찮아, ○○아. 선생님이 옆에서 기다려 줄게." (토닥여 주거나 안아준다)

출처 : 한국보육진흥원(2023).

② 교실 밖에서 이동하는 상황

아동은 이동 시 또래와 손을 잡지 않거나, 다른 곳으로 혼자 이동하거나, 친구와 심한 장난을 치는 경우가 있다. 교사는 아동의 개별 요구나 행위를 존중하여야 한다. 또한 아동이 줄을 서서 친구의 손을 잡고 이동하는 것이 오히려 위험 요인으로 작용할 수도 있다는 점을 인식해야 한다.

보육교사 행동요령	수준	단계	내용
보육교사 행동요령	일상 수준	경청하고 공감하기	① 관찰 • 이동할 때 친구와 손을 잡지 않는 아동 • 이동할 때 다른 곳으로 혼자 움직이는 아동 • 이동할 때 친구와 심한 장난을 치거나 다투는 아동
			② 연결 "네가 (친구와 손을 잡지 않고) (다른 곳으로 혼자 움직이고) (친구하고 장난치며 다투고) 하는 것을 보니, 친구와 손잡고 걷는 것이 힘든가 보구나?"
			③ 표현 "친구와 손잡기 힘든 이유를 말해줄래?" "네가 왜 혼자 다른 곳으로 가고 싶은지 이야기해 줄래?" "네가 친구하고 어떤 일로 장난치고 다투게 되었는지 이야기해 줄래?"
			④ 재공감 "네가 ○○하고 싶은 마음에 친구와 손잡기 힘들었구나." "네가 ○○하고 싶어서 혼자서 다른 곳으로 움직였던 거구나." "네가 ○○하고 싶은데 네 마음을 몰라줘서 속상해서 친구하고 다투었던 거구나."
		대안 및 한계 제시하기	① 대안제시 "○○아, 너는 어떻게 가기를 원하니?" "○○아, 그럼 우리 손을 잡지 않고 놀이터까지 가 볼까? 그러면 선생님이랑 손잡고 갈래?" "○○아, 네가 좋아하는 ○○놀이터는 우리 내일 가면 어떨까? 아니면 오후에 가볼까?" "○○아, 서로 마음이 불편하면 교실로 돌아갈까? 아니면 즐겁게 놀이터에서 놀이할까?"
			② 선택격려 "그래, 네가 원하는 대로 해보자." "네가 선택한 ○○을 아주 잘했구나."
			③ 한계설정 "○○아, 위험하니까 저기까지만 손을 잡고 가보자." "안전하게 이동하려면 어떻게 해야 할까? 이동할 때 우리가 지켜야 할 것에 대해 이야기해 볼까?"
	지나친 수준	멈추기	"오늘은 교실로 돌아갈까? 교실로 가서 놀자." "○○아, 교실에 가서 속상했던 마음에 대해 이야기 나누어 보자." (모든 요령을 적용했음에도 불구하고 진정이 되지 않는 아동에게) "괜찮아, ○○아. 선생님이 진정될 때까지 옆에서 기다려 줄게." (토닥여 주거나 안아준다)

출처 : 한국보육진흥원(2023).

③ 식습관 지도에 어려움이 있는 상황

아동이 식사시간에 음식을 자주 흘리거나, 씹지 않고 길게 물고 있거나, 편식을 하거나, 천천히 먹거나, 장난을 치는 경우가 있다. 아동은 개별 특성과 요구에 따라 먹는 양, 선호하는 음식, 식사 속도 등에 차이가 있다. 보육교사는 아동이 즐겁게 식사할 수 있도록 강요하는 말이나 행동을 하지 않는다.

<table>
<tr><td rowspan="9">보육교사 행동요령</td><td rowspan="7">일상 수준</td><td rowspan="4">경청하고 공감하기</td><td>① 관찰
• 음식을 씹지 않고 길게 물고 있는 아동
• 편식을 하는 아동
• 음식을 자주 흘리는 아동
• 음식으로 장난을 치는 아동
• 음식을 천천히 먹는 아동</td></tr>
<tr><td>② 연결
"네가 오늘 많이(적게) 먹고 싶구나."
"네가 음식을 씹지 않고 물고 있는 것을 보니 맛이 없구나."
"○○이는 ○○을 먹고 싶지 않구나."
"○○이는 음식을 빨리 먹고 싶구나."
"○○이는 친구와 재밌는 이야기를 하고 있구나."
"○○이는 천천히 음식을 먹는구나."</td></tr>
<tr><td>③ 표현
"네가 원하는 것이 무엇인지 말해줄래?"<br>"네가 음식을 빨리(천천히) 먹고 싶은 이유를 말해줄래?"<br>"친구하고 어떤 재밌는 얘기를 했는지 말해줄래?"</td></tr>
<tr><td>④ 재공감
"아침을 안 먹고 와서 배가 고파서 음식을 더 먹으려는 거구나."
"밥이 맛이 없고, 배가 고프지 않아서 입에 음식을 물고 있는 거구나."
"○○이는 음식을 흘리고 먹는 줄 모르고 빨리 먹은 거구나."
"○○이가 간지럽게 해서 같이 웃은 거구나."
"○○이는 음식이 잘 넘어가지 않아 천천히 먹어야 하는 거구나."</td></tr>
<tr><td rowspan="3">대안 및 한계 제시하기</td><td>① 대안제시
"○○아, 너는 어떻게 했으면 좋겠니?"<br>"○○이는 얼마큼 먹고 싶니?"<br>"음식을 다 먹고 더 재밌게 놀까?"<br>"○○이 선생님이 도와줄까?"<br>"숟가락에 밥 올리는 것만 도와줄까?"</td></tr>
<tr><td>② 선택격려
"그래, 네가 원하는 대로 해보자."
"네가 선택한 ○○을 아주 잘했구나."</td></tr>
<tr><td>③ 한계설정
"한 번만(또는 한 조각만) 먹어 볼까?" 3번까지 권한다.
"우리 친구들과 즐겁게 음식을 먹으려면 어떻게 하면 좋을까?"</td></tr>
<tr><td>지나친 수준</td><td>멈추기</td><td>"오늘은 정말 밥을 먹고 싶지 않구나. 네가 원하는 대로 치워줄 테니 먹고 싶은 마음이 들면 다시 말해줄래?"
(모든 요령을 적용했음에도 불구하고 진정이 되지 않는 아동에게)
"괜찮아, ○○아. 먹고 싶지 않을 때도 있어. 네가 진정될 때까지 선생님이 옆에서 기다려 줄게."
(토닥여 주거나 안아준다)</td></tr>
</table>

출처 : 한국보육진흥원(2023).

④ 낮잠 지도에 어려움이 있는 상황

구분	수준	단계	행동요령
보육교사 행동요령	일상 수준	경청하고 공감하기	① 관찰 • 낮잠시간에 잠을 뒤척이는 아동 • 낮잠시간이 되기 전에 조는 아동 • 낮잠시간이 끝나기 전에 잠에서 깬 아동 • 낮잠시간이 끝나도 일어나지 못하는 아동 • 낮잠시간에 낮잠을 거부하며 소리치거나, 뛰어다니거나, 계속 놀고 싶어 하는 아동
			② 연결 "뒤척이는 것을 보니 잠이 오지 않는구나." "눈을 감기는 것을 보니 낮잠을 빨리 자고 싶구나?" "눈을 뜬 것을 보니 잠이 빨리 깼구나? "선생님이 깨워도 눈이 떠지지 않는 것을 보니 계속 자고 싶구나?" "○○이는 잠 안 자고 더 놀고 싶구나?"
			③ 표현 "네가 원하는 것이 무엇인지 말해줄래?" "네가 낮잠을 빨리(계속) 자고 싶은 이유를 말해줄래?" "네가 원하는 것이 무엇인지 말해줄래?"
			④ 재공감 "○○이는 엄마가 보고 싶어서 뒤척이는 거구나." "○○이는 어젯밤 늦게 자서 눈이 감기는 거구나." "○○이는 오후 간식을 빨리 먹고 싶어서 눈이 떠진 거구나." "○○이는 피곤해서 잠을 더 자고 싶은 거구나." "○○이는 ○○놀이를 더 하고 싶어서 잠을 자고 싶지 않은 거구나."
		대안 및 한계 제시하기	① 대안제시 "○○아, 너는 어떻게 했으면 좋겠니?" "○○아, 음악 들을까? 책을 읽어 줄까?" "○○아, 쿠션에서 먼저 잘까?" "○○아, 친구들 자는 거 보고 있을까? 조용히 그림 그릴까?" "○○아, 친구들이 모두 일어났어. 너도 천천히 일어나 볼까?" "○○아, 친구들이 잠들면 같이 놀이할게. 작은 목소리로 말해줄래?"
			② 선택격려 "그래, 네가 원하는 대로 해보자." "네가 선택한 ○○을 아주 잘했구나."
			③ 한계설정 "선생님이 잠이 들 때까지 옆에서 자장자장 해줄게." "○○분만 더 자고 일어나자." "낮잠 자고 싶지 않으면 ○○ 공간에서 조용한 놀이 하자." "낮잠을 방해받지 않고 푹 자기 위해서 어떻게 해야 할까?"
	지나친 수준	멈추기	"잠을 자고 싶지 않구나." "다른 선생님께 도와 달라고 해보자." (모든 요령을 적용했음에도 불구하고 진정이 되지 않는 아동에게) "괜찮아, ○○아. 선생님이 옆에서 기다려 줄게." (토닥여 주거나 안아준다)

낮잠시간에 아동은 몸을 뒤척이거나, 낮잠시간이 끝나기 전에 잠에서 깨거나, 낮잠시간이 끝나도 일어나지 못하거나, 낮잠을 거부하며 소리치거나, 뛰어다니거나, 계속 놀고 싶어 하는 경우가 있다. 교사는 아동이 편안하게 낮잠을 잘 수 있도록 강요하는 말이나 행동을 하지 않는다.

3. 학대사건의 법적 · 비사법적 대처와 사례탐색

1) 아동학대에 관한 법령과 법적 조치과정의 이해

(1) 아동학대에 관한 법령

① 아동복지법과 아동학대범죄의 처벌 등에 관한 특례법, 영유아보육법

우리나라에서는 아동학대에 대해서 아동복지법과 아동학대범죄의 처벌 등에 관한 특례법(아동학대처벌법)에서 아동학대가 범죄라는 것을 명확히 하고 구체적인 처벌에 관해서 명시하고 있다. 어린이집에서 일어나는 아동학대에 대해서 영유아보육법에 따라 행정조치와 처분에 대해 명시되어 있다. 2000년 이전에는 아동학대가 개인이나 가정만의 문제로 인식하는 시기였고, 2000년 이후 아동복지법이 개정되면서 아동학대가 사회적인 문제로 인식되는 시기가 되었다. 사회적인 문제로 아동학대가 인식되며 매년 증가하는 아동학대에 대해 강력하게 처벌해야 한다는 인식이 높아지며 2014년 아동학대범죄의 처벌 등에 관한 특례법(아동학대처벌법)이 제정되었다. 아동학대처벌법에 의해 아동학대를 범죄로 규정하고 형벌권에 대한 의지 강화와 상습범 등에 대한 가중처벌, 형벌과 수강명령 등이 반영되며 아동학대행위자에 대한 처벌과 치료적인 부분도 강화되었다.

(2) 아동학대에 관한 법적 조치과정

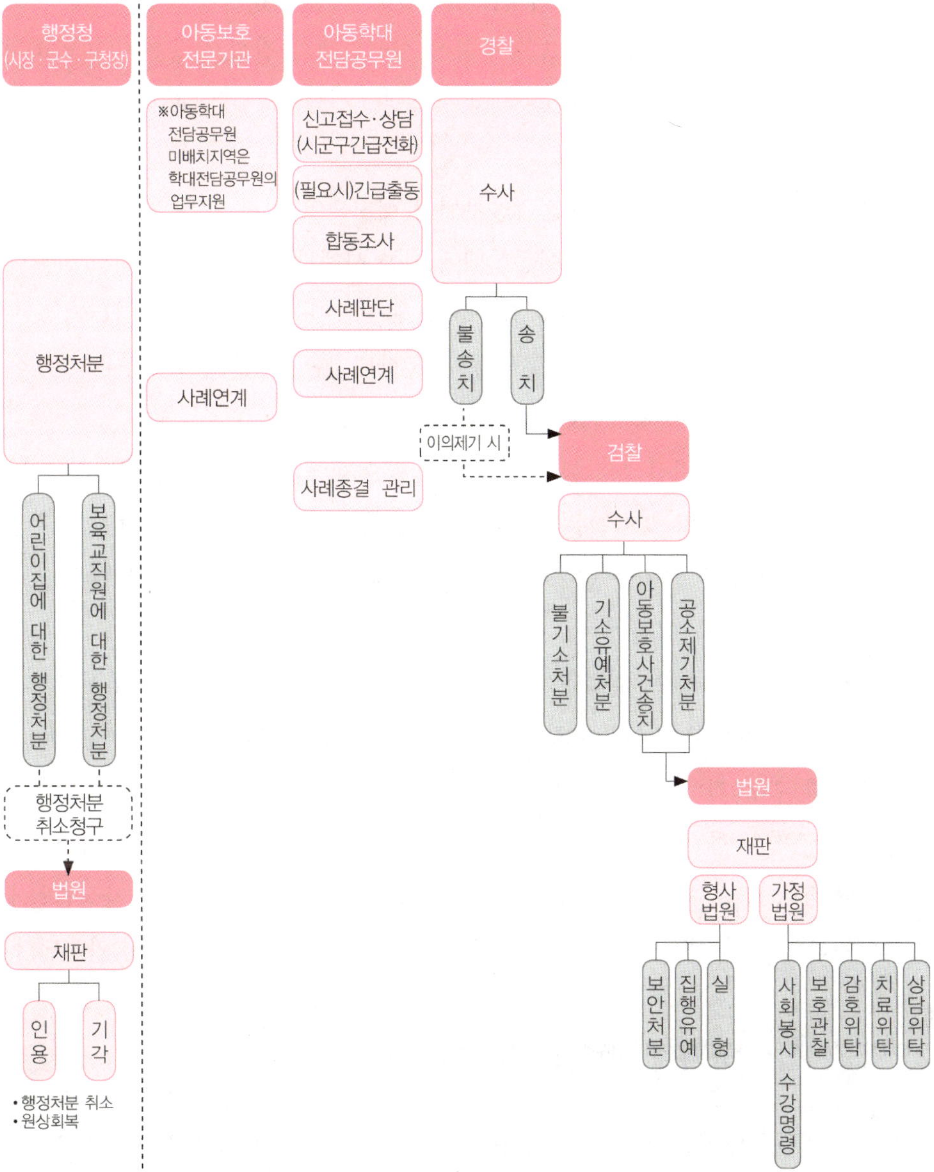

| 그림 6-4 | 어린이집 아동학대 사건의 처리 과정

출처 : 한국보육진흥원(2023).

- **아동학대전담공무원** : 신고접수가 접수되면 경찰과 함께 현장출동을 하여 합동 조사가 이루어지며 아동학대 사례를 판단한다. 아동학대 사례로 판단되면 피해 아동의 보호 계획을 수립하고 통보하여 사례연계의 진행 상황까지 파악하며 점검한다. 아동보호전문기관과 회의 등을 통해 사례의 개입과 결과 및 종결 여부를 검토한다.
- **아동보호전문기관** : 아동학대전담공무원이 배치되어 있지 않은 지역에서 아동 학대 조사 업무를 수행한다. 아동학대에 대한 사례관리계획을 수립하고 계획에 따라 사례관리가 이루어지는지 점검하며 계획에 따라 변화가 나타나는지 등을 확인하여 필요한 서비스를 제공한다. 아동학대전담공무원과 함께 사례종결에 대한 평가회의를 통해 사례종결 여부를 결정한다.
- **경찰** : 아동학대 의심 신고를 112 전화로 받으며, CCTV 등 관련 자료와 사건 관련자들을 조사하여 사건을 수사한다. 아동보호전문기관과 아동학대전담공무원으로부터 업무 지원을 받을 수 있으며 피해아동의 조사가 필요한 경우 조사하여 수사결과를 검찰에 송치한다.
- **검찰** : 경찰로부터 송치된 사건에 대해 검사가 수사를 진행하여 공소제기처분(형사법원), 아동보호사건 송치(가정법원), 기소유예처분(아동학대 관련 기관에서의 상담 및 교육조건), 불기소처분을 내릴 수 있다.
- **법원** : 검찰이 공소한 사건은 법원에서 심리를 통해 형사법원에서는 형사판결의 실형(징역, 벌금), 집행유예, 보안처분(보호관찰, 수강명령)이 내려지고, 가정법원에서는 사회봉사 수강명령, 보호관찰, 감호위탁, 치료위탁, 상담위탁이 판결된다.

2) 어린이집 아동학대 관련 법적 조치 결과와 판례

2019년 아동학대에 대한 접수 건수는 38,380건으로 법원에 의한 판단은 30,045건이 이루어졌으며 학대행위자에 대한 법적 조치는 10,998건이다. 2021년 아동학대 접수 건수는 52,083건이며 법원에 의한 판단은 37,605건으로 학대행위자에 대한 법적 조치는 16,096건이 이루어져 2019년보다 2021년 아동학대 건수는 늘어났으며 해마다 증가하고 있다. 어린이집에서 일어나는 아동학대 건수도 해마다 증가하는 것으로 나타났으며, 어린이집 아동학대 사건의 법적 조치 결과와 판례분석을 통해 어린이집에서 일어나는 아동학대에 대한 예방법을 모색해 볼 필요가 있다.

(1) 어린이집 아동학대 연도별 법적 조치 결과

〈표 6-5〉 어린이집 아동학대 사건의 연도별 형사처벌 결과

연도	징역(실형)		징역(집행유예)		벌금		선고유예	무죄	계
	인원	평균(개월)	인원	평균(개월)	인원	평균(천원)			
2015	2	18	3	13	6	3,667	2		13
2016	3	10	2	18	8	2,000		1	14
2017	6	11	3	24	7	2,886		2	18
2018	1	10	8	26	6	4,000			15
2019	5	14	12	25	17	5,747	3	6	43

출처 : 최미숙 · 박현선(2021).

(2) 어린이집 아동학대 판례

① 신체 학대행위

보육교사가 유아를 밀어 넘어뜨리고 손으로 얼굴을 쓸어내리며 낮잠 시간에 낮잠 이불로 유아를 덮는 등의 행위를 하였다.

점심시간 밥을 먹지 않고 운다고 보육교사가 피해아동의 입술과 머리를 손바닥으로 수차례 가볍게 두드리는 행위를 하였다.

② 정서 학대행위

간식시간에 간식을 늦게 먹는다는 이유로 손가락질을 하며 훈육하고, 양손으로 피해아동을 잡아 세우고 울고 있는 피해아동에게 밖으로 나가라고 손가락질하며 몸을 밀었다.

자폐를 가지고 있는 피해아동이 소변 실수를 했다고 화를 내며 집에서도 이러느냐 네 나이가 몇인데 부끄러운 줄도 모르고 실수를 하냐며 폭언을 하였다.

③ 성적 학대

평소 어린이집에서 자신의 신체 부위를 노출하는 버릇이 있는 유아(6세)를 훈육하기 위해 보육교사가 유아의 팔을 잡아끌어 세우고 유아의 상의와 하의를 다른 유아들이 있는 앞에서 내려 알몸을 노출시켰다.

④ 방임

뇌병변 1급의 장애아동(7세)을 특수교사가 1층에서 2층으로 데리고 가다가 장애아동 혼자 올라가라며 계단에 장애아동을 두고 혼자 2층 교실로 들어가서 20분 동안 방치하였다.

어린이집에서 간식과 식사를 다른 아동들과 같이 먹도록 하지 않고 피해아동 혼자서 조그만 책상이나 교실 구석에서 혼자 먹도록 하였다.

3) 어린이집 아동학대 중 비사법적 조치의 필요성과 사례분석

(1) 비사법적 조치의 필요성

아동을 돌보고 보호해야 할 역할과 의무가 있는 보호자와 어린이집에서 일어나는 아동학대에 대해서 사회적으로 엄벌에 처하는 것이 맞다. 하지만 사회가 아동학대를 범죄로 규정하여 사법적 개입을 하는 목적은 처벌뿐만 아니라 잘못된 행위의 반성과 갱생을 통한 사회 복귀의 의미도 가진다(장영인 · 정효정, 2017). 보육교사들은 어린이집 학대와 처벌 강화의 여론과 언론을 접하며 직업정체감의 혼란과 직무만족도의 저하, 사회적인 편견과 주목으로 심리적 부담감과 좌절감을 느끼는 것으로 나타났다(박진아 · 이경숙, 2015). 어린이집에서는 부모를 대신하여 아동들을 하루 종일 돌보고 책임지며 여러 문제 행동상황 발생으로 의도치 않은 과실이나 경미한 아동학대로 번지는 경우가 발생한다. 아동학대에 대한 과도한 사법적 절차는 피해아동을 배려하기보다는 학대 당사자의 징벌에 중점을 두고 있다. 피해아동에 대한 치료와 회복에 중점을 두고 아동학대자도 갱생할 수 있는 기회가 부여될 수 있는 중재 기관의 개입으로 해결할 수 있는 비사법적 조치가 필요하다. 이에 어린이집 아동학대의 특성에 대해 알아보았다.

어린이집 아동학대의 특성
• 아동의 문제행동에 대한 이해와 훈육의 기술력 부족에 따른 비의도적인 경우가 많아 훈련과 교육을 통해 다른 아동학대 집단보다 개선의 가능성이 높다. • 은밀하게 장시간 지속되는 가정 안의 학대와 달리 발견이 용이하여 경미한 학대가 많으며 지속될 가능성이 적다. • 아동학대 발생 시 학대행위자와 즉각적인 분리가 가능하여 동일한 행위자에 의한 학대가 재발할 가능성이 매우 낮다.

출처 : 장영인 · 정효정(2017), p. 58.

(2) 비사법적 조치 방법

① 회복적 사법

회복적 사법은 전통적인 형사사법제도에 대한 한계를 바탕으로 제시된 모델이며, 범죄사건을 처리하는 과정이 피해회복과정으로 피해의 원상회복과 범죄자, 피해자 간 화해를 통해 가해자의 변화 가능성을 높이고 피해자의 상처 회복에 중점을 둘 수 있다. 회복적 사법은 심각한 아동학대 사건에 적용하는 것은 적합하지 않으며, 형사조정제도나 화해권고제도 등과 같은 방법으로 경미한 아동학대에 적용되어야 할 것이다.

② 대체적 분쟁해결방법(ADR : Alternative Dispute Resolution)

사법적 과정의 복잡성과 불편성의 대안으로 등장하였으며 소송을 대체하는 비소송적 분쟁해결수단이다. 재판을 통한 해결은 이분법적인 사고가 적용되어 소송과정에서 분쟁당사자간의 관계가 더욱 악화되고 싸움으로 번지는 측면이 있다(안순철 · 최장섭, 2003). 어린이집 아동학대의 경우 비의도적이거나 경미한 경우도 많기 때문에 재판 전에 분쟁을 해결하는 비사법적 절차를 적용해 볼 필요가 있다.

③ 피해아동을 위한 관계중심 접근법

어린이집 아동학대의 사법절차 과정에서 피해아동은 갈등과 다툼, 어린이집의 퇴원이라는 관계단절의 경험으로 정서적인 문제를 안고 있을 수 있다. 피해아동의 관계중심의 접근법은 아동이 경험하는 관계의 갈등, 단절, 유지의 어려움에 대해 상처치유와 건강한 일상생활 복귀의 중요성을 중심으로 한다(이호중, 2000). 대인관계가 확정되는 아동기에는 긍정적인 대인관계의 경험이 아동과 타인에 대한 신뢰도를 높이고, 사회생활과 자라면서의 대인관계에도 많은 영향을 미친다(김광수 · 하요상, 2006). 심각한 아동학대에 대해서는 용서를 적용하는 것이 바람직하지 않지만 과실이나 경미한 아동학대에 대해서는 학대행위자와 피해아동의 용서와 관계회복을 지원하는 과정을 통해 서로의 상처를 회복할 수 있는 비사법적 접근이 필요하다.

(3) 비사법적 사례분석

어린이집에서의 경미하거나 오해에 의한 아동학대에 대해 비사법적인 접근이 이루어지기 위해서는 발생 초기에 신속하게 작동될 수 있는 자율적 대응시스템이 구축될 필요가 있다. 아동학대 발생 초기 단계의 개입일수록 비사법적 접근이 더 효과적이며 회복적 사법의 기능이 제대로 발휘되기 위해서는 사건이 발생한 상황에서 최단 시간 내에 회복적 개입이 이루어져야 한다(황태정 · 김혜정, 2016). 아동학대에 대한 자율적인 대응시스템 구축은 아동(보호자), 학대행위자, 이를 중재할 제3의 지역사회구성원을 기본 요소로 하여 이해당사자 간의 자발적이며 능동적인 참여를 통해 화해의 절차를 진행하고, 피해아동에 대한 회복에 중심 목표를 두어야 한다(장영인 · 정효정, 2017). 우리나라에서는 경찰 수사단계에서 회복적 정의를 적용한 회복적 경찰 활동으로 '화해적 대화모임'이 제도적으로 확대 운영되고 있다. 어린이집의 경미한 아동학대 사건에 대해서는 경찰 수사 전 화해를 조정할 수 있는 전문기관이나 경찰의 수사에서도 화해를 통해 서로 회복할 수 있는 우선적인 기회가 부여되어야 한다.

참고문헌

교육부 · 보건복지부(2016). 유치원 · 어린이집 아동학대 조기발견 및 관리 · 대응 매뉴얼.

김광수 · 하요상(2006). 용서 상담교육이 아동의 용서수준과 정서지능에 미치는 영향. **교육심리연구, 20**(4), 909-930.

박진아 · 이경숙(2015). 어린이집 아동학대에 대한 보육교사의 경험. 인식 및 상담 요구도에 관한 연구 -포커스그룹 인터뷰를 중심으로-. **유아교육연구, 35**(3), 27-54.

보건복지부(2022). 2022 아동학대 주요통계.

보건복지부 · 경찰청(2021). 아동학대 유관기관 공동업무수행지침.

보건복지부 · 한국보육진흥원(2021). 어린이집 아동학대 예방 및 대응 매뉴얼.

안순철 · 최장섭(2003). 대안적 분쟁해결(ADR)의 이론과 실제 : 미국의 경험과 한국사회에의 적용. **분쟁해결연구, 1**, 5-38.

이세원(2018). 한국 아동학대범죄에 대한 입법적 · 사법적 관점에서의 변화과정 연구. **보건사회연구, 38**(3), 217-246.

이호중(2000). 피해자에 대한 물질적 지원-피해구조와 배상적 화해의 간극. **한국피해자학회, 8**(1), 402-429.

장영인(2022). 아동권리의 관점에서 본 징계권 폐지의 실천적 의의와 긍정적 양육 지원. **사회복지법제연구, 13**(1), 75-108.

장영인 · 정효정(2017). 어린이집 아동학대사건에 대한 비사법적 접근 방안 모색-자율적 대응시스템 강화를 중심으로-. **한국영유아보육학회, 5**(1), 53-89.

최미숙 · 박현선(2021). 법과 제도적 변화에 따른 어린이집 아동학대 판례분석. **한국아동관리학회, 25**(3), 335-355.

한국보건사회연구원(2017). 생애주기별 학대 경험의 상호관계성 연구.

________________(2018). 생애주기별 학대 경험 연구.

한국보육진흥원(2021). 어린이집 보육교직원 아동학대 예방 및 대응 매뉴얼.

____________(2023). 어린이집 보육교직원 아동학대 예방교육.

황태정 · 김혜정(2016). 회복적 사법 이념의 경찰단계 구현방안. **한국피해자학회, 24**(3), 225-246.

국가법령정보센터 https://www.law.go.kr

03
PART

전문지식 · 기술(55시간)

CHAPTER 07

영유아 관찰기록과 평가 실행

안명옥(전 명지대학교 아동학과 객원교수)

학습목표

- 관찰에 관한 기본적인 지식을 활용하여 영유아 관찰기록을 실행할 수 있다.
- 관찰기록에 기초하여 영유아의 발달과 행동을 분석하고 평가할 수 있다.
- 영유아 관찰을 통해 영유아의 발달 및 행동에 대한 해석과 평가서를 작성할 수 있다.
- 영유아 관찰을 바탕으로 영유아의 행동을 지도하고 발달을 지원할 수 있다.
- 영유아의 일상생활과 놀이를 관찰하고, 관찰기록을 바탕으로 교수학습과 연계할 수 있다.

1. 관찰기록에 기초한 영유아 행동 이해와 평가

1) 관찰의 목적 및 중요성

영유아가 어린이집에서 놀이를 통한 배움의 과정을 자유롭게 디자인할 수 있도록 지원하는 교사의 역량은 2019 개정 누리과정을 실행하는 핵심이다. 영유아가 놀이를 주도하는 과정을 존중하는 교사는 놀이에 개입하여 영향력을 미치려 하기보다 아이들에게 귀 기울임으로써 영유아가 어떤 경험을 하는지 주의 깊게 파악하여 개인 맞춤형 교육을 실행할 수 있다. 이를 위해 교사는 영유아의 일과를 관찰, 기록, 해석하여 누적된 자료를 체계적으로 관리하고 활용함으로써 영유아를 평가하고 지원하는 역할을 한다. 이러한 점에서 영유아의 발달 수준이나 흥미 등을 파악해야 하는 관찰자의 역할은 시대 변화와 상관없이 기본적으로 수행해야 하는 영유아교사의 역할이다(송연숙, 2019). 황해익 등(2020)에 의하면 관찰이란 영유아를 대상으로 하는 연구 방법 중에서 가장 오랜 역사를 지니고 있으며 영유아의 발달을 보다 잘 이해하기 위해 일상생활 속에서 이루어지는 자연스러운 행동을 자세하게 탐색하고 기록하는 과학적인 방법이라 하였다.

교사들은 일상생활 가운데 영유아의 언어적 · 비언어적 표현과 행동을 주의 깊게 보고 들으며 아이들의 관심사와 또래 관계를 파악하여 상호작용함으로써 아이들과 어떻게 하루를 보낼지 계획할 수 있다. 어린이집 교사는 영유아의 놀이, 활동, 일상생활에서 개별 영유아의 반응과 행동을 주기적으로 관찰하여 기록하고, 그 결과를 보육과정에 반영하여 부모와의 의사소통 자료로 활용한다(보건복지부, 2021). 그리고 다양한 방법의 관찰은 영유아의 발달을 평가하여 보육현장에서 영유아 개개인의 발달을 지원하고 조력하는 기초자료로 활용할 수 있으므로 관찰에 대한 전반적인 내용을 살펴볼 필요가 있다.

(1) 관찰의 목적

영유아를 대상으로 하는 관찰의 목적을 구체적으로 살펴보면 다음과 같다(안선희 외, 2021).

첫째, 교사는 관찰을 통해 영유아들의 흥미를 파악할 수 있다.

둘째, 교사는 개개 영유아의 발달수준을 발달 규준에 비추어 파악하고 기록할 수 있다.

셋째, 영유아의 발달 정도에 대한 지식은 개별화된 교수방법의 계획 및 운영이 가능하게 해준다.

넷째, 영유아의 반응을 통해 교사 자신의 교수 실제를 평가하고 교사로서의 전문성 계발의 기초가 되는 교사발달 프로그램을 고안하는 데 도움을 준다.

다섯째, 교실운영에서의 다양한 문제들을 분석하고 해결방안을 찾는 데 도움을 준다.

여섯째, 관찰기록은 동료교사, 부모, 원장 간의 의견교환을 위한 유용한 자료로 활용될 수 있다.

일곱째, 교사는 특정 발달영역에서 지연을 보이는 영유아를 발견함으로써 조기 중재 및 치료의 효과를 극대화 시킬 수 있으며 문제행동의 원인을 파악할 수 있다.

(2) 영유아, 교사, 부모, 기관 측면에서 관찰의 목적

어린이집에서의 관찰목적을 영유아, 교사, 부모, 기관의 측면에서 살펴보면 다음과 같다(황해익 외, 2021).

① 영유아의 전인적 성장 · 발달 지원

교사는 자연스러운 일상 속에서 개별 영유아의 발달 수준을 파악하고 기록할 수 있다. 지속적인 관찰을 통해 영유아의 개별화 교육을 계획하는 데 도움을 주며, 영유아의 행동을 이해할 수 있는 중요한 정보를 제공해 줄 수 있기 때문에 영유아의 전인적 성장 · 발달에 도움을 줄 수 있다.

② 교사 수업의 질적인 향상을 도움

하루일과 속에서 교사는 영유아들과의 상호작용이나 활동에서 이루어지는 다양한 수업에 대한 자기관찰과 영유아들의 반응을 통해 수업의 개선점을 찾고 수업의 질을 개선하는 데 관찰을 활용한다. 예를 들어, 동영상으로 자신의 수업을 녹화하여 내용을 기록하는 등의 다양한 방법으로 수업을 분석하여 적용하면 자신의 교수 실제를 돌아볼 수 있고 동료 교사들과 서로 정보를 공유함으로써 수업 전문성을 향상하는 데 도움이 된다.

③ 부모에게 필요한 이해자료 제공

개별 영유아들의 관찰기록을 부모와의 의사소통에 유용하게 사용할 때 부모는 자녀의 기관생활을 이해하고, 어린이집을 신뢰하는 믿음이 생긴다. 관찰기록은 개별 영유아의 기질 및 특성에 맞는 자녀양육 방법 및 부모의 역할 수행에 대한 유용한 정보를 제공해 줌으로써 영유아의 건전한 발달에 도움을 준다.

④ 기관의 교육목표 달성도 파악

영유아 관찰을 통해 기관 운영에 있어 미비한 점이나 보완할 점은 없는지에 대해 파악하고 교육의 질적 개선을 위해 수정 · 보완할 수 있는 객관적인 정보를 얻는다. 영유아의 지속적인 관찰은 기관 내에서만이 아닌 영유아의 복지와 정신건강에 실제와 관련된 지역사회 전문가들에게도 유용한 정보를 제공해 줄 수 있다.

2) 관찰의 절차 이해

영 · 유아를 체계적이고 객관적으로 관찰하기 위해서 관찰자는 영 · 유아를 관찰하고자 할 때 무엇을 관찰할 것인가, 언제, 얼마 동안, 어디에서 관찰할 것인가, 어떻게 관찰하고 관찰한 내용을 어떻게 기록할 것인가, 관찰로 얻은 기록 자료를 어떻게 분석할 것인가를 생각해야 한다. 체계적인 관찰을 위한 절차를 관찰 계획 단계, 관찰실행 단계, 관찰자료 분석 및 결과 활용 단계로 나누어 살펴볼 수 있다(한국보육교사교육연합회, 2020).

(1) 관찰 계획 단계

구체적인 계획 없이 관찰을 하면 관찰을 위해 기울인 수고에 비해 실제 개선에 도움이 되지 못하기 때문에 관찰의 목적 설정, 관찰 행동의 표집(시간적 연속성, 공간적 대표성 고려), 관찰 장면의 선정, 관찰기록 방법 및 매체선택의 선정 계획이 필요하다.

① 관찰목적 설정

관찰계획을 수립하기 위해서는 먼저 어떤 목적으로 관찰을 할 것인지를 결정하여야 한다. 여러 명의 관찰자가 동일한 장면을 관찰한다 하더라도 각자 정한 관찰의 목적에 따라서 관찰기록, 추론, 해석, 평가들이 완전히 달라질 수 있기 때문이다.

② 관찰행동의 표집 설정

관찰의 목적을 달성하기 위해 적합한 행동을 표집하여야 하는데 관찰시간을 어느 시간대에 할 것인지를 결정한다든지, 일정한 시간 내에 일어나는 모든 행동을 관찰할지, 특별히 관심있는 행동을 관찰할지 관찰행동의 범위를 결정해야 한다.

③ 관찰장면의 선정

관찰자가 보고자 하는 행동을 어느 장소에서 관찰할 수 있을지에 대한 결정이다.

④ 관찰방법의 선정

관찰한 것을 어떻게 기록할 것인가에 대한 기록방법을 선택하는 것이다.

⑤ 관찰매체의 선정

정확한 기록과 장기적인 보관을 위해서는 카메라, 녹음기, 비디오 등의 매체를 활용할 수 있다.

(2) 관찰실행 단계

관찰실행 단계에서는 모든 감각기관을 활용해서 관찰하고, 관찰한 사실을 객관적으로 기록하는 두 가지 단계가 있다.

① 관찰

관찰의 목적에 초점을 맞추어 관찰장면을 있는 그대로 주의 깊게 천천히 자세히 살펴보는 과정으로 시각, 청각, 후각, 촉각, 미각의 모든 감각기관을 활용하여 관찰대상의 행동과 상황을 면밀하게 관찰하여야 한다. 관찰은 대상에 대한 예비지식, 개인적인 감정이 포함되지 않도록 객관적으로 이루어져야 한다.

② 기록

관찰 장면을 가능한 상세하고 정확히 완전하게 기술해야 하며 관찰자의 개인적인 평가나 판단, 느낌 등은 배제되어야 한다. 관찰기록은 가능한 한 관찰과 동시에 그 자리에서 즉각적으로 이루어지는 것이 바람직하다.

객관적인 관찰기록을 위한 고려사항은 다음과 같다(양옥승, 2018).

- 관찰대상자의 실제 행동만을 기록한다.
- 부사는 주의해서 사용하며, 모호한 부사는 가급적 사용하지 않는다(예 심술궂게, 멍청하게).
- 직접화법으로 기록한다.
- 육하원칙에 맞게 구체적으로 기록한다.
- 행동의 질을 설명해야 한다.

(3) 관찰자료 분석 및 결과 활용 단계

객관적인 관찰기록을 토대로 분석은 추론과 평가로 이루어진다. 관찰결과는 행동의 동기에 대한 원인, 목적 등을 추측하고 행동에 대한 가치를 부여하여 결과 활용할 수 있다. 결과활용은 교육과정에 반영할 수 있고 영유아를 평가하고 부모면담 시 활용할 수 있다.

① 추론

객관적이고 충분한 관찰기록을 근거로 관찰된 행동의 원인, 관찰된 행동에 포함된 감정 등 실제로 보지 못한 관찰 이면에 대해 추측하는 것으로 반드시 객관적인 관찰기록에 근거해야 하며 여러 번의 관찰을 토대로 추론해야 한다.

② 평가

관찰기록에 근거한 추론을 바탕으로 영유아의 행동에 가치를 부여하는 것으로 참여대상의 사전정보나 발달이론에 대한 지식이 영향을 미치게 된다.

3) 관찰기록에 기초한 영유아 행동 특성 이해 및 평가

교사는 영유아의 놀이, 일상생활, 활동을 잘 관찰하고 기록하여 놀이 속에 담긴 영유아의 행동 특성을 이해하고 평가하여 영유아의 놀이지원을 위한 계획을 수립하는 것이 좋다.

(1) 관찰기록 방법

관찰을 하고 그 관찰을 기록하는 방법은 관찰의 목적과 관찰하고자 하는 내용에 따라 다양하다(황해익 외, 2021).

① 표본관찰 기록법

표본 기록법은 행동을 가장 자세하고 완전하게 기록하는 관찰방법으로 관찰대상, 관찰장면, 관찰시간 등을 미리 정해놓고 영유아의 모든 말이나 행동을 일어난 순서대로 가장 자세하고 전체적으로 기록하는 방법이다.

② 일화관찰 기록법

일화기록법은 일상적 상황에서 교육적으로 의미가 있거나 기록할 만한 가치가 있다고 판단되는 행동이나 상황을 발견했을 때 하나의 일화에 초점을 맞추어 관찰하고 간결한 형태로 기록하는 관찰방법이다.

③ 사건표집 관찰기록법

사건표집법은 단순히 어떤 행동의 발생 유무만을 관찰하기보다는 특정한 행동이나 사건이 발생하기를 기다렸다가 관심을 갖고 있는 행동이나 사건이 일어나면 일정한 형식에 따라 행동의 순서를 자세히 기술하는 방법이다. ABC 서술식 사건표집법은 관찰하고자 하는 사건이나 행동이 일어나기 전의 상황(A), 관찰하고자 하는 사건이나 행동 그 자체(B), 사건이나 행동이 일어난 후의 결과(C)를 순서대로 기록하는 방법이고, 빈도사건표집법은 관찰하고자 하는 행동이나 사건이 일어날 때마다 그 빈도를 기록하는 방법이다.

④ **시간표집 관찰기록법**

시간표집법은 관찰대상의 특정행동을 정해진 시간 동안 일정한 시간 간격으로 반복적으로 관찰하여 행동의 출현빈도를 기록하는 방법이다.

⑤ **행동목록 관찰기록법**(체크리스트)

행동목록법은 관찰하고자 하는 특정 행동의 목록을 선정해 두고, 이 행동의 출현 유무를 관찰하여 기록하는 방법이다.

⑥ **평정척도 관찰기록법**

평정척도법은 사전에 준비된 범주에 따라 특정 행동을 관찰하고 이 행동의 특성, 특질 혹은 성격을 몇 등급으로 구분하여 기록하는 방법이다. 여기에는 기술평정척도, 숫자평정척도, 도식평정척도법이 포함된다.

(2) 관찰기록에 기초한 영유아 행동 특성 이해 및 평가

제4차 어린이집 표준보육과정은 2019년 개정 누리과정을 시작으로 제3차 어린이집 표준보육과정을 개정하여 제4차 표준보육과정에서는 0~1세와 2세의 보육과정을 개정하고 영아 관련 내용을 보완하였다. 2024년 개정 표준보육과정에서는 내용 구성체계에 있어 기존의 6개 영역을 통합하여 5개 영역으로 조정하였고, 각 영역에서 0~1세, 2세로 구분된 목표를 통하여 제시함으로 간략화하였다. 교사는 영아의 놀이에 대한 충분한 관찰을 기반으로 어떤 놀이경험을 했는지, 현재의 행동 특성은 어떠한지 이해하고 평가할 수 있어야 한다. 이러한 교사의 평가는 영아의 행동 특성에 맞는 내용으로 놀이와 연결하여 활동을 계획할 수 있다. 표준보육과정에 따른 5개 영역의 관찰평정척도는 영아의 발달을 전체적으로 볼 수 있고, 표준보육과정 운영 개선을 위한 자료와 학부모상담 자료로 활용할 수 있다(보건복지부, 2024).

① **행동목록 관찰기록에 기초한 영아 행동 특성 이해 및 평가**

영아의 행동발달관찰 평가는 시간의 흐름에 따른 영아의 행동변화를 볼 수 있으며, 영아의 행동 가운데 미약한 발달 부분을 알 수 있다. 영아의 일상생활

영역인 배변, 수면, 식습관의 발달을 관찰하여 행동 특성을 이해하고 평가할 수 있다.

〈표 7-1〉 0~1세 기본생활 관찰사례(체크리스트)

관찰영아 : 　　　　　　생년월일 :
관 찰 자 : 　　　　　　관찰일시 :
관찰평가 : 잘함○, 보통△, 못함 ×

관찰 문항	1회	2회	비고
1. 말이나 몸짓을 사용해 화장실에 갈 의사를 표시한다.	×	×	
2. 변기나 아기 변기에 잠시 앉아있으며 변기에서 소변을 보는 것을 꺼리지 않는다.	×	△	
3. 모자를 쓰고 벗으며 양말을 벗는다.	△	○	
4. 단추를 풀어 주었을 때 외투를 벗는다.	○	○	
5. 도움 없이 컵으로 마신다.	○	○	
6. 혼자서 숟가락을 사용하여 음식을 먹는다.	○	○	
행동 특성 이해 및 평가	소변이나 배변을 하고 싶을 때 화장실에 가고 싶다는 의사표현을 하지 않는다. 아기변기에 앉는 것에 대해 거부감을 표현하지는 않으나 스스로 변기에 앉아 배변을 보려고 하지 않는다.		

출처 : 오연주 외(2021).

영아는 개별적인 발달의 차이가 크기 때문에 교사는 이 점을 염두에 두면서 관찰해야 한다.

② 일화 관찰기록에 기초한 영아 행동 특성 이해 및 평가

영아는 사물과 주변 환경에 대한 다양한 감정과 생각을 상상하거나 모방하면서 표현한다. 영아의 창의성 행동 특성 이해 및 평가는 영아가 자발적으로 사물을 탐색하고 흥미를 보이면서 다양한 방법으로 자신의 감정과 생각을 표현할 수 있는가에 대한 평가를 할 수 있다.

〈표 7-2〉 의사소통 관찰사례(일화기록법)

관찰영아	○○○	성 별	남	연 령	○○ 개월
관찰자		관찰장소			
관찰영역	읽기와 쓰기에 관심 가지기〉 끼적이기에 관심을 가진다.				
관찰내용	진수가 '마음대로 그려요' 끼적이기판에서 색연필로 그림을 그리고 교사에게 말하는 것을 보고 와서 수정이는 "나도, 나도"라고 하면서 빨간색 색연필을 집는다. 끼적이기판에 빨간색 색연필을 가지고 좌우로 빠르게 끼적이면서 "선생님, 이거 봐 봐"라고 말한다. 교사가 "빨갛게 그린 거 뭐야?"라고 물으니 "응, 응, 몰라"라고 한다. 그리고는 다시 좌우로 끼적거리기를 한다.				
행동 특성 이해 및 평가	자발적인 참여보다는 친구가 하는 것에 관심을 가지고 모방하여 끼적이기 하는 것을 볼 수 있다. 끼적인 종이에 나타난 흔적에 대해 무엇을 의도적으로 끼적였는지 명명하지 않고 무분별한 끼적이기 자체를 흥미로워하며 반복해서 시도하는 모습을 보인다. 앞으로 여러 가지 쓰기 도구를 제공하여 끼적이기에 더 흥미를 갖고 즐길 수 있도록 해야겠다.				

출처 : 오연주 외(2021).

③ ABC 서술식 관찰기록에 기초한 유아 행동특성 이해 및 평가

누리과정 유아 행동특성 이해 및 평가는 누리과정의 목표와 내용에 근거하여 영역의 범주에 따라 시간의 흐름에 따라 유아의 현재 수준이 어떠한가를 알 수 있다. 관찰기록과 평가는 유아에 대한 이해와 누리과정 운영개선 및 부모와의 면담 자료로 활용할 수 있다(이진희 외, 2019).

〈표 7-3〉 자연탐구 영역 유아 행동 특성 이해 및 평가(ABC 서술식 관찰)

관찰유아	○○○	성 별	남	연 령	○○ 개월
관 찰 자		관찰장소			
관찰영역	수 · 조작영역				
일 시	사건 전(A)	사건(B)		사건 후(C)	
5/10	수 · 조작영역에서 정인이와 준서가 함께 자석로드로 집과 길을 만들어 로드를 연결한다.	정인이가 준서가 만든 길을 망가뜨리고 자석로드를 가져간다.		미소를 지으며 준서를 바라본 후 같이 옆에서 놀고 있는 도연이에게 다가가자 준서가 "내 꺼줘"라고 말하며 쫓아온다.	

5/11	정인이가 자석로드로 공주가 사는 예쁜 성이라며 자석로드를 높이 연결하자 도연이가 함께 성을 만든다.	갑자기 "내가 괴물이야, 히히히~ 공주가 살고 있는 성에 괴물이 나타났어"라고 말하며 자석로드로 만든 성을 한번에 와르르 무너뜨리고 "무너졌다" 소리를 지른다.	함께 성을 만들던 도연이는 아무 말도 하지 못하고 얼굴을 찡그리며 정인이를 바라본다.
5/13	정인이가 수 · 조작영역에서 케이넥스로 팽이 만들어 놀고 있는 은서를 발견하고 다가간다.	은서에게 다가가 "팽이 줘"라고 말한다. 은서가 "싫어, 내가 만든 거야"라고 말하자 "내가 놀 거야 빨리 줘~ 빨리 줘~"라고 소리를 지르며 팽이를 빼앗으려 한다.	은서가 팽이를 빼앗기지 않자 다시 책상으로 돌아가 자석로드의 반원 모양을 연결하여 둥글게 팽이 모양으로 로드를 연결한다.
5/17	정인이가 수 · 조작영역에서 함께 놀이하는 도연이에게 "도연아, 이거 내 꺼야, 너 가져가면 안 돼"라고 말한다. 도연이는 손으로 자석로드의 반원 모양을 만지작거린다.	"야, 내가 가져가지 말라고 했잖아"라고 말하며 자석로드를 만지고 있는 도연이의 손등을 뾰족한 세모 모양의 자석로드로 세 번 찌른다.	도연이는 손등이 아파서 울며 선생님에게 다가와 "선생님 정인이가 뾰족한 걸로 여기 찔렀어요"라고 말한다.
행동 특성 이해 및 평가	• 다른 친구가 만든 것을 무너뜨림(공격성) • 다른 친구가 사용하고 있는 것을 빼앗으려 함(공격성) • 친구의 손등을 뾰족한 자석로드로 찌름(공격성) • 정인이가 친구들이 자석로드로 놀이할 때 빼앗으려 하거나 무너뜨리는 행동으로 보아 정인이가 혼자서만 자석로드를 차지하려는 자기 중심이 강하게 보임. 또한 자석 로드를 함부로 다루고 있어 물건에 대한 공격성이 나타남 • 친구들이 자석로드로 놀이를 할 때 방해하는 행동으로 보아 정인이가 자신의 행동으로 인한 친구들의 감정에 대해 생각하지 못하는 것으로 보이며 친구에게도 공격적인 행동을 하고 있는 것으로 보아 친구관계에 어려움이 있는 것으로 생각됨		

출처 : 황해익 · 최혜진 · 권유선(2021).

④ 빈도사건 관찰기록에 기초한 유아 행동 특성 이해 및 평가

〈표 7-4〉 사회관계 유아 행동 특성 이해 및 평가(빈도사건 관찰)

관찰대상1 : 하람 관찰대상2 : 지석
관 찰 자 : ○○○
관찰행동 : 놀이 중 또래 간 상호작용 유형

〈지시〉
1. 영유아가 놀이 중 아래에 보이는 것처럼 또래 간 상호작용 관련 행동을 보였을 때, 해당하는 범주에 표시(/)한다.
2. 또래 간 상호작용 관련 행동이 동시에 다양하게 관찰되었을 때는 해당하는 범주에 모두 표시한다.
3. 또래 간 상호작용 관련 행동이 여러 번 나타날 때에는 나타날 때마다 표시한다.

또래 간 상호작용 유형 / 관찰대상	부정적 상호작용				기타	빈도수
	신체적 공격하기	거절하기	언어적 공격하기	방해하기	기타	부정적 상호작용
하람	/				////	1
지석	//////// ///////		//		/	17

행동특성 이해 및 평가

- 모든 아이들이 자유롭고 신나게 해적놀이를 하고 있는데 갑자기 지석이가 정색을 하더니 하람이를 밀치고 여러 가지 물건을 던지는 등 신체적 공격을 하였다(공격성).
- 은성이가 함께 공격하며 지적을 하자 지석이는 은성이에게 소리를 지르고 발로 차는 등 언어적 · 신체적 공격을 하였다(신체적 · 언어적 공격성).
- 하람이는 지석이가 신체적 공격을 가했을 때 함께 공격하지 않고 언어적으로 하지 말라고 의사표현을 했음에도 불구하고 지석이는 계속 신체적 공격을 하여 화가 난 하람이는 지석이에게 신체적 공격을 하였다(보복성)
- 나이가 가장 어린 지석이는 형들끼리만 놀고 있는 모습에 화가 나서 공격적인 행동을 한 것으로 보이므로 동생을 보살펴 주는 친사회성 놀이를 제안해 볼 필요가 있다.

2. 영유아 행동관찰과 행동발달 지원

1) 관찰사례를 통한 영유아의 일상행동 분석 및 평가

제4차 표준보육과정을 영유아 중심, 놀이 중심으로 실행하기 위해 하루 일과 자유놀이 중 영유아의 놀이를 면밀하게 관찰하는 것은 매우 중요하다. 그러나 표준보육과정에서 추구하는 다섯 가지 인간상은 놀이 중에서만 구현되거나 반영되는 것이 아니라 등원부터 하원까지 어린이집에서 생활하는 과정에서 지속적으로 영유아가 경험하고 성장해나가야 하는 비전이다. 따라서 교사의 관찰 및 기록도 자유놀이에 제한되는 것이 아닌 일과 전반으로 확장되어야 한다. 제4차 표준보육과정 고시 이후 보육과정의 계획과 운영 기록은 일상생활, 놀이 및 활동으로 구성하는 것이 일반적이다(보건복지부 · 중앙육아종합지원센터, 2021). 따라서 개별 영유아에 대한 관찰 및 기록 또한 놀이에 대한 기록 외에 일상생활에 대한 기록과 활동에 대한 기록이 필수적으로 포함되어야 한다. 일상생활에 대한 기록은 등하원, 급간식, 낮잠 및 휴식 중 나타나는 영유아의 행동에 근거하며, 활동은 대소집단 시간의 영유아에 대한 관찰을 중심으로 한다. 대소집단이 계획되지 않은 영아의 경우, 영아가 자발적으로 선택하여 주도적으로 진행하는 놀이 사례 외에 교사가 계획하여 제안한 활동이나 안전교육 및 훈련을 실시할 때 행동 등을 관찰하여 기록할 수 있다. 특히 개별 영유아에 대한 관찰 및 기록의 유의점은 특정 활동이나 영역에 치우치지 않아야 한다는 점이다. 만약 쌓기놀이 영역에서 자유놀이 시간의 대부분을 보내는 남자 유아의 경우, 블록 구성 시 사용하는 대소근육을 이용한 신체운동 · 건강 영역에 대한 경험, 구성된 블록을 이용한 상상놀이 시 관찰 가능한 의사소통 및 사회관계 영역 관련 경험, 블록 구성 과정에서 발생하는 문제를 해결하는 과정에서 보여주는 자연탐구 영역 관련 발달 특성을 교사가 면밀하게 이해할 수 있어야 한다. 이를 위해 교사는 영유아별로 관찰하는 시기 등을 사전에 계획하는 것이 요구된다.

(1) 영아의 일상행동 분석 및 평가

영아들은 개인차가 월령에 따라 매우 다르게 나타나므로 영아들의 발달 수준을 고려한 하루일과를 계획하고 융통성 있게 운영하며, 일상생활 속에서 세심하게 관찰하고 평가한 후 다음 활동 계획을 수립할 때 반영한다(황해익 외, 2020).

① 등원 및 맞이하기

영아가 어린이집에서 하루를 맞이하는 등원 시간에는 부모가 전날 영아의 건강 상태, 심리상태, 식사 여부, 배변, 투약 의뢰 등에 대한 정보를 교사에게 제공한다. 부모를 직접 만나지 못할 경우 어린이집의 알림장에 부모가 기입한 내용을 교사는 자세히 확인하여 영아의 발달을 지원하고 관찰한다.

〈표 7-5〉 등원 시 영아관찰

<table>
<tr><td>관찰영아</td><td colspan="2"></td><td>생년월일</td><td colspan="2"></td></tr>
<tr><td>관찰자</td><td colspan="2"></td><td>관찰일시</td><td colspan="2"></td></tr>
<tr><td>관찰장면</td><td colspan="2"></td><td>작성자</td><td colspan="2"></td></tr>
<tr><td rowspan="3">영아상태</td><td>기분
(심리)</td><td colspan="3">좋음(　　　) 보통(　　　) 나쁨(　　　)
(이유 : 열이 있어서 기분이 안 좋아보임)</td><td></td></tr>
<tr><td>건강</td><td colspan="3">좋음(　　　) 보통(　　　) 나쁨(　　　)
(이유 : 얼굴이 붉고 안색이 좋지 않음)</td><td></td></tr>
<tr><td>체온</td><td colspan="3">열이 있음(　℃) 열이 많음(38.2 ℃) 정상 (　　　)</td><td></td></tr>
<tr><td rowspan="3">투약의뢰</td><td>증상</td><td colspan="3">열이 있으며 기침을 자주 함</td><td></td></tr>
<tr><td>약의 용량</td><td colspan="3">5ml</td><td></td></tr>
<tr><td>투약시간</td><td colspan="3">12 : 00</td><td></td></tr>
<tr><td colspan="3">요약 및 분석</td><td colspan="3">평가 및 지원</td></tr>
<tr><td colspan="3">등원 시 열이 있어 기분이 보통이었으며 자주 기침을 하였고 12시에 해열제 투약을 하였음</td><td colspan="3">감기가 걸려 열이 있고 기침이 있으므로 ○○이의 체온을 주기적으로 측정하여 열이 오르지 않도록 주의를 기울여야 함</td></tr>
</table>

② 식사(수유)

급간식에서 관찰할 때는 구체적으로 음식을 먹는 양, 선호하는 음식, 싫어하는 음식, 수저사용방식, 음식섭취 속도, 씹는 행동, 식사자세 등을 주의 깊게 관찰한다.

〈표 7-6〉 수유(식사) 및 이유식 실행에 대한 영아관찰

관찰영아					생년월일					
관찰자					관찰기간					
관찰기관					관찰학급					
날 짜	9시	10시	11시	12시	13시	14시	15시	16시	17시	18시
○/○	○ (9:30/ 180)		△ (11:15)		○ (13:40/ 200)				○ (16:20/ 180)	
○/○		○ (10:20/ 140)				○ (14:20/ 140)				○ (18:00/ 140)
○/○		○ (10:10/ 200)		△ (12:20)			○ (15:30/ 180)			

요약 및 분석	평가 및 지원
• ○/○ 하루 동안 3회 수유(180)를 하였으며 1회의 이유식을 섭취하였고 섭취량은 평소와 같음 • ○/○ 3회 수유를 하였으나 다른 날과 달리 양이 140으로 다소 적게 섭취하였으며 이유식을 먹지 않음 • ○/○ 하루 동안 2회 수유(180)를 하였으며 1회의 이유식을 섭취하였고 오전 수유시간이 늦어져 전체적으로 수유시간이 1시간 늦추어짐	• 평소와 같이 수유와 이유식을 섭취하였으므로 앞으로도 균형적인 수유와 이유식이 이루어지도록 지원해야 함 • 다른 날과 달리 수유량이 줄어든 것으로 보아 지속적인 관찰을 통해 기분 및 건강상태를 확인할 필요가 있음 • 오전 수유시간이 늦어지지 않도록 지원해야 함

수유식사(○), 이유식(△)

③ 낮잠 및 휴식

영아가 잠이 들었어도 교사는 자리를 뜨지 않아야 하며, 낮잠 시간 외에도 중간에 개별적 휴식을 취할 수 있도록 공간을 마련해 주어야 한다. 낮잠 잘 때 관찰은 잠들때의 습관이나 잠드는 시간, 잠자는 동안의 움직임, 깨고 난 후의 행동 등을 주의 깊게 관찰한다.

〈표 7-7〉 낮잠 및 휴식 시간의 영아관찰

관찰영아					생년월일					
관찰자					관찰기간					
관찰기관					관찰학급					
날 짜	9시	10시	11시	12시	13시	14시	15시	16시	17시	18시
○/○										
○/○										
○/○										

요약 및 분석	평가 및 지원
• ○/○ 점심식사 후 바로 졸려 하더니 깊은 잠에 들어 2시간 깊이 잠. 식사 후 바로 잠이 들어 양치지도와 음식소화에 어려움이 있을 것으로 예측됨 • ○/○ 식사 후 취침시간에 잠들지 않고 30분 정도 누워서 뒹굴다가 2시까지 낮잠 잠 • ○/○ 등원하자마자 졸려 하더니 9시부터 10까지 잠. 오후 늦은 3시 정도에 낮잠을 잔 것으로 보아 어제 충분한 수면을 취하지 못한 것으로 보임	• ○○이의 건강한 생활습관 형성을 위해 식사 후 양치와 자유로운 활동을 30분 정도 한 후 낮잠을 자도록 지원해야 함 • 전날의 수면 상태에 대해 부모님과 정보공유가 필요하며 적절한 휴식을 취할 수 있도록 지원해야 함 • ○○이가 등원하자마자 잠을 자서 활동 참여에 어려움이 있었으므로 전날 수면상태에 대해 학부모님과 정보를 공유하고 밤에 충분히 수면을 취하고 어린이집에 등원하도록 가정에서의 협조를 구할 필요가 있음

④ 배변 훈련 및 기저귀 갈기

배변에서의 관찰은 대소변의 횟수나 주기, 또는 변비가 있는지의 여부, 배변 훈련 단계 등을 세심하게 관찰해야 한다.

〈표 7-8〉 배변(기저귀 갈이)에 대한 영아관찰

관찰영아					생년월일					
관찰자					관찰기간					
관찰기관					관찰학급					
날 짜	9시	10시	11시	12시	13시	14시	15시	16시	17시	18시
○/○	○		○		△	○		○		○
					보통					
○/○	△	○				○		○		
	설사									

○/○	○		○		△	○		○		○
					보통					

요약 및 분석	평가 및 지원
• ○/○ 평소와 같이 두 시간 간격으로 기저귀 갈이를 하였으며 1회 배변을 보통으로 함 • ○/○ 아침에 설사를 하였으며 3회의 기저귀 갈이를 함 • ○/○ 5회 기저귀 갈이를 하였으며 평소왁 같이 배변을 1회 보통으로 하였음	• 평소와 같이 배변과 기저귀 갈이를 하였으므로 2시간 간격으로 기저귀를 확인하여 피부가 짓무르지 않도록 관리해 주어야 함 • 설사를 하고 평소와 달리 기저귀 갈이 횟수가 줄어들었으므로 영아의 건강상태를 자주 살펴보고 충분한 물을 섭취하도록 해야 함 • 평소의 같이 배변과 기저귀갈이를 하였으며 지속적으로 관리하여 피부가 짓무르지 않도록 주의해야 함

기저귀갈이(○) 배변(△)

⑤ 실내 · 외 놀이

교사는 영아들이 실내에서뿐 아니라 실외에서 다양한 경험을 할 수 있도록 지원해야 한다. 관찰을 통해 영아의 놀이 수준을 파악하고 다양하고 심화된 놀이로 확장될 수 있도록 다양한 전략을 시도한다.

〈표 7-9〉 실내 · 외 놀이에 대한 영아관찰

관찰영아		생년월일	
관찰자		관찰기간	
관찰기관		관찰학급	
영 역	놀이행동		
쌓기놀이	○○이가 쌓기놀이 영역에 앉아서 와플블록을 만지고 있다. 교구장에 있던 와플블록을 몇 개 들더니 교사를 바라보며 "놀아, 놀아"라고 말을 한다.		
발달요약	○○이가 보드북에 무엇인가 끼적이고 싶어 한다(언어발달).		
분 석	○○이는 언어영역에서 보드북을 본 후 종이를 집어 든 것은 보드북에서 보았던 무엇인가를 쓰기도구를 이용하여 끼적이기를 원하는 것으로 보인다.		
평 가	○○이가 쓰기도구에 관심을 보이는 것으로 보아 무독성 크레용이나 색연필 등 쓰기도구를 자유롭게 이용하도록 제공하여 마음껏 끼적이도록 지원해야겠다.		

(2) 유아의 일상행동 분석 및 평가

유아기의 하루 일과는 놀이, 일상생활, 활동 경험으로 이루어진다. 놀이는 유아가 실내에서 하는 놀이와 실외에서 하는 바깥놀이 등을 포함한다. 교사들이 현장에서 누리과정을 토대로 관찰 평가를 실시할 때 유아의 발달이 각각의 영역별로 상호 연관되어 있음을 고려해야 한다. 유아의 반응과 행동에 대한 관찰(일상생활, 놀이 포함)이 다양한 방식으로 이루어지고, 유아 관찰기록을 종합하여 유아별로 발달특성과 변화 정도에 대한 총평을 연 2회 이상 기록해야 한다(한국보육진흥원, 2024).

① 등원

유아가 등원하면 전체적인 건강과 심리상태를 관찰하여 점검하고, 보호자와 정보를 교환한다. 교사는 유아를 반갑게 맞이하여 하루 일과를 좋은 기분으로 시작할 수 있도록 한다.

〈표 7-10〉 등원 시 유아 관찰 기록의 예(행동목록법)

관찰유아	○○○		생년월일	년 월 일
관찰자	○○○		관찰기간	5/10~5/14
날 짜	등원 시 유아의 기분은?	유아의 건강상태 (체온측정)	인사 나누기	스스로 물건을 정리정돈 하는가?
5/10	×	×(37.0℃)	○	○
5/11	○	○(36.5℃)	○	×
5/12	○	○(36.1℃)	○	○
5/13	○	○(36.7℃)	○	○
5/14	○	○(36.3℃)	○	○

요약 및 해석	평가 및 지원
• 5/10 불편한 기분으로 등원하였음 감기기운이 있어 건강상태는 좋지 않음. 교사와 친구들과 인사를 나누었음 자신의 물건을 스스로 정리함 • 5/11 즐거운 기분으로 등원하였고 건강상태 양호함 교사와 친구들과 인사를 나누었음 자신의 물건을 스스로 정리하지 않고 함께 등원한 친구와 장난감을 가지고 놀이를 시작함	• 건강 상태가 좋지 않음으로 지속적인 관찰이 필요함. 발열 체크를 수시로 해야 하고 감기기운이 완화되도록 따뜻한 물을 자주 제공해 주어야 함 • ○○이가 자신의 물건을 스스로 정리하도록 지속적으로 이야기해 주고, 자신의 물건을 정리한 후에 놀이해야 한다는 것에 대한 지도가 필요함

② 자유놀이

자유놀이는 유아의 흥미와 호기심에 따라 자발적으로 참여하는 주도적인 놀이로 유아는 자유놀이를 통해 자유로움과 즐거움을 가진다. 유아가 자유놀이 시간에 어떠한 놀이를 하는지 관심을 가지고 놀이를 관찰한다면 유아들의 놀이를 이해하기 쉽고 놀이 지원을 적절하게 제공하는 데 용이하다.

〈표 7-11〉 자유놀이 시 유아 관찰 기록의 예(행동목록법)

<table>
<tr><td>유아명</td><td colspan="4">○○○</td><td>관찰기간</td><td colspan="4">년 월 일</td></tr>
<tr><td>생년월일</td><td colspan="4">년 월 일</td><td>관찰자</td><td colspan="4">○○○</td></tr>
<tr><td>날 짜</td><td colspan="2">(4/12)월</td><td>(4/13)화</td><td colspan="2">(4/14)수</td><td colspan="2">(4/15)목</td><td colspan="2">(4/16)금</td></tr>
<tr><td rowspan="2">참여놀이</td><td>쌓기</td><td>수 · 조작</td><td>쌓기</td><td>쌓기</td><td>과학</td><td>과학</td><td>쌓기</td><td>쌓기</td><td>음률</td></tr>
<tr><td>식물원 놀이 (블록으로 꾸밈)</td><td>숫자에 맞게 꽃잎 떼기</td><td>식물원 놀이 (블록으로 꾸미고 화단 만들기)</td><td>식물원 놀이</td><td>식물관찰 (씨앗에서 싹이 남)</td><td>식물 관찰</td><td>식물원 놀이</td><td>식물원 놀이 (꽃다발 만들기)</td><td>악기 치며 노래 부르기</td></tr>
<tr><td colspan="5">요약 및 해석</td><td colspan="5">평가 및 지원</td></tr>
<tr><td colspan="5">• 5회 쌓기영역에서 식물원 꾸미기 놀이를 하였음
• 4/14 과학영역에서 씨앗에서 싹이 나는 과정을 관찰하고 활동지에 그려봄
• 4/15 식물의 꽃, 잎, 줄기에 관심을 보임
• 4/16 ‘싹이 났어요.’ 노래를 부르면서 박자에 맞추어 악기를 두드림</td><td colspan="5">• ○○이가 식물원 놀이를 통해 다양한 경험을 할 수 있도록 필요한 소품 제공과 함께 식물에 대한 다양한 자료(식물 관련 영상 및 식물도감 등) 제공의 지원이 필요함
• 열매를 맺는 식물을 과학영역에 준비해 주어 호기심과 흥미에 따라 적극적인 지원을 해주어야 함
• 음률 영역에 박자를 익힐 수 있도록 교재를 지원하고, 다양한 소리가 나는 악기도 지원해야 함</td></tr>
</table>

③ 집단활동

유아들의 놀이 확장을 돕기 위한 교사의 지원인 집단활동은 유아들이 함께 모여 서로의 말에 귀 기울이고 공유하는 것을 배우는 시간이다. 대소집단 활동은 집단의 크기 및 형태 등에 따라 대집단과 소집단으로 나누어진다.

대집단 활동에는 이야기 나누기, 음악, 과학, 요리, 게임, 평가 등이 있고, 소집단 활동은 유아들의 자발적 참여와 흥미 호기심에 따라 3~4개의 집단으로 활동이 이루어진다.

〈표 7-12〉 집단활동 참여에 대한 유아 관찰 기록의 예(행동목록법)

유아명	○○○		관찰기간	년 월 일	
생년월일	년 월 일		관찰자	○○○	
날 짜	이야기나누기	안전교육	체육	게임	바깥놀이
4/26	○	○	×	×	○
4/27	○	○	○	○	○
4/28	○	○	○	○	○
4/29	○	○	○	○	○
4/30	×	○	○	○	○
해 석			평가 및 지원		
• 4/26 체육활동과 게임에 참여하지 않는 것으로 보아 건강상태가 좋지 않음 • 4/30 이야기나누기 활동에 참여하지 않는 것으로 보아 자신의 생각을 친구들 앞에서 이야기하는 것에 대한 어려움을 느끼고 있음			• 체육활동에 참여하지 않는 이유에 대해 함께 이야기하고 ○○이의 건강상태(체온측정)를 지속적으로 관찰·기록하여 건강상태가 호전될 수 있도록 휴식의 시간을 지원해 주어야 함 • ○○이가 친구들 앞에서 이야기하는 것에 대한 어려움을 극복할 수 있도록 친구들이 이야기하는 모습을 지켜보도록 하고, 자발적으로 이야기 나누기 시간에 친구들 앞에서 자신의 생각이나 느낌, 경험 등에 대해서 이야기해 볼 수 있도록 자연스럽게 기회를 제공해 주어야 함		

2) 관찰기록 분석결과에 대한 해석과 평가서 작성

(1) 관찰기록 분석결과에 대한 해석

관찰의 요소에는 객관적인 기술, 해석, 평가가 포함된다. 해석과 평가는 객관적인 관찰기록에서 얻어지는 2차적인 자료로 실제 행동에 대한 객관적인 기술 없이 이루어진 해석이나 평가는 그 타당성을 인정받을 수 없다. 객관적인 기술은 관찰자의 해석, 평가, 느낌, 추론 등이 가능한 한 배제되도록 교사의 편견을 의식하고 통제하려고 노력해야 한다. 이러한 과정을 통해 동일한 장면을 관찰한 다른 교사에게 동의를 얻을 수 있다. 해석은 눈앞에 보이는 것을 넘어서 관찰한 것에 의미를 부여하고 설명하는 것으로 행동의 원인 또는 그 행동할 때의 감정 등을 추측해 보고 기록된 자료의 의미를 찾아보는 과정이다(안선희 외, 2021).

〈표 7-13〉 0~1세 관찰기록 분석결과에 대한 해석의 예

영아명	○○○	관찰일	년 월 일
생년월일	○○○○년 ○○월 ○○일	관찰자	△△△
일화기록	산책을 하다가 지웅이가 대추를 주웠다. 손안에 넣고 주무르다가 유심히 바라보았다. 손을 움켜잡고 팔을 위로 뻗어본다. 손을 뻗어서 교사에게 보여주었다. "지웅이 대추 주웠구나" 하고 대답하자, 다시 대추를 수현이에게 내민다. 수현이가 잡으려고 하자 다시 자기 쪽으로 대추를 가져온다. "지웅아, 수현이도 보여주자"라고 하자 다시 손을 뻗어 수현이에게 내민다. "이거, 어어"라고 말하며 수현이에게 보여준다. 수현이는 대추를 한참 쳐다본다.		
해 석	• 자연탐구 : 대추라는 새로운 자연물의 모양과 색깔을 관찰함 • 신체운동 : 소근육으로 대추를 움켜쥐며 감각을 느껴 조절함 • 의사소통 : 교사의 말을 이해하고 행동하며 소통함 • 사회관계 : 또래 친구에 대한 긍정적인 관심을 나타냄		

출처 : 최명희(2022).

〈표 7-14〉 2세 관찰기록 분석결과에 대한 해석의 예

영아명	○○○	관찰일	년 월 일
생년월일	○○○○년 ○○월 ○○일	관찰자	△△△
일화기록	비누를 사용해 손을 씻고 물로 헹군 후 친구에게 손을 내밀며 "봐, 깨끗하지?" 하고 묻는다. 지완이가 유나의 손을 보며 "어! 진짜 벌레가 없네?" 하고 말하고 자신의 손을 보여주며 "나도 다 씻었다" 하고 말한다. 다 씻은 후 자신의 손 냄새를 맡는 지완이에게 교사가 "손 씻으니까 냄새가 어때?" 하고 묻자 "비누냄새 좋아" 하고 말한다. 유나도 손 냄새를 맡으며 "음, 좋은 냄새" 하고 말한다.		
해 석	• 기본생활 : 스스로 손 씻는 일상생활을 자율적으로 수행함 • 기본생활 : 손 씻는 것과 위생에 대한 지식을 경험과 연결지음 • 의사소통 : 또래와 자신의 생각과 느낌을 자연스럽게 나눔 • 사회관계 : 학급의 일상생활의 규칙을 지킴 • 자연탐구 : 감각(후각)을 활용해 사물의 속성을 탐색함		

출처 : 최명희(2022).

〈표 7-15〉 누리과정 관찰기록 분석결과에 대한 해석의 예

유아명	○○○	관찰일	년 월 일
생년월일	○○○○년 ○○월 ○○일	관찰자	△△△
일화기록	모양과 색깔이 다른 도넛블록을 봉에 끼우는 협동 활동을 함. 지환이와 성현이는 별 모양의 블록만을 찾아 봉에 끼움. 성현이는 천천히 걸어 다니며 블록을 모아옴. 둘은 번갈아 가며 한 개씩 끼움. 가끔씩 지환이가 두 개를 끼우더라도 성현이는 기다려 줌. 지환이는 연신 "이거 해"라며 블록을 끼우고 성현이는 말 없이 지환이를 쳐다봄. 둘은 다른 봉에 별 모양만을 찾아서 끼움. 이후 비눗방울을 터뜨리지 않고 손가락으로 받아내는 활동이 진행됨. 성현이는 비눗방울을 살짝 받았음. 교사에게 다가와 "선생님~ 비눗방울이에요"라고 말하며 손가락을 보여줌		
해석	• 자연탐구 : 도넛 블록을 색상과 모양에 따라 구분이 가능한 것으로 보아 기본 도형을 알고 있으며, 한 가지 기준으로 자료를 분류할 수 있음 • 신체·운동 건강 : 비눗방울을 손가락으로 받는 것으로 보아 눈과 손의 협응력과 신체 각 부분을 협응하여 움직임을 조절할 수 있음 • 사회관계 : 지환이가 가끔 두 개를 끼우더라도 성현이는 기다려 주면서 지환이의 의견을 존중해 주는 것으로 보아 긍정적이며, 친구와 사이좋게 지냄		

(2) 표준보육과정에서의 평가

제4차 표준보육과정의 총론에는 평가를 별도의 항으로 구성하여 내용을 진술하고 있는데 다음 사항에 중점을 두고 실시해야 한다(보건복지부, 2020).

가. 표준보육과정 운영의 질을 진단하고 개선하기 위해 평가를 계획하고 실시한다.
나. 영유아의 특성 및 변화 정도와 표준보육과정의 운영을 평가한다.
다. 평가의 목적에 따라 적합한 방법을 사용하여 평가한다.
라. 평가의 결과는 영유아에 대한 이해와 표준보육과정 운영개선을 위한 자료로 활용할 수 있다.

이상의 고시된 내용에 대하여 제4차 표준보육과정 해설서(보건복지부, 2020)에서 설명한 바를 살펴보면 다음과 같다.

① 영유아의 특성 및 변화 정도에 대한 평가

- 영유아의 놀이, 일상생활 활동 속에서 영유아의 고유한 특성이나 의미 있는 변화 발견
- 발견한 것을 바탕으로 영유아의 배움과 성장의 지원

- 영유아의 배움이 나타나는 놀이, 일상생활, 활동에서 영유아가 가장 즐기고 잘 하는 것, 놀이의 특성, 흥미와 관심, 친구관계, 놀이를 이어가기 위한 자료의 활용 등에 주목하여 관찰

② 평가의 목적에 따라 적합한 방법 사용

- 실제 놀이모습을 계획안에 기록, 놀이 결과물과 작품 등을 일상적으로 수집
- 놀이 관찰 시에는 영유아의 말, 몸짓, 표정 등에서 드러나는 놀이의 의미와 특성에 주목하여 메모나 사진으로 기록
- 관찰기록 자료는 계획안에 포함하여 영유아의 특성과 변화 정도를 파악하는 데 활용
- 영유아 놀이 관찰기록, 영유아 평가 등 평가자료를 만들고 수집하는 데 과도한 노력을 기울이기보다는 영유아의 놀이에 더 집중하고 지원
- 개별 영유아를 정기적으로 관찰하기보다는 배움이 나타나는 또래 사이의 놀이나 활동 등 자연스러운 상황에서 영유아의 특성과 변화를 이해하려는 평가
- 각 영역의 내용을 성취 기준으로 잘못 인식하여 영유아의 놀이에서 영역별 내용이 나타나는지 여부만을 체크하지 않도록 유의

③ 평가의 결과는 영유아에 대한 이해를 위한 자료로 활용

- 영유아의 놀이, 일상생활, 활동을 통해 수집된 자료를 평가의 목적에 맞게 종합하여 영유아의 행복과 전인적 발달을 지원하는 데 활용
- 표준보육과정이 추구하는 인간상과 목적 및 목표 등에 비추어 영유아의 특성과 변화 정도를 이해하고 영유아의 배움과 성장에 도움이 되도록 지원
- 수집된 모든 자료를 바탕으로 개별 영유아의 특성과 변화 정도를 종합적으로 이해

(3) 관찰기록 분석결과에 대한 평가서 작성

영유아에 대한 관찰기록은 영유아의 주도적인 놀이와 배움이 이루어지고 있는지, 교사의 지원은 적절한지 등을 판단하여 다음 보육과정 운영에 즉각적으로 활용될 수 있다. 따라서 기록된 영유아의 놀이 및 행동 특성의 관찰결과는 다른 교사들과 함께 행동의 원인을 분석하고 지도법을 모색해 보는 데 활용될 수 있다.

그러나 개별 영유아의 관찰결과를 활용하여 영유아별 발달 특성과 변화의 정도에 대한 본격적인 해석은 연 2회 실시하는 영유아별 총평에서 두드러진다.

총평 작성 시 반드시 표준보육과정의 영역별로 구분하여 작성해야 하는 것은 아니나, 표준보육과정을 토대로 하여 영유아의 발달 특성과 변화 정도를 종합적으로 평가하여 작성해야 한다. 때문에 현장에서는 그간 평가제를 준비하면서 활용해 왔던 총평 양식 등을 활용 중에 있으나, 지침에서는 예시로 제공하는 총평 양식으로 개별 관찰과 총평을 모두 포괄 가능하다.

〈표 7-16〉 **영유아별 총평의 예시**

반명		이름		생년월일	

월	표준보육과정(누리과정) 관련 영역	관찰내용
3월	기본생활 영역 신체운동 영역 ⋮	• 놀이, 활동, 일상생활에서 개별 영유아의 반응, 행동을 객관적으로 관찰하여 기록(다양한 방식으로 관찰하여 영유아별로 기록) • 표준보육과정의 특정 영역에 치우치지 않도록 고르게 관찰하고 기록
4월		
5월		
⋮		
영유아 발달 평가	• 영유아 관찰기록과 수집된 활동 결과물을 활용하여 개별 영유아별로 연 2회 이상 발달 특성과 변화의 정도를 기록해야 한다. • 보육과정의 영역별 목표, 내용 범주 및 세부 내용을 준거로 하여 어떤 영역에서 어느 정도 발달 변화가 있었는지 기록한다.	

출처 : 보건복지부 · 한국보육진흥원(2018).

〈표 7-17〉 연 2회 영유아별 총평의 예시

월	일	관찰장면	관찰기록
3	12	실내놀이	A가 음률영역 카세트에서 '나비야' 노래를 들으며 노래를 따라 부른다. 노래를 부르다가 카세트 앞에 선다. 카세트 스피커 부분에 귀를 대고 노래가 끝날 때까지 귀를 떼지 않는다. A는 바구니에서 마라카스를 꺼낸다. 양손으로 마라카스를 흔들며 몸 전체를 함께 흔든다. "A야, 나비야 노래 잘 부르네. 선생님이 손뼉 쳐 줄까?"라고 하자 A는 고개를 끄덕이며 환하게 웃는다. 교사가 손뼉을 쳐 주며 A와 노래를 부른다. A가 교사에게 마라카스를 준다. "이거 선새미 거야" 한다. "마라카스 나눠줘서 고마워"라고 하자 "마라카스?" 하고 따라 말한다. 함께 마라카스를 흔들며 '나비야' 노래를 한 번 더 부른다. • 예술경험 : 악기를 사용하여 소리, 리듬, 노래를 표현하며 즐거워하였다. • 의사소통 : 교사의 말을 듣고 이해하여 말소리로 반응하였다. • 사회관계 : 교사의 반응과 행동에 관심을 가지고 긍정적인 행동을 시도하였다.
4	24	점심	멸치볶음 반찬을 먹지 않고 들여다본다. "A야, 하나 먹어볼까?"라고 하자 고개를 젓는다. "이거 멸치야, 잘 씹으면 아주 고소한 맛이 나는데?" 멸치볶음을 가리키며 "물고기"라고 말한다. 손가락으로 세듯이 멸치를 가리킨다. "한 개, 한 개, 한 개"라고 말하더니 집어서 입에 넣고 먹기 시작한다. 엄지 척을 해주자 웃는다. 옆의 친구에게 "물고기 멸치"라고 말한다. • 신체건강 : 재미있는 방법으로 제안하자 음식을 즐겁게 먹었다. • 자연탐구 : 멸치를 세어보려고 시도하였다.
5			
6			
7			
8			
1학기 총평			학기 초에 비해 손 씻기, 이 닦기 등에서 교사의 도움 없이도 스스로 깨끗이 하려는 행동이 늘어났으며 신체활동에 자발적으로 참여하려는 의도가 증가하였음. 한두 단어 이상의 낱말 표현이 다양해졌으며, 교사의 말을 이해하고 점차 반응하려고 함. 학기 초에 또래와 장난감 분쟁이 있었으나 점차 또래의 감정에 반응을 보이며 긍정적으로 행동함. 리듬이나 움직임에 대한 관심이 높아서 놀이시간에 친근한 노래가 나오면 리듬악기나 리본 등 소품을 이용하여 몸으로 표현함. 수에 대해 관심이 없었으나 최근 수 이름을 반복적으로 말하거나 일대일로 대응하며 세어보려고 시도함

출처 : 최명희(2022).

3) 관찰사례 분석 및 평가를 통한 행동발달 지원

교사는 영유아의 배움이 나타나는 놀이, 일상생활, 활동에서 영유아가 가장 즐기고 잘하는 것, 놀이의 특성, 흥미와 관심, 친구관계, 놀이를 이어가기 위한 자료의 활용에 주목하여 놀이를 관찰하고 이를 통해 영유아의 특성과 변화를 이해하여야 한다(교육부 · 보건복지부, 2019 : 53).

〈표 7-18〉 급간식 관찰사례를 통한 행동발달 지원

관찰자	○○○	관찰일	20○○ 년 3월 5일
관찰대상	이지민	연 령	4세
관찰장면	싫은 반찬을 바닥에 버리는 유아	관찰시간	12:00~12:20
관찰기록	지민이는 식판을 들고 교사에게 "난 이거(취나물) 싫어요" 하고 말한다. 교사는 "지민아, 조금만 먹어보자" 하며 식판에 나물을 조금만 담아준다. 지민이는 자리에 앉아서 밥을 먹는다. 지민이는 젓가락으로 나물을 조금 집더니 바닥에 떨어뜨리고 교사에게 "선생님, 이거 떨어졌어요"라고 말한다. 교사가 "떨어진 건 먹지 마세요"라고 말하자, 떨어진 나물을 주워 책상에 놓는다. 다시 밥을 한 숟가락 먹은 후 남아있는 나물을 젓가락으로 집어 다시 떨어뜨리고 다시 주워서 좀 전에 놓은 나물 위에 놓고 밥을 먹는다. 옆에 있던 지우에게 "바닥에 떨어진 건 안 먹는 거야" 한다.		
행동지원	• 교사는 지민이가 나물을 싫어하는 이유를 엄마와 상담과 관찰을 통해 분석할 필요가 있다. • 점심시간에 지민이가 싫어하는 나물 반찬이 있을 때 반찬의 조리법이나 우리 몸에 어떤 점이 좋은지를 알려줄 필요가 있다. • 지민이가 나물을 바닥에 떨어뜨린 행동에 대해서 잘못된 행동임을 알려줄 필요가 있다. • 가정과 연계하여 편식지도를 할 필요가 있다.		

출처 : 오연주 외(2021).

영유아의 간식 및 급식을 관찰하여 평가한 후 식사예절이나 편식과 같은 행동의 지도가 필요한 경우 영유아와 함께 관련 그림책이나 동영상을 통해서도 행동을 지원할 수 있다.

3. 발달특성과 교수학습연계

1) 영유아의 놀이 관찰을 통한 놀이 발달 특성 이해와 지원

(1) 영유아기 놀이와 발달

영유아기의 놀이는 여러 영역의 발달에 긍정적인 영향을 미친다. 영유아는 놀이를 통해 자신의 신체를 조절하는 능력과 운동능력을 발달시킨다. 또한 놀이를 하면서 스스로 인지적 학습을 하게 되면서 물리적 지식과 논리적 · 수리적 지식 등을 습득한다.

또 다양한 놀이를 통해 자기만의 놀이를 만들고 경험하며 창의성을 함양시키고 놀이를 진행시키면서 다양한 언어를 배우고 그에 적절하고 알맞은 언어를 사용하며 놀이친구와 사회적 관계를 맺는다. 이뿐만 아니라 놀이에서는 부정적인 정서를 있는 그대로 표출하기 때문에 정신건강에도 도움이 되고, 친구들과 놀 기회가 많아질수록 사회적 경험, 협동하기, 사이좋게 놀거나 경쟁하기 등 다른 유아와 함께 살아가는 사회적 학습을 배운다.

(2) 영유아의 놀이 관찰을 통한 놀이 발달 특성 이해와 지원

영유아의 놀이에 대한 의미를 이해하기 위해 교사의 역할을 강조하고 있다. 어떤 말을 해야 하는지, 어떤 행동을 해야 하는지, 어떤 표정을 지어야 하는지, 언제 개입하는지 등을 지원으로 생각하게 된다. 지원은 기술이기 이전에 영유아의 놀이를 어떻게 이해하고 있는지에 대한 관점이므로 지원 이전에 교사가 영유아의 놀이를 어떻게 이해하고 있는지를 살펴볼 필요가 있다.

〈표 7-19〉 놀이관찰

관찰자	○○○	관찰일	20○○ 년 월 일
관찰대상	소민, 일준	연 령	35개월
관찰장면	이건 도깨비 뿔이잖아	관찰시간	
놀이관찰	소민이가 평소 머리를 빗을 때 부르던 노래를 하며 그림을 그린다. “올라가는 머리, 내려가는 머리, 빙글빙글 돌려서 도깨비 뿔~” 소민이가 노래를 반복하며 그림을 그리는 모습을 보고 일준이가 가까이 와서 묻는다. “이… 뭐…?” “이거 도깨비 뿔이잖아. 머리를 예쁘게 묶는 거야, 넌 남자니까 일준이는 없어. 소민이는 이렇게 예쁘지?” 하고 말한다. “히히히” 일준이가 웃는다. 일준이는 여기저기를 가리키며 그림을 그리라는 듯 요구한다. “여기~ 여기~” 소민이의 그림에 뿔이 점점 많아진다. 소민이는 모든 뿔에 색을 칠하고 마무리한다. 일준이는 소민이가 그림 그리는 모습을 한참 동안 지켜본다.		
경험이해	• 소민이는 도깨비 뿔 노래를 부르면서 도깨비를 그림으로 상징화하여 표현하였고, 소민이의 그림에 관심을 보이며 말하는 일준이에게 머리를 묶은 자신의 예쁜 모습이라며 그림의 의도를 말로 설명하였다. 소민이와 일준이는 그림을 그려 의미를 표현하기를 즐겼다. • 일준이는 손가락으로 가리키며 소민이에게 도깨비 뿔을 더 그릴 것을 말로 요구하였다. 소민이는 일준이의 요구를 받아 그림을 계속해서 그렸다. 두 영아는 서로의 관심과 의사를 몸짓과 말로 표현하며 친구와 소통을 즐겼다.		
교사지원	• 공간 : 영아가 그림을 자유롭게 그릴 수 있도록 신체에 맞는 책상을 제공 • 자료 : 영아가 자유롭게 그릴 수 있는 크기의 종이를 제공 • 상호작용 : 영아가 주도적으로 소통할 수 있도록 개입하지 않고 이를 지켜보며 소통과정을 기록한다.		

출처 : 보건복지부(2020).

2) 관찰기록을 바탕으로 한 교수학습 연계

(1) 표준보육과정에서의 교수학습

교수 · 학습은 영유아가 즐겁게 놀이하여 스스로 배울 수 있도록 교사가 지원할 때 고려해야 할 사항으로 표준보육과정에서는 교사를 영유아의 놀이 지원자로 제안하고 있다. 교사는 놀이의 특성, 의미, 가치를 이해하여 영유아가 즐겁게 놀이하면서 배우는 경험을 지원할 수 있다. 이때 교사는 적절하게 환경을 구성하고 영유아와 바람직한 상호작용을 하여 영유아가 놀이에 몰입하고 놀이를 확장하도록 돕는 역할을 한다. 이에 따른 교수학습을 살펴보면 다음과 같다(보건복지부, 2024).

가. 영유아가 흥미와 관심에 따라 놀이에 자유롭게 참여하고 즐기도록 한다.
나. 영유아가 놀이를 통해 배우도록 한다.
다. 영유아가 다양한 놀이와 활동을 경험할 수 있도록 실내외 환경을 구성한다.
라. 영유아와 영유아, 영유아와 교사, 영유아와 환경 사이에 능동적인 상호작용이 이루어지도록 한다.
마. 각 영역의 내용이 통합적으로 영유아의 경험과 연계되도록 한다.
바. 개별 영유아의 요구에 따라, 휴식과 일상생활이 원활히 이루어지도록 한다.
사. 영유아의 연령, 발달, 장애, 배경 등을 고려하여 개별 특성에 적합한 방식으로 배우도록 한다.

(2) 교수학습 연계

교사는 영유아의 흥미와 관심, 개별 특성을 존중하며 영유아의 다양한 놀이와 경험을 지원할 수 있도록 공간을 구성하고, 자료와 시간을 조직하고 상호작용과 연계하여 교수학습을 지원해 주어야 한다.

① 놀이공간

교사는 영유아가 공간에 부여하는 의미를 이해하기 위해 놀이의 전개를 지켜보면서 놀이를 방해하는 요소가 무엇인지 관찰하고 영유아의 의견을 반영하여 놀이공간을 구성하고 운영해 나가야 한다. 연계 지원방안으로 놀이공간을 융통성 있게 배치해 보기, 놀이 공간을 넓혀보기, 유아에게 공간 배치의 주도권을 주기, 다른 놀이공간을 찾아보기가 있다.

② 놀이자료

자료는 영유아가 세상을 만나고 자신의 감정과 생각을 표상하는 매개로 다양한 놀이자료를 활용해 사물에 대한 탐색, 심미적인 경험, 또래와의 상호작용, 성취감 등을 얻을 수 있다. 연계 지원방안으로 영유아가 결정한 자료활용 방법을 격려하기, 자연물이나 자연현상도 자료로 활용하기, 다양한 일상의 사물을 놀이자료로 활용하기, 자료가 없어도 놀이하기, 기존의 자료도 새롭게 활용해 보기가 있다.

③ 상호작용

영유아는 놀이를 하면서 자연스럽게 또래 영유아, 교사, 환경과 능동적으로 상호작용하고 놀이제안, 갈등해결 등의 방법을 배운다. 연계지원방안으로 영유아와 영유아의 상호작용 지원하기, 영유아와 환경의 상호작용을 지원하기, 놀이지원을 위해 관찰하기, 제안하며 놀이를 지원하기, 유아의 놀이에 참여하며 지원하기, 질문하며 놀이를 지원하기, 정서적으로 지원하기가 있다.

④ 놀이와 안전

영유아는 위험상황을 예측하는 능력이 부족하므로 안전사고의 여지가 생기므로 물리적 환경의 안전성을 점검하고 사전에 안전하게 놀이할 수 있도록 놀이가 제한받지 않는 범위 내에서 규칙을 정해본다. 연계지원방안으로 안전이라는 이유로 놀이를 불필요하게 제한했는지 검토하기, 위험한 요소가 있는지 영유아 스스로 살펴볼 시간과 기회 주기, 새로 찾아본 놀이공간의 안전을 영유아와 함께 점검하기, 모든 구성원이 놀이와 안전에 대해 소통하기가 있다.

(3) 관찰기록을 바탕으로 한 교수학습 연계의 사례

〈표 7-20〉 관찰기록을 바탕으로 한 교수학습 연계의 사례

관찰자	○○○	관찰일	20○○ 년 월 일
관찰대상	혜리, 진서, 보라	연 령	2세반
관찰장면	바다에 풍덩, 구해줘	관찰시간	
놀이관찰	아이들 셋이 평소에 징검다리로 사용하는 신체놀이 교구를 매트 위에 늘어놓고 차례차례 하나씩 밟으며 놀이를 시작하였다. 혜리가 색깔이 다른 매트 위를 한 발 한 발 걸어가다 빨간색 징검다리에서 미끄러진다. "구해줘, 구해줘! 나 빠졌어!" 다급한 목소리와는 달리 혜리의 눈에 장난기가 가득했고 이를 본 진서가 달려 나가려는 보라를 잡는다. "아직 아니야, 하나~ 둘~ 셋!" 숫자를 셋까지 센 다음 진서는 보라에게 눈짓으로 출발신호를 보낸다. 아이 둘이 빠르게 뛰어간다. "빨리 오세요, 큰일 났어요!", "우리가 구해줄게요!" 물에 빠진 혜리는 손과 발을 휘저으며 다급하게 구조요청을 했고 진서와 보라는 친구에게 달려가 쓰러져 있는 친구를 일으켜 세웠다. 물에서 빠져나온 아이는 다시 징검다리 놀이를 시작했고 반복해서 물에 빠지고 다른 친구는 구해주는 행동을 되풀이했다. "내 손 잡아, 도와줄게" 혜리는 두 팔을 쭉 뻗어 친구의 손을 잡았다. "징검다리가 고장났어, 이거 고쳐야 해" 빨리 달리면서 바닥에 놓인 징검다리 간격이 처음과 달라지자 진서가 징검다리 간격을 조정한다.		
흥미와 관심	• 물에 빠진 사람을 구해주는 행동 • 물에 빠져서 허우적거리는 몸의 표현 • 징검다리를 길게 늘어놓고 밟으며 이동하는 것		
영아교사간 협의	• 너희들이 '구해줘' 놀이할 때 선생님이 무엇을 더 준비해 주면 좋을까? • 사람이 물에 빠졌을 때 어떻게 도와줄 수 있을까? • 물에 빠진 사람을 구할 때 무엇이 있으면 좋을까? • 매트 위가 물이라고 했는데 더 물처럼 하려면 무엇이 있을면 좋을까?		
가정연계	오늘은 아이들이 '구해줘' 놀이를 했어요. 혜리가 물에 빠졌는데 진서와 보라가 뛰어가서 구해줬어요. 여러 번 반복하며 놀이했고 아주 즐거워하는 모습이었어요. 지난달과 비교하여 친구들과 함께 놀이하는 모습이 더 많이 관찰되고 있어요.		
놀이연계	• 인명구조 관련 사진 자료 벽면에 부착 • 인명이나 동물구조 관련 그림 동화책 • 119 구급대원 소품 준비 • 징검다리로 사용할 수 있는 다양한 놀잇감		

출처 : 남효정(2022).

참고문헌

교육부 · 보건복지부(2019). 2019 개정누리과정 해설서. 세종 : 교육부 · 보건복지부.

남효정(2022). **영아가 배움의 주체가 되는 영아놀이지원**. 서울 : 어가.

보건복지부(2020). 제4차 어린이집 표준보육과정. 세종 : 보건복지부.

_________(2020). 제4차 어린이집 표준보육과정 해설서. 세종 : 보건복지부.

_________(2024). 2024 개정 표준보육과정(0~2세) 해설서. 세종 : 보건복지부.

보건복지부 · 한국보육진흥원(2018). 제3차 어린이집 평가인증 안내 통합지표. 세종 : 보건복지부.

__________________(2021). 어린이집 평가 매뉴얼.

(사)한국보육교사교육연합회(2020). 원장직무 교재. 경기 : 양성원.

송연숙(2019). 예비유아교사가 인식한 좋은 아동관찰에 대한 은유분석. **생태유아교육연구, 18**(3), 127-149.

안선희 · 문혁준 · 김양은 · 김영심 · 안효진 · 이경옥 · 신혜원(2021). **아동관찰 및 행동연구**. 서울 : 창지사.

양옥승 · 김승옥 · 류은미 · 윤지영(2018). **영유아 관찰 및 실습**. 서울 : 신정.

오연주 외(2021). **놀이중심 교육과정 기반 아동관찰 및 행동연구**. 서울 : 창지사.

이진희 · 신은미(2019). 놀이와 배움을 잇는 유아평가의 방향성 탐색. **한국유아교육학회 정기학술대회논문집, 2019**(1).

최명희(2022). 표준보육과정, 평가제를 반영한 영아관찰기록과 평가. 경기 : 시흥시육아종합지원센터.

황해익 · 최혜진 · 권유선(2020). **아동관찰 및 행동연구**. 경기 : 공동체.

________________(2021). **아동관찰 및 행동연구**. 경기 : 공동체.

CHAPTER 08

영유아 상호작용과 놀이지원 역량

이은화(중앙어린이집 원장)

학습목표

- 영유아와 긍정적인 언어적, 비언어적 상호작용을 할 수 있다.
- 놀이를 통한 영유아 발달과 배움 간의 관계를 이해한다.
- 놀이를 효과적으로 지원할 수 있는 방법을 습득한다.
- 교사의 놀이지원역량을 기른다.

1. 효과적인 교사-영유아 상호작용

어린이집의 모든 공간은 다양한 소리와 눈빛, 몸짓 등으로 가득 차 있다. 교실, 바깥 놀이터 등 실내외 공간에서는 영유아와 영유아, 영유아와 교사, 영유아와 환경이 서로 상호작용하며 서로 긴밀한 영향을 주고받는다. 이때 영유아는 자신의 경험을 통합하거나 해체하고 또다시 재구성하면서 자신의 성장에 영향을 주는 상호작용을 한다. 상호작용은 주변 세계와 만나며 개인의 경험이 생성되는 통로라고 할 수 있다(임부연 외, 2021). 끊임없는 복잡한 상호작용을 통해 영유아는 경험하며 새로운 것을 알아가고 세상에 대한 배움과 앎을 확장해 나간다. 이처럼 상호작용은 영유아와 세상이 서로 주고받는 끊임없는 활동이라고 할 수 있다. 교육기관에서의 아동의 경험과 배움은 영유아 자신의 내부에서만 일어나는 것이 아닌 또래, 교사, 환경과의 상호 얽힘으로 발생하는 것이기에 보육교사인 우리는 상호작용의 의미를 폭넓게 이해하고 살펴보고자 노력해야 한다. 또한 아이들의 상호작용을 다시금 새롭게 바라볼 필요가 있다.

영유아가 만나는 대상에 대해 지각하는 방식은 성인과 다르며 유연하게 열려있다. 영유아가 세계와 사물을 만날 때 논리보다는 신체가 느끼고 지각하는 대로 수용하고 이해하는 경향이 있다. 또한 세계와 사물이 자신처럼 살아 숨 쉬는 존재로 물활론적인 생각을 한다. 예를 들어, 구름을 보며 먹고 싶어 한다거나 꽃이 꺾이면 아플 것이라 느끼는 감정을 떠올린다. 이처럼 영유아는 자신의 신체 감각에 기반하여 자신이 경험하는 대상의 성질에 집중하며 그 대상과 교감하며 상호작용하는 것이다. 이러한 영유아의 상호작용의 특성을 미숙한 인지발달로 이해하기보다는 영유아만의 고유한 사고방식으로 이해할 필요가 있다.

이러한 생각을 바탕으로 영유아들이 또래, 교사, 환경과 어떠한 방식으로 상호작용하고 배움을 얻는지 구체적으로 살펴보겠다.

1) 영유아-교사 간 긍정적인 상호작용의 개념 및 중요성 이해

영유아-교사는 끊임없이 이야기를 나누고 서로를 바라보며 다양한 움직임으로 의사소통한다. 교사와의 상호작용은 영유아로 하여금 교사에 대한 신뢰감을 갖게 한다. 이것을 바탕으로 또래 친구들과 긍정적인 인간관계를 형성하며 이후에 대인관계를 맺는 데 필요한 기술을 습득할 수 있게 된다. 개정된 영유아 교육과정에서는 교사가 일방적인 지식 전달이나 정답이 있는 질문하기 위해 개입하는 것이 아닌 영유아의 흥미와 관심에 주의를 기울이며 놀이 지원을 하는 상호작용을 해야 한다고 강조한다(교육부 · 보건복지부, 2019). 그렇기 때문에 우리는 영유아와 교사와의 상호작용에 대해 더욱 관심을 기울이고 깊이 있게 바라보아야 한다.

영유아-교사 간의 상호작용에서 일어나는 교사의 따뜻함, 민감한 태도, 수용성과 같은 긍정적이고 반응적인 태도는 영유아의 발달에 기여하는 요인 중 하나가

된다. 교사가 영유아들이 놀이할 때에 일관성을 가지고 민감하고, 적절하게 반응할 때 교사를 안정적으로 느끼며 적극적으로 주변을 탐색하며 능동적으로 활동에 참여할 수 있게 되는 것이다. 즉, 교사가 곧 교육의 질이며, 교사의 상호작용은 특히 영유아의 학습과 발달에 직접적인 영향을 미친다(김정미 · 임미선, 2017; 송영선, 2015). 교사와의 긍정적 상호작용은 또래 영유아와 정서적으로 안정된 관계를 형성하는 것은 물론이며(엄미리, 2013), 상호작용의 수준이 높을수록 영유아의 부적응행동은 감소한다(최선희 · 황혜정, 2011). 이러한 교사의 긍정적 상호작용은 사회 · 정서적인 부분에 국한되는 것이 아니다. 개정된 영유아의 교육과정, 어린이집 평가지표에서도 교사와 영유아 간의 상호작용의 중요성에 대해 강조하고 있다(보건복지부 · 한국보육진흥원, 2019). 이는 교사의 상호작용이 아동의 교육적 발달에 큰 영향을 미친다는 것을 의미한다고 볼 수 있다.

그렇다면 교사는 긍정적인 상호작용을 위해 어떠한 태도를 지녀야 하는지 그 중요성에 대해 알아보고자 한다.

(1) 긍정적인 상호작용을 하는 교사의 태도

영유아는 놀이하며 자연스럽게 교사, 또래, 환경과 상호작용하며 이 과정을 통해 사물과 현상, 관계에 대해 배운다. 영유아와 상호작용을 할 때에 교사는 언어적 · 비언어적 · 행동적 방법을 사용한다.

무엇보다 중요한 것은 교사가 영유아와 상호작용을 할 때, 즉 아이들과 함께 놀이할 때에 무엇을 해주기보다는 어떻게, 얼마나 반응해 주는지에 대한 고민이 더욱 필요하다. 교사가 아동에게 든든한 놀이 지지자가 되기 위해서는 어떠한 태도를 갖추어야 할지 알아보고자 한다.

① 민감한 관찰자로서의 교사

교사가 갖추어야 할 태도 중의 민감한 반응은 중요한 요소이다. 하루 일과 중 영유아를 대할 때 민감한 교사는 상황에 따라 아동의 개별적인 흥미와 관심, 욕구 등에 초점을 맞출 수 있으며 이를 수용할 수 있는 태도를 지니고 있다. 또한 영유아의 개별적 특성을 잘 파악하고 있어 그들이 진행하고 관심을 가지는 놀이에 대해 가치롭게 여기고 반응한다. 아동은 매 순간 놀이하며 배움을 경험하고 있기 때문에 교사의 민감성은 가장 기본적인 태도라 할 수 있겠다.

② 상호적인 반응자로서의 교사

교사는 영유아와 상호작용 시 존중과 긍정적인 태도로 표현해 주어야 한다. 아동에게 관심을 기울이며 반응적 상호작용을 하는 태도는 영유아가 스스로 능동적 존재로 인정받고 있다는 것을 느낄 수 있게 한다. 이는 영유아의 내재적 동기를 키워주고 주도적으로 놀이에 참여할 수 있도록 해준다. 아동을 존중하기 위해서는 그들이 하고 있는 놀이에 반응해 주며 교사가 먼저 지침을 주거나 지시하는 횟수를 줄이려고 노력해야 한다. 아이들이 놀이하며 하는 말에 긍정적으로 표현해 주며 눈 맞추기, 쓰다듬기, 미소 짓기 등은 교사의 수용적인 태도를 느낄 수 있도록 해준다.

③ 잠재능력 발현을 위한 비계자의 교사

교사가 영유아와 상호작용 하는 궁극적인 이유는 영유아의 학습과 발달을 돕기 위함이다. 교사는 영유아의 놀이를 민감하게 관찰하며 아동의 도전과 성취를 지원해 주어야 한다. 이를 위해 현재 아동의 관심과 흥미를 파악하고 놀이의 의미를 파악하며 그에 맞도록 발달과 학습을 촉진해 주어야 한다. 아동이 놀이하는 상황에서 문제 상황을 맞이하였을 때 포기하지 않고 지속할 수 있도록 지지해 주어야 한다. 앞서 말한 교사의 관찰과 영유아 대한 관심, 마지막으로 기다림이 필요하다. 이러한 교사의 비계 설정은 해결책을 찾아주는 것이 아닌 영유아가 스스로 생각하고 행동할 수 있도록 돕는 것이다.

④ 일상생활 적응을 위한 지원자로서의 교사

교사는 영유아의 발달과 교육적 경험을 고려하여 적합한 환경을 제공해야 한다. 영유아는 이러한 교사의 지원을 통해 색다른 경험을 하며 사고의 폭을 넓힐 수 있다. 아동이 경험하는 다양한 활동들은 양육자가 발견하지 못했던 능력을 이끌어 낼 수 있다. 이것이 어린이집에서 그치는 것이 아닌 가정과 연계로 영유아의 배움이 도움이 될 수 있도록 교사는 안내해야 할 것이다.

(2) 영유아-교사 간의 상호작용 교수 전략

지금까지 긍정적인 상호작용을 위한 교사의 태도와 마음가짐에 대해 알아보았다. 그렇다면 영유아-교사 간 상호작용을 위해 어떠한 교수 전략을 사용해야 하는지 알아보고자 한다. 김정미(2020)는 Mahoney의 반응성 상호작용 교수 전략을 우리의 영유아 교육과정에 맞도록 수정하여 12개의 교수 전략을 제안하고 있다. 교수 전략 이외에도 교사가 어떠한 교수활동을 해야 하는지도 제시하고 있다.

〈표 8-1〉 반응성 상호작용 전략 및 교수활동

범 주	상호작용 전략	상호작용 교수활동
주고받는 상호작용	아동의 세계로 들어가기	• 영유아의 흥미와 관심을 알기 위해 영유아와 같은 방식으로 세상을 보자. - 영유아와 얼굴을 마주 볼 수 있는 자세로 놀이하기 - 함께 놀이하거나 상호작용할 때 눈 맞추기
	소리 주고받으며 놀이하기	
	아동이 더 많이 의사소통하도록 기다려주기	
민감한 상호작용	아동의 행동 관찰하기	• 영유아는 주도적인 자신의 경험에 대해 호기심을 갖고 오래 탐색한다. - 영유아의 행동을 모방하기 - 영유아의 행동에 즉각 반응해 주기
	비의도적 발성, 몸짓, 표정에 의미 있는 것처럼 반응하기	
영유아 주도적인 상호작용	아동의 행동과 의사소통 모방하기	• 영유아는 자신의 행위와 자신과 상호작용하는 상대에 오래 주의 집중을 한다. - 영유아가 가지고 놀이하는 장난감, 사물을 같은 방식으로 놀이하기 - 영유아에게 적합한 단어로 행동에 대해 반응해 주기
	아동이 선택할 기회를 자주 주기	
	아동의 의도를 확장하기	
수용적인 상호작용	아동이 즐거워하는 행동 반복하기	• 영유아는 상대가 자신의 행위에 대해 어떻게 반응하는지 살펴봄으로써 반응하는 방법을 배운다. - 상호작용하며 영유아의 행동에 대해 과장된 표정과 소리, 행동으로 반응하기 - 상호작용할 때 놀이 상대자가 되기
	두려움을 의미 있게 대하기	

발달에 적합한 상호작용	발달에 적합한 규칙과 기대 가지기	• 영유아는 자신이 경험하는 상황에 대해 성인이 단어로 반응해 줄 때 언어를 가장 잘 배운다. - 영유아의 부정확한 표현을 영유아의 의도대로 표현해 주기 - 영유아가 자발적으로 이야기할 수 있도록 지지하기
	아동의 방식대로 행동하기	

출처 : 김정미(2020).

2) 영유아의 다양한 언어적, 비언어적 상호작용 이해

(1) 영유아와 영유아 간의 상호작용

영유아기의 상호작용은 개별 특성, 연령이나 발달에 따라 다양한 형태로 나타나기도 하지만 영유아기의 고유한 지각방식과 언어적 특성이 반영되는 경우가 많다. 아동의 풍부한 상상력, 의인화 표현 등이 그러한 예이다. 무엇보다 영유아 또래 간의 상호작용은 일상이나 놀이 상황에 따라 매우 다양하게 펼쳐진다는 특성이 있기 때문에 우선적으로 영유아 간의 상호작용에 귀를 기울여야 한다. 영유아에게 귀를 기울이는 것에서부터 아동을 이해하는 첫 걸음이 될 것이다. 이러한 또래 간의 상호작용에서 교사의 역할에 대해서 살펴보겠다.

① 영유아의 고유한 언어적 표현에 귀 기울이기

아이들은 함께 같은 놀이를 하면서도 느끼는 감정과 의견, 생각이 다르다. 이러한 다른 생각과 의견은 또래와 함께 놀이하며 자신의 생각을 표현하고 친구의 행동과 의견을 들으며 조금씩 확장되고 변경된다. 또한 함께 놀이하는 과정 속에서 서로의 생각과 행동을 이해하며 또래들이 가진 공동의 가치와 문화, 지식을 형성하게 된다.

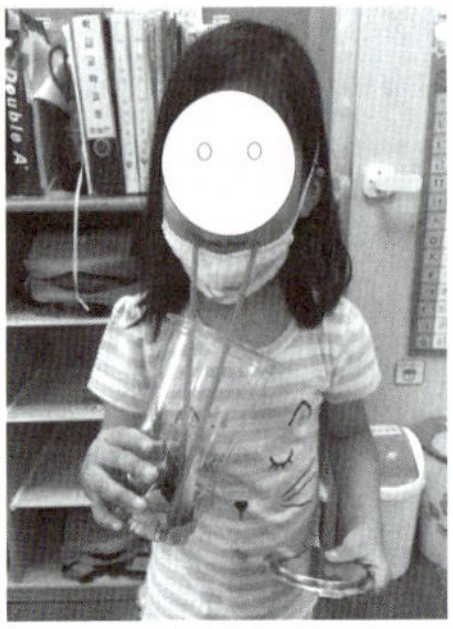

지윤 : 나는 구름주스를 만들었어.
성문 : 우와~ 그럼 솜사탕 맛 나겠다!
이준 : 나는 알록달록 무지개 주스 만들었어~

| 그림 8-1 | 영유아와 영유아 간의 다양한 상호작용

| 그림 8-1 | 과 같이 아이들은 또래와 함께 놀이하면서 다양한 언어적 표현을 하는데 이것이 의사소통 행위이면서 동시에 자신이 이해하고 배워가는 세계에 대한 그들만의 고유한 생각의 표현이기도 하다. 만일 | 그림 8-1 | 에서의 지윤이의 이야기에 교사가 구름은 맛이 없다는 이야기를 했다면 다른 아이들의 상상력과 창의성이 넘치는 언어표현은 중단되었을 것이고 교사와 거리를 두며 놀이를 했을 것이다. 이때 교사는 아동들의 상호작용에 주목하면서 때로는 교사의 개입을 최소화하고 영유아가 스스로 즐거움을 느끼고 몰입할 수 있는 환경을 제공해 주어야 한다. 또한 교사는 영유아 간의 다양하고 역동적인 상황 작용이 일어날 수 있도록 격려해 주어야 한다. 때로는 영유아 간의 상호작용에 교사의 개입이 아동의 놀이에 방해가 될 수 있으며 오히려 귀 기울여 기다려 주는 교사의 역할이 영유아 간 상호작용을 더욱 풍부하게 일어날 수 있도록 한다.

② 영유아 간의 대화를 경청하며 배움 이해하기

교실에서 영유아들은 즐겁고 다채로운 대화를 나눈다. 대화라 하여 반드시 언어적 표현만이 있는 것이 아닌 영아들은 다양한 비언어적 표현으로 의사소통하며 반면 유아들은 말로써 언어적 표현을 하게 된다. 이러한 대화는 영유아들만의 독창적 사고가 드러나며 그들의 고유한 생각과 배움을 이해할 수 있는 맥락을 교사에게 전해준다.

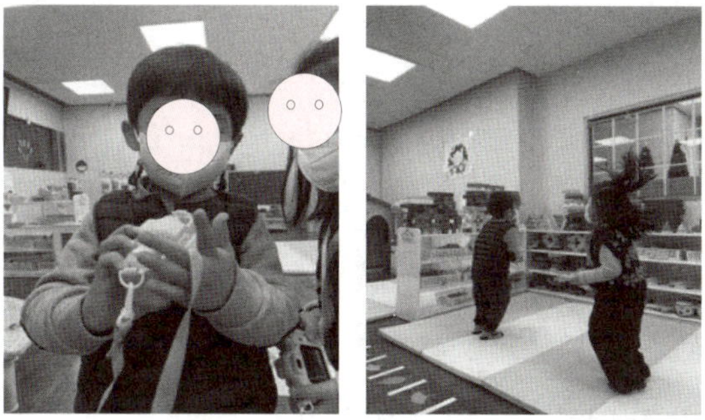

성문 : 여기 봐~ 무지개.
지윤 : 우와~ 성문이 무지개네.
나도 할래!
성문 : 그래.

| 그림 8-2 | 영아(2세) 간의 대화를 경청하며 배움 이해하기

| 그림 8-2 | 의 사례는 두 영아는 2세로 교실에서 카메라로 놀이하고 있는 모습이다. 성문이가 점프를 하며 카메라의 셔터를 눌러 흔들린 교실의 모습이 무지개라고 표현하였고, 이를 본 지윤이는 민준이의 사진에 매력을 느끼게 되었다. '나도 할래!'라는 지윤이의 이야기의 민준이는 곧바로 행동으로 무지개 사진 찍는 방법을 알려주었고 지윤이는 민준이의 행동을 모방하며 함께 놀이하는 모습이다. 이 사례에서 교사는 안전이나 교실에서의 규칙을 이유로 놀이를 중단하도록 제안한다면 어떻게 될까? 또한 성문이에게 성문이가 찍은 사진은 무지개가 아니라 단순히 흔들린 사진이라고 이야기하면 놀이가 어떻게 되었을까? 이러한 놀이에서 중요한 것은 아동의 놀이에서 나타나는 언어적, 비언어적 표현 자체에 귀를 기울이며 존중하고 이해하는 것이다. 아이들의 표현 자체가 놀이를 하며 무엇을 알게 되었고 배우고 있는지를 알려주고 있기 때문이다.

③ 영유아 간의 상호작용 격려하기

교실에서 놀이하는 영유아들은 사이좋게 지내기도 하지만 때로는 상호작용의 어려움으로 갈등을 겪기도 한다. 교사는 상호작용의 어려움을 겪는 영유아를 돕기 위해 다양한 방식으로 지원하는 방안을 고민해 보아야 한다. 아동의 갈등을 교사의 주도로 해결해 주기보다는 자연스러운 관계맺음 과정으로 보며 다양한 방법으로 도움을 줄 수 있어야 한다.

정혜원(2021 : 29)의 연구에서 다양한 나라의 카드로 놀이하던 유아들은 지구본에 적힌 대륙명을 궁금해하였다. 교사는 대륙명만 적힌 지도를 크게 인쇄하여 제공하였고 유아들은 지도를 살펴보며 자신들이 알고 있는 나라가 어떤 대륙에 속해 있는지 살펴보기 시작하였다. 유아들은 대륙명만 쓰여진 지도에 포스트잇을 활용하여 나라 이름을 쓰며 이야기한다.

" 나 대한민국 안 보고 쓸 수 있어." / "콜롬비아는 내가 썼어." / "우리가 지도를 완성했어." / "와~ 우리가 완성한 지도다. 재밌어!"

유아들이 서로 자신이 알고 있는 대륙의 이름을 이야기하고 들으며 하나의 놀이를 완성한 것에 대해 만족감을 드러내고 있다. 놀이를 통해 상호작용하며 서로의 존재를 인식하고 인정하고 있는 모습이다.

(2) 영유아와 환경 간의 상호작용

영유아와 환경 간의 상호작용은 아동 주변의 친숙한 공간과 놀이 자료들, 일상에서 자연스럽게 접하는 모든 환경과의 교감을 포함한다(교육부 · 보건복지부, 2019). 여러 환경 간의 상호작용 중 놀이 자료와의 상호작용이 드러나는 강지원, 김진욱(2022)의 참숯 놀이를 하는 2세 영아의 물질 탐구 의미를 살펴본 연구의 일부를 발췌하여 보고자 한다.

> 참숯 놀이를 시작한 지 얼마 지나지 않아 지민이, 로인, 이한, 소연이는 참숯이 잘 부서지는 특성이 있다는 것을 곧 알아내고는 숯과 숯을 붙잡고 두들겨 부수어 숯가루를 만들었다. 숯가루가 점점 쌓여 가자, 아이들은 손바닥으로 매트 바닥을 양손으로 문질렀다. 더 까맣게 만들겠다며 경쟁하듯 비비고 문지르자 손바닥이 빈틈없이 까매졌다. … 중략 … 지민이의 까맣게 된 손을 전지가 붙어 있는 교구장에 손도장을 찍더니 "이거 봐! 까매졌어!" 한다.
>
> 출처 : 강지원 · 김진욱(2022). 참숯 놀이 사례를 통해 본 2세 영아의 물질 탐구 의미 중 일부 발췌.

위 연구의 영아들은 참숯과 자연스럽게 만났고 상호작용하며 참숯의 본질적인 성질을 알아가게 되었다. 가루가 된 참숯을 탐색하며 빈틈없이 까맣게 변한 손바닥을 전지에 찍으며 자국을 남긴다. 영아의 표정을 실제로 보지는 못했지만 분명 희열에 찬 얼굴일 것이다. 이렇듯 영유아는 자신의 주변을 둘러싸고 있는 모든 환경과 상호작용하며 그 과정에서 경험하고 배움을 향해 나아가고 있다.

2. 영역을 통합한 교사 놀이지원

놀이의 발달에 앞서 발달에 대해 살펴보면 인간 발달은 생애의 전반을 포괄하여 계속된다. 전 생애에 걸쳐 변화가 나타나며 연령에 따라 다양한 양상을 보이고 있다. 이론적으로 영아기, 유아기, 아동기 등으로 단계를 나누고 있지만 그 경계는 명확하지 않다. 영유아 시기에는 발달의 폭도 크며 개개인의 차이가 크기 때문에 교사는 영유아의 전반적인 발달에 대해 파악해야 한다. 특히 이 시기는 발달의 기초가 되는 기술을 획득하고, 잠재능력을 발현하는 데 중요한 민감기(sensitive period)이다. 이 때문에 이 시기의 교육은 다음 단계의 발달을 원활하게 하고 사회에 적응하며 성장하는 데 매우 중요한 시기라고 할 수 있다.

놀이는 영유아의 삶이자 배움의 방식이다. 놀이란 영유아가 흥미와 관심을 가지고 자발적으로 즐겁게 놀이하며 배우는 과정을 의미한다. 아이들에게 놀이는 단순한 경험이 아니라 세상을 살아가며 만나는 수많은 문제들을 해결하고 배워가는 앎과 삶의 방식인 것이다. 아이들과 많은 시간을 교사들은 반드시 놀이에 대해 이해하고 놀이와 배움이 어떠한 관계를 가지며, 아이들의 놀이를 어떻게 지원해 주어야 할지 고민해 보아야 한다. 이번 장에서는 분절되지 않은 놀이-배움-지원의 과정을 알아보고자 한다.

1) 놀이의 개념 및 중요성 이해

(1) 놀이의 개념 이해

① 놀이의 의미

어린이집에서 만나는 아이들은 쉼없이 놀이하고 있다. 영유아의 행동을 놀이라 칭하는데 이는 아이들에게 보여지는 가장 자연스러운 모습이다. 놀이는 영유아의 일상이라 해도 무방할 것이다. 놀이하며 배워나가기 때문이다. 즉, 놀이는 영유아에게 삶이자 세상과의 관계를 맺고 배우는 과정이다. 일상에서 놀이하며 소리, 냄새, 시각, 촉각 등의 감각으로 경험을 주도하며 놀이하고 있다. 즉, 영유아에게 놀이는 배움 그 자체이다.

② 놀이의 특성

- 자유로움

놀이는 어떤 외부의 구속에서도 자유로운 상태에 있다. 뚜렷한 목적이 있는 계획된 활동으로부터도 자유로운 것이 놀이이다. 즉, 놀이에서 자유는 계획된 목적으로부터 자유, 미리 결정된 규칙으로부터 자유, 사실로부터 자유, 시간과 공간의 제약으로부터 자유를 포함하는 것이다. 2019 개정 누리과정 놀이 이해자료의 '이야기, 이야기, 또 다른 이야기'를 보면 음률 공간에 있는 악기가 연주하기 위한 악기에서 이야기를 구성해 나가는 하나의 자료로 활용되고 있다. 이처럼 아이들은 교사의 의도와 계획대로 자료를 사용하지 않고 자신이 원하는 방식대로 자유롭게 놀이를 이어 나간다. 놀이를 하는 과정에서 혼자 또는 함께 규칙을 만들며 이전이 규칙을 변형하거나 새로운 규칙을 생성해 나가기도 한다. 아이들은 놀이를 하며 현실과 놀이를 분리시켜 자유롭게 상상하고 표현한다. 또한 시간과 공간의 영역을 넘나들며 놀이 내에서 시간을 조절하고 어린이집 전체를 놀이공간으로 여기는 등 그 경계를 넘어선다.

- 주도성

유아는 놀이하며 신체적, 사회적, 인지적으로 능동적이며 자발적인 참여를 끊임없이 이어 나가는데 이는 아이들에게 놀이의 주도성이 있다고 볼 수 있다. 놀이의 주도성은 영유아의 자발성, 능동성, 즉흥적 전개, 내재적 동기와 같은 특성과 관련되어 있다. 자발성은 영유아 내부에서 일어난 욕구와 동기가 중요한 원동력이 되며, 내재적 동기는 자신을 스스로 통제하고 끈기 있게 집중할 수 있도록 한다. 그러므로 놀이는 영유아 자신이 아닌 외부의 계획과 목표와는 다른 특성을 가진다고 볼 수 있다. 결국 영유아는 주도성을 가지고 있기 때문에 흥미와 관심에 따라 놀이가 변형되고 놀이의 맥락을 새롭게 생성하게 되는 것이다.

- 즐거움

놀이를 하며 영유아는 다양한 감정과 정서를 경험한다. 호기심을 가진 세상과 만나 재미를 느끼기도 하지만 걱정과 두려움을 느끼기도 한다. 그러나 놀이가 진행되며 즐거움을 경험하게 되는 경우가 많다. 실제 아동의 놀이를 관찰한 성인들은 놀이의 가장 전형적인 준거가 '긍정적인 정서'임을 확인하기도 하였다(Jenvey & Jenvey, 2002). 영유아들은 놀이를 하며 때로는 정서적 긴장, 두려움, 갈등을 해소하고 따뜻함, 배려, 아름다움과 같은 심미성을 통합함으로써 즐거움을 경험한다.

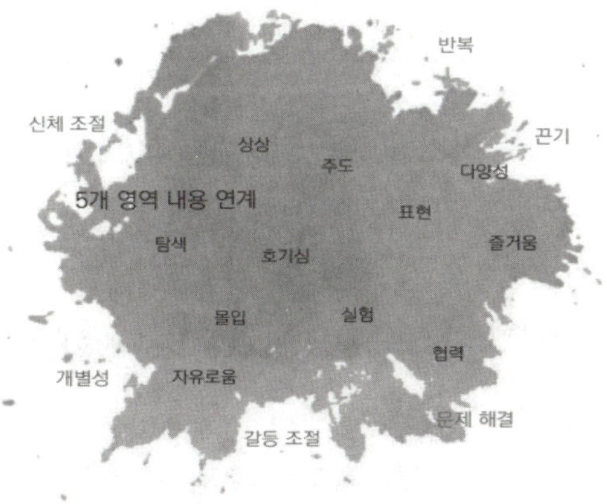

그림 8-3 놀이의 의미와 특성

출처 : 교육부 · 보건복지부(2019). 개정 누리과정 해설서.

(2) 놀이의 중요성 이해

2019 개정 누리과정과 제4차 표준보육과정에서는 놀이는 영유아가 흥미와 관심을 가지고 자발적으로 즐겁게 참여하여 배우는 과정임을 명시하고 있다. 여러 번 언급했듯 놀이가 영유아의 삶이자 배움의 방식이기 때문에 그 중요성이 강조되는 것이다. 놀이가 영유아에게 단순한 경험이 아니라 세상을 살아가며 만나는 수많은 문제들을 해결하고 배워가는 앎과 삶의 방식인 것이다. 영유아가 놀이에 주도적으로 참여하는 것은 세상에 대해 알고 있는 또는 알아야 할 내용들을 자신만의 방식으로 표현하는 행위이자 배움이라고 볼 수 있다. 이렇듯 놀이가 배움으로서 지니는 가치와 중요성에 대해 교사는 항상 잊지 않고 영유아들의 놀이를 이해할 수 있어야 한다.

2) 놀이발달과 영유아의 배움과의 관계 이해

(1) 놀이-배움과의 관계

영유아의 삶 자체인 놀이는 아이들에게 학습이자 배움이 된다. 영유아기의 놀이는 어떠한 학습의 결과물이나 성취도에 관계없이 그 과정 자체가 배움이자 영유아 사유의 과정이다. 즉, 아이들이 주도하는 놀이와 배움과의 관계에서 놀이는 과정 자체를 놀이의 목표로 보는 것이다. 〈표 8-2〉의 사례를 살펴보자. 철사로 놀이하고 있는 유아가 반드시 매듭을 지어야 한다는 목표가 있는가? 매듭을 짓게 된 계기는 놀이하는 과정에서 우연히 발견된 것이며 그 즐거움으로 놀이를 계속해서 지속해 나가는 것이다.

놀이를 통해 경험으로서의 학습은 비가시적인 특성을 가지고 있어 성인이 보기에 크게 의미를 느끼지 못할 수 있다. 오히려 정답을 맞추어 내는 학습놀이에 더욱 비중을 둘 수 있다. 그러나 이러한 배움의 주체가 누구인지를 고려해 보아야 할 것이다. 강조하면 배움의 주체는 영유아이며 교사는 항상 이것을 기본 바탕으로 놀이-배움에 대해 고민해 보아야 한다. 조금 다른 시각으로 영유아가 스스로 놀이하고 생각하며 배우고 탐구하며 실험하는 과정을 살펴본다면 굉장히 복잡하게 얽힌 배움의 과정이 존재하는 것을 알 수 있게 된다. 이것은 영유아의 놀이를 귀 기울이며 관찰하는 것부터 시작된다고 할 수 있다. 교사인 우리는 교육과정을 실행하며 아이들이 자유롭게 놀이하며 배울 수 있도록 놀이의 장을 마련해 주어야 할 것이다.

〈표 8-2〉 놀이-배움과의 관계가 드러나는 놀이 사례

색 철사의 변신 : 구부리고, 펴고, 끼고, 꼬고, 꼬집고, 걸고, 누르고, 감고, 잇고, 꿰고, 꽂고…		3세
놀이의 시작	• 교사의 생각에 색 철사는 유아의 힘만으로도 쉽게 변형 가능하다 생각하여 제공함. 색 철사로 다채로운 모양을 만들 수 있고 유아들의 생각과 느낌을 자유롭게 표현할 수 있을 것이라 기대함. 또한 색 철사의 색 조합, 굵기 또 다른 매체와의 만남을 통해 다양한 변형이 가능할 것이라 생각하였음	
놀이 과정	[유아의 놀이] 다양한 굵기의 철사와 단추, 나뭇가지 등으로 자유롭게 놀이하였으나 대부분의 아이들이 가는 철사에는 손을 대지 못함 → 지건이가 가장 가는 색 철사 뭉치를 손을 당기는 모습을 본 후 다른 유아들이 관심을 갖기 시작함 → 유아들이 가장 가는 철사에 단추를 끼우려고 하나 자꾸 빠졌고 이를 반복함 → 반복하는 과정에서 한 유아가 색 철사 양쪽을 손가락으로 잡고 단추가 빠지지 않게 들고 다님 → 그 모습을 보고 다른 유아가 색 철사 한쪽 끝을 뭉쳐 손가락을 꼬집듯 잡으며 매듭을 만들게 됨	
놀이-배움과의 관계 살피기	• 놀이-배움이 어떻게 연결되는가? 굵은 철사에 비해 가는 철사는 아이들에게 인기가 없었다. 그러다 지건이를 시초로 가는 철사에 대한 관심이 폭증했고 단추 끼우가 놀이가 이어졌다. 그러나 가는 철사는 단추 구멍을 뚫고 지나갔고 고정이 안 되는 어려움에 봉착한다. 한 유아가 꿴 단추들이 빠져 나가지 않게 양쪽 끝을 잡는 모습을 포착한 다른 유아의 시도로 매듭은 지어진다. 가는 철사로 단추 꿰기는 성인에게 아주 쉬운 과제이나 처음 철사를 마주한 유아들에게는 생소한 매체이다. 또한 매듭까지 지어야 단추가 빠지지 않는 방법을 쉽게 알기란 어려운 일이다. 그러나 아이들은 끊임없이 빠지는 단추를 철사로 꿰며 놀이하였고 놀이를 반복하다 매듭 짓는 방법을 떠올리게 된 것이다. 이렇듯 놀이를 반복하고 지속하는 경험을 통해 유아들은 배움의 순간에 이르게 되며 비로소 자신만의 방법을 익히게 되는 것이다. 즉, 유아의 놀이 속에는 배움이 담겨 있다는 것이다.	

출처 : 보건복지부(2019).

3) 놀이의 교육적 가치 및 놀이지원 방법

(1) 놀이의 교육적 가치

놀이는 인간의 발달에 중요한 기능을 한다. 긴장감을 해소하고 불안을 표출할 수 있는 기본적인 기능을 하는 한편, 아동에게는 자신의 에너지를 발산하며 통제능력을 기르는 기능도 한다. 또한 놀이 과정에서 가상놀이의 주제를 만들기도 하고 또래관계와 형성과 사회 기술을 익히는 경험을 하기도 한다. 이러한 사회정서적 측면에서 놀이의 긍정적 가치는 인정되었던 것에 반하여 인지 발달 측면에서의 놀이 가치를 인식하게 된 것은 최근에 와서 가능해진 일이다. 연구에 따르면 아이들이 놀이할 때 기초적인 인지과정에서 언어를 사용하고, 창의적 사고와 문제해결능력을 기르며, 다른 사람의 관점을 고려한다. 정리하면 놀이의 발달적 이점에는 인지적 발달, 문제해결능력, 창의성, 건강한 인격형성, 읽기 능력, 사회성 발달을 들 수 있다. 이렇듯 영유아의 발달에 큰 영향력이 있다는 연구 결과에도 불구하고 아직도 일부 부모, 교사 등은 놀이의 가치를 낮게 보고 있다(Bergen, 1988). 놀이를 단지 학습을 위한 수단으로 여기며 도구화하는 때도 있었다. 이전에 사회정서적 측면에서 놀이의 긍정적 가치를 인정했던 것에 반해 인지 발달 측면에서의 놀이 가치를 인식하게 된 것은 최근의 일이다(Jeffrey, 2012). 최근 교육과정 개정의 영향과 아동중심 사회로의 전환으로 놀이의 가치를 새롭게 보며 영유아에게 있어 놀이를 떼려야 뗄 수 없는 존재로 보고 있다.

(2) 놀이지원 방법

놀이 지원 방법에 대해 알아보기 전에 교사로서 우리는 왜 놀이를 지원해야 하는지 알아보고자 한다. 개정 누리과정, 제4차 표준보육과정이 개정되며 현장에 있는 많은 오해 중 하나는 바로 '교사의 개입'에 대한 부분이다. 영유아가 자유롭게 놀이할 수 있게 해야 하며 교사의 간섭은 제한해야 한다는 것이다. 아이들의 놀이가 어떠한 형태를 갖든 존중해 주어야 하나 교사의 적절한 개입은 영유아들의 놀이를 더욱 풍부하게 하거나 촉진시킬 수 있다. 그렇다면 교사가 아동의 놀이에 개입해야 하는 시점이 무엇인지 세 가지로 구분하여 살펴보고자 한다.

첫째, 아동이 놀이를 하지 않고 있을 때 놀이 참여와 사회적 참여를 증진시키기 위해 놀이 개입을 한다. 영유아가 혼자 놀이하는 것을 즐길 때가 있는데 혼자 놀이는 아동의 발달에 중요하다는 것은 교사라면 모두 알 수 있는 사실이다. 그러나 교사는 아동이 어떠한 이유로 놀이에 참여하지 못하는지에 대해 살펴볼 필요가 있다. 교사의 개입은 이러한 소외된 아동의 놀이 참여를 촉진하는 역할을 한다.

둘째, 배움을 위한 결정적 순간이 발생할 때 놀이 개입을 한다. 아이들은 교사의 개입 없이 높은 수준의 놀이를 하고 경험을 바탕으로 많은 배움을 얻을 수 있다. 아동의 놀이에서 배움을 위한 결정적 순간이 스쳐갈 때 교사는 아동이 새로운 방식으로 문제를 생각할 수 있게 도움을 줄 수 있어야 한다. 이러한 순간 교사는 주의 깊게 질문하고 제안하며 격려해야 한다. 아이들에게 배움을 위한 정답을 주는 것이 아닌 새로운 정보를 추가하거나 문제 해결을 위한 길을 열어 주거나 사고를 안내할 수 있는 등의 질문을 해야 하는 것이다. 이런 방식의 교사의 개입은 영유아의 놀이가 더욱 깊이 있는 배움으로 가는 지름길을 열어줄 것이다.

셋째, 아동이 교사를 놀이 상황에 초대할 때 놀이 개입을 한다. 아이들이 놀이 상황에서 교사를 초대하는 일은 흔하다. 이때 아이들은 놀이를 통해 자신이 어떠한 배움을 하였고 어떤 생각을 하는지 보여준다. 또한 자신의 걱정과 불안을 드러내기도 하며, 또래 안에서의 사회적 능력을 보여주기도 한다. 교사는 아이와 함께 놀이하며 개별적인 상호작용을 할 수 있기 때문에 영유아의 놀이에 흔쾌히 응하여 깊이 있는 관계를 맺어야 한다.

① 놀이 계획으로서의 지원

매년 학기가 마무리되고 새 학기가 다가올 시점이 되면 일 년간의 운영계획안을 수립한다. 지난해를 반성하여 수정하기도 하고 교사의 개별 특성에 따라 선호하는 주제를 선정하기도 한다. 현재 교육과정에서는 영유아가 중심이 되는 배움에 비중을 두고 교사의 계획을 융통성 있게 조율할 수 있도록 제안한다. 즉, 계획안이 한 번 수립되면 반드시 그대로 실행해야 하는 것이 아닌 아이들과 함께 놀이하고 부딪혀가며 계획을 수정하고 개선해 나가며 구성해 나아가야 하는 것이다. 이때 유의해야 할 점은 아이들의 흥미와 관심이 교사가 계획한 수업활동과 맞지 않다고 무조건 수정할 것이 아니라 실행에 대한 평가를 철저히 하여 문제점이 무엇인지 파악한 후 계획안에 반영해야 한다. 다음 ❙그림 8-4❙는 5세 유아반 교실에서 일어난 '포켓몬'에 대한 흥미와 관심을 반영하여 계획한 월간 계획안의 예시이다. 만화라는 비교육적인 이미지를 벗어나 왜 포켓몬을 좋아하게 되었는지 유아들을 이해할 수 있는 시간이 되었다.

제 2022- 7호 하늘햇살반 (만5세)	놀이로 자라는 하늘햇살아이들	생각과 감정을 건강하게 표현하는 어린이 함께 만들어가는 우리반

놀이 기간 : 2022년 9월　　　　담임교사 : 박은영

구분	내용
예상놀이 주제	**내가 좋아하는 캐릭터(포켓몬)** 내가 좋아하는 캐릭터 / 포켓몬캐릭터로 만든 게임놀이 / 캐릭터 도감이 있어요!
주제 선정 배경	8월에 아이들은 포켓몬으로 어떤 놀이를 했을까요? 포켓몬, 체육관을 만들어 대결을 해보기도 하고 집에 또 다른 구멍을 뚫어 자판기 놀이하기, 컬러비즈로 다양한 포켓몬 만들기 등등 포켓몬캐릭터를 이용한 놀이를 하는 모습을 발견할 수 있었습니다. 부모님들께서 "어린이집에서 조금 더 교육적인 수업을 해야 하지 않을까? 왜 포켓몬이지? 오히려 제한해야 하는 것 아닌가?"라는 생각을 하실 수 있습니다. 저도 그런 고민을 하지 않은 것은 아니나, 어린이집에서 추구하고자 하는 교육은 아이들의 흥미와 관심 속에서 교육적인 요소들을 찾는 것입니다. 표면적인 것은 포켓몬 캐릭터이나 캐릭터를 통한 놀이 속에서 아이들이 교육적인 언어, 수 과학, 예술영역을 모두 경험하고 있습니다. 예를 들어 컬러비즈를 만들 때에도 정해진 도안을 넘어 자신만의 포켓몬을 만드는 등 창의성을 발휘하고 있습니다. 또한 한글에 관심이 없던 친구들도 포켓몬 이름을 써 보며 조금은 힘들고 지겨웠던 한글공부가 흥미로워지기 시작했답니다. 단순히 캐릭터로 의미 없는 놀이가 되지 않도록 노력하겠습니다.    
예상되는 놀이 및 활동	- 포켓몬 체육관 만들기 - 내가 좋아하는 캐릭터 만들기 - 포켓몬 색깔별로 진열하기 - 포켓몬 띠부씰 모으는 가방 만들기 - 풀 타입 포켓몬 vs 불꽃 타입 포켓몬 - 포켓몬/산리오 자판기 놀이 - 포켓몬 할리갈리
	[이야기나누기] - 1세대 포켓몬에는 무엇이 있을까요? - 포켓몬이 대결하려면 필요한 것이 있어요! **[게임]** - 내가 좋아하는 캐릭터를 몸으로 말해요 **[미술]** - 포켓몬 액자 만들기 - 나만의 캐릭터 도감 - 포켓몬 변신카드 만들기 **[과학]** - 포켓몬 크기와 무게 비교해보기

| 그림 8-4 | 유아들의 관심사를 반영한 놀이 계획안

② 놀이 환경으로서의 지원

영유아의 욕구와 흥미를 자극하는 교실환경은 영유아의 놀이에 커다란 영향을 미친다. 교사는 놀이상황에 따라 다양한 영역을 배치하고 영유아가 자발적이며 적극적으로 놀이할 수 있는 환경을 제공해야 한다. 놀이가 활발히 이루어지는 놀이 환경을 구성하기 위해서는 교사는 시간, 공간, 자료, 사전경험을 고려하여 지원해야 한다.

첫째, 놀이 시간 제공이다. 바깥놀이를 포함한 놀이 시간이 분절되지 않고 지속적일 때, 영유아는 놀이에 몰입하며 의미 있는 배움의 기회를 가질 수 있다. 충분한 놀이 시간이 보장된다면 아이들은 놀이 자료를 탐색하고 파악하며 놀이할 또래를 찾고, 역할을 정하며 이야기를 구성하여 놀이할 수 있다. 그러므로 교사는 놀이의 흐름이 끊어지지 않고 아이들이 충분히 놀이할 수 있도록 놀이 시간을 편성해야 한다.

만약 놀이시간이 너무 짧다면 깊이 있는 놀이가 힘들며 주어진 시간에 맞추어 놀이하는 단순한 기능 놀이를 할 우려가 있다. 충분한 놀이 시간 없이는 환경이 아무리 풍부하다 해도 영유아들이 흥미를 갖고 오랫동안 놀이에 집중하기에 힘이 든다. 그렇기 때문에 개정 누리과정에서는 놀이시간을 짧게 여러 번 제공하기보다는 긴 시간으로 편성하여 놀이 흐름이 끊기지 않게 유아가 충분히 놀이에 몰입할 수 있어야 한다고 한다. 연령에 따라 다르나 유아의 경우 하루에 바깥놀이를 포함하여 놀이시간을 3시간 이상 확보하되 놀이 상황을 고려하여 융통성 있게 편성 · 운영해야 한다. 영아의 경우 실외놀이 시간이 조금 더 짧으나 한 번 놀이할 때의 자유놀이 시간은 1시간 이상으로 충분히 여유를 두어야 한다. 더불어 놀이 시간 제공에는 융통성을 기본으로 하여 영유아가 주도하는 놀이가 길게 이어질 경우 놀이 후에 계획된 시간들을 축소하여 놀이가 충분히 이루어질 수 있도록 편성하여 운영해야 한다. 이러한 시간에 대한 교사의 지원은 영유아로 하여금 주도적인 놀이를 할 수 있는 기회를 제공해준다. 유아의 경우 하루 일과의 일부를 스스로 정해보게 하거나 일과 변화를 교사의 독단이 아닌 유아의 의견을 반영해 주는 등의 방법을 시도하는 것을 권장한다.

둘째, 놀이 공간 제공이다. 놀이 공간은 영유아가 놀이하고 창의적으로 생각을 넓혀나갈 수 있게 물리적 환경으로 다양한 놀이를 하기 위해서는 적절한 공간이 필요하다. 유아는 놀이를 통해 놀이에 적합한 공간으로 새로운 목적을 부여하기도 하고 스스로 놀이할 공간을 찾거나 만들기도 하며, 공간과 공간을 연결하여 새로운 놀이로 확장하기도 한다.

교사는 교육 철학이나 교실의 구조, 영유아의 연령, 흥미에 따라 교실 공간을 자율적으로 구성할 수 있다. 교실 내에 반드시 존재해야 하는 흥미 영역이 정해져 있는 것이 아니기 때문에 영유아들의 놀이에 맞도록 공간을 융통성 있게 구성해야 한다. 교사는 교사가 구성해 놓은 영역이 때로는 확대, 축소, 변형되는 것에 대해 두려움이 없어야 한다. 교실 영역의 교구장, 책상, 교구들의 배치를 살펴보았을 때 아이들이 놀이에 잘 활용하는지, 공간이 좁아 놀이에 어려움이 생기는지, 더 필요한 자료들은 없는지 판단하고 평가하여야 한다. 시간에 대한 유아의 주도권과 마찬가지로 공간에 대한 부분 역시 유아에게 권한을 줄 수 있다. 이는 교사와 영유아들의 적절한 협의를 통해 이루어질 수 있다.

놀이 공간이 반드시 교실 내로 한정될 필요는 없다. 기관의 복도, 현관 입구, 모두가 함께 사용하는 공간, 놀이터 등을 놀이 공간으로 사용해도 되나 안전에 대한 위험 요소를 사전에 점검한 후 동료 교사와의 논의를 통해 놀이 공간 사용을 결정해야 할 것이다.

〈표 8-3〉 유아 놀이지원 사례는 놀이 공간에 대한 교사들의 과감한 결정으로 놀이가 흥미 있게 지속된 것을 볼 수 있다.

〈표 8-3〉 놀이 공간에 대한 유아 놀이지원의 예

시원한 여름		3세
놀이의 시작	• "아, 더워요"라는 주제에 따라 이야기를 나누며 놀이가 시작 • "여름은 더워요, 시원한 수박, 물놀이 가요~, 물! 바다! 얼음" 등 다양한 경험을 나누었으며 여름과 관련한 놀이에 큰 흥미를 보임 • 교사는 여름에 대해 놀이를 할 수 있도록 시원한 음식, 물, 물놀이, 바다, 얼음 등 다양한 준비를 함	
놀이 과정	[교사의 계획/신체표현] 바다생물 되어보기 바다생물의 움직임을 관찰하고, 신체활동을 통해 유아가 바다생물의 움직임을 표현할 수 있도록 지원 [유아의 관심/바다생물에 태한 탐구_낚시 놀이] 바다생물의 움직임 표현에서 바다생물을 낚시하는 놀이로 전환됨. 낚시한 바다생물로 요리하고 상을 차려 친구들을 초대하게 됨 [유아의 관심/음식점놀이로] 교실 바닷가는 바다생물을 파는 물고기 시장이 형성 → 음식점 생겨남(각자 역할이 생겨남) → "아~ 더워요"라는 유아의 말로 여름 음식에 대한 이야기를 나누게 되며 아이스크림 가게가 만들어짐 [다른 반과 놀이 공유/아이스크림 가게] 아이스크림 가게 놀이가 활발해지며 놀이장소가 공유 공간으로 이동 → 다른 반과 함께 하게 됨	
교사의 지원	• 놀잇감에 대한 생각 넓히기 놀잇감 자체가 제시하는 기능 외에도 다양한 용도로 사용할 수 있도록 지원. 비구조적인 개방형 놀잇감도 활용 • 놀이 공간과 시간에 대한 생각 넓히기 평소 놀이 공간이 아니었던 장소를 놀이 공간으로 생각해 보게 됨. 아이들의 놀이 집중도에 따라 자유놀이 시간을 최대한 확보 • 유아의 놀이를 민감하게 관찰하기 유아와 교사가 함께 하는 놀이, 활동, 배움 측면에서 접근. 교사의 관심과 반응 그리고 격려와 공감이 더해지니 유아들이 더욱 주도적으로 놀이하는 것을 발견함	
교사의 변화	놀이지원 전	놀이지원 후
	• 대부분 교사의 주도로 대집단 놀이가 이루어짐. 신입교사라 놀이보다는 안전에 많은 부담을 느낌 • 안전에 대한 부담으로 아이들을 앉아서 놀이하게 하는 경우가 많음	• 유아들이 어떤 놀이에 흥미와 관심이 많은지 발견하게 됨. 가장 크게 느낀 것은 교사의 관심과 관찰, 적절한 상호작용이 아이들에게 큰 영향을 미친다는 것을 알게 됨
유아의 변화	• 교사의 주도로 놀이가 이루어지며 정적이면서도 폭넓은 놀이 참여가 이루어지지 못함	• 놀이 중심의 활동이 이루어지며 유아들의 흥미에 따라 놀이가 이루어지며 더욱 활발하고 적극적인 놀이가 진행됨

셋째, 놀이 자료 제공이다. 놀이 경험이 영유아의 성장에 긍정적인 영향을 미치기 위해서는 교육적이고 안전한 놀이 자료가 제공되어야 하며, 영유아의 발달에 적합한 놀이 자료를 선택해야 한다.

③ 놀이 관찰로서의 지원

영유아의 놀이를 지원하기 위해서는 즉각적인 개입보다 놀이를 관찰하면서 놀이 상황을 파악하는 것이 우선되어야 한다. 놀이를 통해서 보여지는 아동의 감정 상태, 궁금증, 흥미, 탐색거리 등을 관찰하면서 기다려야 한다. 2019 개정 누리과정 놀이이해자료 p.130 놀이사례에 나오는 준이는 혼자 놀이하여 다른 친구들은 함께 놀이하기 힘든 친구로 인식한다. 교사는 준이의 놀이를 잘 관찰하여 기록 후 다른 친구들에게 소개하며 준이의 색다른 모습을 보여준다. p. 172의 '방해하는 건지? 같이 놀고 싶은 건지?'의 놀이사례를 보며 교사는 맥락을 통한 관찰을 통해 아이들의 상황을 파악한다. 이처럼 단순하게 판단하게 될 놀이 상황을 관찰을 통해 이해하고 의미있게 여길 수 있게 되는 것이다. 관찰이라 하여 눈으로 보고 그 순간에 잊는 것이 아닌 사진, 짧은 메모, 그림, 영상, 글 등으로 남겨 다시 한번 아이들의 놀이 속에 담겨진 의미를 되새겨볼 필요가 있다. 이와 같이 영유아들의 놀이에 귀를 기울이는 것에서부터 그들에 대한 이해가 시작될 것이며 놀이지원의 첫 걸음을 뗄 수 있을 것이다.

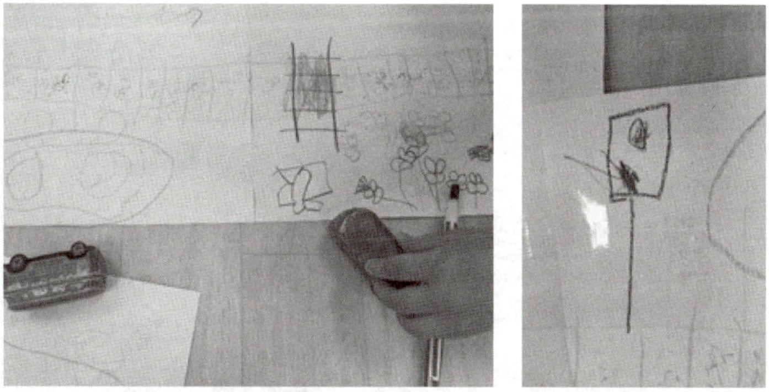

그림 8-5 유아들의 놀이를 이해하기 위한 관찰기록

ㅣ그림 8-5ㅣ는 3세 유아들의 기찻길 놀이를 관찰하며 기찻길을 그린 그림을 관찰 기록으로 남긴 것이다. 영유아의 놀이 관찰이라고 하여 반드시 전신이 나온 놀이 모습을 기록으로 남기는 것은 아니다. 영유아가 놀이하고 있는 과정은 **ㅣ그림 8-5ㅣ**의 아이들이 그린 그림, 유아의 손에서 충분히 드러나며 이를 통해 교사는 해석할 수 있어야 한다.

교사는 눈으로 영유아의 놀이를 보며 관찰하고 놀이를 지원할 수 있다. 그러나 기록을 남겨 그 기록을 되돌아본 후, 즉 영유아의 놀이를 이해한 후 지원했을 때와는 놀이의 흐름이 달라지는 것을 알 수 있다. 다음 **ㅣ그림 8-6ㅣ**은 2세 영아들의 놀이 상황이다. 7월의 기록인데 부모와의 헤어짐을 슬퍼하는 일이 잦았던 영아가 등원하며 기존에 놀이하고 있던 친구들과의 놀이를 교사가 관찰한 기록이다.

이 기록을 보고 내가 교사라면 어떤 상호작용을 했을 것이며, 이 기록을 통해 다음 주스 놀이에서는 어떤 지원을 할 수 있을지 생각해 보자.

그때 강인이가 엄마와 헤어져서 등원하여 울먹이며 교실로 들어온다.
교사: 강인아 어서와~ 우리 다음달에 있을 강인생일 미리 축하하고 있었어.
민준: 강인아! 케잌먹어봐
교사: 그런데 케잌만 먹으면 목이 마른데 뭘 마실까?
준이: (색깔점토를 탐색하다가 황갈색점토를 가리키며) 난 이거요~
교사: 준이는 미숫가루 마시고 싶구나!
준이: (투명컵에 미숫가루를 담아서) 미숫가루 좋아해
교사: 그런데 좀 더시원하게 마시려면 뭘 넣어야 할까?
준이: (미술영역에서 플레이콘을 꺼내서) 여기 얼음 많이 넣어야해

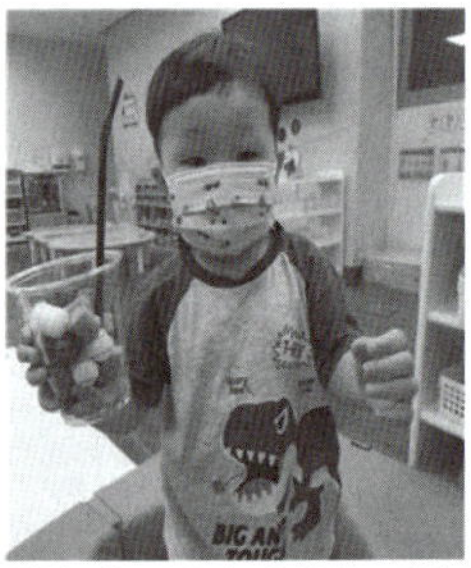

준이가 미숫가루에 플레이콘얼음을 잔뜩 넣어서 마시는 흉내를 내어 보며 활짝 웃으니까 울음을 그치고 강인이가 다가온다.
강인: 보라색 점토를 가져와서 "이거 할래요"
교사: 그럼 무슨 쥬스야?
강인: 포도쥬스요
강인이도 준이를 따라서 투명컵에 보라색 포도쥬스를 넣고 나서 여러 가지 색의 플레이콘을 넣어주며 엄마를 생각했던 마음이 포도쥬스 하나로 해소되는 기분이다.

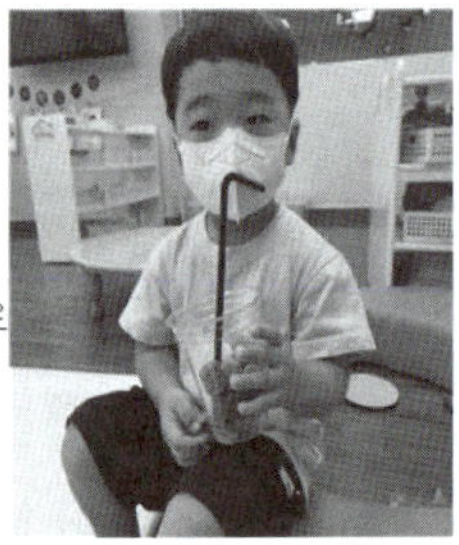

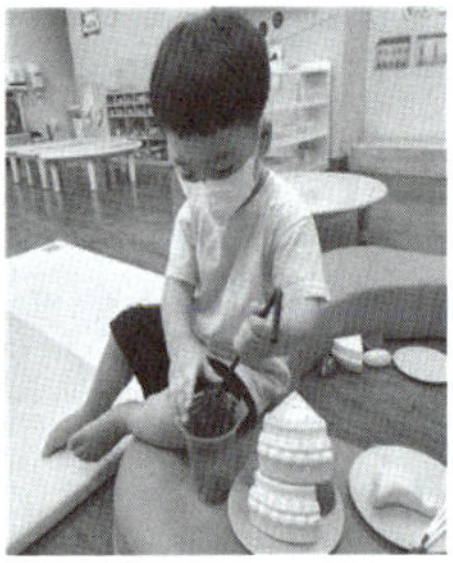

ㅣ그림 8-6ㅣ 영아 놀이관찰 기록을 통한 지원 방향 설정

④ 놀이 평가로서의 지원

개정 누리과정에서는 교육과정의 자율적 운영에 따른 평가 방식에 대해서도 자율성을 가지도록 하고 있다. 평가는 크게 교육과정과 영유아 평가로 나뉜다. 일반적으로 어린이집에서는 일일계획안 혹은 주간계획안, 또 다른 형식의 계획안으로 누리과정, 표준보육과정 운영을 평가한다. 계획안으로 하루 혹은 한 주 등을 되돌아보며 교사 스스로를 성찰하기도 하고 놀이 지원에 대한 방향성을 설정하기도 한다. 임부연 외(2021)에서는 평가에 앞서 일일교육계획 작성 시 고려할 사항에 대해 다음 〈표 8-4〉와 같이 제시하고 있다. 짜임새 있는 계획안이 있어야 올바른 평가가 이루어질 수 있기 때문이다.

〈표 8-4〉 일일교육계획 작성 시 고려할 사항

일일교육계획 작성 시 고려할 사항
• 기본 사항 : 영유아 연령, 반, 일시와 일과시간 등을 작성하라. • 영유아가 실제 경험한 놀이를 관찰기록한 자료에 근거하여 기술하라. • 영유아의 놀이의 의미를 교사가 해석하여 기술한다. 5개 영역의 내용과 연계하여 영유아의 놀이에서 배움을 기술하라. • 교사의 영유아 놀이 지원한 내용과 앞으로의 지원 계획을 포함하여 기술하라. • 안전과 관련된 사항 및 영유아 특성에 따른 개별적 지원 사항 계획에 대해 작성하라. • 일과와 영유아의 배움에 대한 뒤돌아 보기 과정을 가져라.

출처 : 임부연 외(2021).

두 번째 영유아 평가는 아동에 대한 관찰기록, 사진, 영상 등 다양하게 수집한 자료를 기반으로 하여 이루어진다. 하나의 사례로 아동을 평가할 것이 아니라 여러 각도에서 수집된 자료로서 아동을 평가해야 하며 평가의 기술에 있어 성취도를 파악하는 것을 넘어서야 한다. 놀이를 통해 성장한 영유아의 배움과 그들을 이해하는 과정이 필요할 것이다.

더불어 영유아 평가 있어 놀이과정에서 교육과정이 제시한 영역을 골고루 경험하였는지에 대해서도 파악하여 통합적인 평가를 해야 할 것이다. 마지막으로 평가가 현재의 교사, 영유아를 판단하는 것이 아닌 성장의 밑거름으로 여기며 의미 있게 여겨져야 할 것이다.

3. 놀이지원역량 증진 사례

다음 4세 유아반의 놀이기록이다. 하루에 일어난 놀이를 기록한 것이나 9월 중순부터 아이들은 매일 매일 조금씩 플라스틱 컵으로 놀이했었다. 기록에 나오는 4명의 남아들 중 아동 희찬이는 평소 자동차 길 만들기 놀이를 가장 즐기며 자주 함께 한다. 윤호는 혼자놀이를 즐기거나 때로는 재연이와 몰펀 블록으로 구성물을 만들며 이야기를 만드는 것을 즐겼다. 그러다 윤호의 플라스틱 컵 탑쌓기에 교사가 관심을 보이자 다른 유아들도 흥미를 보이며 눈길을 돌리기 시작하였다.

이 기록은 오전시간 실내자유놀이 시간에 일어난 30~40분간의 놀이를 기록으로 작성한 것이다. 컵으로 탑쌓기 놀이는 여느 유아 교실에서 볼 수 있는 흔한 놀이 상황일 것이다. 그러나 아이들의 놀이를 기록으로 남기며 다시 한번 유아들의 놀이 속으로 방문해 보았을 때에는 교실에서 미처 보지 못한 것들을 발견할 수 있게 된다. 이런 의미로 '우리 같이 생각해 볼까?' 놀이 사례를 분석하며 기록에서 드러나는 아동의 놀이 특징과 교사의 지원, 유아의 배움에 대해 생각해 보자.

〈표 8-5〉 놀이 기록읽기 방법

영유아 놀이 지원 역량을 위한 놀이기록 읽기	
유아들이 놀이에서 어떠한 경험을 하고 있는가?	
유아들이 놀이하며 어떤 배움을 경험하고 있는가?	
교사는 어떠한 지원을 하고 있는가?	
내가 이 교실의 교사라면 어떤 지원을 했을까?	

우리 같이 생각해 볼까?

작성자 : 오○○
기록날짜 : 10월 12일
참여유아 : 윤호, 서준, 재환, 희찬

자유놀이시간. 유아들이 각자의 놀이로 자유롭게 놀이하고 있던 중 윤호가 부르는 소리에 다가갔다. 윤호는 컵을 동그란 모양대로 쌓아 올리고 있었다.

윤호: 선생님 이거 봐봐요! 제가 이만큼 탑을 쌓았어요!
교사: 오! 멋진 모양으로 만들었네!
윤호: 맞아요! 이건 동그라미 성이에요!

탑이 점점 높아지고 어느새 윤호 키만큼 쌓아 올려졌다. 탑이 더 높아지고 윤호 키를 넘어 서자 윤호가 까치발을 들고 손을 높이 들어 컵을 올려 놓으려 해도 닿지 않는다.
'도와줄까?'라는 생각이 들면서도 '윤호는 어떤 방법으로 탑을 계속 쌓아 올릴 수 있을까?'라는 궁금한 마음에 도움을 주지 않고 기다려보기도 하고 윤호의 반응을 지켜보았다.

탑 쌓기를 계속 시도해보던 윤호가 탑 앞에 서서 키를 재본다.
윤호: 선생님, 제 키는 여기까지 닿아요!
교사: 윤호 키가 많이 컸네~
윤호: 맞아요! 그런데 저 위에까지 손이 닿지 않아서 컵을 놓기가 힘들어요
윤호와 대화를 하던 중 재환이가 다가온다.
재환: 나는 키 큰데 (컵 앞으로 가며 손을 뻗는다.) 나는 여기까지 닿을 수 있는데.
윤호: 나는 손이 안 닿는데 재환이는 높이까지 손이 닿네. 재환아 봐봐 나는 여기까지 닿는다!
희찬: 나는 여기까지 닿는데! 이재환! 이거 봐봐!
재환: 나는 여기까지 닿아.
준호: 나도 여기까지 닿아! 내가 더 높아.
재환: 아니야 나도 여기까지 닿으니까 나도 더 높아!
윤호: 재환아, 준호야! 그럼 이것 좀 같이 쌓아줄래?
준호: 내가 해줄게! 나 엄청 높이까지 할 수 있어.
재환: 나도 해줄게 윤호야.

윤호가 쌓아 놓은 탑에 서로 키를 재보고 손을 뻗어보며 서로 경쟁이 붙을 때쯤 윤호가 친구들에게 탑 쌓기를 부탁하며 유아들의 탑 쌓기 놀이가 시작되었다.
유아들의 놀이가 계속되고 재연이와 서준이도 관심을 보이며 다가온다.
탑이 점점 높아질수록 유아들의 목소리도 점점 커진다.

재환: (까치발을 들고 가장 높은 곳에 놓으며) 와 이렇게 해도 닿는다.
교사: 우와 재환이 대단한데?
재연: 선생님 저는 그냥 조금만 발 올려도 닿아요.
교사: 재연이도 대단하다~ 키가 많이 컸나봐.
윤호: 후아후아 (긴장이 되는 듯 숨을 몰아쉰다.)

준호: 얘들아 이제 그만 해도 되겠어.
윤호: 우와 왜이렇게 높아졌어! 선생님 이거 애플탑 아니에요?!
재연: 에펠탑이겠지. 에펠탑.

그때, 탑 일부가 와르르 무너진다.
재환: 무너졌다. 여기가 너무 높아서 키가 안 닿네.
윤호: 다시 쌓아야겠어.
유아들이 무너진 곳을 다시 쌓기 시작하고 얼마 못 가 탑이 모두 무너진다.
서준: 안 돼!
윤호: 아이 정말... 왜 자꾸 무너지는거야.
재환: 또 무너졌어.
교사: 계속 무너져?
윤호: 네 아까도 또 아까도 계속 무너졌어요.

윤호가 불러 유아들의 놀이를 보기 전부터 계속해서 탑이 무너졌던 모양이다.
주변을 보니 유아들이 탑을 쌓는 공간이 매우 좁아보였고 그 좁은 공간으로 지나다니는 유아들이 많아 오고 가며 계속해서 부딪히는 모습이 보였다. 그래서 윤호에게 한 가지 제안을 하게 되었다.
교사: 윤호야, 여기 자리가 너무 좁아 보이는데 좀 더 넓은 곳에서 해보는 건 어때?
윤호: 좋아요! 얘들아 우리 넓은 곳에서 다시 해보자!

유아들이 좀 더 넓은 곳으로 나와 자리를 잡았다.
윤호: 어떻게 해야 탑이 안 무너져요?
교사: 윤호는 어떻게 하면 안 무너질 것 같아?

윤호: 그냥 뒤죽박죽으로 놓고 해볼까요?
교사: 뒤죽박죽? 어떻게? 한번 해볼래?

'그렇게 하면 당연히 또 무너질텐데...'라는 생각이 들었지만 아무런 말 없이 윤호가 시도해보도록 하였다.
그러나 예상대로 얼마 못 가 다시 탑이 와르르 무너졌다.

윤호: 에이... 뒤죽박죽으로 해도 무너지잖아...
교사: 뒤죽박죽으로 해봐도 안 돼?
윤호: 네...
교사: 그럼 어떻게 해야 안 무너질까?
재환: (컵을 겹치며) 윤호야, 이렇게 하면 안 무너질 것 같은데?
희찬: 그래 이렇게 하면 안 무너지겠다! (색깔별로 컵을 모아 겹친다.)
재환: 윤희찬 나랑 같이 모아보자.
희찬: 난 파란색! 하나하나 이렇게 쌓아봐 얘들아!
윤호: 그럼 색깔대로 모으는 거다! 여기가 초록색이야!

유아들이 컵을 색깔별로 모아 겹겹이 쌓기 시작했다.
서준: (여러 색의 컵을 겹치며) 나는 무지개야!
교사: 서준이는 무지개야?
서준: 응!

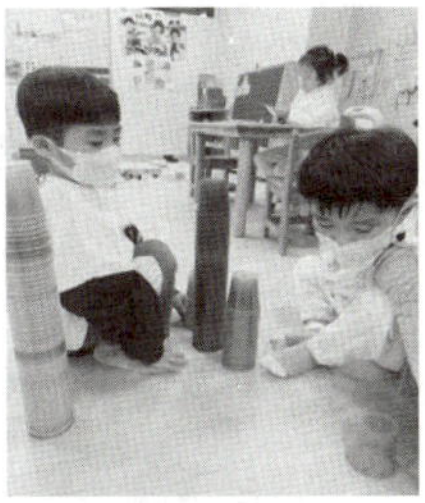

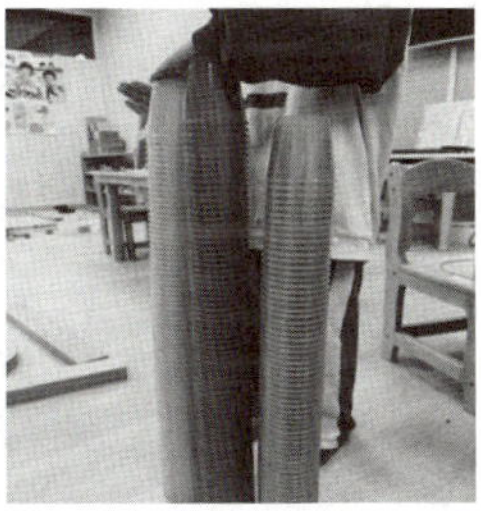

희찬: 파란색이 제일 많고 그 다음 노란색 그 다음 초록색이야!
윤호: 진짜 파란색이 제일 많네! 우리 이제 탑 쌓아보자! 이번에는 동그랗게 말고 위로 쭉쭉 해볼까?
재환: 이렇게 쭉 놓고 위로 올리면 돼!
윤호: 그럼 재환이 너가 키가 제일 크니까 위에 쌓아. 나는 밑에 만들게!

유아들은 스스로 역할을 나누었고 쌓기 놀이가 다시 시작되었다. 이번에는 아까와 다른 모습의 탑으로 (피라미드 모양) 쌓아 올리기 시작했다.

윤호: 선생님 이렇게 쌓으면 옆에 컵들이 가운데 컵을 고정시켜 주는 거 같아요!
교사: 옆에 컵들이?
윤호: 봐 봐요! 이렇게 옆에서 붙어서 고정시켜 주잖아요!
교사: 정말 고정시켜 주는 것 같네!

계속 컵을 쌓아 올리던 윤호가 무언가를 알아냈다는 듯이 말한다.
윤호: 선생님! 컵을 뒤죽박죽 말고 이렇게 잘 맞춰서 놓으니까 안 무너지네요!
교사: 그러네! 뒤죽박죽 놨을 땐 계속 무너졌잖아!
윤호: 네 맞아요! 이제 뒤죽박죽으로 놓으면 안 되겠어요!

그러던 도중 만들고 있는 도중 재환이의 실수로 살짝 컵 하나가 떨어진다.
재환: 내가 모르고 쳐서 떨어졌네.
윤호: 건들면 무너져서 안 건들고 해야 돼! 컵 쌓기 할 때는 아주 집중해야 돼!

어느 정도 탑이 만들어지자 재연이도 관심을 보이며 다가온다.
재연: 나도 할래!
윤호: 대신 아주 집중해서 해야 돼. 건들면 무너지니까 건들면 안 돼!
재환: 무너지면 안 돼!
유아들은 엄청나게 집중을 하며 탑을 만들어 가고 있었다.

재연: 선생님 아무도 안 건드니까 탑이 안 무너져요!
교사: 그러네! 안 건드리니까 안 무너지네~!
윤호: 우아! 드디어 성공할 것 같아요!

탑이 무너지지 않고 완성되자 유아들은 소리를 치며 성공을 기뻐하였다.
교사: 얘들아! 탑이 완성이 됐어! 기분이 어때?
재환: 좋아요!
윤호: 저도 좋아요!
희찬: 저도요!
교사: 서준이는?
서준: 좋아!
교사: 아까는 계속 무너졌는데 지금은 한 번도 안 무너지고 완성했네?
윤호: 이제 알겠어요! 건들지 않고 집중하면 돼요!
재환: 아까는 자리가 너무 좁고 불편했어. 친구들도 왔다갔다 지나다니고...

윤호: 맞아! 아까는 자리가 너~무 불편했어. 그리고 컵들이 고정해주니까 안 무너진 거 같아요!
교사: 그렇구나! 이제 안 무너지게 탑 쌓는 방법을 알게 됐네?
윤호: 네! 컵들이 고정시켜 줘야 되니까 뒤죽박죽으로 놓으면 안 돼요!
재환: 건드리면 무너져요!
교사: 그래~ 다음에 또 이 방법대로 만들어보자~!

유아들은 한참을 자신들이 만든 탑에서 놀며 만든 과정에 대해 이야기를 나누었다.
이번 유아들의 놀이 안에는 수 · 과학놀이, 색깔 맞추기, 협동 놀이 등 다양한 놀이들이 포함되어 있었다. 하나의 놀이 안에도 유아들은 다양한 것들을 발견해 냈고 실패를 경험하며 속상해하기도 했지만 시행착오를 스스로 겪고 해결해 나가며 결국 원하던 목표에 닿게 되었다. 이 과정에서 교사가 대신 쌓아주거나 무너지지 않고 탑을 쌓는 방법을 처음부터 알려줬었더라면 이렇게까지 유아들이 성취감을 느끼고 기쁨을 느낄 수 있었을까?
사실 중간에 유아들이 속상해하는 모습을 보며 안쓰러운 마음에 '쌓아줄까?', '이렇게 하라고 말해줄까?'라고 생각하기도 했지만 유아들이 서로 역할을 나눠 협동하며 다시 놀이를 시작하고 무너지지 않는 직접 방법을 찾아내며(건들지 않기, 컵 간격 잘 맞추기, 높은 곳은 의자 이용하기 등) 성공에 기뻐하는 모습을 보니 '기다려주길 잘했다'라는 생각이 들었다. 또 서로의 키를 비교할 때 윤호가 속상해하기보다는 다름을 인정하고 친구와 역할을 나누어 놀이를 진행하는 모습이 놀랍기도 하였다.

오늘의 이 경험들이 유아들이 나중에 또 다른 실패를 겪었을 때 포기하지 않고 또 다시 일어나 도전하게 되는 계기가 되길 바라고 다른 사람과 나를 비교하며 속상해하는 것이 아니라 다름을 인정하고 함께하는 즐거움을 느끼며 기뻐할 수 있는 산들바람 반이 되었으면 좋겠다.

참고문헌

강지원 · 김진욱(2022). 참숯 놀이 사례를 통해 본 만 2세 영아의 물질 탐구 의미. **유아교육연구, 42**(4), 147-175.

교육부 · 보건복지부(2019). 2019 개정 누리과정 해설서. 교육부 · 보건복지부.

_______________(2020a). 2019 개정 누리과정 놀이실행자료. 교육부 · 보건복지부.

_______________(2020b). 2019 개정 누리과정 놀이이해자료. 교육부 · 보건복지부.

김정미(2020). **놀이중심 반응성 상호작용 교수법 2_이해편**. 서울 : 학지사.

_____(2021). **놀이중심 반응성 상호작용 교수법 2_실제편**. 서울 : 학지사.

임부연 외(2021). **유아 · 놀이중심 유아교육과정**. 경기 : 공동체.

정혜원(2021). 개정보육과정에 기초한 놀이교육지원 사례집 놀이로 함께 배움. 경기 : 경기도북부육아종합지원센터.

Jeffrey, T. S.(2012). **놀이지도 : 아이들을 사로잡는 상호작용**. [Interactions in the Classroom] (송혜린 · 신혜영 · 신혜원 · 조혜진 공역). 서울 : 다음세대. (원저 1994년 출판)

CHAPTER 09

교수 · 학습 방법의 개발과 활용

신수아(명지대학교 아동학 박사)

이은지(명지대학교 아동학 박사)

학습목표

- 영유아의 개별적인 요구, 흥미, 연령과 발달 특성, 그리고 개별적인 탐구와 학습방법을 존중하는 방법을 통해 영유아와 상호작용하는 적합한 교수 · 학습 방법의 계획, 실행, 평가에서의 실제적 역량을 기른다.
- 하루 일과 속에서 영유아 교수학습을 위한 환경구성과 적합한 교수 · 학습 방법을 계획 · 적용하여 보육과정을 계획하고 실행하며 평가하는 능력을 기른다.
- 영유아의 실내 · 외 자유놀이 및 놀이와 연계한 활동에 적합한 교수 · 학습 방법을 적용해보고 다양한 사례를 통해 영유아 중심의 교수 · 학습 방법 적용 역량을 키운다.
- 영유아에게 적합한 디지털 교수 · 학습 매체의 종류, 평가방법, 교수 · 학습 매체로의 활용 방법에 대해 안다.
- 블렌디드 러닝을 위한 환경 구성과 놀이 개발, 제작할 수 있도록 한다.

1. 발달 특성에 적합한 개별적 교수 · 학습 방법 전략

1) 영유아 발달 특성과 교수 · 학습 방법

(1) 영유아 발달 특성

영유아에게 적합한 교수 · 학습 방법을 지원하기 위해서는 먼저 영유아의 전반적인 발달 특성을 이해하여야 한다. 영유아의 발달 특성을 파악하면 영유아의 행동이 더욱 세세하게 보이며 영유아의 놀이를 더욱 적극적으로 지원할 수 있게 된다. 다만, 영유아의 발달은 개인적인 발달 속도, 경험, 성숙 정도 등에 따라 연속적으로 발달하므로, 보육교사는 영유아의 개별 특성과 발달 차이를 존중하고, 개별적 배움으로 연결할 수 있도록 노력하여야 한다.

〈표 9-1〉 영아기 발달 특성

발달 영역	발달 특성
신체발달	• 생후 1년이 되면 출생 시 몸무게의 3배로 늘어날 정도로 신체 발달이 매우 빠르게 이루어진다. • 머리 가누기, 뒤집기, 배밀이, 앉기, 서기, 걷기 등 신체를 움직이고 조절하려는 행동을 꾸준히 시도한다. • 2세경 신체능력의 유능감을 표현하기 위해 자신의 신체를 이리저리 움직이려 한다. • 손바닥 전체로 물건을 잡던 영아가 점차 손가락으로 물건을 잡고 생후 2년이 되면 구멍에 끼우기 등이 가능해진다. • 18개월 전후로 배변 의사를 표현하여 24개월경 배변학습이 가능해진다.
언어발달	• 울음, 쿠잉, 옹알이로 자신의 의사를 나타내던 영아는 12개월 전후로 한 단어를 시작하여 18개월경이면 명사와 동사를 연결해 직접적인 요구사항을 말하기 시작한다. • 2세경 단어 수가 1,000개 이상이 될 정도로 어휘력이 풍부하고, 다른 사람의 이야기를 듣고 어느 정도 이해할 수 있다. • 동일한 그림책을 여러 번 반복하여 읽는 것을 선호하며 그림책 읽는 시늉을 할 수 있다. • 나의 감정을 간단히 표현해 볼 수 있지만, 언어로 불편한 점을 말하기보다 밀치고 때리는 공격적인 행위로 자신의 부정적인 감정을 표현하기도 한다.
인지발달	• 태어날 때부터 오감각 중 시각을 제외한 촉각, 미각, 후각, 청각은 발달이 거의 완성되어 있어 영아기 초기부터 다양한 물질과 물체를 오감각을 이용하여 탐색하고 그 특성을 파악한다. • 4개월 이후에는 간단한 인과 관계를 이해하여 자신이 어떠한 행동을 실행함으로써 나타나는 결과를 인식하며 자기 자신을 중심으로 공간을 이해한다. • 18개월경에 지연 모방을 나타내며 24개월까지 대상영속성 개념이 발달하여 사물이 눈에 보이지 않아도 존재한다는 것을 이해하게 된다. • 24개월경에는 표상 능력이 발달하여 상징적 사고가 가능하게 된다.
사회 · 정서 발달	• 생후 2개월경 첫 눈맞춤이 시작되고, 6개월 전후로 친숙한 사람과의 애정교환, 분리불안, 낯가림 등이 시작된다. • 생후 2개월이면 분노와 슬픔을, 10개월이 되면 익숙한 성인이 쳐다보고 있는 동안 더 많이 미소 지으며, 얼굴 표정으로 내적 상태나 기분을 나타내게 된다. • 자기 중심성이 강하여 친구와 놀잇감을 나눠 쓰거나 양보하는 것이 어렵다. • 점차 자율성과 자기 조절이 증가하여 사회의 규칙과 약속이 있다는 것을 알게 되어, 우리 반의 간단한 규칙을 지키려는 노력을 한다.

출처 : 신지연 외(2018).

〈표 9-2〉 유아기 발달 특성

발달 영역	발달 특성
신체발달	• 점프하기, 한 발 들고 가기 등 다양한 이동 능력을 나타내며 평균대 걷기, 후프 돌리기 등 도구를 이용한 대근육 활동을 한다. • 작은 퍼즐 조각 맞추기, 일정한 공간에 모양 끼워 넣기 등의 소근육 활동도 가능해진다. • 대소변을 가릴 수 있고, 점차 성인의 도움 없이 화장실 이용이 가능하다. • 혼자서 옷을 입고 벗는다.
언어발달	• 의문문, 부정문 등 다양한 문장 구성이 가능하여 자신의 생각, 느낌, 경험을 자유롭게 의사 표현할 수 있다. • 친숙한 단어를 읽고 글자와 비슷한 형태, 글자를 이용하여 쓰기를 할 수 있다.
인지발달	• 상징적 활동이 증가하고 가상놀이를 통해 내면의 심상을 표출한다. • 구체적인 사물을 이용하여 수학 및 과학적 탐구가 이루어진다.
사회 · 정서 발달	• 또래와 관계 맺는 것을 즐겨 협동놀이를 하게 된다. • 자신의 성을 인식하고 성 역할 개념을 형성한다. • 자신의 정서를 표현하고 다른 사람의 정서를 이해하며 적절한 방법으로 정서를 조절해 나가는 방법을 학습하게 된다.

출처 : 신지연 외(2018).

2) 교수 · 학습 방법

개정 표준보육과정 및 누리과정에서 강조하는 '놀이지원자'인 교사역할의 변화는 교사들에게 많은 혼란을 야기하였다. '사전 계획의 최소화'라는 용어는 교사가 놀이 및 활동을 계획하지 않아도 된다는 의미로 이해되기도 하였고, '영유아 놀이지원자'라는 용어는 교사가 먼저 놀이 및 활동을 제안해서는 안 된다는 의미로 받아들여지기도 하였다.

그러나 교육과정의 간략화 및 대강화는 국가 수준 교육과정이 법제적 규제나 세부적인 교육내용을 제시하여 획일화하지 않겠다는 의도가 반영된 것이라고 이해하여야 한다. 이는 교육과정의 주체가 국가가 아닌 영유아와 교사가 함께 하는 것으로 이양된 것을 의미하고, 그동안 획일적으로 운영되어 오던 교육과정의 틀이 과연 우리 기관 및 교실의 상황에 맞는 교육과정이었는지를 다시금 되돌아보아야 한다는 것이다. 그러므로 교사는 계획에 대한 보다 열린 자세를 가지고 놀이를 통한 영유아의 배움을 지원하려고 노력해야 한다.

(1) 영아의 발달 특성에 따른 교수·학습 방법

- 개별 영아의 기질, 신체리듬을 고려하여 하루 일과를 구성해야 한다. 특히 어린 영아일수록 이유식, 기저귀 갈이, 낮잠 자기 시간 및 횟수 등 개별 영아의 특성에 맞추어 하루 일과를 운영하여야 한다.
- 영아가 안정감을 갖고 자신의 행동과 요구를 조절하며 능동적으로 활동할 수 있도록 규칙적인 일과를 구성해야 한다.
- 영아반의 하루 일과는 등원 및 맞이하기, 실내놀이, 바깥놀이, 수유 · 이유 또는 간식 · 점심, 낮잠, 귀가지도 및 가정과의 연계 등으로 구성한다.
- 영아의 하루 일과는 일상생활과 놀이로 이루어진다. 어린 영아일수록 놀이보다 일상생활의 비중이 높다.
- 영아의 일상생활 경험은 교육적인 가치가 있으므로 교사는 개별적이고 민감한 상호작용을 지원하여야 한다.
- 하루 일과는 동적 · 정적 활동, 실내 · 실외 활동이 균형 있게 배치되도록 구성하되, 대 · 소집단 활동을 지양하고 개별 활동 위주로 계획한다.
- 주양육자와의 분리를 어려워하는 영아의 특성을 이해하여 입소 초기 적응 프로그램을 구성한다.

(2) 유아의 발달 특성에 따른 교수·학습 방법

- 유아 스스로 하루 일과를 예측하고 자신의 행동을 조절할 수 있도록 일과를 규칙성 있고 일관성 있게 계획하고 운영한다. 단, 유아의 흥미나 요구, 예상치 못한 상황이나 사건 등에 따라 융통성 있게 운영할 수 있다.
- 유아의 발달 특성을 고려하여 개별적인 놀이시간뿐만 아니라 교사가 계획한 대 · 소집단 활동 시간을 포함하여 운영한다.
- 유아와 유아, 유아와 교사, 유아와 환경 간 상호작용의 기회가 골고루 제시될 수 있도록 지원한다.

- 하루 일과는 동적 · 정적 활동, 실내 · 실외 활동, 놀이 및 대 · 소집단 활동, 교사주도 · 유아주도 활동이 균형 있게 배치되도록 계획한다.
- 대 · 소집단 활동을 구성할 경우 계획된 활동을 그대로 진행하기보다 유아의 흥미나 요구를 고려하여 활동을 진행한다. 대소집단 활동은 교사가 계획하여 진행할 수도 있으나 유아의 요구나 갈등 등 필요에 의해 활동이 즉흥적으로 진행될 수 있다.
- 하루 일과는 등원, 실내놀이, 바깥놀이, 정리정돈 및 전이, 대 · 소집단 활동, 점심 및 낮잠, 귀가지도 및 가정과의 연계로 구성한다.

3) 다양한 교수 · 학습 방법

교사는 개별 영유아가 가진 특성을 존중하며 다양한 교수 · 학습 방법을 모색한다. 영유아의 일과를 융통적으로 구성하고, 놀이 공간을 확보하며, 영유아와의 교감을 통해 교실에서의 하루를 의미 있게 보내고자 노력한다(교육부 · 보건복지부, 2019a; 보건복지부, 2020b). 교사의 교수 · 학습 방법은 일과 구성, 놀이 공간, 놀이 자료, 상호작용, 안전을 중심으로 살펴보자(서혜정 · 정하나 · 안성화, 2021).

(1) 일과 구성

교사는 영유아에게 충분한 놀이 시간을 제공함과 동시에 일상생활과의 균형을 융통성 있게 조절할 수 있어야 한다. 일과 구성에서 가장 중요한 것은 영유아에게 충분한 놀이 시간을 제공하는 것이다. 짧은 놀이 시간을 반복하는 것보다 1시간 이상 충분한 놀이 시간을 제공하는 것이 바람직하며, 영유아의 요구에 따라 일과의 순서나 내용, 방법 등을 조정할 수 있다. 예를 들어, 유아가 놀이 시간이 더 필요하다고 할 경우, 계획된 활동 시간을 축소하고 놀이 시간을 연장할 수 있다. 이러한 경험은 자신의 의견이 존중받았음을 느끼게 한다.

놀이의 흐름이 지속될 수 있도록 간식 및 화장실 다녀오기 등의 일상생활 시간을 놀이 시간에 포함할 수 있다. 이는 놀이 시간을 충분히 제공할 수 있을 뿐만 아니라 자율적인 일상생활이 허용됨을 경험할 수 있도록 돕는다.

(2) 놀이 공간

놀이 공간은 교사가 제안하는 공간을 넘어 영유아 스스로 놀이 공간을 찾기도 하고 기존의 공간을 새롭게 활용할 수 있다.

① 영유아의 놀이 흐름에 따라 융통성 있게 흥미영역 배치하기
모든 흥미영역에 교실에 반드시 구성되어 있어야 할까? 그동안의 흥미영역은 영유아의 놀이자료들을 범주화하여 제시함으로써 영유아 스스로 선택하여 놀이하는 것을 돕기 위한 수단이었다. 그러나 중요한 것은 영유아의 놀이에 따라 놀이 공간의 크기, 높이, 놀잇감 배치 등이 다르게 지원될 수 있다는 것이다.

② 놀이 공간이 좁다면 넓게 확대해 보기
놀이 공간이 좁아 영유아의 갈등이 자주 발생되는 경우가 많다. 교실을 둘러보았을 때 영역별로 촘촘히 짜여진 교구장, 과도하게 배치된 책상이나 의자, 놀잇감 등으로 인해 놀이 공간이 좁을 수 있다. 놀이 공간이 좁아 영역 내 놀이 인원을 제한해야 한다거나 결과물을 바로바로 정리해야 한다면 영유아는 놀이에 몰입하지 못할 가능성이 높아진다. 놀이를 방해하는 요소들을 고민하여 정리함으로써 공간을 확보할 수 있다.

③ 교실 공간 이외의 다른 공간 찾아보기
교사는 교실 외 복도나 계단, 공유 공간 등을 영유아의 놀이 공간으로 허용할 수 있다. 다만, 공간의 위험 요소를 놀이 시작 전에 반드시 점검해야 한다. 새로운 놀이 공간을 사용할 때는 안전을 위한 약속과 활용방법을 영유아와 이야기 나누어야 하며, 보조교사 등 인력자원을 활용하여 안전에 유의해야 할 것이다.

(3) 놀이 자료

놀이 자료는 영유아의 생각과 감정을 표상할 수 있도록 돕는다. 놀이방법이 정해져 있는 놀잇감 외에 박스, 종이컵, 끈, 테이프, 물감, 돌, 낙엽, 흙 등 안전성이 보장되어 있는 범위 내에서의 다양한 자료들은 영유아에게 매우 의미 있는 놀이자료가 된다.

① 영유아가 결정한 자료 활용 방법 격려하기

교사는 놀이 자료를 제공할 때 교육적 기대를 가진다. 그러나 영유아는 교사의 기대를 넘어 자신만의 방식으로 자료를 창의적으로 해석하고 활용한다. 이때 교사는 자신의 의도대로 놀이방법을 제한하여 안내하기보다 영유아가 놀이 자료를 어떻게 활용하는지 유심히 관찰하여 의미 있는 배움이 일어날 수 있도록 지원하여야 한다.

② 자연물과 자연현상을 놀이 자료로 활용하기

바깥놀이에서 마주하는 자연물과 자연현상들도 영유아의 훌륭한 놀이 자료가 된다. 산책을 하며 마주하는 흙, 곤충, 꽃, 풀 등은 영유아에게 생명의 소중함과 아름다움 등을 스스로 배워 나갈 수 있는 기회를 준다.

③ 자료 없이 영유아의 몸 움직임으로 놀이하기

영유아는 자료 없이 놀이 공간과 친구만 있으면 놀이를 할 수 있는 힘이 있다. 자신의 몸을 이용하고 또래와 연합하여 함께 하는 놀이를 할 수 있다. 실내에서 이루어지는 율동, 대근육 활동뿐 아니라 영유아의 몸 움직임을 활용한 새로운 놀이경험을 지원하려 노력해 보자.

(4) 상호작용

상호작용은 언어적 비언어적 소통 방법을 모두 포함하는 것으로, 교사의 상호작용은 영유아의 요구에 귀 기울이고, 놀이의 흐름을 따라가며 이루어져야 한다. 교사는 영유아와 상호작용하는 과정에서 다음과 같이 놀이를 직간접적으로 지원할 수 있다.

① 개입보다 먼저 관찰하며 상호작용의 시기 찾기

교사는 영유아의 놀이를 관찰하며 상호작용하기에 적절한 시기를 찾는 것이 중요하다. 영유아가 어떤 감정 상태인지, 무엇에 흥미를 갖고 어떤 방법으로 탐색하고 있는지 등을 파악할 수 있다.

② 영유아–영유아 간 상호작용 지원하기

교사는 영유아가 놀이하는 대상, 방법, 관계 등을 관찰해야 한다. 이를 통해 교사는 영유아가 가지고 있는 성향적 특성과 대인관계 형성 능력 등을 파악하여 상호작용을 지원할 수 있다. 혼자 놀이하려는 영유아가 있다면 관찰을 통해 단순히 혼자 놀이하려는 것인지, 놀이에 참여하고 싶으나 그러지 못하는 것인지 판단할 필요가 있다. 만약 전자라면 혼자 놀이를 하면서도 다양한 배움의 기회가 많으니 그 자체로 인정하는 것이 필요하다. 후자라면 또래의 놀이를 소개하고 영유아의 의사에 따라 참여를 지원한다.

③ 놀이가 지속될 수 있도록 신중하게 제안하기

영유아의 놀이가 의미 있는 배움으로 연결되도록 교사의 교육적 의도는 유지하되, 일방적으로 제안하거나 이끌지 않도록 주의해야 한다. 교사의 제안에 대한 영유아의 반응을 살피며 이후 놀이 지원에 반응하는 등 영유아의 목소리에 귀 기울여야 한다.

④ 영유아의 놀이에 참여하기

교사와 영유아 간 진정한 공감과 소통은 놀이의 즐거움을 공유함으로써 이루어진다. 교사는 영유아가 주도적으로 놀이할 수 있도록 지지하며, 필요한 경우 영유아의 놀이에 참여할 수 있다. 놀이를 참여함으로써 영유아의 놀이에 대한 이해를 높일 수 있으며 차후 놀이 지원에 많은 도움이 된다.

⑤ 영유아의 생각이 유연하게 흐르도록 질문하기

교사는 영유아가 가진 흥미와 관심을 알아내기 위한 질문보다 영유아가 유연하게 사고할 수 있도록 촉진하는 질문을 해야 한다. "무엇을 만드는 거니?"와 같은 교사가 기대하는 답을 유도하는 질문보다 "그것도 좋은 방법인데 이러한 문제가 생기지는 않을까?"와 같은 영유아가 생각을 펼쳐나갈 수 있는 교육적 의도가 담긴 질문을 하는 것이 좋다. 이러한 교사의 질문은 영유아의 새로운 놀이에 대한 아이디어를 더욱 풍부하게 하며, 문제를 해결해 가는 힘을 길러줄 수 있게 된다.

⑥ 정서적으로 지원하기

교사는 끄덕임, 미소, 놀라는 표정 등을 통해 영유아와 비언어적으로 상호작용을 한다. 영유아는 교사의 정서적인 지원을 통해 놀이에 대한 성취감과 존중받는 느낌을 동시에 받게 된다. 교사는 영유아의 긍정적 정서뿐 아니라 부정적 정서에도 관심을 기울여 공감하며 격려하여야 한다. 교사의 정서적 지원은 영유아가 놀이를 주도적으로 지속하는 데 원동력으로 작용한다.

(5) 놀이와 안전

영유아는 성인에 비해 위험 상황에 대한 민감도나 예측력이 부족하다. 안전에 대한 부주의와 안전사고의 위험성을 늘 안고 있는 교실에서 안전한 놀이 환경을 보장하기 위해서는 어떠한 노력을 해야 할까?

① 놀이와 안전에 대해 기관과 학부모와 함께 소통하기

영유아가 놀이에 즐겁게 참여하기 위해서는 획일적이고 일방적인 환경을 구성하는 것은 지양해야 한다. 이러한 놀이중심 교육과정을 이끌기 위해서는 학부모가 교사의 자율적인 교육과정 운영을 이해할 수 있도록 소통이 필요하다. 학부모에게 주기적으로 놀이와 안전에 대한 교육 방향을 안내하고 소통하는 노력을 해야 한다.

② 안전을 기반으로 놀이 허용하기

교사는 안전을 최우선시하며 영유아의 안전을 위협하는 요소가 있는지 살펴보아야 한다. 그러나 때로는 허용하며 영유아가 안전하게 놀이하는 방법을 찾아볼 수 있다. 영유아가 제안한 놀이가 높이 쌓기, 깊게 파기, 위에 올라가기 등 다소 위험한 놀이로 판단된다면 위험하지 않은 자료를 제공하거나 방법을 바꾸어 지원할 수 있다.

③ 영유아 스스로 위험 요소를 자각하도록 하기

영유아는 다양한 놀이자료를 활용하여 놀이를 하는데, 놀이자료를 제공하기 이전에 교사는 반드시 위험요소를 파악해야 한다. 영유아 또한 스스로 위험요소를 찾아보고 안전하게 놀이하는 방법을 실천할 수 있도록 한다. 영유아와 함께 놀이 공간의 안전을 점검하고 반복적으로 놀이해 봄으로써 스스로 안전을 지키며 공간을 활용하는 방법을 알고 실천할 수 있도록 돕는다.

2. 영유아 중심 교수 · 학습 방법 사례 연구

1) 영유아 중심의 개별화된 교수 · 학습 방법의 적용사례

〈표 9-3〉 영아 중심의 개별화된 교수 · 학습 방법의 적용사례

영아 경험의 실제	거미줄 놀이(2세)
영아들이 풀을 이용하여 만들기를 하다가 교사에게 풀이 손에 자꾸 묻고, 풀이 없어진다고 말했다. 그래서 교사는 풀 대신 물레방아 테이프를 제공하였으나 영아들은 테이프를 잡고 틀을 돌리는 것을 어려워하였다. 교사는 영아가 투명테이프를 책상에 붙이는 모습을 본 후 손으로 쉽게 찢어서 사용할 수 있는 종이테이프를 제공하였다. 영아들은 각자의 방식으로 종이테이프로 자신의 생각과 느낌을 자유롭게 표현하며 놀이를 한다.	

주영 : 이건 바퀴야. 아니 동그라미야.

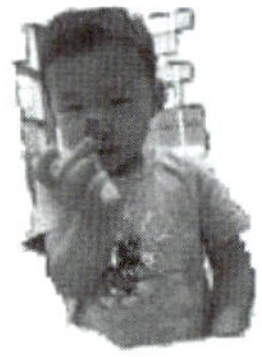

여준 : 이건 공룡알이에요. 테이프로 만들었어요.

하엘 : 하엘이는 테이프를 붙일 거예요.

영아들은 종이테이프를 바닥에 붙이고 놀이한다.

유림 : 이건 길이야. 연호야 일어나서 걸어봐.
연호 : 응? 이건 거미줄이야. 우리 거미줄 걸을까?

바닥에 종이테이프를 붙이던 영아들은 우연히 의자와 책상을 발견하고 종이테이프를 붙이기 시작한다.

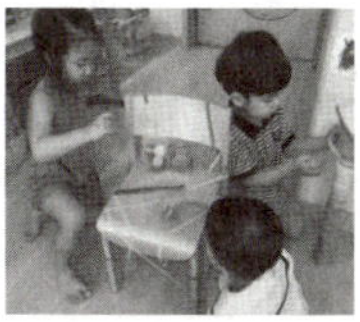
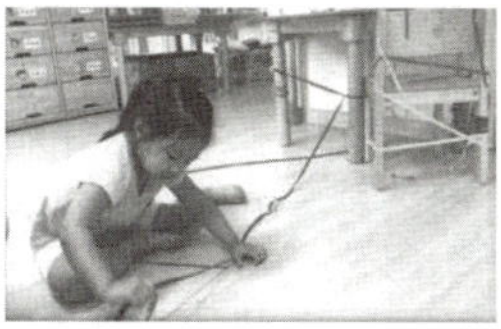

여준 : 이거는 이렇게 넘어가는 거야.

의자와 책상 대신 상자를 제공하자, 영아들은 집을 상상하기도 하며, 거미줄 놀이를 다시 이어간다.
유림 : 우와, 우리 집이에요.
태현 : 이거 너무 높아, 끊어질 거 같아.
유찬 : 거미줄 밑으로

(여준 39개월, 천설, 유림, 유찬, 주영 38개월, 태현, 연호 36개월, 소현 34개월, 하엘 28개월)

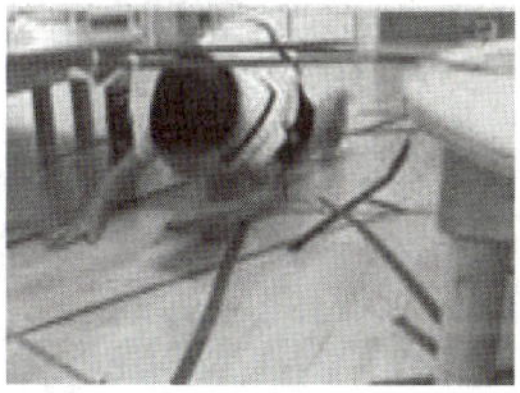

영아 경험 이해	• 영아들은 풀을 사용하면서 불편함을 느끼고 자신의 요구와 느낌을 교사에게 말로 표현하였다. • 영아는 바닥에 종이테이프로 공룡알 등을 만들고, 테이프를 붙이면서 무엇을 만들었는지를 말로 표현하였다. 영아들은 상대방의 이야기에 경청하며 자신의 의사를 표현하였다. • 테이프를 바닥에 붙이면서 또래에게 거미줄 놀이를 말로 제안하였다. 책상과 상자에 테이프를 붙여 줄을 넘어보고, 줄 아래로 기어가 보며 놀이하는 방법을 상대방에게 말과 몸짓으로 알려주었고, 자신의 행위와 생각을 말로 표현하며, 놀이를 이어갔다. • 영아는 종이테이프를 바닥에 붙여 거미줄로 상징화한 후 걷기를 시도하였다. 종이테이프를 책상에 붙여 높이가 생기자 영아들은 기어가기, 넘어가기 등을 하며 이동운동을 시도하였다. • 영아는 종이테이프로 표현된 다양한 형태를 또래와 함께 상상하고 놀이하였다.

교사 지원	공간	영아가 종이테이프를 교실 바닥에 붙이거나 책상에 붙이는 것을 허용하고, 책상과 의자 등을 자유롭게 옮기며 놀이할 수 있도록 지원하였다.
	자료	영아들의 반응을 살펴보면서 풀, 종이테이프, 물레방아 테이프로 자료를 바꾸어 제시하여 영아가 스스로 사용할 수 있는 적합한 자료를 지원하기 위해 노력하였다. 영아의 안전을 고려하여 상자를 제공하였고, 영아들이 자유롭게 상자에 테이프를 붙이고 연결하며 놀이할 수 있도록 지원하였다.
	상호 작용	영아가 자유롭게 고유한 방식으로 테이프로 모양 만드는 것을 인정하였다. 영아에게 놀이(기차놀이)를 제안하며 함께 놀이하였다. 영아들이 종이테이프를 이용하여 놀이를 변형(만들기－고래 만들기－거미줄 놀이－테이프를 넘고 아래로 기어가기)하는 방식을 존중하여 놀이가 이어질 수 있도록 하였다.

출처 : 보건복지부(2020).

〈표 9-4〉 유아 중심의 개별화된 교수 · 학습 방법의 적용사례

유아 경험의 실제	준이는 뭐 하는 거지?(3세)

준이는 늘 혼자서 놀이에 몰입하고 자신만의 탐색 능력을 보여준다. 그런데 바람반 유아들은 학기 초부터 말을 걸어도 대답하지 않고 주로 혼자서 놀이하는 준이를 함께 놀기 힘든 친구로 인식하고 있다. 교사는 어떻게 하면 준이에 대한 반 친구들의 인식이 바뀌고 준이가 친구들과 소통할 수 있을지 고민한다.

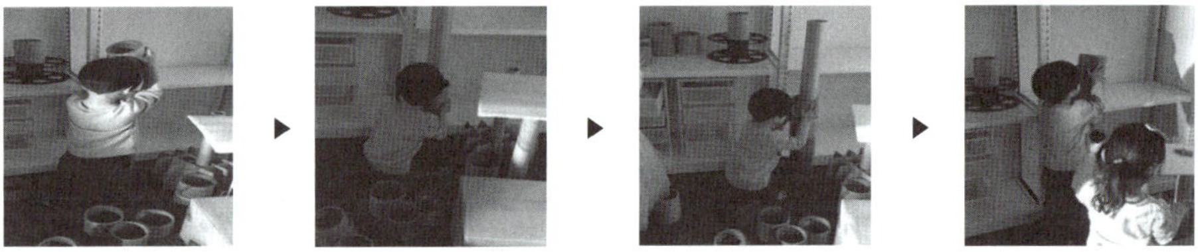

OHP가 있는 빛 놀이 공간에 다양한 크기와 색의 지관이 생겼다. 준이는 긴 지관을 세운 후, 짧은 지관 2개를 긴 지관 밖으로 쌓는다. 그리고 무늬 있는 지관을 다시 쌓는다. 무늬 지관이 짧은 지관 사이로 쏙 빠져버린다. 준이는 긴 지관에 쌓았던 짧은 지관과 무늬 지관을 다시 뺀다.

준이는 이제 지관을 끼우기 전에 눈으로 짧은 지관의 지름을 살펴본다. 하나의 지관을 쌓은 후에는 손으로 만져보며 잘 쌓였는지를 반복해서 확인한다. 긴 지관을 짧은 지관에 다 끼우고 나자 준이는 만족해한다.

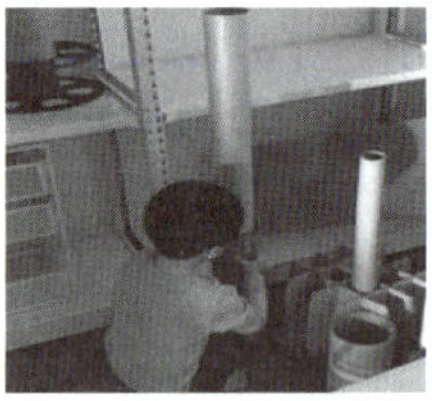

교사는 빛 놀이 공간에서 다양하게 놀이하는 다른 유아를 지원하면서 준이의 놀이를 영상으로 기록하였다. 교사는 교실로 돌아와 준이의 놀이 영상을 다른 유아와 함께 공유한다.

바람반 유아들은 준이의 놀이에 관심을 보이면서
영상 속 상황에 대해 이야기하기 시작한다.
"준이는 뭐 하는 거지?"
"저거 우리가 밑에서 가지고 놀던 건데."
"(영상에 나오는 긴 지관을 가리키며) 준이 키만 해. 엄청 길다."
"긴 거에 작은 거 끼우는 거 같아. 어? 근데 왜 다시 빼고 다시 하지?"
"(영상 속 준이가 긴 지관 높이 만큼 작은 지관을 끼우자) 우와, 멋지다!"

준이의 놀이 영상을 공유한 이후부터 친구들은 준이가 놀이 하는 모습에 관심을 가지기 시작한다.
지인 : 준이야, 나도 같이 문 만들어도 될까?
준이 : (대답하지 않은 채 블록만 보며 고개를 끄덕인다)
지인 : 난 유치원 문 만들 거야! 너는 뭐 만드는 거야?
준이 : 엘리베이터!
민정 : 선생님!

이렇게 준이는 점차 바람반 공동체의 일원으로 자리매김해 간다.
그 후로 준이는 다른 유아와 함께 놀이하게 되었다.
민정 : 선생님! 이거 봐요!
준이가 우리가 만든 집에 문을 만들어 주었어요!
성수 : 준이야, 이 문은 너가 만든 거니까 너가 다 열어 줘!
준이 : 문이 열립니다!
문이 닫힙니다!

놀이 경험 이해	유아의 놀이 경험	준이는 주로 구성놀이 공간에서 움직이는 문을 만들고, 문을 열고 닫는 혼자놀이를 즐긴다. 친구들이 말을 걸어도 대답하지 않고 혼자 놀이만 지속한다. 다른 유아는 자신의 말을 들어주지 않는 준이의 모습을 낯설어했고 함께 놀지 않았다. 어느 날 바람반에 빛 놀이 공간이 생겼다. 유아들은 다양한 매체와 지관들을 자유롭게 늘어놓고 세우며 놀이한다. 준이는 혼자서 독특하게 긴 지관을 세운 후, 긴 지관에 짧은 지관을 끼우는 것을 반복하며 실험한다. 선생님은 친구들의 놀이를 지원하면서 준이가 자유롭게 놀이하는 것을 지켜본다. 놀이 과정에서 준이는 짧은 지관과 긴 지관 사이로 무늬 지관이 빠지는 문제를 스스로 해결한다. 준이는 잠시 지관을 살핀 후, 짧은 지관들의 지름을 꼼꼼히 비교하면서 확인한다. 같은 지름의 짧은 지관을 모아 긴 지관 밖에 쌓는다. 짧은 지관으로 긴 지관을 모두 감싼 후에야 준이는 만족한다. 교사는 준이의 놀이 과정을 관찰하며 영상으로 기록하고 다른 유아와 공유한다. 다른 유아는 준이의 놀이 영상을 보면서 "준이는 뭐 하는 거지?" 영상 속 준이가 긴 지관 끝까지 작은 지관을 다 끼우자 "우와, 멋지다!"라며 관심을 보였다. 놀이 공유 후,

		유아는 준이의 놀이에 관심을 보인다. 준이는 자신의 놀이가 존중받았음을 알게 되었을 것이다. 그 후 다른 유아와 준이는 서로의 유능성과 개별성을 인정하면서 협력한다.
	교사의 놀이 이해	교사는 준이가 놀이 과정에서 생긴 문제를 스스로 해결하며 의미 있는 경험을 하고 있다는 것을 알게 되었다. 또 놀이 공유를 통해 3세 유아에게도 다른 유아를 이해하고 존중하며 관계 맺을 수 있는 능력이 있음을 알았다.

교사 이야기 : 준이의 그 후 이야기

저희 반 유아들은 놀이 공유 이후 준이만의 개별성과 유능성을 받아들이기 시작했어요. 이제 준이의 지관 끼우기 놀이는 교실 전체 놀이가 되었어요. 이런 다른 유아의 모습에 준이도 점차 마음을 열고 놀이에 참여하고 소통하려고 해요. 실외에서 준이가 주운 자연물을 봉투에 넣을 수 있도록 도움을 주는 유아도 있어요. 준이도 자신이 수집한 자연물을 다른 유아에게 보여주며 소통하곤 해요. 놀이 공유는 저희 반 유아들이 놀이를 함께하고 더욱 협력적으로 놀이하는 계기가 되었어요. 저희 반 유아들의 유능성에 다시 한번 놀랐어요.

교사 지원의 특징	공간	자유롭게 혼자 놀이할 수 있도록 시간과 공간을 허용하였다.
	상호작용	교사는 반 유아들과 준이의 영상을 함께 보면서 준이의 놀이에 대하여 이야기를 나누었다.

출처 : 교육부 · 보건복지부(2019).

2) 통합적 지도를 위한 교수 · 학습 방법 사례

3~5세 유아의 놀이사례

다양한 놀이가 동시에 일어난 사례 : 숲 속 하루 놀이

3세 바다반 16명의 유아들은 기관 근처에 있는 화백나무 숲에서 자주 바깥놀이와 산책을 한다.

늘 접하는 익숙한 숲 속에서 자신의 관심사에 따라 이곳 저곳 흩어져 놀이하는 유아들은 오늘 또 어떤 경험을 하게 될까?

관심의 시작	산책 중에 시작된 숨기 놀이

"너희 사냥꾼 알아?"
"사냥꾼이 뭔데?"
"사냥꾼은 뭘 잡는 사람이지."
"나는 사냥꾼이다! 잡아라!"
"도망쳐! 사냥꾼이 나타났다!"
"안 보이는 곳에 숨어!"

교사의 놀이 지원 실제	편성 및 교수 · 학습
유아들은 사냥꾼에 대해 이야기를 나눈 후 자연스럽게 잡기놀이, 숨바꼭질 놀이를 하였다. 교사는 놀이하는 유아들의 모습을 계속 관찰하였다.	상호작용 (관찰하기)
숲은 넓고 개방된 장소이자 위험한 사물이 존재할 수 있어 숲 속 곳곳에서 놀이하는 유아의 안전을 수시로 확인하였다.	기타(안전)

놀 이	숨어있는 자연물 탐색하기

유아들은 사냥꾼을 피해 숨은 숲 속 곳곳에서 제각각 무엇인가를 발견하고 탐색하느라 바빴다.

"나무에 뭐가 있어."
"움직여. 벌레인가 봐."

"선생님 내가 이거 찾았어요!"
"이거 이름이 뭐예요?"

"야, 이리 와봐! 여기도 뭐 있다."
"뭐야?"

교사의 놀이 지원 실제	편성 및 교수 · 학습
사냥꾼을 피해 도망간 숲 속 곳곳에서 유아들은 여러 가지 자연물과 생물을 발견하고 교사와 다른 유아들에게 알려주었다. 교사는 유아들이 발견한 것을 사진 찍어주며 유아들의 주도적인 탐색 및 탐구를 격려하고, 발견의 기쁨을 공유하였다.	상호작용 (관찰하기/ 정서적 지원하기)

놀 이	숨바꼭질 놀이하기

몇몇의 유아들은 사냥꾼 놀이를 숨바꼭질 놀이로 이어갔다.
대부분의 유아는 사냥꾼을 피해 자신의 몸을 온전히 가리거나 숨길 수 있는 공간을 찾아 그 뒤에 잘 숨었다.
그러나 한 명의 유아는 몸을 숨길 수 있는 공간 안에 들어가지 않고 다 숨었음을 표현하였다.
그 유아는 친구들에게 가장 먼저 발견되었고, 그 상황을 속상해하였다.

"여기 숨으니까 나 안 보이지?"

교사의 놀이 지원 실제	편성 및 교수 · 학습
교사는 숨바꼭질 놀이를 하는 유아들이 곳곳에 숨는 방법을 관찰하다가 자신의 눈을 가리고 숨었다고 하는 유아에게 다가가 다음과 같이 행동하며 질문하였다. 교사 : (교사가 자신의 눈을 가리며) 선생님도 숨었다! 어때? 유아 : 바로 보여요. 교사 : 그럼 어디에 어떻게 숨어야 친구들이 바로 못 찾을까?	상호작용 (관찰하기/질문하기)

놀 이	나뭇가지 탐색하기

숨바꼭질을 하지 않고 자유롭게 숲을 거닐던 다른 유아들이 바닥에 떨어진 나뭇가지를 발견하였다.

"선생님. 우리가 나뭇가지 찾았어요!"
"나뭇가지가 엄청 많아요."
"이게 제일 짧고, 이게 제일 커."
"여기는 애기 나뭇가지만,
여기는 어른 나뭇가지들만 있어."
"나뭇가지 하나, 둘, 셋, 넷, 다섯 개!"

나뭇가지 놀이를 관찰하면서 자연탐구 영역의 배움이 일어났음을 알 수 있었음. 민서는 "이게 제일 짧고, 이게 제일 커"라고 말하면서 나뭇가지의 크기를 비교, 서열화하였음. 영수는 "애기 나뭇가지~ 어른 나뭇가지~"라고 말하면서 나뭇가지를 자신의 기준대로 분류해 보았음. 규민이는 나뭇가지의 수를 헤아렸는데, 다섯까지 수세기가 가능함을 알 수 있었고 덧셈을 어려워함을 알 수 있었음.

20**. *월. *일 오전 산책

교사의 놀이 지원 실제	편성 및 교수 · 학습
계획한 바깥놀이 시간이 거의 끝나갔지만, 유아들이 나뭇가지를 발견하고 그를 활용하여 놀이하는 것을 즐기는 것을 보고, 교사는 바깥놀이 시간을 연장하기로 하였다.	일과의 변화 (놀이시간 확장)
유아들은 나뭇가지의 생김새를 자신만의 방식으로 탐색하였다. 크기나 굵기를 비교, 분류하고 나뭇가지의 개수를 세기도 하였다. 교사는 다음과 같은 질문을 하며 상호작용을 하였다. "얘는 애기일까? 어른일까?", "나뭇가지가 두 개가 더 왔네. 이제 몇 개지?"	상호작용 (관찰하기/질문하기)

놀 이	나뭇가지로 상상놀이하기

유아들은 나뭇가지를 활용하여 모양을 만들었다. 나뭇가지를 길게 이어놓기, 쌓아놓기 등 다양한 방식으로 모양을 만들었지만, 주로 네모난 폐쇄공간을 만들었다.

"너희 모닥불 피워 봤어?"
"캠핑 가면 밖에서 불 피우는 건데."
"그럼 모닥불 만들어서 캠핑놀이 하자."
"불을 크게 하려면 나무가 많아야 해."
"지금 우린 캠핑 온 거야!"

교사의 놀이 지원 실제	편성 및 교수 · 학습
나뭇가지로 집 만들기에 열중하던 유아들은 "너희들 모닥불 피워 봤어?"라는 한 유아의 갑작스러운 질문에 나뭇가지에 불을 피우는 놀이로 관심이 옮겨졌다. 다른 놀이를 하던 유아들도 관심을 가지고 모이기 시작하였다. 새로운 놀이가 시작되었다.	상호작용 (관찰하기)
캠핑놀이에 대한 유아들의 흥미가 발현되는 것을 보고 캠핑놀이와 관련한 놀잇감 및 자료를 지원하였다.	자료의 변화 (교사가 계획한 자료 제공)

놀 이	나뭇가지로 모양 만들기

유아들은 나뭇가지를 활용하여 모양을 만들었다. 나뭇가지를 길게 이어놓기, 쌓아놓기 등 다양한 방식으로 모양을 만들었지만, 주로 네모난 폐쇄공간을 만들었다.

"풀이 사는 집이야."

"이 풀한테도 집을 지어주자."

교사의 놀이 지원 실제	편성 및 교수 · 학습
폐쇄공간을 만들고 싶어 하지만 스스로 만들기 어려워하는 유아가 있어 교사가 함께 만들며 놀이를 지원하였다.	상호작용 (제안하기/놀이 참여하기)

(1) 유아 관찰에 기반한 놀이 기록 및 지원 계획의 예

- 숲 속에서의 놀이를 통해 개별 유아가 사전 경험을 놀이 속에 반영하여 주도적으로 놀이를 구성함을 확인할 수 있었음
- 나뭇가지를 포함한 자연물로 놀이하는 과정에서 탐색하고 비교하기, 분류하기, 측정하기 등 자연탐구 영역의 배움이 일어나고 있음을 확인할 수 있었음
- 유아들이 나뭇가지를 활용한 놀이에 흥미를 보이므로 유아들이 주워온 나뭇가지와 함께 나뭇가지 블록을 제공하기로 함. 산가지 놀이도 소개해 볼 예정임

숲 속 놀이를 마치고 놀아와 점심시간에 주영이에게 어떻게 사냥꾼 생각이 났는지 물어보자 주영이는 "숲에는 원래 사냥꾼이 있는 거예요."라고 대답했다. 옆에 있던 아이들도 사냥꾼은 쫓고 동물은 도망가는 것이라고 말했다. 일부 유아들은 숲에서 주워온 나뭇가지를 내일도 가지고 놀아도 되는지 물었고 그렇게 하도록 허락했고 다른 나뭇가지들도 함께 더 내어주겠다고 했다. 20**. *월. *일 일과 중 관찰

나뭇가지 놀이를 관찰하면서 자연탐구 영역의 배움이 일어났음을 알 수 있었음. 민서는 "이게 제일 짧고, 이게 제일 커."라고 말하면서 나뭇가지의 크기를 비교, 서열화하였음. 영수는 "애기 나뭇가지~. 어른 나뭇가지~." 라고 말하면서 나뭇가지를 자신의 기준대로 분류해 보았음. 20**. *월. *일 오전 숲 속 놀이 중 관찰

(2) 놀이사례 한눈에 보기

교육적 놀이 지원	놀이의 시작	평소와 같이 산책을 나간 어느 날, 한 명의 유아가 사냥꾼 이야기를 시작함. 유아들은 사냥꾼을 피해 숲 속 곳곳을 뛰어다니다가, 관심을 끄는 대상을 발견하면서 각자의 놀이에 빠져듦
	자 료	자료의 활용방법을 교사가 안내하지 않고 유아들이 자신의 놀이에 필요한 대로 활용하는 방법을 존중함(예 스카프)
	일 과	유아가 놀이에 몰입할 수 있도록 계획한 바깥놀이 시간보다 일과를 조정하여 더 길게 진행함
	상호작용	교사는 유아의 놀이를 주로 관찰하면서 필요한 순간에 질문하기, 제안하기, 놀이 참여하기, 정서적 지원하기 등의 다양한 상호작용으로 놀이를 지원함
	안 전	숲은 넓고 개방된 장소이자 위험한 사물이 존재할 수 있기 때문에 유아의 안전을 확인함
	놀이지원 계획/평가	유아가 놀이에 몰입할 수 있도록 이후 일과를 조정하여 바깥놀이 시간을 연장하여 운영함 놀이 중 개별 유아의 반응과 놀이 내용을 간략하게 기록함

출처 : 교육부 · 보건복지부(2019).

3. 디지털 교수 · 학습 매체를 활용한 교수 · 학습 방법

1) 디지털의 이해

디지털(digital)은 손가락을 의미하는 라틴어 'digit'에서 유래된 단어로 여러 자료를 유한한 자릿수의 숫자로 나타내는 방식이다(표준국어대사전, 2023). 반면 아날로그(analogue)는 어떤 수치나 정보를 연속된 물리량으로 나타내는 방식이다(표준국어대사전, 2023). 예를 들어 디지털 방식의 시계는 몇 시 몇 분인지 명확하게 인식할 수 있다. 만약 현재 시각이 12시 30분이라면 디지털 시계를 보는 당사자는 그 시간을 분명하게 말할 수 있다. 그러나 아날로그 시계는 시침, 분침, 초침이 연속적으로 모든 시간을 가리키도록 만들어져 있어 시계가 12시 30분을 나타내고 있는 것처럼 보여도 그것이 12시 29분인지 30분인지 혹은 31분인지 직관적으로 판단해야 한다(이연승 외, 2020).

디지털 기술을 활용하면 적은 정보량으로 고품질의 영상 및 사운드를 표현할 수 있다는 장점이 있어, 디지털 기술의 발전은 다양한 미디어(매체)가 출현하는 시발점이 되었다(이연승 외, 2020). 이러한 디지털 기술의 확산은 4차 산업혁명 시대를 이끌어 왔고, 태어나면서 디지털 환경에 노출되어 기존 세대와는 전혀 다른 방식으로 생각하고 살아가는 '디지털 네이티브(디지털 원주민)'를 탄생시켰다.

디지털의 일상화가 이루어지며 디지털 매체에 대한 교육적 관점도 점차 변화했다(지옥정 외, 2022). 2000년대 이전에는 디지털 매체를 대중 예술로 규정하고 자극적이고 유해한 디지털 매체로부터 영유아를 보호해야 한다는 '대중 예술적 관점'이 주를 이뤘다. 그리고 2000년대 초반을 지나며 디지털 매체를 유용한 도구로 인식하고 적극적인 이용자 관점에서 활용해야 한다는 '산업 기술적 관점'으로 변화하였다. 최근에는 '디지털 매체 환경론적 관점'으로 디지털 매체가 인간이 살고 있는 환경의 일부이며, 이제는 디지털 매체를 활용하는 것을 넘어서 적극적으로 생산하고, 창조해야 한다는 관점이 대세로 여겨진다.

2) 디지털 교수 · 학습 매체의 개념 및 종류

영유아에게 적합한 디지털 교수 · 학습 매체는 '영유아의 배움을 지원하기 위해 디지털 기술을 바탕으로 제작되어 유통 및 활용되는 모든 교육자료 및 환경'을 의미한다. 일반적으로 디지털 교수 · 학습 매체는 정보유형, 감각기관에 따라 다음과 같이 분류할 수 있다.

〈표 9-5〉 정보유형에 따른 디지털 교수 · 학습 매체의 분류

정보유형	디지털 교수 · 학습 매체 특성
텍스트	• 가장 기본적인 매체로 적은 데이터로 많은 내용 전달 가능
이미지	• 글자로 표현할 수 없는 정보를 정확하고 쉽게 전달 가능
사운드	• 스피커를 통해 들을 수 있는 정보 제공 • 주의력을 집중시키거나 현실감 부여
동영상	• 카메라를 사용하여 촬영한 연속적 이미지 • 다른 미디어에 비해 많은 메모리 필요

출처 : 지옥정 외(2022).

〈표 9-6〉 감각기관에 따른 디지털 교수 · 학습 매체의 분류

감각기관	디지털 교수 · 학습 매체 유형
시 각	그림, 사진, 슬라이드, 그림책, 동화책, 무성영화
청 각	라디오, 녹음자료, 악기, 음원
시청각	영화, TV, 스마트폰, 컴퓨터, 로봇, 태블릿

출처 : 지옥정 외(2022).

어린이집 현장에서 활용되는 디지털 교수 · 학습 매체는 제작주체에 따라 크게 세 가지로 분류되며, 그 특징은 다음과 같다.

〈표 9-7〉 제작주체에 따른 디지털 교수·학습 매체의 분류

제작주체	특 징
공공기관 제작	공공기관에서 검증된 자료이며, 완성도가 높고 저작권 문제로부터 자유로움
민간 제작	내용이 다양하지만 질적 검증이 필요함
교사 제작	영유아의 흥미와 발달, 개별 교육기관의 상황 등을 고려해 제작되어 교육적 효과가 높지만 콘텐츠 제작 및 개발에 많은 노력과 시간을 요함

출처 : 교육부(2021).

3) 디지털 교수·학습 매체의 선정 및 평가

어린이집에서 디지털 교수·학습 매체를 선정하고 평가할 때 교사가 고려해야 하는 부분은 다음과 같다(지옥정 외, 2022).

(1) 교육목표를 달성하는 데 적합한가?

교사는 달성하고자 하는 교육목표를 위해 어떤 디지털 교수·학습 매체를 활용해 영유아에게 무엇을 어떻게 경험하도록 할 것인가를 검토하여야 한다. 예를 들어, 봄꽃의 아름다움을 알아가는 것을 교육목표로 설정했다면, 봄꽃을 디지털 현미경을 활용해 관찰하거나, 바깥놀이 시 봄꽃의 사진이나 영상을 영유아가 직접 촬영해 볼 수 있다.

(2) 영유아의 발달에 적합한 교육내용을 담고 있는가?

교육목표에 적합한 디지털 교수·학습 매체를 선정했다면, 그 매체가 담고 있는 내용이 영유아의 발달 특성에 적합한 것인지 고려해야 한다. 영유아는 직관적이며 구체적 사고를 하는 특성을 보인다. 따라서 선정한 디지털 교수·학습 매체가 담고 있는 내용이 너무 추상적이지 않은지, 영유아의 인지 수준을 지나치게 뛰어넘지 않는지 검토해야 한다.

(3) 올바르고 공정한 내용을 담고 있는가?

선정한 디지털 교수 · 학습 매체가 영유아의 발달에 적합하다면, 다음으로 내용이 영유아에게 편견이나 선입견을 품게 하는 것은 아닌지 고려해야 한다. 영유아는 현실과 가상 세계를 구분하는 능력이나 도덕적 가치를 판단하는 능력이 미숙해 미디어에 지배받을 가능성이 크다(안은영, 2001). 따라서 남녀 성역할 고정관념이나 경직된 선악의 가치체계, 특정 인종, 종교, 직업에 대한 무비판적 비하나 선호 의식같이 불공정한 내용을 포함하고 있지 않은지 검토해야 한다.

(4) 매체-영유아, 영유아-영유아, 교사-영유아 간 상호작용이 가능한가?

영유아기는 사회적 상호작용을 경험하며 사회성이 급격하게 발달하는 시기다. 따라서 디지털 교수 · 학습 매체를 활용할 때 지나치게 개별활동에 치우치지 않는지, 어떻게 하면 활발한 상호교류가 이루어지는 환경을 조성할 수 있을지 고민해야 한다.

4) 디지털 교수 · 학습 매체의 장단점

디지털 교수 · 학습 매체의 장점을 교사 측면과 영유아 측면에서 살펴보면 다음과 같다. 교사 측면에서 디지털 교수 · 학습 매체의 장점(정다원, 2018)은 첫째, 디지털 프로그램을 활용하여 교수 · 학습 매체를 제작하는 경우 시간이 매우 절약되며, 프로그램의 사용법을 익힌다면 직접 재료를 구하여 제작하는 것보다 훨씬 편리하게 제작할 수 있다. 둘째, 디지털을 활용하여 교수 · 학습 매체를 만든다면 오프라인으로는 구현하지 못하는 다양한 효과를 구현할 수 있으므로 생동감 있는 지원과 구체적 경험이 가능하다. 이러한 생동감 있는 자료는 유아의 예술적이고 창의적인 표현을 도와 유아들의 놀이를 다채롭게 지원할 수 있다는 이점이 있다. 셋째, 교실에 컴퓨터와 TV만 있다면 유아들의 놀이를 관찰한 후 필요한 부분을 즉각적으로 지원할 수 있으므로 놀이를 더욱 확장할 수 있다. 넷째, 시 · 공간을 초월한다. 기존의 자료도 자신에게 맞는 형태로 손쉽게 편집하고 보관할 수 있으며, 제한 없는 복사가 가능하므로 시·공간의 제약을 뛰어넘는다.

한편 영유아 측면에서의 디지털 교수·학습 매체의 장점은 다음과 같다. 첫째, 시·공간의 제약에서 벗어나 다양한 놀이를 경험할 수 있다(안우리, 2019). 디지털을 활용하여 그리기, 이야기 만들기, 역할극 등의 놀이를 하며 상상의 세계에 접근하고, 아이디어를 탐색하고 연결하는 등 창의성을 발휘할 수 있다(강은진, 2018). 둘째, 디지털에 대한 능동적인 힘을 갖게 된다. 놀이 속에서 디지털을 자연스럽게 활용하며, 디지털을 적극적으로 사용할 수 있는 능력과 더불어 디지털 내용에 대한 비판적인 인식 능력을 기를 수 있다(박주연, 2016). 셋째, 디지털 격차를 줄일 수 있다. 가정에서 디지털을 쉽게 접할 수 없는 영유아들도 어린이집에서의 다양한 경험을 통해 디지털과 친숙해질 수 있다(임은미, 2012).

이처럼 디지털 교수·학습 매체는 영유아 배움의 방향을 다양화하고 있지만, 디지털 매체의 오남용에 따른 부정적인 영향 또한 간과해서는 안 된다(이수기·이현경·홍혜경, 2014). 영유아기는 뇌 신경망이 주로 형성되는 뇌발달의 결정적 시기이다. 영유아의 뇌는 만 3세 정도가 되면 성인 뇌의 70~80%까지 성장한다(Sigman, 2012). 영유아의 뇌발달은 오감을 활용한 다양한 감각경험과 타인과의 상호작용 속에서 가장 활발히 이루어지는데, 디지털 매체의 오남용은 영유아의 사회적 관계 형성과 신체활동 수준을 감소시킨다는 점에서 뇌발달을 방해한다(Cohen, Voss, Taylor, Delextrat, Ogunleye, & Sandercock, 2011; Sigman, 2009). 이 밖에도 디지털 매체를 과도하게 사용하는 것은 언어 및 인지 발달을 방해하고, 높은 공격성과 문제행동과 관련이 있다(박혜선·김형모, 2016; 이지연, 2021; 최윤희·하은혜, 2019). 또한 집중력, 자기조절력, 사회성에도 부정적인 영향을 미치는 것으로 보고된다(김광하·김미라·고재욱, 2020; 서소정·박주영·김진희, 2014).

5) 디지털 교수 · 학습 매체와 놀이 연계의 활용사례

① 사례 1 〈카메라, 기록의 주체를 바꾸다〉

> 우리 어린이집은 매주 가정으로 놀이 사진을 보낸다. 아이들의 얼굴이 잘 나올 수 있도록 온갖 방법을 동원하고는 한다. 그러나 놀이지원과 함께 촬영을 하다 보면 잘 나온 사진 한 장을 찍기란 쉽지 않다.
>
> 매일 사진과 사투를 벌이던 어느 날, 내 스마트폰 속 사진에 관심을 보이던 아이가 "선생님 제가 찍어줄게요"라고 말했다. '스마트폰이 고장나면 어쩌지', '어차피 잘 찍지도 못할 것 같은데', '놀이시간에 스마트폰을 건네도 될까?' 등 수많은 고민이 있었지만, 유아의 유능함을 믿고 수용하자는 생각에 스마트폰을 건네주었다. 나중에 스마트폰을 확인해 보니, 100장이 넘는 사진이 찍혀있었다.
>
> 그런데 교사가 쉽게 사진에 담기 어려웠던 아이들의 자연스러운 표정, 놀이, 아이들의 시선에서 바라본 친구와 교사의 모습, 교실의 풍경이 담겨있었다. 그 사진들은 너무 예뻤고, 언제 찍혔는지 모를 동영상 속 아이들의 웃음소리는 너무나도 행복하게 느껴졌다.
>
> 게다가 이 사진과 동영상을 아이들과 함께 공유하였더니 아이들은 자신의 모습을 보면서 너무 즐거워하였고, 자신의 놀이를 적극적으로 나서서 설명하기까지 하였다. 기록의 주체가 교사에서 아이들로 변화한 것이다.
>
> 유아들의 디지털 기기 조작능력이 미숙하다는 단편적인 생각으로 새로운 배움의 기회와 경험을 지나칠 뻔했다는 것이 부끄러워졌다. 이 일을 계기로 작은 디지털 카메라를 여러 개 구입해 교실에 제공하였다. 이제 유아들은 직접 자신에게 의미 있는 놀이 순간을 기록하고, 스스로 생각을 표현한다. 교사는 놀이를 판단하는 것에서 벗어나 유아들의 시선에서 놀이를 바라보고 들여다볼 수 있게 되었다.

출처 : 교육부(2021).

② 사례 2 〈영상 만들기, 우리도 할 수 있어요!〉

> 요즘 우리 반 유아들은 방송국 놀이에 빠져있다. 어느 날 지유와 현중이가 방송 프로그램 사이에 광고가 있다며 광고를 만들어 달라고 했다. '어떻게 광고를 만들어 주지?' 머릿속에 여러 생각이 들었지만, 유아들을 믿고 놀이의 흐름을 따라가 보기로 했다. "그래! 만들어 보자. 어떤 광고를 만들고 싶어?", "초콜릿 광고요! 이름은 딸기 초콜릿이에요. 카메라로 찍어주세요!"
>
> 그런데 촬영한 광고 속 지유의 목소리가 다른 친구들의 목소리와 섞여 잘 들리지 않았다. 다시 촬영을 하고 싶은지 물었더니, 현중이는 지금 촬영한 영상이 마음에 들고 지유는 목소리가 잘 들리게 다시 촬영을 하고 싶다고 했다. 교사는 고민하다가 동영상 편집 앱을 통해서 녹음한 음성을 처음 촬영한 영상에 합치는 방법도 있다고 말해주었다. 유아들은 "녹음을 한다고요?" 되물으며 흥미를 보였고, 나는 조용한 곳에서 지유의 목소리를 다시 녹음해 처음 영상에 녹음 소리를 씌워주었다. "와, 진짜 신기해요! 어른들도 이렇게 하는 거예요?"라고 말하며 유아들은 신기해했다. 그리고 동영상 편집 앱 속에서 글자도 넣고 스티커도 붙일 수 있다는 사실을 보여주었다. 유아들은 큰 관심을 보이며, 스스로 영상을 꾸며보고 싶다고 하였다. 나는 유아들이 스스로 영상을 꾸며볼 수 있도록 지원하였다. 그러자 생각보다 그럴듯한 광고영상이 완성되었고, 반 유아들과 광고영상을 공유하였다. 이를 본 유아들은 서로 해보고 싶다고 하였고, 나는 유아들에게 태블릿을 내어주었다. 광고를 제작하며 유아들은 녹음할 대사를 까먹을까 봐 적기도 하였고, 배경이나 소품을 마련하기도 하였다.
>
> 그렇게 광고 만들기 놀이는 반 전체로 확장되었고, 그중에는 '친구를 사랑해 주세요', '동물을 아껴주세요'와 같은 공익광고도 있었다. 유아들은 "우리 광고가 유튜브에 올라가서 전 세계 사람들이 보면 좋겠어요"라고 이야기했고, 유아들이 만든 광고를 유튜브에 업로드하여 부모님들께 링크를 공유해 함께 볼 수 있도록 지원하였다. 그 덕분에 부모님들도 유아들의 놀이에 더욱 관심을 보이고 지지해 주셨다.

출처 : 교육부(2021).

4. 블렌디드 러닝을 위한 놀이콘텐츠 제작과 활용

1) 블렌디드 러닝의 이해

블렌디드 러닝(blended learning)은 온 · 오프라인 학습 방식을 혼합한 수업 형태를 말한다. 코로나19로 인해 사회적 거리 두기가 실시되며 오프라인 교육이 불가해지자 급격하게 온라인 교육이 확대되었고, 영유아 교육 현장에서도 블렌디드 러닝의 기초가 마련되기 시작하였다(김길숙 · 문영경, 2022). 급격한 온라인 교육의 도입으로 교육현장은 불안정한 시기를 보냈지만, 점차 디지털 사회를 맞이해 4차 산업혁명에 능동적으로 대처할 수 있는 미래인재 육성을 위한 새로운 학습 환경을 구축하기 위해 디지털 기술(매체)을 본격적으로 활용하고자 시도하고 있다.

2) 블렌디드 러닝을 활용하기 위한 인적 · 물적 환경 구성

블렌디드 러닝을 어린이집 현장에서 활용하기 위해서는 적절한 인적 및 물적 환경 구성이 마련되어야 한다. 인적 환경 구성요소로는 우선, 교사에게 온라인과 오프라인 환경에서 영유아의 배움을 지원할 수 있는 능력이 요구된다. 영유아의 배움에 있어 온라인과 오프라인 환경의 장단점을 인식하고 적합한 학습방식을 제공할 수 있어야 한다. 다음으로 온라인 자원을 효과적으로 활용할 수 있는 디지털 기술 사용역량 강화가 필요하다. 온라인 학습을 진행하는 동안 활용되는 디지털 플랫폼 및 디바이스를 사용하는 데 필요한 기술적 역량을 갖출 수 있어야 한다. 셋째, 바람직한 디지털 기술을 활용하기 위한 활용윤리에 대한 점검 능력이 필요하다. 디지털 콘텐츠를 활용하는 과정에서 발생하는 개인정보 유출, 불건전한 정보유통, 저작권 침해 등 올바른 디지털 기술을 활용할 수 있는 방법에 대해 알고, 윤리의식을 가져야 한다.

블렌디드 러닝을 활용하기 위한 물적 환경 구성으로는 우선, 온라인 교육을 하기 위한 인터넷 연결과 디바이스 마련과 같은 기술적 인프라 구축이 필요하다. 이 기술적 인프라 구축은 어린이집 교실과 가정 모두에서 이루어져야 한다. 그리고 영유아의 발달 특성 및 수준에 적합한 콘텐츠, 플랫폼 등 다양한 학습자원이 필요하며, 놀이와 배움으로 풀어갈 수 있는 콘텐츠인지 분석하여 선별할 필요가 있다.

3) 블렌디드 러닝을 위한 플랫폼 활용

(1) 블렌디드 러닝을 위한 플랫폼

〈표 9-8〉 블렌디드 러닝을 위한 콘텐츠 제작 및 개발 관련 소프트웨어 및 플랫폼

<table>
<tr><td rowspan="9">공유 저작물 자료수집</td><td rowspan="2">사진</td><td>Pixabay</td></tr>
<tr><td>Freepik</td></tr>
<tr><td rowspan="2">영상</td><td>Pexels</td></tr>
<tr><td>Life of vids</td></tr>
<tr><td rowspan="3">아이콘</td><td>Flacticon</td></tr>
<tr><td>Thenounproject</td></tr>
<tr><td>경기 온나눔</td></tr>
<tr><td>음원</td><td>유튜브 스튜디오</td></tr>
<tr><td>폰트</td><td>안심글꼴서비스(출처 표시 의무 확인)</td></tr>
<tr><td rowspan="8">콘텐츠 활용</td><td>아이누리</td><td>누리과정 및 다양한 연수자료</td></tr>
<tr><td>EBS 유치원</td><td>다양한 유아 온라인 교육 콘텐츠 활용</td></tr>
<tr><td>지식샘터</td><td>다양한 연수 무료 수강</td></tr>
<tr><td>유치원 가자</td><td>온오프라인 교육에 활용할 수 있는 주제별 자료와 정보</td></tr>
<tr><td>이야기 꽃 출판사</td><td rowspan="4">공식 유튜브 채널을 통해 저작권 없이 그림책 감상</td></tr>
<tr><td>사파리 출판사</td></tr>
<tr><td>길벗어린이</td></tr>
<tr><td>창비</td></tr>
<tr><td rowspan="4">콘텐츠 제작 및 편집</td><td>키네마스터, 블로</td><td>핸드폰 동영상 편집 어플</td></tr>
<tr><td>뱁믹스, 비디오편집기</td><td>컴퓨터 동영상 편집 프로그램</td></tr>
<tr><td>미리캔버스</td><td>포스터, 안내문 등의 제작 템플릿 제공(일부 유료)</td></tr>
<tr><td>리무브비지</td><td>배경 제거 사이트</td></tr>
</table>

	클로바 더빙	동영상 또는 이미지에 인공지능 기술을 활용하여 자막에 따라 여러 가지 목소리로 더빙할 수 있는 프로그램
	캔바	무료로 다양한 그래픽, 포스터 도안 등을 사용할 수 있는 디자인 제작 프로그램
	패들렛	공동으로 메모를 붙이는 디지털 캔버스 플랫폼
	Drum Pad	손쉽게 박자와 음악 제작
	Xylophone 3D	가상 실로폰으로 손쉽게 연주 및 녹음
	Monster Park AR	증강현실 기법을 활용해 공룡의 모습을 관찰하고 사진과 비디오 제작(일부 콘텐츠 유료)
	arloopa : AR Camera 3D Scanner	증강현실 기법으로 3D 비디오, 사진을 촬영(일부 콘텐츠 유료)
	Apollo's Moon Shot AR	증강현실 기법으로 실제 공간에 다양한 사물과 동물을 배치 및 동영상 제작(일부 콘텐츠 유료)
콘텐츠 공유	유튜브	동영상 공유 플랫폼
	패들렛, 잼보드	보드를 만들어 사진, 글 동영상 등 다양한 자료 공유
	밴드, 오픈채팅방	공유 플랫폼
	퀴즈앤	퀴즈 형식의 자료 제작 및 공유
	프레지	클라우드 기반의 동적인 시각자료를 제공하는 프레젠테이션 도구
	게더타운	체험형 콘텐츠 제작 및 공유

출처 : 교육부(2021).

〈표 9-9〉 블렌디드 러닝을 위한 양방향 플랫폼

플랫폼	무료 이용 인원/시간	요구사항	특 징
줌	100명/40분	호스트 회원가입 참가자 불필요	다양한 기능 보유 참가자 화면 공유
웨일온	무제한/무제한	호스트 참가자 웨일 브라우저 설치	강의 모드
구글미트	100명/1시간	일반계정 호스트 참가자 회원가입	구글계정과 연동 구글플랫폼 사용

출처 : 교육부(2021).

(2) 블렌디드 러닝을 위한 플랫폼 활용 사례

〈실물화상기와 줌을 활용한 가상 공간 놀이〉

○○반은 실물화상기와 줌 프로그램을 활용해서 유치원을 가상의 공간으로 만들어 놀이합니다. 실물화상기로 ○○반의 모습을 비추고 그 위에 가상 배경을 입히거나 그림을 그려서 다양한 놀이를 합니다. 점심을 먹기 위해 급식실로 이동하는 시간, TV 속에 비친 ○○반에 다양한 장애물들이 그려져 있습니다. 줌의 주석 기능을 활용해 그림을 그린 것입니다. 유아들은 장애물을 피해 이리저리 움직입니다. "하트가 있으면 장애물을 피할 수 있어요. 하트를 그려주세요." 유아의 요청에 교사는 하트를 그려줍니다. 아이들은 하트가 있는 곳을 따라 이동합니다.

〈실물화상기, 핸드폰과 줌을 활용한 그림 놀이〉

가을이 되자 유치원 주변에 떨어진 낙엽들이 많습니다. ○○반은 낙엽을 가지고 색깔별, 모양별로 모아보기도 하고 던져보기도 하면서 놀이를 합니다. 교사는 유아들이 낙엽의 모양을 보면서 손바닥이나 비행기를 떠올리는 것을 보고 낙엽 그리기 놀이를 제안합니다. 유아들은 자신이 좋아하는 낙엽을 가지고 교실로 들어옵니다. 교사는 컴퓨터와 핸드폰으로 줌에 접속합니다. 컴퓨터는 실물화상기에 연결되어 있습니다. 실물화상기 밑에 낙엽을 두자 TV에서 낙엽이 보입니다. 유아들은 줌의 주석 기능을 이용해 핸드폰에 손가락으로 낙엽을 꾸며줍니다. 낙엽은 돼지도 되고 강아지도 되고 물고기도 됩니다. 교사는 유아들의 그림을 컴퓨터에 저장해 프린터로 출력해 줍니다.

〈핸드폰, QR코드와 패들렛을 이용한 사진 공유 놀이〉

교사는 유아들이 가을 날씨와 환경에 대해 더 관심 가지기를 원합니다. 이에 가을 사진 찍기 놀이를 제안합니다. 가을사진 QR코드를 만들고 패들렛과 연동시킵니다. 유아들에게 QR코드를 인식하고 사진을 찍어 패들렛에 업로드하는 방법을 알려줍니다. 바깥놀이에 갈 때마다 아이들은 QR코드를 인식하고 가을 사진을 찍습니다. 놀이 후 교실에 돌아오면 TV 화면을 통해 패들렛에 찍힌 사진을 보고 이야기를 나눕니다. 아이들이 익숙해지자 교사는 가정에도 QR코드를 보냅니다. QR코드 활용법은 유아들이 알고 있기

에 따로 가정에 안내서를 보내지 않습니다. 가정에서 찍은 사진들이 패들렛에 올라오면 ○○반은 그 사진들을 보고 이야기 나누기를 합니다.

출처 : 교육부(2021).

4) 블렌디드 러닝을 위한 놀이 콘텐츠 개발과 제작

디지털 기술의 확산에도 불구하고 어린이집 현장 속에서 온라인 교육의 활용에 대한 실천적 어려움은 줄어들지 않고 있다. 영유아를 위한 온라인 콘텐츠는 넘쳐흐르지만, 질적인 향상을 위한 노력이나 체계적인 설계는 잘 이루어지지 않는다(교육부, 2021). 그러나 미래의 교육현장에서의 온라인 교육은 선택이 아닌 필수가 되어가고, 교사의 놀이콘텐츠 개발 및 제작 역량도 필수역량으로 자리할 것이다.

온라인 놀이콘텐츠를 개발 및 제작하기 위한 단계는 총 5단계로 계획하기, 확인하기, 제작하기, 적용 및 연계하기, 평가하기로 구성된다(교육부, 2021). 1단계 '계획하기'에서는 교육목적과 내용을 고려하여 적합한 방법의 온라인 놀이콘텐츠의 형식 및 내용을 선정한다. 2단계 '확인하기'에서는 선정한 온라인 놀이콘텐츠의 형식 및 내용이 기존에 개발되어 있는지 확인한다. 콘텐츠 제작과 개발에는 많은 시간이 소요되며 전문적 기술의 부족으로 원하는 효과를 구현해 내기 어려울 수 있다. 따라서 기존에 개발된 콘텐츠를 활용할 수 있는지 확인하는 작업이 필요하다. 기존에 개발된 콘텐츠가 있다면 영유아의 발달 수준에 적합한지, 저작권 문제가 없는지 점검해야 한다. 3단계 '제작하기'는 기존에 개발된 콘텐츠가 없으면 교사가 직접 제작하는 경우이다. 우선 자료의 형태(글, 그림, 소리, 움직임)를 결정하고, 사용할 소프트웨어 및 플랫폼을 선정하여 자료를 제작한다. 4단계 '적용 및 연계하기'에서는 사용한 온라인 콘텐츠를 영유아에게 적용하고, 영유아가 적극적으로 참여할 수 있도록 하는 단계이다. 또한 가정과 연계하여 온라인 콘텐츠에 대한 정보를 제공하고 진행 상황을 공유하여 자연스러운 소통을 끌어낸다. 마지막 5단계 '평가하기'에서는 온라인 콘텐츠를 활용한 교육 활동에 대한 종합적인 평가를 진행한다. 평가는 유아,

부모, 교사가 나누어 진행할 수 있다. 유아 평가는 유아에 대한 놀이기록, 유아가 직접 만든 표상물, 유아의 상호작용 등에서 추출할 수 있다. 부모평가의 경우 알림장을 활용한 피드백이나 설문조사를 실시할 수 있다. 마지막으로 교사평가는 〈표 9-10〉과 같은 평가 체크리스트를 활용할 수 있다.

〈표 9-10〉 교사용 온라인 콘텐츠 평가 체크리스트

번호	평가내용	체크
1	영유아의 발달과 연령에 적합한 콘텐츠였는가?	□
2	놀이주제와 관련한 콘텐츠였는가?	□
3	양방향적 소통이 일어날 수 있는 콘텐츠였는가?	□
4	영유아의 집중시간을 고려한 콘텐츠였는가?	□
5	영유아의 동기유발이 가능한 요소를 포함한 콘텐츠였는가?	□
6	영유아가 이해할 수 있는 콘텐츠였는가?	□
7	윤리적인 문제가 없는 콘텐츠였는가?	□
8	올바르고 공정한 내용을 담고 있는 콘텐츠였는가?	□

계획하기

- 온라인 교육 콘텐츠를 활용하고 제작하기 위한 전반적인 교수 계획 과정
- 교육목적 및 내용과 방법을 고려하여 적합한 온라인 교육 콘텐츠의 내용 및 형식 선정

확인하기

- 온라인 교육 콘텐츠의 활용이 가능한지 물리적 환경 점검
- 기존 온라인 교육 콘텐츠의 검색을 통한 교육적 활용 가능 여부 점검

제작하기

- 온라인 교육 콘텐츠 형식에 적합한 소프트웨어 및 플랫폼 선정 및 구체적인 제작 과정

적용 · 연계하기

- 유아 놀이 및 활동에서 온라인 교육 콘텐츠 적용
- 온라인 교육 콘텐츠 공유를 통한 가정 및 기관 등과 연계 방안

평가하기

- 산출물, 실행과정의 관찰, 사용자 피드백을 통한 종합적인 온라인 교육 콘텐츠 평가

| 그림 9-1 | 온라인 놀이 콘텐츠의 개발 및 제작 과정

출처 : 교육부(2021).

참고문헌

강은진(2018). 새로운 교육의 비전과 미디어 중심의 문화 리터러시 교육. 한국어린이미디어학회 춘계학술대회 자료집, pp. 3-13. 충북 : 한국교원대학교 종합교육연수원.

김광하·김미라·고재욱(2020). 유아의 스마트폰 과의존이 사회성에 미치는 영향 -자기조절 매개효과. **유아교육·보육복지연구, 24**(4), 323-348.

김은영·최혜윤(2020). **유아교육에서의 디지털 미디어 활용**. 서울 : 창지사.

김길숙·문영경(2022). 영유아 대상 원격 교육 동향 분석 연구. **융복합지식학회논문지, 10**(4), 13-25.

교육부(2021). 교사를 위한 놀이운영 사례집. 세종 : 교육부.

교육부·보건복지부(2019a). 2019 개정 누리과정 놀이이해. 세종 : 교육부·보건복지부.

________________(2019b). 2019 개정 누리과정 놀이실행. 세종 : 교육부·보건복지부.

________________(2019c). 2019 개정 누리과정 해설서. 세종 : 교육부·보건복지부.

________________(2020). 만들어가는 놀이 중심 유아교육. 세종: 교육부·보건복지부.

박주연(2016). 미디어 리터러시의 재개념화에 관한 탐색적 연구. **동서언론, 39**, 5-25.

박혜선·김형모(2016). 아동의 스마트폰 중독이 공격성에 미치는 영향 : 부모의 양육태도의 조절효과를 중심으로. **한국콘텐츠학회논문지, 16**(3), 498-512.

보건복지부(2020). 제4차 어린이집 표준보육과정 해설서. 세종 : 보건복지부.

서소정·박주영·김진희(2014). 유아 및 어머니의 스마트폰 사용정도, 유아의 주의집중력 그리고 어머니의 양육스트레스가 유아의 문제행동에 미치는 영향. 한국보육학회 학술대회자료집, p. 154.

서혜정·정하나·안성화(2021). **영유아의 유능함이 발현되는 영유아 교수학습 방법론**. 경기 : 어가.

신애선·임경례(2021). **영유아 교수-학습 방법**. 경기 : 양서원.

신지연·신혜원·서원경·박원순(2018). **영유아교수학습방법**. 경기 : 파워북.

안우리(2019). 디지털매체 활용에 대한 유아교사들의 인식 및 경험. 성신여자대학교 대학원 석사학위논문.

안은영(2001). 미디어 교육이 아동의 비판적 사고력에 미치는 영향에 관한 연구. 연세대학교 언론홍보대학원 석사학위논문.

이수기·이현경·홍혜경(2014). 유아의 스마트기기 사용현황과 게임 과몰입 경향성. **유아교육연**

구, 34(3), 239-262.

이연승 · 서의전 · 변선주 · 조경미(2020). **디지털 네이티브가 태어나다**. 경기 : 양서원.

이지연(2021). 유아 스마트폰 과의존이 언어발달에 미치는 영향과 놀이성의 매개효과. **한국영유아보육학, 129**, 65-87.

임은미(2012). 디지털 세대를 위한 교육 테크놀로지의 가치 재조명: 유아교육에의 활용방안을 중심으로. 한국육아지원학회 추계학술대회 자료집, pp. 59-77. 서울 : 이화여자대학교 교육관.

정다원(2018). 유아교육기관에서의 디지털매체 활용실태와 교사의 인식 연구. 중앙대학교 대학원 석사학위논문.

지옥정 외(2022). **유아교육과 미디어 활용**. 서울 : 창지사.

최윤희 · 하은혜(2019). 아동의 가족상호작용 및 부모-자녀상호작용과 문제행동 간 구조적 관계 : 미디어기기중독의 매개효과. **아동복지연구, 17**(2), 1-18.

Cohen, D. D., Voss, C., Taylor, M., Delextrat, A., Ogunleye, A. A., & Sandercock, G.(2011). Ten-year secular changes in muscular fitness in English children. *Acta Paediatrica, 100*(10), 175-177.

Sigman, A.(2009). Well connected? The biological implications of 'social networking'. *Biologist, 56*(1), 14-20.

_________(2012). The impact of screen media on children : a Eurovision for parliament. *Improving the Quality of Childhood in Europe, 3*, 88-121.

누리과정포털 www.i-nuri.go.kr

APTER

O

영유아 발달지연과 부적응행동 사례분석

안명현(명지대학교 아동학과 객원교수, 봄아동청소년심리발달센터 대표)

학습목표

- 영유아의 내재적 · 외현화 부적응행동의 원인과 그 양상을 이해하고 지원 방법을 모색한다.
- 부적응행동 유형별 지도 사례와 긍정적 행동지원 사례분석을 통해 영유아 지원방안을 인지한다.
- 발달지연 및 부적응행동 영유아 부모상담의 중요성을 알고, 객관적 관찰에 기초한 상담을 실시한다.
- 발달지연 영유아의 조기발견과 개입을 위해 필요시 가정 및 유관기관과 협력한다.

1. 긍정적 행동지원을 통한 부적응행동 지도

영유아교사들은 보육현장에서 영유아의 발달지연과 부적응행동을 가장 초기에 발견할 수 있는 환경적 지원자이다. 영유아 시기에 일어나는 발달지연과 부적응행동들은 일찍 발견할수록 긍정적인 결과를 도출할 수 있다. 그러므로 어린이집교사들은 발달지연과 부적응행동을 조기에 발견하는 스크리닝을 하는 역할을 하므로 발달지연과 부적응행동이 일어나는 것을 방지할 수 있도록 예방적 조치를 교육받아 실행할 수 있는 기술적 지원이 적극 요구된다. 최근에 개정된 누리과정은 전인적 발달과 행복 추구를 위해 유아 놀이를 중심으로 교육과정이 바뀌었는데 이러한 이유는 발달지연과 부적응행동을 미리 방지하기 위한 교육방침으로 어린이집들이 예방과 스크리닝뿐만 아니라 행동지원 차원의 교육을 할 수 있는 위치에 있기 때문이기도 하다(교육부 · 보건복지부, 2019).

우리나라뿐 아니라 미국에서도 영유아들의 부적응행동에 대한 대안으로서 1997년 미국 장애인 교육법(IDEA)에서 특수교육대상자뿐만 아니라 일반아동에게도 긍정적인 행동 중재와 지원전략을 규정함으로써 법제화되었다(임다경, 2019). 이처럼 긍정적 행동지원은 미국의 어린이집 행동지원의 모델이 될 정도로 효과를 볼 수 있는 행동지원 전략이라고 볼 수 있다.

따라서 이 장에서는 어린이집에서 일반 교사들이 현장에서 쉽게 적용할 수 있는 긍정적 행동지원에 대한 교육과 실행방법을 적용하는 방법과 긍정적 행동지원에 대한 사례를 제시하고자 한다.

1) 영유아 발달지연과 부적응행동

(1) 영유아의 발달지연에 따른 조기선별을 위한 지표

영유아들은 생애 있어서 가장 활발한 발달 양상을 보이고 있다. 그러나 그에 반하여 정상적인 발달에 어려움을 겪는 발달지연과 부적응행동이 이 시기에 발견된다.

먼저 영유아들의 발달지연과 부적응행동 조기발견을 위한 전략으로서 교사와 학부모들이 36개월 이전의 영유아의 행동을 관찰할 필요가 있다. 다음은 영유아기 발달시기에 따라 인지, 운동, 사회/정서적 차원에서 발견될 수 있는 위험신호들이다.

〈표 10-1〉 영유아기 발달시기에 따른 위험신호들

연령	인 지	운 동	사회/정서
4개월	• 시각 추적 • 미소/발성 결여	• 고정된 머리 조절 결여 • 장난감 붙잡기 불능	• 사람응시/추적결여 • 미소반응 결여
6개월	• 소리/목소리 쪽으로 향하기 실패	• 바닥에서 구르기 또는 운동 결여	• 자발적 미소 결여

9개월	• 자음 옹알이 결여	• 앉기 불능	• 발성/얼굴표정에의 화답 불능
1세	• 자신의 이름에 대한 반응 불능 • 소리 흉내 불능	• 2가지 대상 쥐기 및 함께 치기 불능 • 붙잡고 일어서기 불능	• 손 제스처 화답 불능 • 공동 응시 공유('~를 봐') 불능
1.5세	• 명명한 대상 지목 불능 • 단어사용 불능	• 독립적 보행 불능	• 말/제스처 결합 결여
2세	• 말의 50% 미만 이해 가능	• 보조와 함께 계단 걷기 불능 • 공차기 불능	• 의미 있는 2단어 구문 사용 불가 • 공감 결여(우는 경우 슬퍼 보임)
3세	• 3단어 문장 사용 불가 • 말의 50%만 이해 가능	• 점프 불가 • 어깨 너머로 물건 던지기 불가	• 성인의 활동 모방 결여 • 평행놀이 불가
4세	• 말의 75% 미만 이해 가능 • 사진에서 자기 또는 세부사항 확인 불가	• 한 발로 3초간 균형 유지 불가 • 원을 보고 그리기 불가	• 모방놀이 결여 • 타인의 생각 가정 불능

출처 : DSM-5 아동. 청소년 정신건강 가이드북 재인용.

위와 같이 영유아들이 발달해야 할 과제나 기능들에서 어려움이 발생되는 것을 민감하게 살피는 지속적인 관찰을 통해 교사들은 개입을 하여 발달을 돕거나 전문기관에 의뢰해서 발달에 민감한 시기를 놓치지 않고 적극적으로 개입을 해서 발달성장에 도움을 주어야 한다.

(2) 영유아의 부적응행동 : 내재적·외현화 부적응행동

영유아 부적응행동 지도를 위한 어린이집 보육교사 지침서(2013)가 제시한 부적응행동의 조작적 정의를 보면 부적응행동이란 연령에 기초한 규범적 행동으로 보기에 부적절한 행동, 보육교사나 부모의 일상적인 지도범위를 벗어나 어려움을 야기하는 행동을 말한다(보건복지부, 2013). 이에 따라 보육현장에서 나타나는 행동을 구분지어 보면,

- 영유아 부적응행동은 연령에 맞지 않는 부적절한 행동
- 정상적인 적응능력을 갖추지 못한 것으로 보이는 행동
- 부모나 교사에게 어려움을 야기하는 행동

- 타인에게 피해를 미치는 행동
- 자신의 발달을 저해하는 행동

이라고 정의할 수 있다. 이상은 특수교육대상 행동은 아니고 단순한 부적응행동에 대한 개념 정의라고 할 수 있다.

영유아들에게 일어나는 부적응행동은 크게 두 가지로 나타난다.

- **외현화 문제** : 공격적 행동, 주의산만/부주의, 충동적, 파괴행동, 욕설과 비방
- **내면화 문제** : 좌절에 대한 인내력 낮음. 부정적인 과민반응, 무기력, 불안, 우울, 위축

영유아들의 부적응행동들은 무엇인가를 얻으려는 획득의 기능과 두려움과 불안으로 자신을 보호하고자 하는 회피로서의 기능이 있다.

먼저, 획득을 위한 기능으로는 소속감, 인정, 물건, 돈, 특혜, 좋아하는 활동, 긍정적/부정적 관심 얻기, 감각적 자극 또는 감각적 통제를 얻기 위한 부적응행동이 있다. 회피의 기능으로는 규칙 준수 거부, 원하지 않는 활동 참여 회피, 상호작용 회피, 과제 회피를 위한 부적응행동이 있다.

생각나누기

- 다음 어린이집에서 일어나는 외현화, 내면화 문제에 대해서 교사들과 토론해 보세요.

내가 맡은 어린이집에서 외현화 문제를 보이는 유아를 떠올려 보세요.			내가 맡은 어린이집에서 내면화 문제를 보이는 유아를 떠올려 보세요.		
어떤 행동을 주로 하나요?	원인은 무엇이라고 생각하나요?	나는 어떻게 대처하고 있나요?	어떤 행동을 주로 하나요?	원인은 무엇이라고 생각하나요?	나는 어떻게 대처하고 있나요?

2) 영유아 발달지연과 부적응행동의 원인

영유아의 발달지연과 부적응행동의 원인은 생물학적, 환경적, 심리적, 인지적 원인에 따라 다양한 부적응행동이 나타날 수 있다.

첫째, 생물학적 요인으로는 생리적 또는 유전적 요인으로서 발달장애, 자폐, 성격기질적 특성과 ADHD, 아토피 등의 질병이 나타날 수 있다. 이는 생물학적인 요인이므로 영유아의 정상 발달을 기준으로 개인차에 따라 발달지연과 부적응행동이 발생한다.

둘째, 심리적 요인으로 부모-영유아의 불안정한 애착, 애정결핍, 형제간의 경쟁, 자기통제력 문제, 사회적 좌절 등이 발달지연과 부적응행동으로 발전될 수 있다.

셋째, 인지적 요인으로 인지능력이 낮음으로써 발생하는 학습, 언어, 생활, 사회성 결여 등의 행동이 나타날 수 있다.

넷째, 환경적 요인으로서 부모의 정신건강 문제, 부모와의 격리, 이혼, 양육태도, 학대, 빈곤과 폭력 등으로 영유아가 특정 발달단계에서 신체적, 정서적 손상을 받아 해당된 발달단계를 성취하지 못하고 고착되거나 왜곡, 퇴행되었을 때 발달지연 및 부적응행동으로 나타날 수 있다.

3) 긍정적 행동지원 절차 및 방법

(1) 긍정적 행동지원이란?

긍정적 행동지원은 부적응행동의 이유를 이해하고 부적응행동이 왜 발생하는지에 대한 가설에 따라 개인의 독특한 사회, 환경, 문화적 배경에 적합한 종합적인 중재를 고안하는 문제해결 접근방법이다(정숙이, 2010). 또한 부적응행동을 가진 학생과 사회적 환경 안에 있는 모든 사람들의 삶의 질 향상을 도모하는 목적을 가진 인간중심 행동지원 철학을 가지고 있다.

긍정적 행동지원의 입장은 부적응행동에 초점을 맞추는 기존의 지도방법과는 달리 바람직한 행동을 인지하고 강화시키는 예방전략을 중요시한다. 즉, 부적응행동을 일으키는 환경을 개선하고 바람직한 행동을 선정하여 가르치고 부적응행동에 대한 적절한 대응전략과 가족과의 협력 등 영유아의 부적응행동과 연관된 다양한 측면을 모두 포함하여 유아와 가족 그리고 교사의 삶의 질을 향상시키는 것을 목표로 한다. 긍정적 행동지원의 또 다른 특징은 기관 내의 모든 교사들의 협의에 의해서 부적응행동 지도방법이 결정되며 과학적이고 체계적인 관찰결과를 바탕으로 의사결정이 이루어진다는 것이다(Stormont, Lewis, & Beckner, 2005).

(2) 긍정적 행동지원의 단계

Scheuerman과 Hall(2000)은 긍정적 행동지원을 위한 중재를 3차원적으로 제시하였다(임다경, 2018).

1차적 중재는 모든 유아를 대상으로 여러 가지 상황, 행동, 장소에서 실시하는 보편적 차원의 전략을 말한다. 2차적 중재는 부적응행동 위험군 유아를 대상으로 1차적 중재보다 강도 높은 소그룹 차원의 전략으로 효율적이고 추가적인 긍정적 행동지원을 실시하는 단계이다(임다경, 2018; 김영란, 2009). 3차적 중재는 부적응행동 유아를 대상으로 개별차원의 중재 전략으로 개별적 지원을 실시하는 단계이다(김대용, 2016). 3차원 긍정적 행동지원 모델은 ❙그림 10-1❙과 같다.

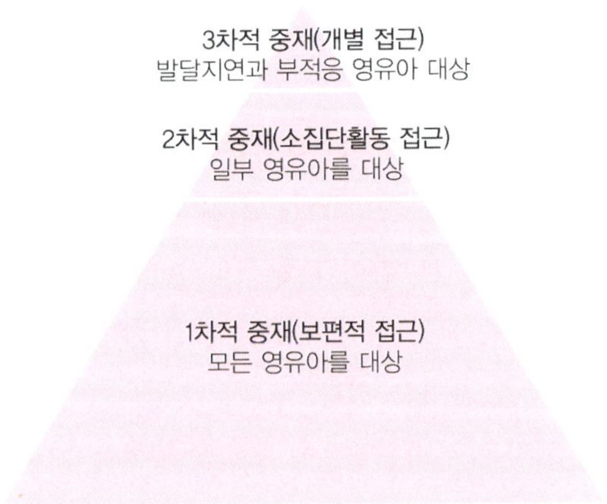

❙그림 10-1❙ 긍정적 행동지원 중재 3단계

① 1차적 긍정적 행동지원 접근법 : 보편적 접근

전체 유아를 대상으로 적용되는 예방 차원의 접근으로 긍정적 행동지원의 기초이자 핵심이다. 이 접근에서 교사들은 긍정적인 교사-유아 상호작용을 기본으로 적절한 환경을 구성하고 예측 가능한 하루 일과 속에서 규칙을 선정하여 가르친다. 1차적 보편적 지원 단계의 준거 및 세부 준거는 어린이집에서 이미 실행하고 있는 것이 많다. 새 누리과정은 전인교육을 위해서 놀이를 중심으로 발달과 성장을 지원하기 때문에 어린이집에서는 누리과정 중에 이미 실행하고 있는 것 외에 추가적인 긍정적 행동지원을 살펴보고 적용하길 바란다.

- **보편적 지원팀 구성**

  발달지연과 부적응 영유아를 위한 긍정적 행동지원 접근방식을 실행하겠다는 결정을 하고, 어린이집의 책임자와 교사들의 의지가 필요한 부분이다. 팀구성 시기는 새 학기가 시작되기 전이나 학기 초에 시작하는 것이 좋다. 긍정적 행동지원 팀구성원들은 어린이집 원장, 교사, 특수교사 중심으로 구성한다. 긍정적 행동지원 팀들은 긍정적 행동지원에 대한 교육과 연수를 받고 회의를 통해 어린이집 내에서 긍정적 행동지원에 대한 목표를 중재한다.

- **보편적 긍정적 행동지원**

  보편적 긍정적 행동지원은 기대 행동 목표를 수립하고 교육하고, 관찰하는 것이다. 기대행동은 대체로 모든 영유아에게 적용되는 장소, 규칙, 시간과 관계없이 지키도록 되어 있는 행동강령들을 의미한다. 전체 영유아를 대상으로 각 어린이집에 맞는 내용으로 꼭 실행할 수 있는 지원계획을 교사들과 협의하에 실시할 수 있다.

- 보편적 긍정적 행동지원 환경과 일과의 예

 교실 내에 영유아들이 인식할 수 있는 그림으로 활동 일정표를 게시하고, 영유아들의 일과 활동 공간(예 구분시킨 놀잇감)구성 및 활동영역에 따른 공간배치(예 쌓기영역과 역할영역의 인접구성)를 한다. 또한 구조화된 활동 간 전이(예 자유놀이 마침, 화장실 다녀오기)를 도울 수 있는 신호 및 알림을 사용한다(예 음악, 노래, 종, 시계 등을 이용하여 활동이 마치게 됨을 알림).

- 바람직한 행동을 지킬 수 있는 규칙을 개발하여 지킬 수 있도록 게시

 행동지원팀이나 교사들은 바람직한 행동강화를 위해 강화체계(예 칭찬 스티커, 다과파티 쿠폰, 칭찬 메달 등)를 개발하여 영유아들이 참여할 수 있도록 하고 바람직하지 않은 행동 발생을 예방하기 위한 절차(예 우측통행을 위한 선 표시, 적절한 수의 놀잇감 제공 등)를 제시하고 부적응행동에 대한 관찰을 기록한다.

- 안전교육

 위험상황 대처방법에 대한 교직원 및 영유아 대상교육(예 소방안전, 놀잇감을 포함한 교재교구 사용안전, 식품위생안전 등)을 정기적으로 하고 위험상황 대처방법에 대한 실행연습(예 화재발생상황에 대한 대피훈련, 지진, 대피훈련)도 하도록 한다.

- 가족참여

 1차적 예방적 차원의 긍정적 행동지원을 위해서는 가족참여를 통해서 효과를 넓히도록 한다. 가족과의 의사소통 및 협력관계 형성을 위해서 결정된 규칙(어린이집 및 교실) 및 긍정적 행동지원 전략에 대한 매뉴얼(장애영유아 긍정적 행동지원 역량강화 과정, 국립특수교육원 : 장애자녀부모지원종합시스템 온맘〉온맘교실〉행동지원에서 자료를 지원받을 수 있음)을 비치하거나 서면 통보와 동의 절차를 얻도록 한다.

② 2차적 긍정적 행동지원 접근법 : 소집단 활동 접근

2차적 접근법은 소집단 활동 접근법으로 1차적 적용 후에 계속적으로 부적응을 보이는 영유아를 대상으로 추가적인 긍정적 행동지원을 실시하는 단계이다(임다경, 2018; 김영란, 2009).

이 차원에서는 발달지연과 부적응행동을 보이는 영유아에 대한 모니터링을 실시하고 우발적 행동에 대해 즉각적인 피드백을 실시하고 발달지연과 부적응 행동 유아를 위한 환경 구성 및 자료를 제공한다(임다경, 2018; 이재화, 2010). 2차적 접근법은 그룹 차원의 소집단 활동 접근을 한다. 그룹 차원의 지원으로서 학급 차원의 긍정적 행동지원은 학급 내 모든 유아들의 행동을 다루기 위해서 필요한 모든 자원을 제공하는 과정이다(김미선 · 박지연, 2009).

③ **3차적 긍정적 행동지원 접근법 : 개별지원 단계**

3차적 접근법은 개별적 접근법으로 장기적으로 심각한 부적응행동을 보이는 영유아를 대상으로 실시하는 단계이다(김대용, 2016).

이 단계는 관찰과 평가를 통해 행동의 요인을 분석하고 부적응행동의 기능에 대한 가설을 수립하여 선행사건과 후속결과를 파악하여 대체행동을 가르치는 부적응행동 지도계획(behavior support plan)을 개별적으로 적용한다.

위와 같은 긍정적 행동지원 3차원 접근법 중에는 이미 어린이집에서 실시하고 있는 부분이 많다. 그 이유는 긍정적 행동지원 접근법은 전인교육을 목표로 하고 있는 어린이집 커리큘럼의 기본 전제와 일맥상통하고 있기 때문이다. 그러므로 특히 1차적, 2차적 접근법은 어린이집의 커리큘럼과 접근법이 같기 때문에 교사들은 이제까지 학습의 목표점을 전인교육적 긍정적 행동지원 접근으로 패러다임 전향이 필요한 부분이라고 할 수 있다.

(3) 긍정적 행동지원의 절차

영유아 발달지연과 부적응행동 지원전략은 절차에 따라 팀회의를 통해서 실행전략을 연구하여 긍정적 행동지원을 해야 한다. 긍정적 행동지원의 계획 및 실행을 위해 다음과 같은 절차로 진행할 수 있다.

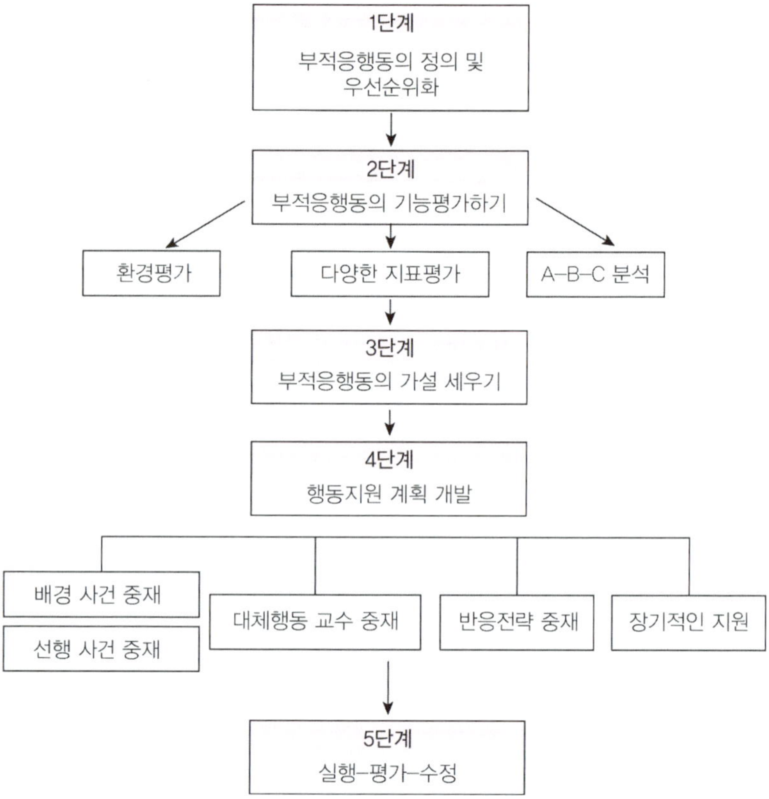

| 그림 10-2 | 긍정적 행동지원의 절차

출처 : 조윤경 · 김형미 · 유연주 · 장지윤(2023).

① 1단계 : 부적응행동의 정의 및 우선순위화

발달지연과 부적응행동 영유아의 행동 중에서 가장 시급한 변화가 필요한 순으로 중재의 우선순위를 정하는 것이다. 어린이집에서 일어나는 부적응행동은 다양하지만 그중에서 가장 우선적으로 중재가 필요한 행동은 세 가지로 나누어 볼 수 있다.

- 안전에 문제가 되는 파괴행동
- 교육활동 참여를 어렵게 하는 방해행동
- 주의분산 행동

② 2단계 : 부적응행동의 기능 평가하기

2단계는 발달지연과 부적응행동의 정보를 수집하고 이유를 이해하고 부적응행동을 발생시키는 환경적 조건을 정확하게 구별하기 위하여 정보를 수집하는 과정이다(임혜원, 2015). 기능진단의 목적은 영유아의 부적응행동을 진단하는 것이 아니라 행동지원 중재의 목표인 환경을 변화시키고 대체기술을 가르치고 좀 더 나은 삶을 촉진하는 데 필요한 정보를 알아내는 것이다(신상용, 2014).

- 환경평가

어린이집에서 발달지연과 부적응행동을 보이는 영유아의 원인과 기능을 평가하기 위해서 관련된 개인사나 삶의 질에 관련된 정보들을 살펴보아야 한다. 이러한 정보들은 어린이집에 비치되어 있는 영유아의 발달력의 기록과 부모의 면담을 통해서 정보를 수집할 수 있다.

- **주요사건** : 유아의 발달에 있어서 영향을 준 사건에 대한 기록 등을 말한다. 가족구성원 간의 관계, 건강 관련 이력, 가정불화, 부모의 이혼, 주거지 변동 등의 경험을 포함한다.
- **건강 및 신체적 문제** : 질병으로 몸 상태가 안 좋거나 고열 및 통증이 있을 때가 있었는지, 수면이나 영양상태가 어떤지에 따라서도 발달지연 및 부적응행동이 일어날 수 있다.
- **발달지연과 부적응행동의 내력** : 영유아의 발달지연과 부적응행동의 내력을 알아보는 것인데 이러한 발달지연과 부적응행동이 언제 시작되었는지, 왜 지속되는지, 발달지연과 부적응행동을 감소시키기 위해서 어떤 지원을 했는지를 살펴보아야 한다.

- 다양한 지표평가

발달지연과 부적응행동 정보수집 방법으로는 타당화가 검증된 도구를 사용한다. 타당화한 평가도구는 영유아의 발달, 유아의 부적응행동, 사회정서 등을 평가할 수 있는 표준화된 척도들이 다양하게 있다. 이러한 평가도구들은 영유아를 관찰할 수 있는 교사나 부모가 작성한다. 평가도구 작성 후에는 전문기관에 넘겨진다. 평가분석은 자료의 평가 시스템에 코딩하면 결과가 나온다. 타당화된 도구로는 다음과 같은 척도들이 있다.

- **한국 영유아 발달선별검사**(K-DST : Korean Developmental Screening Test of Infants & Chidren)

  K-DST는 보건복지부와 질병관리청의 지원하에 발달상의 문제가 있는 영유아를 선별하기 위한 목적으로 개발되었다. K-DST는 취학 전 연령인 4~71개월까지의 영유아를 대상으로 하며, 부모보고식 검사이다. 검사영역은 대근육운동, 소근육운동, 인지, 언어, 사회성, 자조영역의 발달사항을 검사하며 자조능력은 일정한 발달기술을 습득한 후에 계발되는 특성이 있기 때문에 18개월 이후의 월령부터 검사하도록 구성되어 있다.

- **부모 작성형 유아 모니터링 체계**(K-ASQ : K-Ages and Stages Questionaires)

  K-ASQ는 4개월에서 60개월 영유아를 대상으로 발달 지체를 선별하기 위해 개발되었으며 부모가 작성하는 검사도구이다. 의사소통, 대근육운동, 소근육운동, 문제해결(인지), 개인－사회성 5개의 발달 영역으로 구성되어 있다.

- **한국판 유아행동평가 척도**(CBCL : Child Behavior CheckList for Ages 1.5-5) (Achenbach, 1991; 1992)

  K-CBCL은 부모보고식 검사로서 사회능력 척도와 문제행동증후군 척도(공격적인 행동, 불안/우울, 주의집중, 규칙을 위반하는 행동, 신체적 불만, 사회적 문제, 사고 문제, 정서 불안정 척도 등 8개 영역)으로 구성되어 있다.

위와 같은 설문지와 평정척도는 빠른 시간 안에 완성할 수 있기 때문에 교사들이 기능진단을 실시할 때 사용하도록 추천하는 방법이다(방명애 · 최하영, 2009).

- 직접평가

직접평가는 부적응행동이 발생하는 상황에서 영유아를 관찰하는 것이다. 이를 위해서는 자연스러운 어린이집 환경에서 영유아가 놀이를 하거나 또래와 상호작용을 하는 것을 교사가 관찰해야 한다. 부적응행동이 발생할 때마다 자료를 수집하고, 대개 2~5일 동안 자주 나타나는 행동을 관찰하는 것이다.

A. **일화기록** : 교사나 가정의 영유아 주변 사람들이 영유아의 부적응행동을 기록한다. 주로 영유아의 부적응행동이 발생한 시간, 장소, 문제행동, 행동 결과들이 기록된다.

B. **분포도** : 분포도는 부적응행동이 하루 일과 중 자주 발생하는 시간을 체크하는 것이다. 분포도를 기록할 때는 시간을 30분 단위로 또는 부적응행동이 많이 일어나는 일과 시간을 잘게 10분 단위로 쪼개서 해도 좋다. 분포도 기록의 장점은 부적응행동이 일어나는 시간대와 그 시간의 상황 속에서 영유아의 부적응기능을 파악할 수 있다.

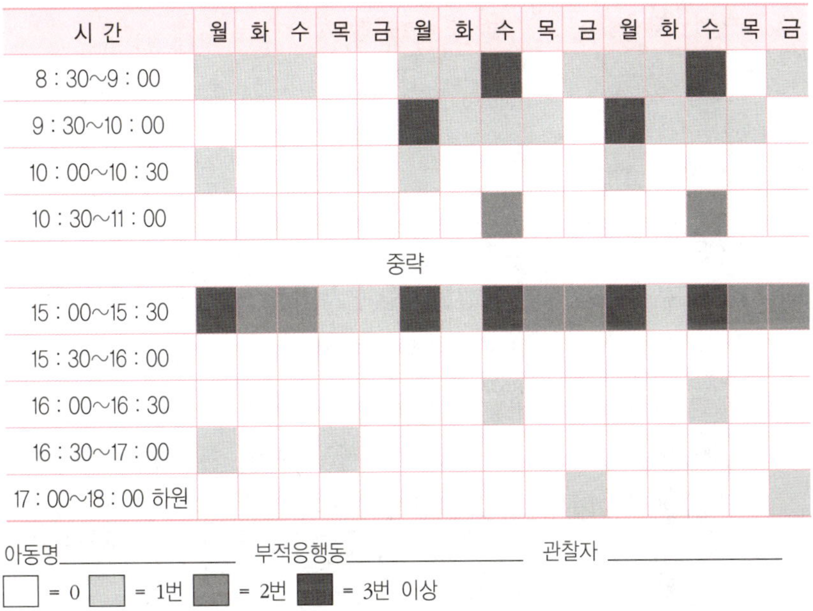

| 그림 10-3 | 부적응행동관찰 분포도

C. **체크리스트** : 체크리스트도 직접 관찰에 활용될 수 있다. 선행사건/행동/

후속결과로 나누어 체크리스트에 관찰자가 일상적 상황에서 일정 시간 동안 부적응행동의 발생과 전후에 일어나는 사건을 기록한다. 관찰자는 부적응행동 영유아와 일정 시간 동안 함께 있는 교사가 하는 것이 정확한 평가가 될 수 있다.

〈표 10-2〉 체크리스트 양식의 예

관찰일지 : 월 일
관찰시간 : -

선행사건	행 동	후속결과
□과제 제시/지시	□신체적 공격	□사회적 관심
□관심 못 받음	□언어적 공격	□혼남
□사회적 상호작용	□기물파손	□관심 멀어짐
□선호하는 물건/활동 제시	□과제거부	□과제요구
□선호하는 물건/활동 제거	□큰 소리 내기	□과제제거
□혼자(관심, 활동 없음)	□떼쓰기	□선호하는 물건/활동 접근
□전이	□밖으로 나가기	□무반응
	□기타	□신체적 제지
		□활동에 대한 재지도
		□타임아웃

출처 : 조윤경 외(2023).

- ABC분석

ABC분석은 영유아의 발달지연과 부적응행동을 유발하는 기능을 파악하는 데 도움이 된다. 이 ABC분석을 하기 위해서는 영유아를 잘 관찰하는 것이 필요하다. ABC분석을 위해 교사는 관찰하고자 하는 부적응행동이 일어날 때에만 해당 부적응행동을 기록하고 부적응행동 시에 일어난 선행사건과 직후에 일어난 결과를 관찰하여 기록한다.

〈표 10-3〉 ABC분석 양식의 예

ABC분석 양식

성명 : 관찰자 : 관찰일자 :

시 간	선행사건(Accidents) 행동 전에 무슨 일이 일어났는가?	행동(Behavior) 영유아는 무엇을 했는가?	결과(Consequences) 행동 후에 무슨 일이 일어났는가?	문제행동의 기능
오전 10: 30	자기가 좋아하는 블록 놀이를 하고 있었다.	수업활동 하기를 거절하고 교사를 밀면서 교실을 나간다.	수업활동을 회피하며 교사가 관심을 쏟는다.	회피, 요구기능

③ 3단계 : 부적응행동의 가설 세우기

3단계는 가설을 세우는 것이다. 부적응행동이 발생하면 "영유아가 왜 그 부적응행동을 하였는지"와 "그 행동이 영유아에게 어떤 기능을 제공하는지"를 설명하는 가설을 세우는 것이다(임혜원, 2015).

가설을 수립할 때는 다음과 같은 질문을 통해 영유아 발달지연과 부적응행동 기능관계를 파악한다.

- 가설을 위한 질문
  - ㉠ 왜 영유아가 이 행동을 지속하는가?
  - ㉡ 어떤 선행사건이 부적응행동을 일어나게 하며 어떤 선행사건이 부적응행동을 일어나지 않게 하는가?
  - ㉢ 부적응행동이 사용되는 목적이 무엇인가?
  - ㉣ 행동 후에 어떤 후속결과가 나타나는가?
- 선행사건, 부적응행동, 후속결과, 부적응행동의 기능관계 파악하기

배경사건	선행사건	부적응행동	후속결과	부적응행동의 목적

가설을 위한 질문을 통해 선행사건, 부적응행동, 후속결과, 부적응행동의 기능관계를 파악하여 가설을 세우는데 그 예는 〈표 10-4〉와 같다.

〈표 10-4〉 부적응행동의 기능관계에 대한의 예

배경사건	선행사건	부적응행동	후속결과	기능	가설문장
엄마가 일찍 직장에 나가므로 어린이집 문 여는 시간에 가장 먼저 등원함	실외놀이를 가기 위해 복도에 나가 줄을 섬	뒤에 줄을 선 유아의 머리를 때림	교사가 제지하며 손을 잡음	무료함 달래기/관심 끌기	○○이는 줄에서 기다리는 시간이 길어지면 무료함을 달래기 위해 주변의 또래를 때리는 행동을 함으로써 교사의 관심을 끌고자 한다. 이러한 행동은 엄마가 급하게 출근하느라 어린이집에 일찍 등원하게 된 날 선행사건이 부적응행동으로 이어질 가능성이 높다.

④ 4단계 : 행동지원 계획 개발

4단계는 영유아의 발달지연과 부적응행동의 요인을 관찰하여 긍정적 행동지원을 할 수 있도록 계획을 개발하는 단계이다. 행동지원계획 수립단계에서는 배경사건 중재, 선행사건 중재, 대체행동 교수, 부적응행동에 대한 반응, 장기적 지원 등 네 가지 전략(김태인, 2014)이 되어야 체계적이고 합리적으로 행동지원을 할 수 있다. 이 단계에서는 부적응행동의 감소만을 목적으로 하는 것이 아니라 부적응행동을 유발시킨 상황, 즉 배경사건을 중재하여 변화시키는 예방계획, 부적응행동을 대체할 수 있는 바람직한 행동의 교수계획 등도 함께 포함되어야 한다.

- 배경사건 중재

  배경사건 중재는 부적응행동을 일으키는 요인들을 파악하여 부적응행동을 일으키는 요인으로 작용하지 않도록 하는 예방적 차원의 중재이다.

  먼저 부적응행동을 일으키는 요인으로서 배경사건을 파악하려면 먼저 유아에게 어떤 배경사건이 발생했는지의 여부를 가정과 의사소통하여 파악해야 한다. 교사는 '가정 관찰 수첩'을 통해 가정에서의 아침식사, 수면, 가정의 에피소드 등을 소통하여 배경사건의 요인이 발생했는지를 파악하는 것이 배경사건 중재에 도움이 된다.

〈표 10-5〉 배경사건 중재의 예

배경사건 중재	(가설) ○○이는 놀이시간이 끝날 때 더 놀고 싶다고 떼를 쓰며 놀잇감을 집어 던지는 행동을 한다. 이러한 행동은 ○○이가 아침에 늦게 등원하여 또래들과 충분히 놀이하지 못했을 때 더 많이 나타난다. 중재 • 가정과의 상담을 통해 아동이 등원을 9시 전후로 일찍 하여 충분한 놀이시간을 가질 수 있도록 하기 • 가정에서 놀이를 할 때 놀이시간과 마치는 시간을 정하여 충분히 놀이를 할 수 있도록 시간을 주고 약속한 시간이 되었을 때 바로 정리를 할 수 있도록 협조를 구하기 • 원 외에 친척(또래) 또는 놀이터 등에서 또래들과 놀이할 수 있는 기회를 만들어 적절한 언어로 놀이를 제안하거나 놀잇감을 나누어 사용할 수 있는 연습할 기회를 제공해 주기 • 일상에서 경험할 수 있는 사회성 관련 이야기(일찍 자고 일어나기, 정해진 시간 내에 식사하기, 스스로 옷 벗고 입기, 놀잇감 나누어 사용하기, 놀이시간 지키기, 정리하기)를 아동의 입장에서 생각해 볼 수 있도록 수시로 이야기 나누기

출처 : 조윤경 외(2023).

• 선행사건 중재

부적응행동이 발생하기 전에 예방을 위해 부적응행동의 유발요인이 되는 환경을 재구성하는 것이다. 선행사건 중재의 예는 어린이집에서 쓰는 환경을 재구성하여 부적응유아가 명확하게 환경과 과제와 행동의 방향을 알 수 있도록 제시하고 선행사건 중재의 예는 다음과 같다.

선행사건 중재의 예

- 교실환경에 대한 규칙과 절차를 가르치거나 영유아가 이해할 수 있는 그림으로 구성하여 게시한다.
- 일과시간이나 이동시간에는 명확하고 구체적인 지시를 제공한다.
- 시간을 정확하게 인지하기 위해서 과제 수행시간이나 활동시간에 타이머를 사용한다.
- 과제의 형태를 영유아들의 관심을 끌 수 있는 것으로 변경한다(예 그리기보다는 동영상으로 재미있게 녹음해서 보여주기 등).
- 발달지연과 부적응 영유아의 경우는 교사가 영유아의 옆에서 근접통제를 제공한다.

- 대체행동 교수 중재

영유아가 부적응행동 시 사용하는 행동을 긍정적인 대체행동으로 사용하도록 지도하고 연습하여 강화하도록 가르치는 것이다. 대체행동 교수는 부적응행동을 일으킬 때 바람직한 행동들을 할 수 있도록 가르치는 것이다.

- **교체기술 선택** : 교체기술은 영유아의 부적응행동을 할 때 부적응행동을 긍정적인 행동으로 전환하거나 교체하도록 선택하는 것이다. 새로운 교체기술을 선택할 때는 어린이집에서뿐만 아니라 가정 등 다양한 상황에 적용이 가능한 기술이어야 한다. 영유아가 다양한 상황에서 다양한 사람들에게 교체기술을 사용할 수 있도록 익히고 연습하여 가르치는 것이다.
- **인내하기 교수** : 인내하기는 영유아가 교육활동에 참여하기 위해서 습득해야 할 중요한 기술이다. 인내하기는 영유아가 인내하기 어려운 부분에 초기에는 강화를 제공하다가 점진적으로 강화를 늦춰서 제공하고 배워야 하는 기술의 양을 점진적으로 증가하여 영유아가 활동을 지속하도록 교육하는 것이다.
- **대처하기 교수** : 대처하기 교수는 영유아가 어려워하는 상황에서 자신의 행동을 조절하고 통제하는 전략이나 새로운 기술을 가르치는 것이다. 대처하기 교수는 다음과 같은 것이 있다.
  - **분노통제훈련** : 영유아가 분노행동이 자주 있을 경우에 분노 원인을 파악하고 분노와 관계된 여러 가지 단서를 찾고 분노를 통제하기 위해 심호흡, 숫자 거꾸로 세기, 기분 좋은 상상, 대안이나 분노의 결과를 생각하기 등을 훈련하여 분노 시에 통제할 수 있도록 가르친다.
  - **문제해결** : 영유아가 부적응행동이 일어나는 원인들을 살펴보고 해결할 수 있는 적절한 방안들을 찾아본 후 가장 좋은 방법으로 실행해 보고 적용해 볼 수 있도록 연습하고 가르친다.
  - **자기관리** : 영유아가 할 수 있는 것은 스스로 할 수 있도록 자기 관리기술을 향상시키는 방법을 알려주고 연습하게 한다.

* **일반적응기술** : 영유아의 전반적인 능력을 향상시킬 수 있는 일반기술을 가르치는 것이다. 중재방법으로는 첫째, 기초적 학업기술을 가르쳐 부적응행동을 예방하고 학업성취를 높일 수 있게 한다. 둘째, 사회적 기술을 가르쳐 또래와의 상호작용을 향상시킬 수 있게 한다. 셋째, 자기관리 기술을 향상시켜 삶의 질을 높인다.

• 반응전략 중재

영유아의 부적응행동에 대한 기능을 잘 파악하여 반응하는 것을 말한다. 반응전략을 중재할 때의 목표는 부적응행동이 원하는 결과를 가져다주는 것을 감소시키고, 부적응행동이 악화되는 것을 저지시킴으로써 자신과 타인에게 해를 끼치지 않게 한다. 대처행동 중재와 함께 사용하는 것이 필요하다. 교사들이 할 수 있는 반응전략 중재의 예는 다음과 같다.

〈표 10-6〉 반응전략 중재의 예

대처행동 중재	부적응행동	반응전략 중재
• ○○이가 하기 싫다고 말로 표현하도록 가르친다.	괴상한 소리를 지르며 물건들을 던지는 행동을 한다.	• 말로 표현했을 때 크게 반응하여 칭찬해 주고 스티커를 줌으로써 관심을 보인다.
• ○○이가 친구에게 놀고 싶다고 말로 표현하도록 가르친다. • 친구가 원하는 바를 해주지 않을 경우 교사에게 도움을 요청하도록 알려준다.	또래를 건드리거나 미는 행동을 계속 보인다.	• 또래에게 말로 표현했을 때 크게 반응하여 칭찬해 주고 요구를 들어준다. • 대처행동과 반응전략 중재를 했음에도 부적응행동을 계속 보였을 때 방해가 없는 공간에 혼자 서 있으라고 한다.

- 긍정적 행동지원으로 바람직한 행동 증가 반응전략
  * **정적강화** : 정적강화는 반응에 뒤따르는 긍정적인 반응으로 물건이나 칭찬, 활동, 토큰 등의 긍정적인 자극으로 반응하는 것이다.
  * **부적강화** : 정적강화와 목적은 같지만 정적강화의 반대로서 영유아가 바람직한 행동을 했을 때 싫어하는 것을 제거해 주는 것이다.
  * **계약** : 부적응행동을 하는 영유아에게 개별적으로 그 행동을 소거할 수

있도록 맺는 약속이다. 예를 들어, "줄을 설 때 친구를 밀지 않으면 하트 스티커를 줄 것이다"라고 계약을 하는 것이다. 영유아들에게 행동계약을 할 때는 작은 양으로 자주 보상하고 계약을 맺을 때는 영유아가 동의하는 계약을 맺고, 긍정적인 목표가 성취가 되었을 때 보상하도록 해야 한다.

- 장기적인 지원

발달지연과 부적응행동 영유아에게 지속적이고 긍정적인 변화를 실현하기 위해서는 부적응행동을 예방하기 위한 삶의 질 요인들이 광범위하게 포함된 장기적 지원을 개발해야 한다. 장기적 지원은 삶의 방식의 변화와 지원을 유지하기 위한 전략이다.

- **삶의 방식의 변화** : 삶의 방식은 일상생활 리듬과 규칙과 관련되어 있다. 영유아의 삶의 영향을 주는 요인은 가정이라는 공간, 어린이집, 상호작용하는 가족 및 사람, 즐거워하는 활동, 일과와 규칙 이러한 요인들로 인한 기분까지 삶의 방식에 영향을 미친다. 삶의 방식은 지원에 대한 목표를 세우고 지원적인 중재를 선정하여 궁극적으로 개인 삶의 질을 향상시키는 결과를 가져옴으로써 부적응행동을 장기적으로 예방하는 효과를 가져온다(이소현 외, 2008 재인용). 삶의 방식 요소와 고려사항에 따른 실제의 예는 다음 〈표 10-7〉과 같다(조윤경 외, 2023).

〈표 10-7〉 장기적 지원을 위해 고려해야 할 사항의 예

삶의 방식요소	고려사항	실제적용의 예
선 택	• 얼마나 자주, 언제, 어디서 아동이 선택을 하도록 할 수 있는가?	• 모든 일과에 선택하기 기회를 삽입하기(예 옷, 가방, 활동, 순서, 놀이 또래 등)
어린이집과 지역사회 통합	• 영유아의 연령에 적합한 지역사회 활동에 어느 정도까지 참여시킬 것인가?	• 영유아의 흥미를 가지는 지역사회 활동에 대해서 알고 참여하는 기회 가져보기
관계맺기	• 또래 및 성인과 좀 더 건강한 관계를 발달시키기 위한 기회를 어떻게 촉진시켜 줄 것인가?	• 또래와 성인이 대상 영유아의 강점 또는 흥미영역을 중심으로 상호작용할 수 있는 기회 계획하기

가치 있는 역할	• 영유아가 학급에서 맡고 있는 구체적인 책임이 있는가?	• 영유아가 각 환경에서 할 수 있는 조력자 활동 목록화하기
전반적인 건강과 안녕	• 영유아에게 위험에 대한 인식을 제공하면서 안전한 환경을 촉진시킬 수 있는가?	• 도움을 요청하는 방법들을 포함하여 영유아에게 필요한 안전기술 교수하기

- 지원 유지 전략

긍정적 행동지원의 장기적인 효과를 위해서는 지속적으로 지원을 제공해야 한다. 부적응적 행동을 긍정적 행동으로 바꾸기 위해서는 장기적인 유지전략을 쓰기 위해서 기술을 잘 습득하여 유지할 수 있고, 대체행동기술들을 어느 곳에서나 행동하도록 일반화시키는 것이 필요하다. 뿐만 아니라 대상 영유아 지원을 위해서 환경적 변화가 있을 때에도 행동지원팀뿐만 아니라 다른 교사, 가정, 또래들도 대상 영유아의 부적응행동을 어떻게 지원하는지를 알게 해서 함께 협력해서 유지시키도록 도와야 한다.

⑤ 5단계 : 실행-평가-수정

발달지연과 부적응 영유아를 대상으로 긍정적 행동지원 계획에 따라 적절하게 실행하였는지, 효과는 있는지를 평가하는 것이다. 그러나 실행을 했음에도 불구하고 효과가 없다면 수정이나 보완을 해서 재계획을 수립해야 하며 장기적인 지원을 하여야 한다.

긍정적 행동지원 계획을 수정할 필요가 있는지를 결정하기 위해서 고려할 사항은 다음과 같다.

- 지원계획이 효과를 얻을 수 있을 만한 충분한 시간을 가졌는가?
- 지원계획이 계획한 대로 실행되고 있는가?
- 지원계획이 필요하고, 효과적인가?
- 지원계획이 부적응행동의 가설에 정당한가?
- 가설은 영유아의 개인적 부적응행동 예방과 소거를 위해 적절한가?
- 지원계획을 실행할 때 영유아의 선호도와 삶의 질을 높이기 위한 것이었는가?

2. 긍정적 행동지원 사례

1) 발달지연 및 부적응행동 유형에 따른 지도 사례 공유

다음 〈표 10-8〉은 다양한 부적응행동 사례 유형에 따른 교사의 긍정적 행동지도 안이다(강옥려 역, 2004). 상황과 부적응행동의 유형을 잘 살펴보고 그에 따른 긍정적 행동지도 사례를 체크하여 적용해 보는 것이 도움이 될 것이다.

〈표 10-8〉 다양한 부적응행동 사례 유형에 따른 긍정적 행동지도안

부적응행동 유형	교사의 긍정적 행동지도	체 크
자리이탈 및 서성이며 돌아다님	활동하는 동안 아동에게 때로는 서 있게 한다.	
	심부름 보내기 등으로 휴식의 기회를 준다.	
	책상 간격을 넓힌다.	
	서성이는 움직임이 활동으로 연결되도록 활동을 계획한다.	
	조용한 곳에 아동을 앉힌다.	
말이나 행동으로 타인의 활동을 방해함	칭찬을 해주면서 바람직한 행동에 참여하게 한다.	
	아동에게 자기 감독 기술을 가르친다(예 타이머가 돌아가는 동안은 다른 사람의 말을 경청하기)	
	대집단 활동 시에 말을 하기 위해 손을 들면 칭찬한다.	
	아동이 이야기 나누기 시간에 발표하도록 유도한다.	
	아동과 함께 친사회적 행동 중 하나를 목표로 세우고 그에 따른 보상도 정하여 실시한다.	
	적절한 행동을 하도록 신호를 준다.	
필요 이상으로 말을 함	아동의 행동 중 상황에 적절한 행동을 칭찬한다.	
	아동과 함께 상황에 적합한 사회적 행동을 정하고 그 행동에 대해 강화를 제공한다.	
	상황에 적합한 사회적 행동을 하도록 교사가 촉진한다.	
	기본적인 사회적 기술을 훈련하는 소집단 활동을 제공한다.	
교사의 말을 분명히 듣지 않음	이해 정도를 확인하기 위해 아동이 중요한 정보를 자신의 말로 반복하게 한다.	
	교사의 말에 집중하도록 신호를 준다.	

부적응행동 유형	교사의 긍정적 행동지도	체 크
일정 시간 동안 과제에 머물거나 완성하기 어려워함	열심히 과제를 수행하는 또래 옆에 앉힌다.	
	아동의 짧은 주의집중 기간에 맞추어 과제를 짧게 나눈다.	
	아동 스스로 단기 목표를 정하도록 돕는다.	
	한 번에 한 과제씩 제시한다.	
	타이머가 돌아가는 동안은 주의집중 하는 자기감독의 기술을 가르친다.	
	교사가 책상을 똑똑 두들기거나 어깨를 토닥이는 신호를 보내 활동에 집중하게 한다.	
	과제에 집중하거나 완성하면 강화를 즉시 제공한다.	
과제를 완성하지 않은 채 다른 과제로 넘어감	과제를 더 작은 부분으로 나눈다.	
	과제를 한 번에 하나씩 제공한다.	
	조용하고 안정된 장소에 앉힌다.	
과제를 하는 데 시간이 걸림	과제를 짧게 나누어서 하게 한다.	
	아동 스스로 자기 점검을 하도록 순서도나 행동목록을 제시한다.	
	유능한 또래를 정하여 옆에서 가르치거나 도와주게 한다.	
	과제하는 시간을 연장해준다.	
교사의 도움을 자주 요청함	교사의 도움이 필요할 때 요청하는 방법을 정한다(예 손들기, 도움요청카드 들기).	
	교사 가까이에 앉힌다.	
	과제에 참고할 수 있는 시각 및 청각적 보조자료를 제공한다(예 순서도, 사진자료, 영상자료).	
	교사 도움의 빈도를 점진적으로 감소시킨다.	
과제를 시작하기 어려워함	분명하게 정의된 조직적 구조로 과제를 제공한다.	
	과제를 작은 부분으로 나눈다.	
	과제 시도 행동을 강화한다.	
	아동에게 과제를 시도하도록 타이머와 같은 도구로 신호를 보낸다.	
앉아서 아무것도 하지 않음	아동을 교사 가까이에 앉힌다.	
	과제에 집중하도록 교사가 신호를 보낸다(예 어깨 토닥거리기, 책상 똑똑 두드리기).	
	과제를 짧게 나누고 아동이 타이머를 사용하여 자기감독을 하게 한다.	
	활동 중 아동이 발표하도록 유도한다.	
	아동이 활동 및 과제를 하는 동안 때로 일어설 수 있게 한다.	

부적응행동 유형	교사의 긍정적 행동지도	체 크
청각자극에 의해 쉽게 산만해짐	활동에 집중하도록 신호를 준다.	
	개인활동 시에 이어폰을 사용하게 한다.	
	집단활동 시에 아동을 앞에 앉힌다.	
	교사와 아동의 일대일 상호작용 시에는 교사가 마이크로 이야기하고 아동이 이어폰으로 듣는 방법으로 집중하게 한다.	
시각자극에 쉽게 산만해짐	집단 활동시에 아동을 제일 앞에 앉힌다.	
	이야기나누기 시간에 발표를 하도록 유도한다.	
	활동에 집중하도록 개인적으로 신호를 준다.	
중요한 자극에 집중하지 않음	아동을 교사 가까이에 앉힌다.	
	아동이 중요한 자극에 집중하도록 신호를 준다.	
	산만하지 않은 장소에 앉힌다.	
	중요성의 정도에 따라 자료를 색으로 표시해서 강조한다(예 중요한 자료 – 노란색).	
조용하게 활동이나 놀이하기 어려움	칭찬을 해주면서 긍정적인 행동에 참여하게 한다.	
	또래와의 놀이에 필요한 소집단 사회성 기술훈련을 제공한다.	
	아동에게 행동에 대해 자기감독하는 것을 가르친다.	
부적응행동을 억제하기 어려움	소집단이나 개인 활동을 제공한다.	
	시각적인 단서들을 제공하기 위해 교사나 보조자를 옆에 둔다.	
	비디오 녹화를 하여 역할놀이와 사회성 기술훈련을 제공한다.	
	상황에 맞는 적합한 행동에 대해 이야기를 나눈다.	
상황에 적합한 행동을 유지하기 어려움	활동 및 과제 시간을 줄인다.	
	쉬는 시간을 자주 제공한다.	
	적합한 행동을 강화한다.	
	아동 자신의 행동을 녹화한 비디오를 교사와 함께 보며 생각해 보게 한다.	
	적절한 행동을 하는 또래를 모델로 제공한다.	
눈 맞춤을 잘 못함	사회성 기술 훈련을 제공한다.	
	자긍감을 갖도록 지도한다.	
	교사의 지시사항을 이해했는지 알기 위해 아동에게 자신의 말로 진술해 보게 한다.	
공격적 언어를 사용함	독립적으로 활동할 수 있는 장소를 정해준다.	
	갈등해결 전략을 사용하도록 촉진한다.	
	모델이 될 만한 또래와 같이 있게 한다.	
	언어적 공격이 감소되면 강화를 제공한다.	

부적응행동 유형	교사의 긍정적 행동지도	체 크
사회적 기대를 이해하기 어려워함	교사가 역할극을 통해 상호작용하며 타인의 감정을 인식하도록 지도한다.	
	또래의 사회적 상호작용에 대한 역할놀이를 하게 한다.	
	사회적 역할 모델이 되어보게 한다(예 선생님 놀이).	
변화에 적응하기 어려워함	일과를 일관성 있는 스케줄로 운영한다.	
	하루의 일과를 시각적 자료로 게시한다.	
	분명하게 정의된 활동을 제공한다.	
	유아에게 일과나 구성원의 변화를 미리 설명하여 친숙하게 한다.	

출처 : 강옥려 역(2004).

2) 긍정적 행동지원의 실제 적용 사례분석

발달지연과 부적응 영유아를 위해 교사들이 명료하게 긍정적 행동지원을 진행하기 위해서는 사례가 도움이 될 수 있다. 어린이집 현장에서 가장 많이 만날 수 있는 사례는 산만하고 부주의해서 위험한 행동을 하는 경우이다. 다음 사례분석을 통해서 긍정적 행동지원의 틀을 제시해서 현장에서 적용할 수 있게 되길 바란다.

〈표 10-9〉 주의 산만하고 부주의해서 위험한 행동을 하는 유아의 긍정적 행동지원 사례

유아 행동특성
○○이는 밝고 활동적인 유아로 가만히 있기 힘들어하고 어린이집에서 활동시간에도 자주 돌아다니는 편이다. ○○이는 부주의하여 뛰다가 다른 유아들과 부딪친다거나 책상 위로 올라가는 등 위험한 상황이 많이 발생하고 있다. 교사의 제지에 잠깐 행동을 멈추기는 하지만 잠시 가만히 있는 듯하다가 또다시 돌아다니는 행동이 반복되고 있다. ○○이의 부모님은 맞벌이를 하셔서 ○○이는 어린이집에서 대부분의 시간을 보내고 있다.

행동관찰				
배경사건	선행사건	부적응행동	후속결과	가설
○○이는 부모가 맞벌이로 출근을 늦게 하는 직업이므로 지각을 할 때	이러한 부적응행동은 매일 반복적으로 일어나는데 교사가 일과를 진행하다가 교사와 거리가 멀어져 있을 때 일어남	수업시간에 집중하지 못하고 돌아다니거나 수업 이동할 때는 순서를 지키지 않고 뛰어다니다가 다른 유아들과 부딪치는 위험한 행동을 하고 놀이시간에도 책상 위에 올라가는 산만한 행동을 함	교사가 유아의 이름을 부르며 위험한 상황과 이유에 대해 설명함	○○이는 기질적으로 신체적 에너지가 많으며 맞벌이 부모님의 돌봄이 제대로 이루어지지 않아 자기 조절도 못하고 산만하게 행동해도 훈육이 되지 못하는 상태임. 이러한 행동은 지각 등원했을 때 더 빈번히 나타남

부적응행동	부적응행동의 기능	바람직한 행동
일과 중 돌아다니고, 이동할 때는 순서 안 지키고 뛰어다니다가 부딪치는 위험한 행동을 반복함	원하는 것 얻기, 무료함 달래기	안전에 필요한 규칙을 지키며 일과 따르기

중 재			
배경/선행사건 중재	대체행동 교수	부적응행동에 대한 반응	평 가
• 규칙 정하고 붙이기 - 일과 이동 시 질서와 관련된 약속을 정하고 시각자료로 만들어 해당하는 장소에 붙여서 유아가 확인하도록 한다. • 아동과 근접한 곳에서 지원하기 - 교사와 가까운 위치에서 활동하도록 배치를 하고 위험한 행동을 하려는 경우 시각자료를 이용하여 적절한 행동을 알려준다. • 신체 에너지 발산 기회 주기 - 실외에서 놀이 시간을 충분히 제공하여 신체를 조절하며 활동할 수 있도록 한다.	• 긍정적인 반응을 할 수 있는 대안활동 제시하기 - 산만하게 돌아다닐 때 심부름 보내기 등으로 과제를 수행하게 한 후 교사는 "○○아~ 선생님 도와줘서 감사해"라고 반응한다. - 일과 이동시간에는 언제나 맨 앞에 세워서 친구와 손을 잡게 한 후 차례를 잘 지키도록 한다. 그때마다 "○○이는 맨 먼저 도착했네"라고 반응한다.	• 돌아다니려는 행동 초기에 중단해 주기 - 유아가 돌아다니려고 할 때 유아가 관심을 가져 흥미를 끌 수 있는 중재를 한다. • 원인-결과 연결할 수 있도록 상호작용하기 - 뛰어다니는 유아의 행동으로 인해 발생될 수 있는 결과를 인식할 수 있도록 행동에 따른 결과를 언어적으로 간단하게 설명해 준다. • 바람직한 행동 긍정적 강화하기 - 유아가 바람직한 행동을 했을 때 명확하게 반응해 주고 즉각적으로 행동에 대해 칭찬해 준다.	• 중재방법 평가 - 산만한 행동을 하기 전에 바람직한 행동을 할 수 있는 관심을 돌려 유아가 일과에 흥미를 가져 집중하도록 한다. - 일과 이동 시 안전과 관련된 행동규칙에 대해 정기적으로 교육을 실시한다.

3. 부모상담 및 유관기관 연계

1) 객관적 관찰에 기초한 부모상담의 중요성

어린이집에서 영유아의 발달지연과 부적응행동을 위한 긍정적 행동지원을 위해서는 협조적인 가족-교사 관계를 맺어야 한다. 많은 교사들이 영유아를 돌보는 것보다 더 어려워하는 것이 부모상담이다. 특히 발달지연과 부적응행동 영유아의 부모상담을 위해서는 굉장히 조심스러운 면담이 필요하기 때문에 부모들과 상담하는 기술을 습득하는 것뿐만이 아니라 객관적 관찰에 기초한 부모상담이 요구된다.

어린이집 교사들이 긍정적인 행동지원을 위해서는 부모들에게 행동평가를 위한 정보도 얻고 행동지원에 대한 중재기술도 협력해야 하므로 교사들은 공감, 성실, 존경, 관심에 초점을 두어 상담을 해야 한다. 부적응 유아 학부모 면담 시에는 학부모가 먼저 문답지를 작성하고 난 후에 자료를 참고하면 부적응행동을 하는 영유아를 돕기 위한 풍부한 자료를 얻을 수 있다.

〈표 10-10〉 **긍정적 행동지원을 위한 학부모 면담 시 사용할 문답지**

영유아명 :
1. 영유아의 자주 나타내는 부적응행동은 무엇입니까?
2. 영유아의 긍정적인 행동에는 어떤 것이 있습니까?
3. 영유아의 부적응행동은 어떤 상황과 시간대에서 많이 발생하나요?
4. 영유아의 행동에 영향을 미칠 만한 의료적/신체적 문제가 있습니까? (예 감기, 알레르기, 과거 수술 여부 등)
5. 영유아의 행동에 영향을 미칠 만한 수면문제나 식사문제가 있습니까?
6. 영유아가 잘하고 좋아하는 활동을 하는 상황과 시간대는 언제입니까?
7. 영유아가 부적응행동을 통해 얻거나, 피할 수 있는 것은 무엇입니까?
8. 영유아의 부적응행동을 대체할 수 있는 긍정적인 행동은 어떤 것이 있습니까?
9. 영유아는 주로 다른 사람과 어떻게 의사소통합니까?
10. 영유아가 긍정적인 행동으로 바뀌기 위해서 좋아하는 활동이나 강화물이 될 수 있는 것은 무엇입니까?

생각나누기

- 앞에 서술한 다양한 지표평가(233쪽~234쪽) 중에서 부모상담을 앞두고 교사들이 사용할 수 있는 객관적 관찰도구에는 어떤 것이 있을까를 토론해 보세요.

객관적 관찰도구	사용한 적 있는 척도에 ○표를 하세요.	객관적 관찰을 위해 내가 선택할 수 있는 것은 어떤 것이며 어떻게 활용할 수 있을까요?
한국 영유아 발달선별검사		
한국판 유아행동평가 척도		
일화기록		
분포도		
체크리스트		
ABC분석		

객관적 관찰에 기초한 자료를 가지고 부모상담을 해야 부모가 협조하는 데 도움이 될 수 있고, 긍정적 행동지원을 위한 협조적인 교사-가족 관계를 촉진시킬 수 있다. 다음은 교사-가족 관계를 촉진시킬 수 있는 사항들이다(김진호 외, 2009).

- 가능하다면 학기를 시작하기 전에 부모와 만나, 교사 자신을 소개하고 교실(규칙, 기대, 과정)과 행동관리 체계, 어떻게 부모와 대화를 나눌 것인가, 언제 어떻게 만날 수 있는가 등에 관한 정보를 준비한다.
- 중요한 행동이 일어났을 때 그 행동에 대한 일일 혹은 주간 보고서를 작성한다. 이러한 보고서들은 영유아의 수행에 대해서 부모들이 지속적으로 알 수 있게 하며 중요한 사항에 대해서 부모와 교사가 함께 협력하는 데 도움이 된다. 이러한 정보는 행동차트, 노트, 가정-어린이집 연락장, 이메일 혹은 전화와 같은 형태로 이루어질 수 있다.
- 부모들이 교육환경을 안심하고 편안하게 느끼도록 하는 단계를 취한다.
- 부모들의 관심사항을 적극적으로 들어준다.
- 교육과 관련된 전문용어보다는 일반적인 용어를 사용한다.

- 특수교육 법령과 시행령에 대해서 잘 알고 있는 부모들에 대해서는 겁먹지 말고 오히려 부모들의 전문성을 활용한다면 중요한 자원이 될 수 있다.
- 도움이 필요할 경우 부모들에게 요청하라
- 효과적인 실행모델을 만든다. 간단한 말로 행동 시스템을 설명한다. 부모들에게 행동을 실행할 수 있는 특별한 아이디어를 줄 수 있다.
- 교사는 부적응행동 지도를 위해 부모와 협력하기 위해서는 상호 신뢰 관계를 형성할 수 있도록 솔직함을 바탕으로 해야 하고, 부정적인 정보보다는 긍정적인 정보를 나누기 위해 부모들과 접촉하는 것이 좋다.
- 가족의 특성을 파악하여 가족의 기대나 성향을 존중하며 협력을 구하고 부모의 특성에 맞는 의사소통 방법을 선정하도록 한다.
- 부적응행동 중재를 위한 모든 과정에 되도록 가족을 참여시키고 동의를 구해야 한다.
- 부모와 협력하기 위해서는 부모상담 시에 다음의 사항을 유념해야 할 것이다.
  - 교사는 부모에게 자녀의 특성을 이해하고 협력할 수 있도록 도와야 한다.
  - 자녀의 발달적 특성을 이해시킨다(자녀의 기질을 이해하기, 영유아의 기질에 맞는 부모의 적절한 양육태도가 중요함).
  - 부적응행동으로 인한 부모의 스트레스에 공감하고, 영유아에게 필요한 도움을 주기 위해 스트레스 정보를 공유하며, 부모의 스트레스를 인정하고 격려한다.
  - 부모의 양육태도를 개선시키기 위해 일관적인 양육자가 보살핌을 제공할 수 있도록 하며 돌보는 사람이 일관적인 양육을 통해 영유아는 안정적인 애착을 형성할 수 있도록 한다.
  - 부적응행동에 대해 가정에서의 지도방법(긍정적 행동지원을 위한 효과적인 실행모델)을 알려준다.

2) 발달지연 및 부적응 영유아와의 갈등사례 및 해결방안

(1) 가정에서의 긍정적 행동지원의 예

부모들은 나름대로 자녀양육을 위해 노력을 하고 많은 교육과 맘카페, 서적 등을 통해서 해결방법을 얻는다. 그러나 갈등상황에서는 모범정답이 있는 것이 아니고 감정이 앞서기 때문에 많은 어려움을 겪는다. 그런 의미에서 교사들과 상담을 통해서 자신의 자녀가 어린이집에서 부적응행동을 보인다고 보고하면 당황을 많이 하며 교사들을 많이 의존하는 경향이 있다. 그러므로 어린이집에서뿐만 아니라 가정에서도 긍정적 행동지원 중재를 위한 계획서와 대처방법, 반응전략을 알려준다면 가정과 원이 함께 긍정적 행동지원으로 부적응행동을 하는 영유아를 도와줄 수 있을 것이다. 다음은 가정에서도 긍정적 행동지원 중재를 할 수 있는 예이다.

〈표 10-11〉 가정에서의 긍정적 행동지원 중재 계획서의 예

배경/선행사건 중재 (행동이 나타나기 전 중재)	• 등 · 하원을 하는 동안 엄마, 아빠와 충분하고 의미 있는 상호작용, 스킨십 등의 경험을 가질 수 있도록 해주세요. • 가정에서 혼자 놀이하는 시간을 가급적 줄이고 최소한 하루 30분 정도는 영유아가 엄마나 아빠와 놀잇감을 가지고 놀이하는 시간 속에서 즐거움을 느끼도록 해주세요. • 가정과 원 또는 놀이터 등에서 또래들과 놀이할 수 있는 기회를 만들어 적절한 언어로 놀이를 제안하거나 놀잇감을 나누어 사용할 수 있는 연습의 기회를 제공해 주세요. • 주말을 이용하여 친구를 집으로 초대하거나 친구네 집에 놀러가 볼 수 있는 경험을 가져주세요. 친구와 놀이할 때는 처음에는 많은 수의 친구들보다는 한 명과 함께 놀이하며 서로의 놀잇감에 관심을 갖고 함께 가지고 놀 수 있도록 놀이를 촉진해 주세요. • 가정이나 할머니 집에서 공격적인 장면이 나오는 애니메이션 시청을 가급적 하지 않도록 해주세요. • 매일 규칙적인 다양한 운동과 감각놀이를 제공하여 신체 에너지를 조절할 수 있는 기회를 마련해 주세요. • 가정과 원에서 영유아의 부적응적 행동을 제지해야 할 때 즉각적으로 "안 돼, 하지 마" 같은 부정적인 표현 대신에 낮고 침착한 목소리로 영유아의 이름을 부르고 눈을 바라보며 행동을 멈추어야 하는 이유에 대해 설명해 주세요. • 영유아가 울며 떼 부릴 때는 멈출 때까지 기다려 주고 진정된 후에 허용되는 것과 안 되는 것에 대해 충분히 설명해 주세요. • 영유아와 상호작용할 때 가급적 장난으로 대하는 상황을 줄여주고 상황을 명확하게 구분해서 반응해 주세요. 이때에 언어표현뿐 아니라 비언어적 표현(표정, 몸짓, 억양 등)까지도 일관될 수 있도록 해주세요.

대체행동 교수 (바람직한 행동 가르치는 방법)	① 관심끌기 • 놀이터, 키즈카페, 가정으로 초대한 또래에게 관심을 표현하고 싶거나 함께 놀이하고 싶을 때 "안녕" 하는 인사나 "같이 놀자"와 같은 언어표현을 알려주세요. • 또래와 함께 놀이하는 동안 자신의 긍정적인 감정을 또래에게 "재미있다", "또 하자" 등의 적절한 언어로 이야기하는 방법을 알려주세요. • 또래와 긍정적인 관계를 유지할 수 있도록 다양한 친사회적 의사소통 방법(미소짓기, 고개 끄덕이기, 눈 마주치기, 나누어 쓰기, 칭찬하기 등)을 알려주세요. • 자신의 행동으로 인하여 상대방이 느끼는 감정에 대하여 알려주세요(기분 좋은 말과 행동/기분 나쁜 말과 행동 구분해 보기 등). ② 무료함 달래기 • 타인과의 개별적인 상호작용이 없는 상황에서 "심심해요/놀이하고 싶어요" 등과 같이 이야기할 수 있는 방법을 알려주세요. • 무료할 때 자신이 선호하는 놀잇감을 꺼내 놀이할 수 있는 방법들을 알려주세요. ③ 원하는 것 얻기 • 또래의 제안에 적절한 언어(예 "나도 하고 싶어")로 이야기하기, 또는 성인에게 도움을 언어로 요청하는 방법을 알려주세요. • 부모님과 함께 놀이할 때 규칙을 정하여, 주고받는 놀이를 하면서 부모님이 가지고 있는 놀잇감을 무조건 가지고 가는 것이 아니라 필요한 의사를 적절한 언어로 표현하고 건네줄 때까지 기다릴 수 있도록 알려주세요. • 신체를 움직여 놀이해도 되는 장소(실외)와 안 되는 장소(실내)를 명확하게 구분지어 주세요. • 신체접촉 놀이보다는 규칙이 있는 신체놀이를 알려주세요(매주 가정으로 보내드리는 "아빠와 함께 하는 신체활동"을 참고하여 놀이 방법을 알려주세요).
반응전략 중재 (행동에 대한 반응)	• 부모나 또래에게 적절한 방법으로 자신의 의사나 요구를 이야기하거나 친사회적 기술을 사용하는 경우 즉시 영유아의 의사나 요구를 들어주고 올바른 행동을 구체적으로 이야기해 주며 칭찬으로 강화해 주세요. • 부모나 또래에게 물리적인 공격행동을 시작했을 때 영유아의 이름을 불러 행동을 멈출 수 있도록 하고 눈을 바라보며 하면 안 되는 이유와 행동을 계속했을 때 나타나는 결과를 알려주세요. • 부모나 또래가 거부의사를 표현하고 해야 할 행동을 알려주도록 하거나 바람직한 행동을 함께 해보도록 제안해 주세요. • 거부의사 표현에도 행동이 반복하여 3회 이상 나타나면 하던 활동을 멈춰야 한다는 약속을 정하고 상황마다 일관되게 지도해 주세요.
동영상자료	https://www.youtube.com/watch?v=Ijm11gG8aCY(국립특수교육원)

출처 : 조윤경 외(2023).

3) 발달지연 및 부적응 영유아와 유관기관 연계

영유아 발달지연과 부적응행동에 긍정적 행동지원을 실행할 수 있는 전략과 사례에 대해 살펴보았다. 연구에 따르면 어린이집에서 40대 이상의 교사들이 20대, 30대 교사들보다 긍정적 행동지원 전략을 더 많이 적용하고 있는 것으로 나타났고, 경력은 11년 이상 교사들이 1~5년, 6~10년 경력의 교사들보다 긍정적 행동지원 전략을 더 많이 적용하고 있는 것으로 나타났다(정지영, 2017). 경험이 많고 연령이 높을수록 유아에 대한 전인적인 이해를 하게 되고 발달지연과 부적응행동을 돕는 기술이 성장한다는 것을 말해주는 결과이다.

그러나 긍정적 행동지원 방침을 가지고 긍정적 행동지원팀이 어린이집에서 실행하였지만 발달지연과 부적응행동 영유아에게 더욱 전문적인 도움이 필요한 경우가 있다. 이럴 때는 그동안 진행된 긍정적 행동지원 일지를 토대로 부모상담을 통해 전문기관과의 연계를 하여 발달검사 및 외부 전문인력의 조력이 필요하면 받도록 한다. 전문기관과의 연계는 다음과 같다.

① 검진절차 → 가정으로 발송되는 영유아 건강검진표 수령 → 국민건강보험공단 고객센터(1577-1000), 홈페이지(www.nhis.or.kr) 또는 보건복지부 콜센터(국번 없이 129)에서 검진 시기 및 기관 확인 → 검진기관 방문 및 검진 실시 → 검진결과 통보 확인

② 발달장애 정밀 진단비 지원 → 의료급여대상자 영유아 중에서 영유아 건강검진 결과 '정밀평가 필요' 대상에게 발달장애 정밀진단비(1인당 40만 원 이내) 지원(자세한 문의는 해당지역 보건소에서 가능)

③ **영유아보육법** : 영유아보육법 제31조에 따라 어린이집에서 1년에 한 번 이상 실시하여야 하는 건강진단은 영유아 건강검진으로 대신할 수 있음. 영유아 문제행동 조기개입을 위해서는 먼저 발달선별검사로서 부모작성형 유아모니터링 체계(K-ASQ)를 통해 할 수 있음

④ 각 지역에 지역사회서비스가 제공하는 바우처로 영유아발달지원 서비스 또는

아동청소년심리지원서비스가 지원되는 아동청소년심리발달센터를 이용

⑤ 영유아 발달지연과 부적응행동을 돕기 위한 지역사회 전문 지원기관

- **보건소** : 영유아발달검진
- **장애인복지관** : 치료 및 보조공학기기 지원, 진단, 장애 이해 교육, 부모교육, 사례관리, 활동 보조 서비스
- **각 지역 육아종합지원센터** : 장애아 보육 담당 인력교육, 교사, 부모상담지원, 지역별 순회지원
- **특수교육지원센터** : 특수교육대상자 선정 진단, 지역 내 특수학급/ 특수학교 배치 현황 및 입학정보, 유치원대상 순회지원, 교사 지원
- **건강가정지원센터** : 장애아 돌봄지원, 가족교육, 가족상담, 아동청소년 상담.
- **다문화지원센터** : 한국어 교육, 자녀 언어발달지원사업, 다문화 인식개선, 다문화상담
- **특수교사 순회 지원** : 11개 지역 교육청에 설치
- **사설 아동청소년심리발달센터** : 심리검사, 심리상담, 놀이치료, 미술치료, 감각통합치료, 언어치료, 가족상담, 부부상담, 청소년상담, 각종 심리정서 발달 바우처

참고문헌

교육부 · 보건복지부(2019). 개정 누리과정 해설서.

국립특수교육원(2017). 장애영유아 긍정적 행동지원 역량강화과정. 2017학년도 직무연수 제4기.

김미선 · 박지연(2009). 다차원적인 긍정적 행동지원이 장애아동의 문제행동에 미치는 영향 : 사례연구. **특수교육, 8**(2), 135-160.

김영아(2018). 유아문제행동 지도를 위한 긍정적 행동지원 평가도구 개발. **미래유아교육학회지, 25**(3), 159-182.

______(2020). 영유아문제행동지도를 위한 긍정적 행동지원 교사교육프로그램 개발 및 적용. **한국유아교육연구, 22**(4), 128-157.

김진호 · 김미선 · 김은경 · 박지연(2016). **긍정적 행동지원과 중재 : 행동중재를 위한 최신 이론과 실제**. 서울 : 시그마프레스.

노진아(2018). 학급차원의 긍정적 행동 지원 전략에 대한 유치원 교사의 인식 : 중요도와 실행도 분석. **특수아동교육연구, 20**(2), 271-291.

박상인 · 심숙영(2021). 어린이집 통합학급에서 긍정적 행동지원이 자폐성 장애유아의 문제행동에 미치는 영향. **행동분석 · 지원연구, 8**(1), 137-160.

박인환 · 김유리(2015). 자폐 범주성 장애 영유아의 문제행동에 대한 부모 중재 연구의 분석 : 국내외 단일대상연구를 중심으로. **유아특수교육연구, 15**(4), 261-286.

보건복지부(2013). 영유아문제행동지도를 위한 어린이집 보육교사 지침서 1.

__________(2013). 영유아문제행동지도를 위한 어린이집 보육교사 지침서 2.

__________(2010). 조기발견을 위한 보육교사 안내서. 서울 : 보건복지부.

송예희(2020). 통합어린이집 보육교사와 특수교사의 긍정적 행동지원 실행도 비교 및 증진방안. **한국보육지원학회지, 16**(5), 173-200.

신보민(2017). 부모의뢰된 발달지연 의심군 영유아의 특성 분석. 한신대학교 대학원 석사학위논문.

이경숙 외(2016). 2-3세 발달지연 영유아의 발달양상, 양육환경 및 임상적 특징. **한국심리학회지 : 발달, 29**(2), 63-85.

이경숙 외(2003). 한국판 영유아 행동문제평가척도 표준화 예비연구. **한국심리학회지 : 발달, 16**(4), 175-191.

이경숙 외(2016). 발달지연 영유아의 임상적 특성과 조기선별 방향: 소아청소년정신건강의학과 전문의와 놀이치료사의 포커스그룹인터뷰를 중심으로. **영유아아동정신건강연구, 9**(1), 67-93.

이제화 · 이상복(2010). 학급수준의 보편적 지원이 통합학급 유아들의 문제행동과 사회적 유능감에 미치는 영향. **정서 · 행동장애연구, 26**(2), 51-75.

임다경(2019). 통합학급에서의 긍정적 행동지원이 자폐성 장애유아의 문제행동에 미치는 영향. 단국대학교 특수대학원 석사학위논문.

정길순 · 노진아(2019). 유아교육기관 차원의 긍정적 행동지원 평가준거개발. **지적장애연구, 21**(3), 47-74.

정지영(2017). 유아교사의 발달장애유아에 대한 긍정적 행동지원 적용실태 : PreSET 질적지표를 중심으로.

______(2017). PreSET질적 지표에 근거한 교사변인에 따른 유아교사의 긍정적 행동 지원 전략의 적용실태 : PreSET 질적 지표를 중심으로. 부산대학교 교육대학원 석사학위논문.

조윤경 · 김형미 · 유연주 · 장지윤(2023). **특수아 행동지도**. 경기 : 공동체.

조재규(2016). 보육교사의 영유아 문제행동 및 행동 재활에 대한 인식. **정서 · 행동장애 연구, 32**(4), 303-329.

중앙육아종합지원센터(2019). 제4차 어린이집 표준교육과정.

하영례 · 정효은(2009). 기관변인에 따른 5세 유아의 문제행동. **한국영유아보육학, 57**, 171-191.

한미선(2020). 유아특수교사의 긍정적 행동지원 인식과 실천. 백석대학교 교육대학원 석사학위논문.

Abraham M. Nussbaum(2013). *The Pocket Guide to the DSM-5 Diagnostic Exam*. 권준수 역(2018). **DSM-5 진단평가를 위한 포켓가이드**. 서울 : 학지사.

Baker B. L., Blacher J., Crnic K. A., & Edelbrock C.(2002). Behavior Problems and Parenting stress in families of three-year-old children with and without developmenta delays. *Americian Journal of Mental Retardation, 107*, 433-444.

Degaan, K. A., Calkins, S. D., Deane, S. P., & Hill-Soderlund, A. L.(2008). Profiles of disruptie behavior acroo early childhood : Contributions of frustration reactivity, physiological regulation and maternal behavior. *Child Development, 79*, 1357-1376.

James Morrison(2014). *DSM-5 Made Easy*. 신민섭 외 공역(2016). **쉽게 배우는 DSM-5 임상가를 위한 진단 지침**. 서울 : 시그마프레스.

Mary Margaret Kerr & C. Michael Nelson(2005). *Strategies for Addressing Behavior Problems in the Classroom*(5th ed.). 곽승철 외 공역(2009). **아동 및 청소년을 위한 행동문제 지원전략**. 서울 : 학지사.

Robert J. Hilt, & Abraham M. Nussbaum(2015). *Pocket Guide for Child and Adolescent Mental Health*. 강진령 역(2018). **DSM-5 아동 · 청소년 정신건강 가이드북**. 서울 : 학지사.

Scheuerman, B. K., & Hall(2000). *Behavioral Support*. Baltimore : Paul. H. Brookes.

Shevell, M., Ashwal, S., & Donley, D.(2003). Practice parameter : Evaluation of the child with global developmental delay : Report of the quality standards subcommittee of the american academy of neurology and the practice committee of the child neurology society. *Neurolog, 60*, 367-380.

국립특수교육원 https://youtu.be/Ijm11gG8aCY?si=ALVsJh5_uPOC3emb

CHAPTER 11

표준보육과정 실행과 적용

정가윤(명지대학교 아동학과 교수)
이미애(마포구육아종합지원센터 센터장)

학습목표

- 표준보육과정의 기본적인 원리를 바탕으로 연계성 있는 보육계획을 수립, 실행, 평가를 순환적으로 실행할 수 있는 전문성을 기른다.
- 표준보육과정에 기초하여 놀이계획과 실행, 평가의 우수 사례를 통해 놀이지원과 실행방안의 개선점을 찾고 평가할 수 있다.

〈표준보육과정 실행과 적용〉 교과목은 표준보육과정을 바탕으로 영유아 중심, 놀이 중심의 하루 일과 운영의 계획, 실행, 평가의 사례를 바탕으로 표준보육과정의 실행역량을 높이기 위한 것이다. 표준보육과정의 실행은 교사가 놀이계획과 실행에 대해 반성적 사고를 갖고 평가하는 것을 통해 개선할 수 있다. 다양한 우수 사례를 통해 실행과 계획의 개선을 위해 적용할 점을 배울 필요가 있다. 특히 2019년, 2024년 보육과정 개정을 통해서 표준보육과정은 아동중심, 놀이중심으로 재개념화되었다. 따라서 보육과정 실행에서도 개별 영유아의 놀이를 관찰기록하고 이들의 흥미와 욕구를 중심으로 놀이를 지원하기 위해 계획할 것을 강조한다. 이 과정을 통해 '영유아와 함께 만들어가는 보육과정'을 구성할 수 있다. 과거에는 표준보육과정에 따라 목표를 미리 설정하고 계획-실행-평가의 순서를 따랐다면, 개정 보육과정

이후에는 영유아의 놀이 관찰을 시작으로, 즉 영유아의 놀이 실행－평가－계획(지원) 순으로 하게 된다. 아동이 실행한 놀이를 먼저 관찰한 후 놀이를 계획하고 지원하게 되며, 추후에 평가하는 과정에서 국가수준 보육과정인 표준보육과정과 연결하면서 영유아의 배움을 교육과정과 연결해 나가게 된다.

본 과목은 경력이 있는 교사가 대상이므로 어린이집 운영과 관련하여 행사, 어린이집 평가 등을 고려하면서 맡은 영유아의 연령 구성과 학급 특성에 맞게 보육계획과 실행 및 평가하는 역량을 증진시키고자 한다. 담임교사는 보육과정 계획, 실행, 평가, 그리고 이 과정에 대한 일지 작성에 있어서 형식에 얽매이기보다는 교사의 반성적 사고의 중요성과 역할이 필요하다. 이를 위해 표준보육과정을 기본적으로 이해하고, 보육계획과 보육일지 작성의 예를 분석해 보고 개별 상황에 맞게 스스로 작성해 보는 실습활동이 필요하며, 서로 작성한 보육계획과 실행기록을 가지고 그룹을 이루어 동료 피드백을 통해 역량을 증진할 수 있는 워크숍 참여가 요구된다.

1. 표준보육과정에 기초한 보육계획과 실행

1) 표준보육과정의 계획, 실행 및 평가의 순환적 관계 이해

(1) 2024 개정 표준보육과정

영유아를 대상으로 한 국가수준의 교육과정을 갖춘다는 것은 국가의 책무이다. 우리나라는 어린이집에서 적용하는 교육과정을 표준보육과정이라고 한다. 표준보육과정은 0~2세 영아를 대상으로 한 보육과정과 3~5세 유아를 대상으로 한 보육과정으로 구성된다. 유보통합을 준비하기 위해 어린이집과 유치원의 교육과정 통합이 필요했고 따라서 2013년 제3차 표준보육과정부터 3~5세를 대상으로 한 어린이집, 유치원의 공통교육과정인 누리과정이 표준보육과정에 포함되었다. 제3차에서부터 지금의 영아 보육과정과 유아 누리과정의 형식을 갖추게 되었다. 이후 2019 개정 누리과정에 맞추어 2020년에 제4차 표준보육과정이 개정되었고, 보육 업무가 교육부로 이관되면서 2024 개정 표준보육과정이 이루어졌다. 2024 개정 표준보육과정은 제4차 표준보육과정 중 0~2세 영아 부분만을 개정하고 제4차 표준보육과정 해설서 대부분을 그대로 사용한다.

2024 개정 내용은 크게 네 가지인데 ① 연령 체계 유지 : 기존대로 0~1세와 2세로 구분을 유지하였다, ② 영역 조정 : 기본생활과 신체운동 영역을 통합하여 신체운동 · 건강 영역으로 통합하여 누리과정과 연계하여 5개 영역으로 조정하였다. ③ 영역별 목표 통합 : 영역별 목표는 0~1세와 2세를 통합하여 제시하였다. ④ 내용 수정 최소화와 대강화 : 쉬운 용어로 수정하고 포괄적으로 기술하면서도 내용 수정을 최소화하였다.

제3차 표준보육과정(2013) = 제3차 0-2세 표준보육과정 + 3-5세 연령별 누리과정(첫 공통교육과정)

↓

제4차 표준보육과정(2020) = 제4차 0-2세 표준보육과정 + 2019 개정 3-5세 누리과정

↓

2024 개정 표준보육과정(2024) = 2024 개정 0-2세 표준보육과정 + 2019 개정 3-5세 누리과정

| 그림 11-1 | 표준보육과정의 변화

2024 개정 표준보육과정의 0~2세 표준보육과정 목표 및 내용범주, 내용은 〈표 11-1〉을 참고하고, 3~5세 누리과정 목표 및 내용범주, 내용은 〈표 11-2〉를 참고한다.

	연 령	영 역	내용 범주	내 용	세부 내용
제3차 어린이집 표준보육과정	0~1세	6개	18개	48개	(4수준) 108개
	2세			51개	
제4차 어린이집 표준보육과정	0~1세	6개	14개	40개	
	2세			43개	
2024 개정 표준보육과정	0~1세	5개	13개	공통 18개	22개
	2세				24개

※ 수준별 세부내용을 내용과 통합

| 그림 11-2 | 2024 개정 표준보육과정의 변화

개정 표준보육과정의 전체적 변화를 볼 때 연령별 통합이 이루어지는 경향을 볼 수 있고 내용범주와 내용의 대강화 경향을 살펴볼 수 있다.

〈표 11-1〉 2024 개정 표준보육과정 영역별 목표, 내용범주, 내용(0~2세)

<table>
<tr><th rowspan="2">영역 및 목표</th><th rowspan="2">내용 범주</th><th colspan="2">내 용</th></tr>
<tr><th>0~1세</th><th>2세</th></tr>
<tr><td rowspan="12">신체운동 · 건강
실내외에서 신체활동을 즐기고, 건강하고 안전한 일상생활을 경험한다.
1) 감각 경험과 신체활동을 즐긴다.
2) 건강한 일상생활을 경험한다.
3) 안전한 일상생활을 경험한다.</td><td rowspan="5">신체활동 즐기기</td><td colspan="2">다양한 감각을 경험한다.</td></tr>
<tr><td>신체와 주변을 탐색한다.</td><td>신체를 인식하고 움직인다.</td></tr>
<tr><td colspan="2">대소근육을 조절한다.</td></tr>
<tr><td>기본 운동을 시도한다.</td><td>기본 운동을 즐긴다.</td></tr>
<tr><td colspan="2">실내외 신체활동을 즐긴다.</td></tr>
<tr><td rowspan="4">건강하게 생활하기</td><td>도움을 받아 몸을 깨끗이 한다.</td><td>자신의 몸과 주변을 깨끗이 해본다.</td></tr>
<tr><td>음식에 관심을 가진다.</td><td>음식을 즐겁게 먹는다.</td></tr>
<tr><td>하루 일과를 편안하게 경험한다.</td><td>하루 일과를 즐겁게 경험한다.</td></tr>
<tr><td colspan="2">건강한 배변 습관을 갖는다.</td></tr>
<tr><td rowspan="3">안전하게 생활하기</td><td>안전한 상황에서 놀이하고 생활한다.</td><td>안전하게 놀이하고 생활한다.</td></tr>
<tr><td colspan="2">안전한 상황에서 교통수단을 이용해 본다.</td></tr>
<tr><td>위험하다는 말에 주의한다.</td><td>위험한 상황에 대처하는 방법을 경험한다.</td></tr>
<tr><td rowspan="7">의사소통
일상생활에서 의사소통 능력을 키운다.
1) 일상생활에서 듣기와 말하기를 즐긴다.
2) 읽기와 쓰기에 관심을 가진다.
3) 책과 이야기에 재미를 느낀다.</td><td rowspan="3">듣기와 말하기</td><td>표정, 몸짓, 말과 주변의 소리에 주의를 기울인다.</td><td>표정, 몸짓, 말에 주의를 기울여 듣는다.</td></tr>
<tr><td>상대방의 이야기를 들으면서 말소리를 낸다.</td><td>상대방의 이야기를 듣고 말한다.</td></tr>
<tr><td>표정, 몸짓, 말소리로 의사를 표현한다.</td><td>자신의 요구와 느낌을 말한다.</td></tr>
<tr><td rowspan="2">읽기와 쓰기에 관심 가지기</td><td colspan="2">주변의 그림과 상징에 관심을 가진다.</td></tr>
<tr><td>끼적이기에 관심을 가진다.</td><td>끼적이며 표현하기를 즐긴다.</td></tr>
<tr><td rowspan="2">책과 이야기 즐기기</td><td>책에 관심을 가진다.</td><td>책에 관심을 가지고 상상한다.</td></tr>
<tr><td colspan="2">말놀이와 이야기에 재미를 느낀다.</td></tr>
</table>

<table>
<tr><td rowspan="7">사회관계
나를 알아가며 더불어 생활하는 경험을 한다.
1) 나를 알고 긍정적으로 여긴다.
2) 함께 지내는 즐거움을 경험한다.</td><td rowspan="3">나를 알고 존중하기</td><td colspan="2">나의 고유함을 알아간다.</td></tr>
<tr><td colspan="2">나의 욕구와 감정을 표현한다.</td></tr>
<tr><td>나에게 친숙한 것을 안다.</td><td>내가 좋아하는 것을 해본다.</td></tr>
<tr><td rowspan="4">더불어 생활하기</td><td>안정적인 애착을 형성한다.</td><td>가족에게 관심을 가진다.</td></tr>
<tr><td>또래에게 관심을 가진다.</td><td>또래와 함께 놀이한다.</td></tr>
<tr><td colspan="2">다른 사람의 감정과 행동에 관심을 가진다.</td></tr>
<tr><td>반에서 편안하게 지낸다.</td><td>지켜야 할 약속이 있음을 안다.</td></tr>
<tr><td rowspan="5">예술경험
아름다움을 느끼고 즐긴다.
1) 자연과 생활에서 아름다움을 경험한다.
2) 자유롭게 예술 표현을 한다.</td><td rowspan="2">아름다움 찾아보기</td><td colspan="2">자연과 생활에서 아름다움을 느낀다.</td></tr>
<tr><td colspan="2">예술에서 아름다움을 느낀다.</td></tr>
<tr><td rowspan="3">창의적으로 표현하기</td><td>소리와 리듬, 노래로 표현한다.</td><td>익숙한 노래와 리듬을 표현한다.</td></tr>
<tr><td>움직임으로 표현한다.</td><td>움직임과 춤으로 표현한다.</td></tr>
<tr><td>다양한 미술재료를 경험한다.</td><td>다양한 미술재료와 도구로 표현한다.</td></tr>
<tr><td rowspan="10">자연탐구
주변환경과 자연을 탐색하는 과정을 즐긴다.
1) 일상에서 탐색하는 과정을 즐긴다.
2) 주변 환경에 관심을 가지고 탐색한다.
3) 생명과 자연에 관심을 가진다.</td><td rowspan="2">탐구과정 즐기기</td><td colspan="2">주변 환경과 자연에 대해 호기심을 가진다.</td></tr>
<tr><td colspan="2">사물과 자연 탐색하기를 즐긴다.</td></tr>
<tr><td rowspan="6">생활 속에서 탐구하기</td><td colspan="2">친숙한 물체를 감각으로 탐색한다.</td></tr>
<tr><td colspan="2">일상에서 수에 관심을 가진다.</td></tr>
<tr><td colspan="2">공간과 모양을 탐색한다.</td></tr>
<tr><td>규칙성을 경험한다.</td><td>규칙성에 관심을 가진다.</td></tr>
<tr><td></td><td>사물을 같고 다름에 따라 구분한다.</td></tr>
<tr><td></td><td>생활도구에 관심을 가진다.</td></tr>
<tr><td rowspan="2">자연과 더불어 살기</td><td colspan="2">주변의 동식물에 관심을 가진다.</td></tr>
<tr><td>날씨의 변화를 느낀다.</td><td>날씨와 계절의 변화를 느낀다.</td></tr>
</table>

〈표 11-2〉 2024 개정 표준보육과정 영역, 목표, 내용범주, 내용(3~5세, 제4차 표준보육과정, 2019 개정 누리과정과 동일)

구분	내용범주	3~5세 세부내용	
신체운동 · 건강 실내외에서 신체활동을 즐기고, 건강하고 안전한 생활을 한다. 1) 신체활동에 즐겁게 참여한다. 2) 건강한 생활습관을 기른다. 3) 안전한 생활습관을 기른다.	건강하게 생활하기	• 자신의 몸과 주변을 깨끗이 한다. • 몸에 좋은 음식에 관심을 가지고 바른 태도로 즐겁게 먹는다.	• 하루 일과에서 적당한 휴식을 취한다. • 질병을 예방하는 방법을 알고 실천한다.
	안전하게 생활하기	• 일상에서 안전하게 놀이하고 생활한다. • TV, 컴퓨터, 스마트폰 등을 바르게 사용한다.	• 교통안전 규칙을 지킨다. • 안전사고, 화재, 재난, 학대, 유괴 등에 대처하는 방법을 경험한다.
	신체활동 즐기기	• 신체를 인식하고 움직인다. • 신체 움직임을 조절한다.	• 기초적인 이동운동, 제자리 운동, 도구를 이용한 운동을 한다. • 실내외 신체활동에 자발적으로 참여한다.
의사소통 일상생활에 필요한 의사소통 능력과 상상하기를 즐긴다. 1) 일상생활에서 듣고 말하기를 즐긴다. 2) 읽기와 쓰기에 관심을 가진다. 3) 책이나 이야기를 통해 상상하기를 즐긴다.	듣기와 말하기	• 말이나 이야기를 관심 있게 듣는다. • 자신의 경험, 느낌, 생각을 말한다. • 상황에 적절한 단어를 사용하여 말한다.	• 상대방이 하는 이야기를 듣고 관련해서 말한다. • 바른 태도로 듣고 말한다. • 고운 말을 사용한다.
	읽기와 쓰기에 관심 가지기	• 말과 글의 관계에 관심을 가진다. • 주변의 상징, 글자 등의 읽기에 관심을 가진다.	• 자신의 생각을 글자와 비슷한 형태로 표현한다.
	책과 이야기 즐기기	• 책에 관심을 가지고 상상하기를 즐긴다. • 동화, 동시에서 말의 재미를 느낀다.	• 말놀이와 이야기 짓기를 즐긴다.
사회관계 자신을 존중하고 더불어 생활하는 태도를 즐긴다. 1) 자신을 이해하고 존중한다. 2) 다른 사람과 사이좋게 지낸다. 3) 우리가 사는 사회와 다양한 문화에 관심을 가진다.	나를 알고 존중하기	• 나를 알고 소중히 여긴다. • 나의 감정을 알고 상황에 맞게 표현한다.	• 내가 할 수 있는 것을 스스로 한다.
	더불어 생활하기	• 가족의 의미를 알고 화목하게 지낸다. • 친구와 서로 도우며 사이좋게 지낸다. • 친구와의 갈등을 긍정적인 방법으로 해결한다.	• 서로 다른 감정, 생각, 행동을 존중한다. • 친구와 어른께 예의바르게 행동한다. • 약속과 규칙의 필요성을 알고 지킨다.
	사회에 관심 가지기	• 내가 살고 있는 곳에 대해 궁금한 것을 알아본다.	• 우리나라에 대해 자부심을 가진다. • 다양한 문화에 관심을 가진다.

예술경험 아름다움과 예술에 관심을 가지고 창의적 표현을 즐긴다. 1) 자연과 생활 및 예술에서 아름다움을 느낀다. 2) 예술을 통해 창의적으로 표현하는 과정을 즐긴다. 3) 다양한 예술 표현을 존중한다.	아름다움 찾아보기	• 자연과 생활에서 아름다움을 느끼고 즐긴다.	• 예술적 요소에 관심을 갖고 찾아본다.
	창의적으로 표현하기	• 노래를 즐겨 부른다. • 신체, 사물, 악기로 간단한 소리와 리듬을 만들어 본다. • 신체나 도구를 활용하여 움직임과 춤으로 자유롭게 표현한다.	• 다양한 미술 재료와 도구로 자신의 생각과 느낌을 표현한다. • 극 놀이로 경험이나 이야기를 표현한다.
	예술 감상하기	• 다양한 예술을 감상하며 상상하기를 즐긴다. • 서로 다른 예술 표현을 존중한다.	• 우리나라 전통 예술에 관심을 갖고 친숙해진다.
자연탐구 탐구하는 과정을 즐기고, 자연과 더불어 살아가는 태도를 가진다. 1) 일상에서 호기심을 가지고 탐구하는 과정을 즐긴다. 2) 생활 속의 문제를 수학적, 과학적으로 탐구한다. 3) 생명과 자연을 존중한다.	탐구과정 즐기기	• 주변 세계와 자연에 대해 지속적으로 호기심을 가진다.	• 궁금한 것을 탐구하는 과정에 즐겁게 참여한다. • 탐구과정에서 서로 다른 생각에 관심을 가진다.
	생활속에서 탐구하기	• 물체의 특성과 변화를 여러 가지 방법으로 탐색한다. • 물체를 세어 수량을 알아본다. • 물체의 위치와 방향, 모양을 알고 구별한다.	• 일상에서 길이, 무게 등의 속성을 비교한다. • 주변에서 반복되는 규칙을 찾는다. • 일상에서 모은 자료를 기준에 따라 분류한다. • 도구와 기계에 대해 관심을 가진다.
	자연과 더불어 살기	• 주변의 동식물에 관심을 가진다. • 생명과 자연환경을 소중히 여긴다.	• 날씨와 계절의 변화를 생활과 관련 짓는다.

2024 개정 표준보육과정에서 3~5세를 위한 보육과정 내용은 제4차 표준보육과정과 2019 개정 누리과정과 동일한 내용이다. 유보통합 정책 일환으로 보육 관련 업무가 보건복지부에서 교육부로 이관되면서 2024 개정이 0~2세에 집중되어 2019 개정 누리과정과 더 일관성이 있도록 개정이 이루어졌기에 3~5세 표준보육과정은 이전과 동일한 내용을 보이고 있다.

(2) 추구하는 인간상

2024 개정 표준보육과정은 전체적으로 영유아 중심, 놀이 중심을 추구하고 영유아 기본 권리의 개별 보장을 중시하여 영유아는 개별적인 특성을 지닌 고유한 존재

로 존중받아야 함을 강조한다. 표준보육과정에서 제시한 인간상은 건강한 사람, 자주적인 사람, 창의적인 사람, 감성이 풍부한 사람, 더불어 사는 사람이며, 이는 미래의 핵심역량을 반영한 초·중등학교 교육과정의 인간상과 연계되어 있다.

• 초등학교 교육과정의 추구하는 인간상과 연계하여 추구하는 인간상을 제시

2024 개정 표준보육과정		2015 개정 초등학교 교육과정
• 건강한 사람 • 자주적인 사람 • 창의적인 사람 • 감성이 풍부한 사람 • 더불어 사는 사람	›››	• 자주적인 사람 • 창의적인 사람 • 교양있는 사람 • 더불어 사는 사람

| 그림 11-3 | 추구하는 인간상의 변화

출처 : 교육부·보건복지부(2020a).

생각나누기

• 2024 개정 표준보육과정에서 영아와 유아의 표준보육과정의 전체 목표를 비교해 보면서 살펴보기로 하자. 영아와 유아가 일관성 있는 보육과정으로 구성된 것을 찾을 수 있는가?

2024 개정 표준보육과정 0~2세 목표	2024 개정 표준과정 3~5세 목표 (2019 개정 누리과정 목표와 동일)
신체운동 · 건강 실내외에서 신체활동을 즐기고, 건강하고 안전한 일상생활을 경험한다. 1) 감각 경험과 신체활동을 즐긴다. 2) 건강한 일상생활을 경험한다. 3) 안전한 일상생활을 경험한다.	신체운동 · 건강 실내외에서 신체활동을 즐기고, 건강하고 안전한 생활을 한다. 1) 신체활동에 즐겁게 참여한다. 2) 건강한 생활습관을 기른다. 3) 안전한 생활습관을 기른다.
의사소통 일상생활에서 의사소통 능력을 키운다. 1) 일상생활에서 듣기와 말하기를 즐긴다. 2) 읽기와 쓰기에 관심을 가진다. 3) 책과 이야기에 재미를 느낀다.	의사소통 일상생활에 필요한 의사소통 능력과 상상하기를 즐긴다. 1) 일상생활에서 듣고 말하기를 즐긴다. 2) 읽기와 쓰기에 관심을 가진다. 3) 책이나 이야기를 통해 상상하기를 즐긴다.

사회관계 나를 알아가며 더불어 생활하는 경험을 한다. 1) 나를 알고 긍정적으로 여긴다. 2) 함께 지내는 즐거움을 경험한다.	사회관계 자신을 존중하고 더불어 생활하는 태도를 즐긴다. 1) 자신을 이해하고 존중한다. 2) 다른 사람과 사이좋게 지낸다. 3) 우리가 사는 사회와 다양한 문화에 관심을 가진다.
예술경험 아름다움을 느끼고 즐긴다. 1) 자연과 생활에서 아름다움을 경험한다. 2) 자유롭게 예술 표현을 한다.	예술경험 아름다움과 예술에 관심을 가지고 창의적 표현을 즐긴다. 1) 자연과 생활 및 예술에서 아름다움을 느낀다. 2) 예술을 통해 창의적으로 표현하는 과정을 즐긴다. 3) 다양한 예술 표현을 존중한다.
자연탐구 주변환경과 자연을 탐색하는 과정을 즐긴다. 1) 일상에서 탐색하는 과정을 즐긴다. 2) 주변 환경에 관심을 가지고 탐색한다. 3) 생명과 자연에 관심을 가진다.	자연탐구 탐구하는 과정을 즐기고, 자연과 더불어 살아가는 태도를 가진다. 1) 일상에서 호기심을 가지고 탐구하는 과정을 즐긴다. 2) 생활 속의 문제를 수학적, 과학적으로 탐구한다. 3) 생명과 자연을 존중한다.

(3) 표준보육과정의 성격

표준보육과정에서 제시되는 성격은 국가 수준 보육과정의 구성 체계를 확립하는 출발점이다. 2024 개정 표준보육과정은 「2015 개정 초 · 중등학교 교육과정」 성격의 구성 체계와 연계하고, 영유아기의 고유한 특징을 반영하여 '영유아 중심 및 놀이 중심'을 강조한다.

가. 국가 수준의 공통성과 지역, 기관 및 개인 수준의 다양성을 동시에 추구한다.
나. 영유아의 전인적 발달과 행복을 추구한다.
다. 영유아 중심과 놀이 중심을 추구한다.
라. 영유아의 자율성과 창의성 신장을 추구한다.
마. 영유아, 교사, 원장, 부모 및 지역사회가 함께 실현해 가는 것을 추구한다.

2) 표준보육과정에 기초한 보육계획과 실행

(1) 표준보육과정의 편성 · 운영

다음의 사항에 따라 표준보육과정을 편성 · 운영한다.

가. 어린이집의 운영 시간에 맞추어 편성한다.
나. 표준보육과정을 바탕으로 각 기관의 실정에 적합한 계획을 수립하여 운영한다.
다. 하루 일과에서 바깥 놀이를 포함하여 영유아의 놀이가 충분히 이루어지도록 편성하여 운영한다.
라. 성, 신체적 특성, 장애, 종교, 가족 및 문화적 배경 등에 따른 차별이 없도록 편성하여 운영한다.
마. 영유아의 발달과 장애 정도에 따라 조정하여 운영한다.
바. 가정과 지역사회와의 협력과 참여에 기반하여 운영한다.
사. 교사 연수를 통해 표준보육과정의 운영을 개선할 수 있도록 한다.

(2) 표준보육과정의 교수 · 학습

교사는 다음 사항에 따라 영유아를 지원한다.

가. 영유아의 의사 표현을 존중하고 민감하게 반응한다.
나. 영유아가 흥미와 관심에 따라 놀이에 자유롭게 참여하고 즐기도록 한다.
다. 영유아가 놀이를 통해 배우도록 한다.
라. 영유아가 다양한 놀이와 활동을 경험할 수 있도록 실내외 환경을 구성한다.
마. 영유아와 영유아, 영유아와 교사, 영유아와 환경 사이에 능동적인 상호작용이 이루어지도록 한다.
바. 각 영역의 내용이 통합적으로 영유아의 경험과 연계되도록 한다.
사. 개별 영유아의 요구에 따라 휴식과 일상생활이 원활히 이루어지도록 한다.
아. 영유아의 연령, 발달, 장애, 배경 등을 고려하여 개별 특성에 적합한 방식으로 배우도록 한다.

(3) 표준보육과정의 평가

평가는 다음 사항에 중점을 두고 실시한다.

가. 표준보육과정 운영의 질을 진단하고 개선하기 위해 평가를 계획하고 실시한다.
나. 영유아의 특성 및 변화 정도와 표준보육과정의 운영을 평가한다.
다. 평가의 목적에 따라 적합한 방법을 사용하여 평가한다.
라. 평가의 결과는 영유아에 대한 이해와 표준보육과정 운영 개선을 위한 자료로 활용할 수 있다.

(4) 보육계획, 실행, 평가의 순환적 관계

개별 영유아가 자신만의 속도와 방식으로 세계와 소통하며 유능한 존재로 성장한다는 믿음에 기초하여 표준보육과정이 개정되었다. 교사로서 영유아를 개별적으로 지원하고 다양한 배움의 방식을 지원하고 영유아를 유능한 존재로서 소중히 인정하기 위한 지원 환경과 시스템을 구축하는 것이 보육과정의 계획, 실행, 평가이다.

보육과정의 계획, 실행, 평가, 3가지 요소는 개별적으로 존재하지 않고 서로 영향을 준다. 계획한 것을 실행하게 되고 실행한 것을 평가하게 되고 평가한 것을 바탕으로 다시 계획하게 된다. 계획과 실행, 평가는 서로 맞물리는 순환적 관계에 있다. 개정 아동중심 놀이중심 보육과정을 실행하며 계획, 실행, 평가의 주체에 관해서 다시 생각해 본다.

과거에는 계획, 실행, 평가의 주체는 교사중심이었다. 과거에는 교사가 표준보육과정을 기반으로 목표를 설정하고 놀이를 계획하고 아이들과 같이 놀이를 실행하지만 결국은 교사의 놀이 계획에 따라 실행하게 된다. 그리고 아이들을 평가하고 다시 계획을 한다(계획 → 실행 → 평가). 따라서 교사에 의해 미리 결정된 계획을 따라가기 바빴고 아이들의 주도적인 즉흥적인 놀이가 반영되기 어려웠다. 개정 보육과정에서는 아이들과 같이 만들어 가는 보육과정, 또한 아이들의 주도성, 즉흥성, 유능성이 반영될 수 있는 발현적 보육과정을 강조한다. 시작점을 개별 영유아들이 무슨 놀이를 실행하고 있는지 관찰하는 것에 두고 이를 교사와 영유아가 같이 평가하고 교사와 영유아가 같이 지원 계획을 수립하게 된다. 즉, 실행(영유아 놀이 실행/교사 관찰) → 평가(영유아 스스로 평가/교사의 분석과 평가) → 계획(영유아의 요청/교사의 계획) 순으로 진행하게 된다. 이렇게 진행될 때, 아이들이 보육과정에 기여할 수 있는 여지가 만들어지고 진정한 아동중심 놀이중심 보육과정이 구성될 수 있다. 이것이 아이들에게 보육과정의 주도권을 돌려주는 과정이다. 물론 교사가 새로운 놀이를 종종 제안하고 주도하는 것도 의미 있는 일이다. 그러나 이때도 교사가 결정한 결말이 아닌 열린 결말을 주어 아이들이 변화시킬 수 있는 여지를 주는 것이 중요하다. 이 세 과정에서 관찰된 영유아의 배움과 발달적 변화를 표준보육과정의 영역별 내용과 연계하며 영유아를 이해하는 폭을 넓혀간다.

보육계획의 시작점이 되는 영유아를 관찰하고 영유아의 욕구와 요구를 있는 그대로 이해하기 위해서는 발달적 지표를 잠시 뒤로 하고, 영유아의 모습에 귀 기울이는 과정이 중요하다. 즉, 선입관을 버리고 이 아이가 하고 싶어 하는 것이 무엇인지 이해해보려는 노력이다. 다양한 과점으로 해석해 보려고 노력하고 세밀하게 그 아이의 눈높이에서 이해하려고 해야 한다. “발달이 느리다/빠르다”, “부모와의 관계가 좋다/문제다”, “친구관계가 좋다/문제다” 등의 우리의 습관적 해석의 틀을 잠시 내려놓아야 한다. 이 과정에서 아이들이 성취하는 작은 배움을 읽고 같이 교사로서 그 아이를 새롭게 배워가는 입장에서 같이 기뻐하고 이 아이의 배움을 지원하고 이 아이의 배움을 동료교사와 부모와 나누며 기뻐하고 지원해야 한다. 이때 비로소 교사로서 또 다른 존재 의미를 찾을 수 있으리라 생각한다.

많은 교사들이 “같이 만들어 가는 발현적 교육과정” 구성이 영아에게 가능할까 질문한다. 답은 “가능하다”이다. 앞서 언급한 아동을 관찰하고 지원하는 네 가지 과정, ① 귀 기울이기, ② 배움읽기, ③ 배움지원, ④ 협력지원을 영아에게 적용하면 된다. 영아는 특히 일상생활과 놀이를 구분하지 않고 언제나 놀이하고 탐색하고 있다. 따라서 거창한 구조화된 놀이를 기대하기보다 일상생활 속에서 영아의 작은 시도, 탐색과 배움에 귀 기울인다. 교사로서 다양성과 포용성을 가지고 영아에게 앞의 네 과정, 즉 반응적 지원과정을 개별적으로 제공하는 것이 영아를 위한 보육과정을 실행하는 것이다. 자세한 내용은 2024 개정 표준보육과정 0~2세 영아 경험의 통합적 이해 〈1세 민주와 0세 희수의 놀이 이야기〉, 〈비오는 날〉을 참고한다.

2. 놀이계획과 실행 및 평가

1) 표준보육과정에 기초한 놀이계획과 실행 및 평가

(1) 놀이계획과 실행을 평가하는 다양한 방법

현장의 교사는 지금까지도 영유아 중심으로 운영해 온 것 같은데 무엇을 바꾸어야 할까요? 라고 궁금해합니다.

우리는 영유아를 중심으로 보육과정을 계획하고 실행하기 위해 노력해 왔습니다. 그러나 어린이집에서의 삶을 돌아보면, 영유아가 중심이 되지 못했던 순간이 많았던 것 같습니다. '교사는~'으로 시작하여, '영유아가~'로 이어지는 상황이 많았기 때문입니다.

'교사'가 공간을 구성하고, 하루 중 무엇을 몇 시에 할 것인지 정하고, 주제를 정하고, 주제에 따라 교재 · 교구를 제공하고, 활동의 진행 방법을 결정합니다. 그리고 '영유아'는 이미 구성된 교실에서 정해진 일과에 따라 정해진 방법대로 교구를 사용하고, 교사가 안내하는 대로 활동을 따라가곤 했습니다. 이제부터 영유아가 시작하고, 교사가 지원하는 방향으로 전환해 봅시다. 영유아의 놀이에 따라 공간을 구성 · 변형하고 영유아의 리듬과 요구 등에 따라 일과를 조정하며 영유아가 찾아낸 놀이 자료나 방식을 인정하고 존중하며 상호작용해 봅시다.

출처 : 보건복지부 · 중앙육아종합지원센터(2022).

TiP

제4차 어린이집 표준보육과정[1] 해설서 '교수 · 학습'의 '가~아'항(pp. 32~40)을 읽으며 '영유아는~', '교사는~'을 정리하면서 놀이지원자로서의 교사 역할에 대해 생각해 보세요.
제4차 어린이집 표준보육과정 해설서 '교수 · 학습'의 '다'항을 읽으며 '영유아는~', '교사는~'을 정리하면 다음과 같습니다.

영유아는

- 어디서나 자유롭게 놀이하며 배울 수 있다.
- 놀이하면서 자연스럽게 세상과 교감하며 성장해 간다.
- 실제 생활 속 경험을 통해 의미 있게 배운다.
- 자신에게 가장 적합한 방식으로 놀이한다.

교사는

- 다양한 방식으로 영유아가 놀이를 통해 배우고 성장하도록 돕고 지원한다.
- 영유아의 놀이를 배움의 과정으로 이해하고 지원한다.
- 영유아의 놀이를 지원하기 위해 다양한 활동을 계획했더라도, 영유아의 관심과 흥미에 따라 수정한다.
- 영유아의 특성, 안전, 놀이 환경, 자료, 날씨, 기관의 상황 등을 고려하여 놀이를 지원한다.

| 그림 11-4 | 보육과정 운영의 의미

출처 : 보건복지부 · 중앙육아종합지원센터(2022).

보육교육과정의 운영은 영유아 중심 놀이중심으로 현장에서 실현되는데 교사들이 어려워하는 사례별 질문에 대해 자세히 안내해 주는 사이트와 참고자료를 통해 도움을 받을 수 있다. 사례별 내용은 다음과 같다.

1) 2024 개정 표준보육과정은 유보통합을 위해 제4차 표준보육과정의 0~2세 부분을 개정하였고 대부분 제4차 표준보육과정의 해설서 내용을 그대로 사용하고 있기에 제4차 표준보육과정 해설서를 인용한다.

참고

보육과정 운영

1. 지금까지도 영유아 중심으로 운영해 온 것 같은데 무엇을 바꾸어야 할까요?
2. 교사로서 영아들에게 무엇인가를 가르쳐야 하는 게 아닌지 고민이 됩니다.
3. 만들어가는 보육과정을 강조하는데, 어떤 의미인가요?
4. '영아가 주도하는 놀이'란 구체적으로 무엇을 의미하나요?
5. 하루 일과를 운영하다 보면 계획한 것을 하느라 시간적 여유가 없어요.
6. 2세반의 경우, 누리과정과의 연계도 고려해야 하나요?
7. 바깥놀이에서도 배움이 이루어지나요?

참고

상호작용 및 지원

8. 아직 언어를 구사하지 못하는 영아와 놀이 중심을 실행하는 게 쉽지 않은데 교사가 어떤 노력을 하면 좋을까요?
9. 혼자만 놀이하려는 영아를 어떻게 지원해야 할까요?
10. 놀이하지 않고 배회하거나 누워 있기를 즐기는 영아의 경우, 어떻게 상호작용해야 할까요?
11. 다양한 자료를 제공해도 한 가지 놀이만을 계속 반복하거나 선호하는 놀잇감으로만 놀이하는 영아에게 어떤 지원을 해야 하나요?
12. 영아에게 다양한 놀이 자료를 주는 것이 왜 필요할까요?
13. 보육실에 영아들이 놀이하지 않는 공간과 여러 명이 몰리는 공간이 생기는데 어떻게 해야 할까요?
14. 영아들의 요구가 동시에 이루어질 때 어떻게 지원해야 할까요?
15. 학기 초에는 울거나 적응을 힘들어하는 영아들이 많아요. 멀티플레이가 잘 되는 교사가 되고 싶은데 고민입니다.
16. 안전과 관련하여 영아의 주도성을 어디까지 허용하면 좋을지 고민입니다.
17. 코로나19를 경험한 영유아를 지원하기 위해 더욱 노력해야 할 것이 있을까요?

참고

관찰 · 기록

18. 교사는 왜 영아의 놀이를 관찰하고 기록해야 하나요?
19. 영아의 놀이를 이해하기 위해 무엇을 어떻게 관찰하고 기록해야 하나요?
20. 보육일지 작성의 구체적인 방법이 궁금합니다.
21. 가정통신문의 내용과 구성은 어떻게 할 수 있을까요?

2) 놀이계획과 실행 및 평가 사례

I-누리 포털 사이트를 방문하여 다양한 나눔 누리 놀이사례를 살펴보고 놀이사례를 선택하여 놀이계획과 실행 및 평가 사례에 대해서 워크숍을 해본다.

중앙육아종합지원센터 내 보육과정 웹 사이트를 방문하여 다양한 표준보육과정 놀이사례를 살펴보고 놀이사례를 선택하여 놀이계획과 실행 및 평가 사례에 대해서 워크숍을 해본다.

3. 놀이계획과 실행 우수 사례

1) 놀이계획과 실행 및 평가 우수 사례탐색

놀이계획과 실행의 우수 사례를 통해 교사의 실제 보육과정 운영에 적용할 점을 찾아보고, 앞으로 교사 자신의 우수 사례를 만들어 본다.

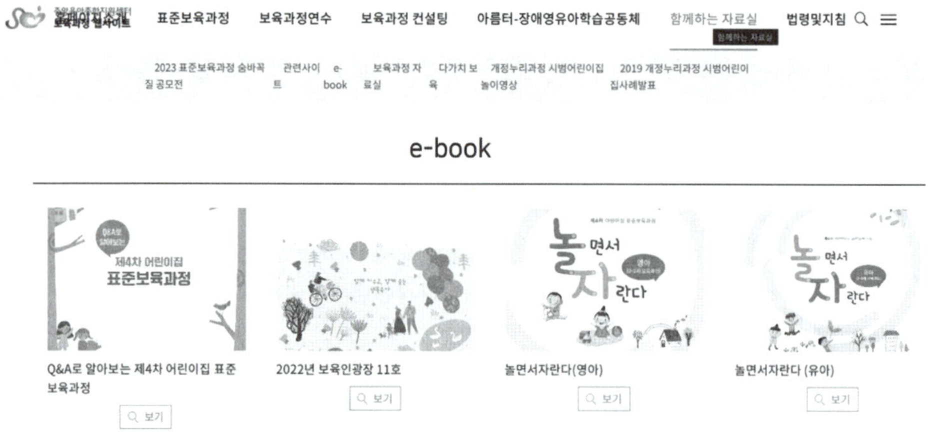

중앙종합지원센터(https://www.nccw.educare.or.kr/web/ncre/ebok/ebokListPage.do)의 함께하는 자료실에는 공모전 자료, 출간된 e-book 자료, 개정 누리과정 시범어린이집 놀이영상 및 사례발표가 마련되어 있어 표준보육과정 실행의 우수사례들을 찾아볼 수 있다. 또한 유보통합 상황에서 유치원의 누리과정 실행 우수사례를 접하고 이해하는 것도 중요하다. 서울특별시교육청에서 유아교육과 다음 부서업무방에서 다양한 사례들을 찾아볼 수 있다.

중앙육아종합지원센터내 나눔정보>자료실>센터 발간자료의 다양한 표준보육과정 놀이사례를 살펴보고 놀이사례를 선택하여 놀이계획과 실행 및 평가 사례에 대해서 워크숍을 해본다.

참고문헌

교육부(2021). 교사를 위한 놀이운영 사례집.

교육부 · 보건복지부(2019a). 2019 개정 누리과정 해설서.

________________(2019b). 2019 개정 누리과정 놀이이해.

________________(2019c). 2019 개정 누리과정 놀이실행.

________________(2020a). 만들어가는 놀이 중심 유아교육.

보건복지부(2020b). 제4차 어린이집 표준보육과정 해설서.

보건복지부 · 중앙육아종합지원센터(2022). Q&A로 알아보는 제4차 어린이집 표준보육과정.

APTER 2

보육장학과 실행

이진실(명지대학교 아동학과 객원교수)

학습목표

- 보육장학의 개념과 방법, 실천적 중요성을 이해한다.
- 보육과정, 평가, 재무회계 등에 대한 다양한 보육장학의 종류와 방법을 알고 실행 및 평가할 수 있다.
- 보육장학을 실행한 사례 공유를 통해 장학의 구체적인 과정과 결과에 대해 평가해 보며 보육장학에 대한 실행력을 기른다.
- 보육실습 지도의 목적과 목표를 이해하고, 지도 내용 및 지도 방법을 인지하고 보육실습생을 효율적으로 지도할 수 있다.

1. 보육장학의 현재

[현장의 목소리]

"작년보다 현장을 더 잘 운영해야 한다는 부담감이 커요."
"경쟁해서 살아남으려면 아무래도 잘해야 해요."
"교육과정을 더 잘 실행하고 싶어요."
"현장에 맞는 교육을 지원받고 싶어요."

출처 : 김은영(2022).

2019년 개정 누리과정이 발표된 후 현장의 자율성과 개인 간 역량 차이로 교사들의 전문성 제고를 위한 과제가 부여되었다. 외부 교사교육, 현장 내 연구동아리, 학습공동체 결성 등을 통해 개정된 교육과정을 이해하길 원하였으나, 실제 현장에서는 연구 인력의 부족과 자원의 열악함, 실행방법 미숙 등의 이유로 제자리걸음인 기관들이 많다(김은영, 2022).

단위: %

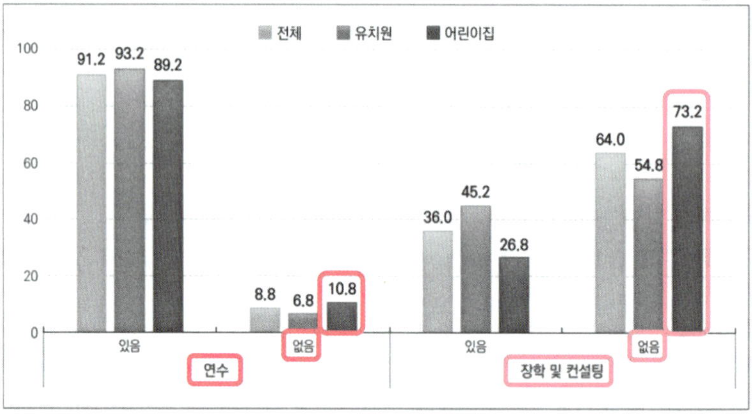

❙그림 12-1❙ 유치원과 어린이집의 연수, 장학 및 컨설팅 경험 여부

단위: %

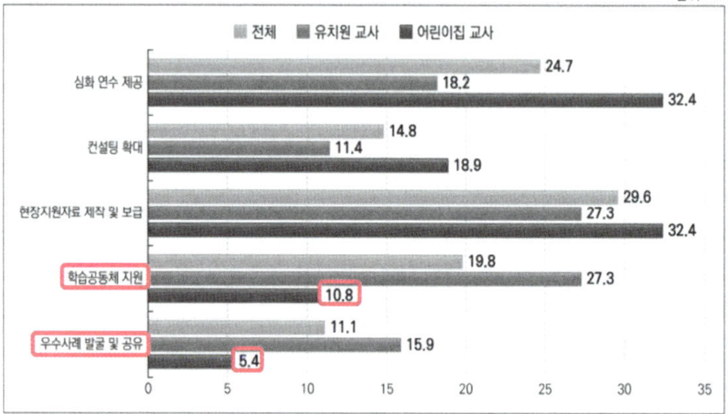

❙그림 12-2❙ 영유아교사의 전문성 향상을 위한 정부 지원

출처 : 김은영(2022).

앞의 그래프들을 정리하면, 보육교사와 유치원교사 모두 앞으로 필요한 전문성 지원 방향을 다음과 같이 요구하고 있다.

자율연수 — 원내 장학 — 모임, 동아리 — 전문 컨설팅

|그림 12-3| 영유아 교사의 전문성 제고 방향

출처 : 김은영(2022).

2. 보육장학의 실행과 평가 분석

1) 보육장학의 이해

생각나누기

- 선생님이 생각하시는 "장학"은 무엇인가요? 선생님의 생각을 다 함께 공유해 볼까요?
- 선생님이 생각하시는 "보육장학"은 무엇인가요? 선생님의 생각을 다 함께 공유해 볼까요?

(1) 보육장학의 개념

① 장학의 개념

장학(supervision)은 어원적으로 superior와 vision의 합성어로서 '높은 곳에서 우수한 사람이 본다'라는 뜻이다. 해방 후 도입된 supervision이라는 용어는 지도 · 조언 또는 장학으로 번역되었다. 장학이라는 개념은 장학에 대한 접근방법과 강조점의 차이로 인하여 시대와 장소, 학자에 따라 다양하게 정의되고 있다. 현재도 장학에 대한 접근방법과 관점 및 강조점 차이로 인해 장학의 개념이 다양하게 제시되고 있으며, 특히 우리나라보다 미국 등의 선진국 학자들에 의해서 다양한 형태로 장학의 개념이 논의되고 있다(이윤식, 2019). 결국 장학이란 교육활동의 개선을 위하여 주로 교원을 대상으로 이루어지는 지도 및

조언 활동이라고 정의할 수 있으며 이와 같은 장학의 개념은 영유아교육 분야에서도 적용되고 있다.

② 보육장학의 개념

전통적으로 장학은 교육행정기관이 단위 교육기관을 대상으로 행정적 차원에서 이루어져 왔다. 그러나 교육의 자율화 · 민주화를 지향하는 시대적 변화와 함께 장학도 유치원이 중심이 되어, 자율적으로 이루어져야 한다는 인식이 높아지기 시작했다(이윤식, 2019). 이러한 흐름을 반영하여 최근에 이루어지는 장학은 기존의 교육행정기관이 주도하는 기관 중심형 장학에서 원장, 원감, 주임교사, 교사들을 중심으로 한 기관 중심의 자율장학으로 변화하고 있는 추세이다. 실제로 유치원의 경우는 자율장학회라고 연합회의 단체 이름을 명명하기도 한다. 특히 어린이집에서 이루어지는 원내자율장학은 외부의 통제나 지시를 받지 않고 원장, 보육교직원들이 상호 협조하면서 자율적으로 교사의 전문성 신장과 교수-학습 방법 및 환경 개선을 위해 노력하는 과정이다(김봉옥, 1998).

1급 승급을 앞둔 보육교직원들이 보육장학의 개념을 가장 쉽게 이해할 수 있는 것은 "보육과정 컨설팅"이다. 어린이집 입장에서는 장학의 개념이 친숙하지 않으며, 유치원에서 진행하고 있는 장학사 제도라는 것도 존재하지 않는다. 비슷한 맥락으로 "지도점검"을 통해 회계나 문서에 집중한 점검이 어린이집 장학의 현실이다. 그렇다면 보육장학의 개념을 어떻게 이해하면 좋을까? 육아종합지원센터에서 실시하고 있는 "보육과정 컨설팅"의 개념으로 이해한다면 장학의 의미를 쉽게 보육현장에 적용해 볼 수 있다.

참고 **보육과정 컨설팅이란?**

어린이집의 자율성 및 보육교사의 전문적인 역량을 증진하여 '제4차 어린이집 표준보육과정'의 현장적용을 돕는 맞춤형 컨설팅으로 국가수준의 보육과정에 대한 보육교직원의 이해를 높이고 현장에 안정적으로 적용될 수 있도록 지원하는 사업

* 어린이집 보육과정 컨설팅 사업은 시도 및 시군구 육아종합지원센터에서 이루어지고 있으며, 각 육아종합지원센터의 '보육과정 컨설팅 사업' 계획 및 내용이 상이할 수 있음.

출처 : 중앙육아종합지원센터 보육과정 웹사이트. https://www.nccw.educare.or.kr

(2) 보육장학(보육과정 컨설팅)의 필요성 및 목적

① 보육장학(보육과정 컨설팅)의 필요성

영유아 놀이 중심을 기본 방향으로 하는 제4차 어린이집 표준보육과정(2020. 4. 9. 고시, 2020. 9. 1. 시행)은 계획한 활동 중심으로 운영하던 관행에서 벗어나 영유아의 주도적 자발적 놀이를 권장하고 일과에서 놀이를 통한 배움을 강조하고 있다. 제4차 표준보육과정이 안정적으로 실행되기 위해서는 전문적인 컨설팅을 통한 안내가 필요하며, 다음과 같이 네 가지 기본방향이 공통적으로 설정될 수 있기 때문에 보육 현장에서의 보육과정 컨설팅은 매우 필요하다.

- 국가수준 보육과정으로서의 체계성 확립 가능
- 영유아 중심 보육과정에 대한 이해 증진 가능
- 놀이중심 보육과정, 보육환경, 상호작용에 대한 이해 증진 가능
- 내용 구성 최소화를 통한 현장의 자율성 확대 가능

② 보육장학(보육과정 컨설팅)의 목적

전문적인 컨설팅을 통해 보육과정 관리체계의 모델링을 제시하고, 보육교사 스스로 문제를 해결해 나가는 과정을 지원하여 보육교사의 현장 전문성 향상과 보육과정 운영의 내실화를 도모하는 것이 보육과정 컨설팅의 목적이다.

2) 보육장학(보육과정 컨설팅)의 실행 및 평가

생각나누기

- 어린이집에 근무하면서 알게 된 컨설팅의 종류에 대해 자유롭게 이야기 나누어 볼까요?
- 어떤 종류의 컨설팅을 경험해 보았는지 선생님들의 경험을 공유해 볼까요?

(1) 보육장학(보육과정 컨설팅)의 다양한 종류 및 실행

보육현장에서 주로 진행하는 대표적인 컨설팅은 보육과정 컨설팅, 평가제 컨설팅, 재무회계 컨설팅으로, 이를 구체적으로 살펴보면 다음과 같다.

① 보육과정 컨설팅

㉠ 보육환경에 대한 컨설팅

> 영유아는 환경과의 상호작용을 통해 성장한다. 이러한 이유로 어린이집 실내외 놀이공간, 시설 및 설비를 영유아의 연령 및 발달수준, 흥미와 요구에 적합하게 구성하는 것은 매우 중요하다. 아울러 어린이집 환경은 어린이집에서 실시하고 있는 보육프로그램과 서로 유기적인 관계를 맺어야 한다. 즉, 어린이집 환경은 어린이집에서 실시하는 보육프로그램이 잘 운영될 수 있도록 구성되어야 한다. 영유아의 다양한 요구를 수용하기 위해서는 보육실뿐 아니라 그 이외의 공간도 필요하며, 이러한 공간은 영유아의 놀이 및 활동과 일상생활을 지원하도록 구성되어야 한다. 한편 같은 조건의 물리적 환경이라도 영유아가 어린이집에서 경험하는 놀이나 활동, 일상생활의 내용은 다를 수 있다. 즉, 단순히 물리적 환경을 갖추었는지뿐만 아니라 그 환경에서 영유아가 의미 있는 경험을 하고 있는지에 대한 평가도 함께 이루어져야 할 것이다.

출처 : 보건복지부 · 한국보육진흥원(2023).

〈표 12-1〉 보육환경 구성에 있어 고려할 점

보육환경 구성에 있어 고려할 점		예시 사진
융통성 있는 놀이 공간 배치	• 교사는 기관의 교육철학이나 교실의 물리적 구조, 영유아의 연령, 흥미 등에 따라 자율성을 가지고 교실 공간 구성 • 교실 내에 반드시 배치되어야 하는 흥미영역이 정해져 있는 것이 아니므로 영유아의 놀이를 지원할 수 있도록 공간을 융통성 있게 구성 • 영유아의 놀이흐름과 흥미에 따라 영역 크기 조정 • 놀이공간을 확장 및 축소하거나 구석진 곳이나 조용한 곳으로 교구장을 옮겨주거나, 확장된 놀이가 연결되도록 가까이 배치해 주는 등 자율성 발휘	 
넓은 놀이 공간	• 지나치게 많은 놀잇감, 교구장, 책상과 의자로 가득 찬 교실은 정작 영유아 놀이 공간 부족 • 모든 흥미영역을 배치하고 놀이 인원수를 제한하거나 공간이 좁아 놀이 결과물을 즉시 치워야 한다면 놀이의 흐름이 중단될 가능성이 높음 • 영유아의 놀이를 관찰한 결과 좁은 공간이 놀이를 방해하는 요소라고 판단되었거나, 영유아가 공간을 넓히고 싶다고 요구하였을 때 교사는 놀이를 방해하는 가구와 설비를 치우거나, 관심이 적은 놀잇감을 제거함으로써 놀이 공간 확보	 
영유아의 공간 배치 주도권	• 교사가 유아의 놀이를 따라가면서 자연스럽게 영유아 스스로 놀이공간을 배치하거나 변경하도록 지원하다 보면 영유아도 교실이 자신의 공간이라고 인지하며 공간 배치에 대한 주도권을 실행 • 다수와 개인의 놀이가 고루 존중되는 교실 문화 형성 필요	 

<table>
<tr>
<td>기타 놀이공간의 확보</td>
<td>• 영유아는 스스로 찾아낸 공간 또는 놀이를 하다가 우연히 발견한 공간을 더 좋아하며 그 공간에 대한 애착 형성
• 교사는 교실이나 실외놀이터 외에 복도, 현관 입구, 교실과 교실 사이의 공유 공간, 계단 등이 안전하다면 영유아의 놀이공간으로 허용
(단, 사전에 위험요소 점검 필요)
• 비상구, 비상계단 등 비상시 대피경로에 놀잇감이나 교구장, 자료장을 배치하지 않도록 주의</td>
<td></td>
</tr>
</table>

출처 : 교육부 · 보건복지부(2019).

| 그림 12-4 | 보육환경 컨설팅 피드백 적용사례

출처 : 중앙육아종합지원센터(2021).

생각나누기

- 영유아가 안정감을 느끼는 교육환경이란 어떤 것인지 함께 이야기 나누어 볼까요?
- 영유아가 즐겁게 놀이할 수 있는 환경은 어떤 것인지 함께 이야기 나누어 볼까요?

ⓛ 영유아와의 놀이지원에 대한 컨설팅

제4차 표준보육과정과 2019 개정 누리과정에서는 교사가 미리 모든 것을 계획하여 그대로 실행하는 것을 지양하고 실행된 교육과정을 토대로 만들어 가는 교육과정에 의미를 둔다(교육부 · 보건복지부, 2019). 영유아가 경험해야 할 내용을 바탕으로 배움의 통합성, 융통성, 자율성을 강조하며, "계획-실행-평가-계획"으로 이어지는 '선형적' 운영을 지양한다. 또 영유아의 놀이, 일상생활, 활동을 잘 관찰하고 기록하다가 영유아의 배움을 지원하기 위한 계획을 수립할 것을 권고하고 있다. 따라서 교사의 교육적 지원 계획은 영유아의 놀이현장에서 자연스럽게 수정될 수 있으며 적절한 방향으로 보완될 수도 있다. 또한 연간, 월간, 주간, 일일 계획의 형식을 자율적으로 할 수 있으며 통합하거나 선택적으로 활용할 수 있다(김금주 외, 2021).

〈표 12-2〉 연간, 월간, 주간, 일일계획안 작성 및 운영 시 고려사항

놀이 지원계획안	놀이 지원계획안 작성 및 운영 시 고려사항
연간교육계획안	• 놀이주제는 연령 간의 연계성을 고려하여 선정하고 영유아의 연령과 발달수준에 따라 주제의 난이도와 주제 전개 소요 시간을 조절 • 한 학급에서만 공유되는 것이 아닌 기관 전체 구성원이 공유하는 자료이므로 기관 차원에서 연간교육계획 검토 • 영유아에게서 발현되는 놀이 주제가 학기를 진행하는 동안 즉각적으로 반영될 수 있도록 여지를 남기고 연간계획안 작성 • 연간교육계획이 수립되었다 하더라도 영유아들의 놀이 경험에 따라 시기와 기간 등이 바뀔 수 있으며, 영유아교육기관 및 지역사회의 실정에 따라 변경되고 확장될 수 있으므로 융통적으로 진행

월간교육계획안	• 월간계획안은 연간계획에 기초하여 작성하며 진행 중인 놀이주제, 놀이 전개 과정을 고려하여 지원을 연장할 것인지, 종료하고 새로운 주제로 전환할 것인지, 또는 새로운 주제를 추가할 것인지 결정하여 작성 • 교사가 사전에 계획한 주제 외에 영유아의 흥미와 요구, 진행 중인 놀이를 토대로 반영한 발현된 주제를 선정하며, 주제에 적합한 교육내용을 선정 후 목표 설정 • 월간계획 시 영유아교육기관에서 발생되는 여러 변수 고려 후 융통성 있게 운영
주간교육계획안	• 주간교육계획은 영유아의 발달수준, 연령, 흥미, 요구, 주제, 우연적인 사건, 계절, 행사 등을 고려하여 작성 • 주간교육계획은 영유아의 즉각적으로 변화되는 흥미에 따라 융통성 있게 운영되는 것이 바람직하며, 교사가 계획한 지원 계획이 아니더라도 영유아가 즉각적으로 경험하게 되는 우연적인 사건 반영 가능 • 주간교육계획에 포함된 놀이와 활동은 연속성을 가지고 며칠에 걸쳐 진행 가능 • 전 주와 다음 주의 학습될 기술이 연계되도록 구성할 필요가 있으며 단순한 기술이라도 영유아의 흥미에 따라 반영 필요
일일교육계획안	• 일일교육계획안 작성 시 운영시간, 인적 자원, 물리적 환경, 시기 등에 따라 활동 집단의 크기, 활동 소요 시간, 모이는 형태나 장소, 교재교구의 종류나 양 등을 어떻게 할 것인지 구체적으로 결정하여 계획하고 운영 • 일일교육계획 시에는 영유아의 흥미와 욕구를 반영할 수 있는 기회를 주어 영유아가 능동적으로 놀이 진행 • 교사주도 활동과 영유아 주도 놀이들이 균형 있게 이루어질 수 있도록 활동 배치 • 일과의 계획과 운영은 융통성이 필요하며 일일계획안은 주간계획안에 기초하여 작성하지만 영유아들의 놀이에 따라 계획하지 않았던 내용이 첨가되거나 적용시기 변경 필요 • 일일교육계획 시에는 계획가 실행에 대한 평가를 반영해야 하며, 제4차 표준보육과정과 2019 개정 누리과정에서는 계획과 기록, 평가가 통합된 양식을 제안 • 평가 후에는 반드시 후속 활동계획에 반영 필요

출처 : 김금주 외(2021).

생각나누기

• 영유아를 위한 장기적 교육 지원에서 고려해야 할 점은 무엇인지 함께 이야기 나누어 볼까요?
• 영유아를 위한 단기적 교육 지원에서 고려해야 할 점은 무엇인지 함께 이야기 나누어 볼까요?

주제	우리 동네	목표	내가 살고 있는 곳에 대해 궁금한 것을 알아본다.

요일	실행	지원
…	…	…
목	• 교실 한 켠에 있는 지도에 대해 관심을 가지고 가장 빨리 가는 길에 대한 대화를 나눔.	✓ 인터넷을 활용하여 유아가 지도를 잘 볼 수 있도록 지원함.
금	• 인터넷으로 본 지도를 보며 그림으로 길을 표상함. 교실에 있는 종이가 작다고 하면서 점점 더 큰 크기의 종이를 요청함.	✓ 더 큰 종이 제공함: 도화지 → 4절지 → 전지 → 전지 이어 붙여서 그림 그리기.
월	• 지난주 금요일에 이어 길을 그림으로 표상함. 그림에서 일반도로 뿐 아니라 다양한 길(예: 지하철, 고속도로 등)에 대한 표상이 나타남. • 종이를 이어 붙이는 것의 불편함과 더불어 이어 붙인 종이 위에 올라가서 그림을 그리자 다시 그릴 공간이 좁아지는 상황이 벌어짐.	✓ 문제 해결 방법에 대해 유아들과 토의하였고 복도에 나가서 그림을 그리기로 결정함. ✓ 종이는 계속 이어 붙이기 어려워 바닥에 그림을 그리면 좋겠으나 바닥을 훼손하면 안 되므로 다음날 교사와 함께 자료실에 가서 바닥에 그리기 적절한 그리기 도구가 있는지 찾아보기로 함.
화	• 자료실에 가서 바닥에 그리고 지우기 적절한 그리기 도구를 찾다가 우연히 테이프를 발견하고 테이프로 길을 만들자고 함. • 유아가 선택한 자료인 테이프로 유아는 복도에서 길을 만들기 시작함.	 ✓ 교사와 유아가 함께 자료실에 가서 유아가 선택한 자료(절연 테이프)를 제공함. ✓ 교실 외 놀이공간(복도) 활용함.
수	• 복도에서 이어서 놀이함. 길이 더 길어지고 커짐. • 색테이프를 요청함. • 테이프로 벽에도 표상을 시작함. 노랑-고속도로 파랑-1호선 초록-2호선 빨강-3호선 "아파트는 바닥X. 서있잖아."	✓ 벽까지 올라가서 어떻게 다 떼어 정리하나 걱정도 되었지만 유아들의 놀이를 지켜보기로 함. ✓ 요청에 따라 다양한 색깔의 테이프 추가 제공함. ✓ 테이프로 만든 길 위에 입체적으로 동네를 구성할까 싶어 종이벽돌블록과 소품 일부를 제시해 보았음.

| 그림 12-5 | 놀이실행 및 지원을 기록한 주간교육계획안 예시

출처 : 교육부 · 보건복지부(2019).

ⓒ 영유아와의 상호작용에 대한 컨설팅

영유아의 교수학습에서 상호작용이 강조되는 이유는 대부분의 교수학습 상황이 영유아-교사 간의 종속적 관계에서 진행되어 교사 주도적 학습이 됨으로써 영유아의 놀이를 도리어 방해하거나 근접발달지역을 볼 수 있는 기회를 놓치게 되기 때문이다. 이는 영유아의 발달과 학습의 단서를 놓치는 결과가 된다. 특히 문제 상황이 발생하거나 또래 간 갈등 상황에서 교사의 교수법에 대한 결여가 두드러지게 드러나는 것을 보게 된다. 따라서 교사는 영유아-교사 간뿐 아니라 또래 간의 상호작용이 의미 있고 긍정적으로 이루어질 수 있도록 또래 간의 상호작용을 격려하고, 교사와 영유아 간의 부적응 상황이나 또래 간 갈등 상황에서 문제해결을 돕는 교수전략을 습득하고 숙달해야 한다(손순복 외, 2019). 다음은 문제 상황에서의 긍정적 행동지도 상호작용에 대한 구체적 설명이다.

또래 간 갈등 중재를 위한 상호작용

• 또래 간 갈등 중재의 원칙

① 감정을 수용해 주며 진정시킨다.
② 영유아 모두 자신의 입장을 이야기할 수 있는 기회를 제공하고, 교사는 이를 신중히 듣는다.
③ 허용되지 않는 행동과 책임에 대한 행동 기준을 분명하게 말해준다.
④ 유아의 경우 해결방안을 스스로 찾아볼 수 있도록 브레인스토밍한다.
⑤ 추후 적용과정을 살피며 모니터링하고 선택한 해결 방법으로 하고 있다면 격려하고 그렇지 않다면 왜 지키지 않는지 다시 브레인스토밍할 수 있다.

• 유아 간 갈등을 중재할 때 고려할 점

① 서로 수용할 수 있는 해결책인 '상호 주관적 협상'을 하도록 교사가 중재한다.

> [상황]
> 4세반 쌓기놀이 영역에서 한 무리의 유아들이 블록으로 동물원을 만들려고 한다. 이때 한 유아가 블록으로 탑을 쌓고 있어 블록이 부족하고 공간이 좁다며 갈등을 겪고 있다.
>
> [상호주관적 협상의 예]
> "○○는 동물원을 만들고 싶고, △△는 탑을 쌓고 싶구나."
> "어떻게 하면 동물원도 만들고 탑도 쌓을 수 있을지 방법을 찾아보자."

② 부탁하는 기술을 배울 수 있도록 한다.
③ 무조건 양보하라고 하지 않는다.
④ 문제해결을 할 때 유아들이 찾은 해결 방법을 존중한다.

• 또래 간 갈등 중재의 5단계

[유아 또래 간 갈등 중재 5단계]

① 진정시키기
- 갈등 시 일시적 분리하기
  - "너희가 다칠까 봐 그래."
- 감정 수용해 주기
  - "서로 많이 화가 났구나."

② 서로의 입장 이해하기
- 각자의 입장을 말할 기회 주기
  - "어떻게 된 것인지 말해줄래?"
- 연령이 낮은 유아일 경우 친구 감정 읽어주기, 친구의 행동 의도를 읽어주기
  - "○○가 하는 것을 △△이도 하고 싶었나 봐."

③ 행동기준 말해주기
- 허용되지 않는 행동을 분명하게 말해주기
  - "친구를 때리는 것은 안 돼!, 친구에게 말로 해야 해!"
- 허용되지 않는 행동에 대해 책임지기
  - "남의 것을 빼앗거나 그냥 가져오는 것은 안 돼!, 친구에게 허락을 받아야 해."

④ 브레인스토밍하기
- 교사의 도움을 받아 문제해결을 위한 가능한 방법 찾기
  - "어떻게 하면 둘 다 만족할 수 있을지 방법을 찾아보자."
  - "좋은 방법을 찾으면 선생님한테도 이야기해 줘."
- 스스로 해결을 제안할 준비가 되어 있지 않을 경우, 교사가 직접적인 중재 시도
  - "둘이서 해결하는 것이 어렵니? 선생님이 도와줄까?"

⑤ 적용 후 점검하기
- 적용 과정을 살피며 격려하고 모니터링하며 점검하기
  - "○○가 화가 났을 텐데 친구를 때리지 않고 말로 잘 이야기해 주었네?"
- 실행되지 못하고 있다면, 왜 안 되고 있는지 점검해 보고 다시 브레인스토밍하기

[영아 또래 간 갈등 중재 5단계]

① 진정시키기
- 갈등 시 일시적 분리하기
  - "너희가 다칠까 봐 그래."
- 감정 수용해 주기
  - "서로 많이 화가 났구나."

② 서로의 입장 읽어주기
- 친구의 감정 읽어주기, 친구의 행동 의도를 읽어주기
  - "○○이가 갑자기 빼앗으니까 △△이가 깜짝 놀랐나 봐."
  - "○○이도 △△이 자동차를 갖고 싶었나 봐."

③ 행동 기준 말해주기
- 허용되지 않는 행동을 분명하게 말해주기
  - "친구가 가진 것을 무조건 빼앗는 것은 안 돼. 말로 먼저 하는 거야."
  - "○○아 자동차 빌려줘~라고 말해보자!"

④ 대안 제시하기
- 교사의 도움을 받아 문제해결을 위한 가능한 방법 찾기

> - 관심 돌리기 : 다른 것으로 관심을 돌릴 수 있도록 대안을 제시하며 놀이로 안내
> - 선택권 주기 : 이것과 저것 중에 어떤 것을 원하는지 선택하도록 하며 놀이로 안내

  - "똑같은 것이 여기도 있네. 이거 가질래?"
  - "우리 저기 가서 자동차 탈까? 아니면 그네 타러 갈까? 와! 더 재미있겠는데?"

⑤ 적용 후 격려하기
- 적용과정을 살피며 격려하고 모니터링하기
  - "○○이가 △△이 먼저 놀게 자동차를 주었네. 고맙다, 그렇지?"
  - "△△이가 엄청 고마워하겠다!"

출처 : 손순복 외(2019).

생각나누기

• 갈등 중재 5단계로 다음의 갈등을 구성원들과 함께 이야기 나누며 중재해 볼까요?

[예시] 3세 성주가 모형 자동차를 굴리고 있다. 그 모습을 보고 있던 현무가 "내 거야!"라며 팔을 뻗어 낚아채듯이 빼앗고는 돌아선다. 그러자 성주가 "내가 먼저 갖고 놀았단 말이야"라며 달려들어 서로 자동차를 끌어당기며 싸우고 있다.

② 어린이집 평가 컨설팅

평가 컨설팅의 개념은 평가 참여어린이집이 평가 준비에 대한 시행착오를 줄이고 효과적으로 평가 과정을 진행할 수 있도록 돕는 과정을 말한다. 평가 컨설팅을 통해 평가 관련 정보제공 및 상담, 보육교직원을 대상으로 한 교육, 컨설턴트를 어린이집으로 파견하여 자체점검 개선방향을 결정하고 개선하도록 도움을 제공하고 있다.

이해더하기 + 평가 컨설팅의 목적은?

• 평가 컨설팅은 인증을 받기 위하여 신청한 어린이집이 평가 과정을 원활하게 진행하도록 돕는 데 목적을 두고 있음
• 어린이집이 컨설팅을 통해 질적 수준 향상을 위한 개선점을 찾고, 어린이집과 보육교직원의 전문적 역량 강화를 도모하도록 지원하고 있음

출처 : 전주시 육아종합지원센터 홈페이지. https://jeonjuscc.or.kr

단 계	주요 내용	비 고
교 육	• 평가 참여 설명회 • 평가 지표교육 • 평가 컨설팅 진행방법 안내	지표교육
⬇		
신 청	• 평가 컨설팅 운영체계 안내 • 평가 컨설팅 신청 안내 • 평가 컨설팅 접수	집합교육 시 안내
⬇		
현장 지원	• 컨설팅 일정 협의 • 컨설팅 현장 지원 • 컨설팅 지원 확인서 서명	매월 5기관 선착순 마감
⬇		
결과보고	• 컨설팅 만족도 조사 제출(어린이집) • 컨설팅 진행 및 결과보고서 제출(컨설턴트)	규정서식관리
⬇		
사후관리 (전화, 이메일)	• 상시적 상담 지원	

• 평가 컨설팅 참여 어린이집 의무 및 준수사항 안내
• 다양한 정보 제공 전달방법 안내(업무연락, 센터 홈페이지)

| 그림 12-6 | 어린이집 평가 컨설팅 운영체계 예시

출처 : 전주시 육아종합지원센터 홈페이지. https://jeonjuscc.or.kr

생각나누기

• 어린이집 평가를 위한 컨설팅에 참여해 본 경험이 있나요?
• 어린이집 평가 컨설팅을 경험해 보았다면, 또는 경험해 보지 않았다면 어린이집 평가 컨설팅에 대해 어떻게 생각하나요?

③ 재무회계 컨설팅

㉠ 어린이집 재무회계 목적

〈사회복지법인 및 사회복지시설 재무 · 회계 규칙〉

「사회복지사업법」 제23조 제4항, 제34조 제4항, 제45조 제2항 및 제51조 제2항에 따라 사회복지 법인 및 사회복지시설의 재무 · 회계, 후원금관리 및 회계감사에 관한 사항을 규정하여 재무 · 회계, 후원금관리 및 회계감사의 명확성 · 공정성 · 투명성을 기함으로써 사회복지법인 및 사회복지시설의 합리적인 운영에 기여함을 목적으로 함

출처 : 한국보육진흥원(2022).

㉡ 어린이집 재무회계 기본원칙

〈표 12-3〉 어린이집 재무회계 기본원칙

원 칙	내 용
예산총계주의 원칙	• 세입과 세출은 모두 예산에 계상해야 함. 즉, 1회계 연도 모든 수입은 세입, 모든 지출은 세출로 편성해야 함
수입의 직접사용 금지 원칙	• 어린이집에서 발생하는 모든 수입을 세입처리하지 않고 직접 사용은 불가함 • 세입처리는 관 · 항 · 목 기준에 따라 수입 결의함 • 어린이집은 현금을 직접 받아 사용하지 못하고, 다만 부모(보호자)의 사정에 의해 불가피한 사유로 현금을 수납할 경우, 어린이집 운영비 통장에 수납한 날의 다음 날까지 보육아동 명의로 무통장 입금해야 함
예산의 목적 외 사용금지 원칙	• 어린이집의 모든 지출은 세출예산에서 정한 목적 외에 사용할 수 없음. 지출 시 관 · 항 · 목 기준에 맞게 지출결의 후 어린이집 명의의 운영비 통장을 통해 지출해야 함
회계연도 독립원칙	• 1회계연도에 속하는 법인 및 시설의 세입 · 세출의 출납은 회계연도가 끝나는 날까지 완결해야 함
예산 및 결산내역 공개원칙	• 어린이집 원장은 확정한 예산을 매 회계연도 개시 5일 전까지 관할 시장 · 군수 · 구청장에게 제출해야 함 • 어린이집 원장은 어린이집의 세입 · 세출예산 개요를 해당 어린이집의 게시판과 인터넷 홈페이지에 20일 이상 공고해야 함 • 공고는 「사회복지사업법」 제6조의2 제2항에 따른 정보시스템에 게시하거나 「영유아보육법」 제49조의2 제1항에 따른 보육통합정보시스템에 게시하는 것으로 갈음할 수 있음

출처 : 한국보육진흥원(2022).

㉢ 어린이집 재무회계를 위한 중간관리자의 역할

어린이집 원장의 다양한 역할 중에서도 '재무회계의 적절한 관리'는 핵심적인 업무 영역으로, 예산의 편성 및 집행 전반에서 수입과 지출의 흐름을 파악하는 능력과 결산을 통해 1년간 어린이집 운영이 적절하게 이루어졌는지 평가할 수 있는 능력 등이 요구된다. 아직까지 현행 제도에서 어린이집 중간관리자의 법적 지위와 기반은 명시되어 있지 않지만, 많은 경우 중간관리자들도 이러한 어린이집 재무의 이해 및 관리 역할을 함께 수행하고 있다. 따라서 중간관리자 역시 어린이집 운영이 효율적이고 원활하게 이루어질 수 있도록 어린이집의 재무회계 전반에 대한 이해를 갖출 필요가 있다. 원장이 원아, 교직원, 부모의 직접적인 요구를 모두 파악하는 데는 한계가 있으므로, 예산 편성 및 집행에 있어 무엇을 우선순위에 두고 선택할 것인가는 많은 부분 중간관리자의 몫이 되며, 중간관리자가 대행하게 되는 이러한 역할의 가치는 매우 중요하다.

예산이 편성된 후 중간관리자는 원장에게 이를 전달받고, 예산에 대한 다른 보육교직원들의 이해를 돕고 공감대를 형성하며, 상호 밀접한 협력과 소통으로 예산이 적절히 사용될 수 있도록 중간역할을 해야 한다. 또한 보육과정을 계획하고 실행하는 데 있어 어린이집 예산에 대한 이해를 토대로 예산을 적절히 분배하여 지출할 수 있도록 하며, 실질적인 물품구입, 카드 사용 방법 및 지출 및 결산 과정, 회계시스템 사용 방법 등에 대해 숙지하고 있어야 한다.

이처럼 어린이집 중간관리자는 예산의 계획 및 집행에 있어 원장의 보좌 역할을 하고, 보육교직원과의 밀접한 소통을 통해 상호 신뢰를 형성하도록 함으로써, 어린이집이 원활하고 투명하게 운영되도록 돕고, 이러한 과정을 통해 추후 어린이집 운영자로서 예비 원장의 역할을 습득할 수 있을 것이다.

㉣ 어린이집 재무회계 운영

▶ 예산편성 절차

절차	주체	시기·비고
· 예산편성지침을 어린이집에 통보	시장·군수·구청장	· 회계연도 개시 2월전
· 당해연도 예산편성	어린이집 원장	· 시·군·구 예산편성지침 참고
· 어린이집운영위원회 보고	어린이집 원장	· 어린이집
· 이사회의 예산 의결	사회복지법인	· 해당 어린이집만
· 시·군·구청장에게 예산안 제출	어린이집 원장	· 회계연도 개시 5일 전
· 어린이집 원장은 세입·세출 예산개요를 어린이집의 게시판이나 홈페이지에 20일 이상 공고	어린이집 원장	· 시·군·구에 예산안 제출 후

▶ 결산 절차

절차	주체	시기·비고
· 세입·세출 결산보고서 작성	어린이집 원장	· 출납완료 시
· 어린이집 운영위원회 보고	어린이집 원장	· 해당 어린이집만
· 이사회의 결산보고서 의결	사회복지법인	· 결산보고서 작성 시
· 시장·군수·구청장에게 결산보고서 제출	어린이집 원장	· 다음 연도 5. 31.까지
· 세입·세출 결산 개요를 당해 어린이집 게시판이나 홈페이지에 20일 이상 공고	어린이집 원장	· 결산보고서 제출 후

▌그림 12-7▐ 어린이집 예산편성 및 결산 절차

출처 : 한국보육진흥원(2022).

㉤ 어린이집 재무회계 과목 구분

관		항		목		내역
01	보육료	11	보육료	111	정부지원 보육료	· 만 0~5세아, 장애아, 다문화·맞벌이 가구 등에 지원되는 보육료 및 카드 수수료 환급금 등
				112	부모부담 보육료	· 보호자로부터 받은 보육료
02	수익자 부담 수입	21	선택적 보육활동비	211	특별 활동비	· 보호자가 부담하는 특별활동 비용
		22	기타 필요경비	221	기타 필요경비	· 보호자가 부담하는 입학 준비금, 현장학습비, 차량운행비, 아침·저녁 급식비, 졸업앨범비, 행사비 등 기타 필요경비
03	보조금 및 지원금	31	인건비 보조금	311	인건비 보조금	· 국가 및 지방자치단체로부터 받은 인건비 (어린이집으로 지원되는 처우개선비 등 포함)
		32	운영 보조금	321	기관 보육료	· 국가 및 지방자치단체가 보육 비용의 일정 부분을 어린이집에 지원하는 보조금
				322	연장 보육료	· 국가 및 지방자치단체가 연장 보육에 대해 어린이집에 지원하는 보조금
				323	공공형 운영비	· 국가 및 지방자치단체가 공공형 어린이집에 지원하는 운영 보조금
				324	그 밖의 지원금	· 국가 및 지방자치단체가 지원하는 급·간식비 및 냉난방비, 누리과정 운영비 등
		33	자본보조금	331	자본보조금	· 신증축비, 개·보수비, 장비비 등
04	전입금	41	전입금	411	전입금	· 법인, 단체, 개인 등 운영·경영자로부터의 운영지원금
		42	차입금	421	단기차입금	· 회계연도 내 상환을 원칙으로 시설 운영에 필요한 비용을 금융기관 등으로부터 일시 차입한 단기차입금
				422	장기차입금	· 시설 개·보수 등을 위해 금융기관 등으로부터 차입한 장기차입금
05	기부금	51	기부금	511	지정 후원금	· 국내외 민간단체 및 개인으로부터 후원 명목으로 받은 기부금·결연 후원금·위문금·찬조금 중 후원 목적이 지정된 수입
				512	비지정 후원금	· 국내외 민간단체 및 개인으로부터 후원 명목으로 받은 기부금·결연 후원금·위문금·찬조금 중 후원 목적이 지정되지 않은 수입과 자선 행사 등으로 얻어지는 수입
06	적립금	61	적립금	611	적립금 처분 수입	· 적립금 및 퇴직 적립금에서 이전 받은 금액
07	과년도 수입	71	과년도 수입	711	과년도 수입	· 전년도 출납 정리 기간 이후에 납입된 수입
08	잡수입	81	잡수입	811	이자수입	· 금융기관에 예치한 예금의 이자수입
				812	그 밖의 잡수입	· 차량·물품 등 어린이집 재산 매각 수입, 변상금, 위약금 수입, 교육 외 수입(보증금 수입 등), 보육교사 실습비, 보험료 수령액 등
09	전년도 이월액	91	전년도 이월액	911	전년도 이월금	· 전년도 불용으로 이월된 금액
				912	전년도 이월사업비	· 전년도에 종료되지 못한 이월사업비

▌그림 12-8▐ 세입 예산 과목 구분

출처 : 한국보육진흥원(2022).

관		항		목		내역
100	인건비	110	원장 인건비	111	원장급여	· 원장인건비 중 기본급 등
				112	원장수당	· 원장에게 지급하는 상여금과 제(諸)수당
		120	보육교직원 인건비	121	보육교직원급여	· 보육교직원 인건비 중 기본급 등
				122	보육교직원수당	· 보육교직원에게 지급하는 상여금과 제(諸)수당
		130	기타 인건비	131	기타 인건비	· 기타 일급 또는 단기 채용 임시·일용직 급여
		140	기관 부담금	141	법정부담금	· 어린이집에서 부담하는 법정부담금(건강보험, 국민연금, 고용보험, 산업재해보상보험 등)
				142	퇴직금 및 퇴직적립금	· 어린이집에서 부담하는 퇴직급여 및 퇴직적립금
200	운영비	210	관리 운영비	211	수용비 및 수수료	· 소모품 및 집기 구입비, 도서구입비, 인쇄비, 홍보물, 각종 사무용 및 교구 비품의 수선비, 수수료, 구급약품, 치료비, 대관·비품대여료, 협회비, 우편료, 광고료 등
				212	공공요금 및 제세공과금	· 세금 및 공과금, 안전공제회비, 전기료, 상·하수도료, 도시가스료, 자동차세, 각종 보험료(자동차·화재 등), 전신·전화료(통신비) 등
				213	연료비	· 보일러 및 난방시설연료비, 취사에 필요한 연료비
				214	여비	· 국내·외 출장여비
				215	차량비	· 차량 관련 유류대, 정비유지비, 소모품 등
				216	복리후생비	· 보육교직원 복리후생을 위한 현물·서비스 지급비(교직원 건강검진비·피복비·치료비·급량비 등)
				217	기타 운영비	· 그 밖에 운영경비로서 분류되지 않은 경비(건물임대료, 건물융자금 이자 등)
		220	업무 추진비	221	업무추진비	· 어린이집 운영 및 유관 기관과 업무협의, 종무식 등 공식적인 업무추진에 소요되는 제반경비
				222	직책급	· 어린이집 원장의 직책수행을 위하여 정기적으로 지급하는 경비
				223	회의비	· 어린이집운영위원회, 부모회의 등 각종 회의 등에 소요되는 경비
300	보육 활동비	310	기본 보육활동비	311	교직원연수·연구비	· 교직원에게 지급하는 연수비 및 연구비
				312	교재·교구 구입비	· 보육 기자재, 도서 등 구입 및 제작비
				313	행사비	· 아동과 직접 관련되어 발생하는 각종 행사경비
				314	영유아복리비	· 영유아 건강 및 안전관련 비용(건강검진 비용 등)
				315	급식·간식 재료비	· 정규보육시간 내 제공되는 주·부식 재료 구입비 및 간식비
400	수익자 부담 경비	410	선택적 보육활동비	411	특별활동비 지출	· 특별활동에 따라 지출하는 비용
		420	기타 필요경비	421	기타 필요경비 지출	· 입학준비금, 현장학습비, 차량운행비, 아침·저녁 급식비, 졸업앨범비, 기타 필요경비
500	적립금	510	적립금	511	적립금	· 어린이집의 안정적인 기관운영 및 완성에 수년을 요하는 공사나 제조 등 특정목적사업을 위한 적립금
600	상환·반환금	610	차입금 상환	611	단기 차입금 상환	· 단기 차입금 원금 및 이자 상환액
				612	장기 차입금 상환	· 장기 차입금 원금 및 이자 상환액
		620	반환금	621	보조금 반환금	· 정부보조금 미사용분에 대한 반환금
				622	보호자 반환금	· 보호자 부담비 미사용분에 대한 반환금
				623	법인회계 전출금	· 법인에서 지원한 전입금과 연계하여 지출하는 법인회계로의 전출금
700	재산 조성비	710	시설비	711	시설비	· 시설 신·증축비 및 부대경비, 그 밖에 환경개선을 위한 개·보수비
				712	시설장비 유지비	· 시설, 장비 및 물품 등의 유지를 위한 수선경비
		720	자산 구입비	721	자산 취득비	· 시설운영에 필요한 비품구입비, 노후 업무용차량 교체 등 차량구입비(차량할부금 포함), 그 외 자산 취득비
800	과년도 지출	810	과년도 지출	811	과년도 지출	· 과년도 미지급금 및 과년도 사업비의 지출(지출 대상 부도 등 부득이한 경우에 한해 제한적으로 인정)
900	잡지출	910	잡지출	911	잡지출	· 보상금·사례금·소송경비 및 원 단위 절사금 등
1000	예비비	1010	예비비	1011	예비비	· 예측할 수 없는 불가피한 지출소요

| 그림 12-9 | 세출 예산 과목 구분

출처 : 한국보육진흥원(2022).

3. 보육장학 우수사례

1) 학습공동체 운영

(1) 학습공동체의 이해

학습공동체는 전문성과 열정을 공유함으로써 자신의 지식과 전문성을 높이는 집단을 의미하며, 학습공동체는 일반적으로 공동체 안에서 '학습'이라는 공동의 관심과 목적을 가지고 구성원들의 자율적 의지에 의해 결합하여 전문성을 증진시키고자 모인 집단이다(권성호 외, 2001).

전통적으로 교사의 전문성 개발은 교사가 혼자서 하거나 현직교육을 통해서 이루어졌다. 전자의 경우 교사는 시행착오를 되풀이하면서 자신의 실천을 개선하며 전문적 지식을 쌓아갔지만, 이를 통해 쌓은 전문지식은 동료교사들과 공유되거나 후배교사들에게 전수되지 못한 채 개인의 지식 차원에 머물러 교사 집단 전체의 전문성 신장에는 효과적이지 못하였다. 현직교육의 경우 대부분은 교사에게 부족한 지식을 채워주는 형태로 이루어져 왔으며, 교사의 학습은 교직의 전문지식을 획득하는 것이고, 교사의 실천은 교직의 전문지식을 적용하는 것으로 인식되어 왔다(서경혜, 2009). 또한 교사교육의 대부분이 현직교사의 필요성과 요구가 반영되지 못한 채, 주어지는 지식을 그대로 받아들여야 하는 수동적인 교사교육으로 이루어져 왔기에(조선경 · 서영숙, 2010) 교사교육은 형식적인 활동으로 여겨지고, 교사가 지식을 획득하고 교실로 돌아와도 교사의 실천적 지식이 달라지지 않는 상황이 되었다(김경은 · 정지현, 2016). 이러한 현직교육이 가지고 있는 한계들을 해결하기 위해 교원연수제도 개편, 현장의 우수교원을 연수의 강사로 활용, 연수 방법의 변화, 연수 내용의 현장 적합성 제고 등과 같은 정책적인 대책(서경혜, 2009)이 마련되고 있으며, 교사학습의 사회적 성격에 주목하여 교사들이 자신의 교수 실제를 동료교사들과 공유하고 해결하기 위해 동료 간 상호 협력하는 과정에서 교사로서의 전문성을 발달시킬 수 있는 교사학습공동체의 중요성이 부각되고 있다(김경은 · 정지현, 2016).

참고

학습공동체의 개념

교사학습공동체는 타율적이며 하향 전달식 강의, 현장 적응성 부족이라는 기존 교사교육의 한계를 개선하는 방법으로 교사들의 자발적 의지로 구성된 교사들의 학습을 위한 공동체 모임이다. 교사들이 자신의 교수 행위에 대한 실천적 비판을 통해 문제를 발견하고 성찰하며, 협력적인 상호작용을 바탕으로 실천적 지식과 경험을 공유하게 된다. 이를 기반으로 새로운 지식과 경험을 창출하고 교사의 전문성 제고와 학습자들의 학습 능력 증진, 교육기관의 효과성 증대를 위해 운영되는 교사들의 학습 집단이라고 할 수 있다.

- 실천적 지식이란?

교직 경험을 통해 형성된 교육 실제에 관한 나름대로의 신념과 지식 체계로서 교사가 직면하는 교실 상황을 해석하는 방식을 말한다. 즉, 교사 개개인이 가지고 있는 이론적 지식을, 교사가 관계하는 실제 상황에 맞도록, 교사 자신의 가치관이나 신념을 바탕으로 종합하고 재구성한 지식으로, 이러한 실천적 지식은 교사의 교수행위에 근거가 된다.

(2) 학습공동체의 특성

학습공동체의 특성은 크게 다섯 가지로 첫째, 학습공동체는 자발적인 의지를 가지고 참여한 교사들로 구성된다. 구성원들의 자발적인 의지는 학습공동체에서 가장 중요한 요소이며(오찬숙, 2016), 이러한 자발적인 의지는 학습공동체의 적극적인 참여와 자유로운 소통, 나아가 구성원과의 협력을 증진시키는 역할을 한다(고영미, 2005).

둘째, 학습공동체는 공동의 비전과 가치를 공유한다. 학습공동체가 운영되는 데 있어 명확한 공동체의 목표와 비전은 교사들에게 방향성을 제시해 주는 역할을 하며, 구성원들의 행동과 결정을 이끌어 나가는 중요한 역할을 한다(이영신, 2017).

셋째, 학습공동체는 구성원 간의 공유와 협력을 중심으로 성장한다. 여기서의 협력은 교사들이 자발적으로 실천하는 자생적 특성을 가진 협력을 의미하며, 이는 형식적인 협력이 아닌 일상에 스며들어 있는 일상화된 협력이다(서경혜, 2008). 구성원간의 이러한 공유와 협력은 교사들에게 책임의식을 가질 수 있도록 하며, 학습공동체에 대한 책임감과 소속감을 높여주고, 이를 통해 서로에 대한 신뢰감이 형성된다(윤 정 · 조민지 · 유경훈 · 김병천, 2017).

넷째, 학습공동체에서는 반성적 실천과 이에 대한 공유가 이루어진다. 학습공동체를 통해서 교사들은 자신의 반성적 실천을 함께 공유하게 된다. 이러한 반성적 실천에 의한 학습은 교사가 스스로 반성하는 것을 통해 새로운 지식을 습득하며, 자신의 실천을 개선하고 나아가 전문성을 신장해 나감을 의미한다(서경혜, 2008).

다섯째, 학습공동체는 지원적 환경을 필요로 한다. 학습공동체의 지속적이고 원활한 운영을 위해서는, 구성원들이 모여 협의할 수 있는 충분한 시간과 공간이 필요하며, 교사들의 연구를 지원하는 문화, 교사들의 지원과 협력적인 동료관계 등의 인적 환경이 조성되어야 한다(곽영순, 2015).

(3) 학습공동체와 보육교사 실천적 지식의 관계

보육교사들은 다양한 발달적 특성을 가진 영유아를 대상으로 교수행위를 실천해야 하며, 그 과정에서 발생하는 예기치 못한 상황을 해결할 수 있는 능력이 요구된다는 점에서 보육교사들의 학습은 이론적 · 객관적 지식을 넘어 교수행위가 일어나는 교실의 맥락과 상황이 반영된 실천적 지식과 경험이 반영되어야 한다. 뿐만 아니라 보육교사들은 이론적 지식을 상황과 맥락에 맞게 재구성하여 가르치고, 이 과정에서 그들의 경험이나 실제에서 터득한 실천적 지식을 활용하는 경우가 많다(강현석, 2007). 따라서 보육교사들은 이론적 지식 이외에 실천적 지식을 학습하는 것은 매우 중요하다. 그러나 실천적 지식은 문서화하는 데 한계가 있으므로, 기존의 강의식 교사연수나 교사교육을 통해서는 전달되기 어려우며, 개별교사들 간의 직접적인 상호작용을 통해서만 전달이 가능하다(소경희, 2009). 특히 다른 연령의 교사들보다 보육교사들이 처한 상황과 맥락은 시시때때로 변화하므로 다양한 경험을 필요로 하며, 매 시간 실천적 지식의 재구성 과정이 요구된다. 또한 인간의 경험은 유한하기 때문에 보육교사들은 자신들의 직접 경험뿐만 아니라 동료교사들의 간접적 경험에도 귀 기울여야 하며, 이를 통한 자기 발전으로서의 학습을 이룩해야 한다. 이러한 점을 고려해 볼 때, 각 구성원들이 자신의 교수실천사례에 대한 경험을 공동체 내에서 나누며, 공동의 문제를 해결하고, 새로운 교수방법에 대한 아이디어를 교환하는 등 학습공동체야말로 보육교사들의 실천적 지식을 인식하고 재구성하는 데 적합한 방법이라고 하겠다.

2) 컨설팅 및 학습공동체 우수사례

2021년
보육장학지도사가 제안하는 "영유아와의 상호작용 실제 1, 2"
[부산광역시육아종합지원센터]

2021년
보육과정 컨설팅 성과사례집
[부산광역시육아종합지원센터]

2021년
보육과정 컨설팅 사례집
"놀면서 자란다"
[중앙육아종합지원센터]

2021년
놀이 학습공동체 운영사업 사례집
"놀이 나누며 동행하다"
[경기도육아종합지원센터]

2022년
놀이 학습공동체 운영사업 사례집
"함께라서 더 즐거운 놀이"
[경기도육아종합지원센터]

2022년
보육과정 컨설팅 놀이 학습공동체
"놀이가치세움 사례집"
[대전광역시육아종합지원센터]

2022년
놀이 학습공동체
"놀이로 함께 배움"
[경기도북부육아종합지원센터]

2022년
어린이집 컨설팅
"시작된 변화, 성장하는 우리"
[서울시육아종합지원센터]

생각나누기

- 선생님은 어린이집에서 학습공동체를 경험해 본 적이 있으신가요?
- 학습공동체를 경험해 보았다면 다른 선생님들께 경험한 학습공동체에 대해 소개해 주세요.

4. 예비보육교사 실습지도

1) 보육실습지도의 의의

(1) 보육실습의 개념

보육실습은 앞으로 보육교사가 되고자 준비하는 학생이 양성교육기관에서 필요한 교과목을 이수하고 보육현장에서 교사의 역할을 실제로 경험해 보는 것이다. 보육실습은 국가가 발급하는 '보육교사 자격증'을 취득하기 위해 기초적인 과정이면서 필수적인 과정이다(한국보육진흥원, 2017). 실습을 통해 대학 등의 양성교육기관에서 배운 이론과 지식을 보육 현장에 실제 적용하면서 보육교사로서 갖추어야 할 지식, 기술, 태도 등을 수행해 보는 전 과정을 말한다. 즉, 보육실습은 학생의 신분으로 보육현장에서 보육교사의 역할을 배우고 연습해 보는 과정이다.

(2) 보육실습 지도의 목적

실습생을 지도하는 보육실습기관과 보육실습 과목을 운영하는 양성교육기관 모두 보육실습의 중요성을 인식하고 실습생에게 유용한 내용으로 보육실습이 이루어지도록 일관성 있고 체계적으로 실습과정을 운영해야 한다(한국보육진흥원, 2017).

① 보육실습생을 위한 목표

- 보육의 철학과 목적 및 목표에 대한 생각을 발전시킨다.
- 실제 경험을 토대로 영유아에 대한 심화된 이해를 한다.
- 연령과 발달 수준에 적합한 구체적인 보육내용, 놀이중심의 상호작용, 영유아의 흥미를 고려한 효과적인 교수법 등을 관찰하고 직접 수행해 본다.
- 실습기관의 실내외 환경구성 및 자료의 적절한 활용을 경험한다.
- 보육교사의 전문적 역할과 책임, 태도를 직접 경험한다.
- 보육실습생 스스로 보육교사로서의 자질을 파악하고 전문성을 향상시키기 위한 노력을 하며 향후 진로를 탐색한다.
- 보육실습기관의 가정과 지역사회와의 연계를 경험하고 어린이집 내 조직 문화 등을 이해한다.

출처 : 한국보육진흥원(2017). 어린이집에서의 보육실습 지도.

② 실습지도교사를 위한 목표

- 실습생을 지도하면서 자신의 보육철학과 보육목표를 반성적으로 돌아보고 자신의 전문성을 발전시킨다.
- 실습생이 바람직한 학습운영 방향을 관찰할 수 있도록 자신의 학습운영능력을 검토한다.
- 실습생의 보육실습과정을 계획하고 이끌어 나가면서 리더십을 증진시킨다.

출처 : 한국보육진흥원(2017). 어린이집에서의 보육실습 지도.

2) 보육실습 지도의 중요성

보육실습을 통해 예비보육교사는 보육에 관한 전반의 이해와 더불어 보육교사로서 능력을 점검하는 기회를 갖게 된다. 또한 실천적 지식과 더불어 보육교사로서 본인의 적성을 확인해 보고 결정하는 중요한 시기가 되기도 한다. 그러므로 지도교사로부터 보육전문가의 자질을 배우는 과정과 동시에 미래의 보육교사로 자신의 의미를 구축하는 계기를 갖는 시기이기도 하다(하은옥, 2007). 많은 변수가 작용하고 역동적 활동이 이루어지는 현장에서 진행되는 보육실습은 실습생들에게 전문성 신장을 위한 풍부한 경험을 제공하는 데 큰 의의가 있으며(Bae, 1990), 대상연령의 다양성과 개인차가 큰 특성을 나타내므로 전문적 소양을 익히는 주요 과정으로 강조되고 있다(이기숙, 2013). 그러므로 예비보육교사의 전문성은 보육실습 지도교사의 전문성에 따라 실제적 훈련을 받고 이수하는 실습의 중요성이 더욱 부각되고 있다.

3) 실습지도교사의 멘토링 능력 향상

멘토는 멘티와 서로에 대한 신뢰를 바탕으로 지속적인 지도를 통해 멘티가 전문가로 성장 · 발달할 수 있도록 한다. 멘토링은 앞 세대가 다음 세대에게 자신이 가진 전문적 지식과 기술을 전수하는 방법으로 앞선 지식과 경험을 가진 영향력 있는 사람이 멘토(mento)가 되고 멘토의 지식과 기술을 전수받는 사람이 멘티(mentee)가 된다. 실습지도 과정에서 지도교사는 멘토가 되고 실습생이 멘티가 되어 보육의 실제에 대한 경험이 처음인 실습생을 지도교사가 보육전문가로 성장할 수 있도록 안내하고 가르치며 지원하고 자문해 주어야 한다. 실습생은 멘토링 과정을 통해 예비보육교사로서의 역량을 강화하고 지도교사는 실습생을 지도하면서 보육에 필요한 전문적인 지식, 기술, 태도를 재점검할 뿐만 아니라 자신의 보육활동에 대한 반성적인 사고를 겸하게 된다.

4) 보육실습 지도 내용

실습 지도교사는 사전에 실습 지도를 위한 계획을 작성하고, 실습생에게 이를 토대로 사전에 교육을 실시한다. 또한 실습을 위해 필요한 자료들을 실습생에게 적극적으로 지원하여 6주 동안의 실습이 실습생 및 실습기관 모두에게 의미 있는 시간이 되도록 한다(한국보육진흥원, 2017).

(1) 보육실습 지도 계획 수립

- 보육실습 지도 계획과 일정 수립
- 보육실습 지침서 내용 파악
- 보육실습생의 준비사항 점검
- 보육실습 기간 중 보육과정 및 행사 일정 확인

출처 : 한국보육진흥원(2017).

(2) 지도교사의 보육실습생 사전교육 실시

원장과 협의한 실습 계획을 토대로 실습 지도교사는 실습이 시작되기 전 실습생에게 사전교육을 실시한다(한국보육진흥원, 2017). 그리고 보육실습기관의 원장과 지도교사는 실습생들이 추후 전문성 있는 보육교사가 될 수 있도록 최선을 다해 실습을 지도해야 하며, 실습생에게 보육실습의 취지에 어긋나는 다음과 같은 부적합한 업무를 부가하지 않도록 주의를 기울여야 한다(한국보육진흥원, 2017).

보육실습생 사전교육 내용
• 보육실습에 참여하는 반 구성(연령, 인원 수, 영유아 특성, 하루 일과 등) 소개 • 보육실습 기간 중 연간 및 월간 보육계획안 및 행사 일정 소개 • 보육실습 기간 중 실내외에서 보육실습생의 역할 안내 • 보육실습생의 보육활동 계획 안내(영역별 보육활동, 연계보육활동, 반일 또는 일일보육활동 등) • 보육실습일지 작성 및 지도 안내 / 안전사고 예방교육 실시 (위급한 상황 시 대처방법, 보육실에서 칼, 글루건 등과 같은 위험한 물건 사용금지, 투약 금지 등) • 영유아 일상생활 지도(급·간식, 낮잠, 화장실 다녀오기 등)와 관련된 지침 제공 • 보육실습 준비물 안내 / 보육실습 시 주의사항 안내 / 보육실습에 필요한 정보 제공
부적합한 보육실습 내용
• 영유아 등원, 하원 차량지도 / 영유아의 간식 및 식사 조리 • 보육실습 지도교사 휴가 및 승급교육 시 보육실습생을 대체교사로 활용 • 보육활동 이외의 업무 지시 • 보육실습 학급 이외 보육실습기관 전체 정리정돈 업무 • 보육실습 학급 이외 동일 연령 반을 위한 교재교구 제작 • 영유아 응급처치 및 아픈 영유아 데리고 병원가기 • 학부모 상담 / 오전, 오후 통합보육 담당

출처 : 한국보육진흥원(2017).

(3) 보육실습 주차별 실습내용

기관의 상황에 따라 6주 연속형, 2주+4주형, 4주+2주형, 3주+3주형을 선택하여 운영할 수 있다(한국보육진흥원, 2017). 모든 유형의 참관기간(사전 및 사후참관을 포함하여)은 실습생에게 다양한 경험을 주기 위하여 보육활동운영실습을 하게 될 학급 이외의 연령을 참관할 수 있으면 더욱 바람직하다. 보육활동운영실습 기간에는 실습생이 담당 학급의 운영 내용을 세심히 관찰하도록 하는 참관 기간과 각 흥미영역별 또는 활동 종류별 부분 활동을 계획하고 실행해 보는 기간, 부분 활동을 연계하는 활동을 계획하고 실행해 보는 기간, 반일보육활동을 하루 일과에 따라 계획해 보고 실행해 보는 기간이 포함되어야 한다. 다음은 6주 연속형 운영과정의 세부내용이다. 분리형도 이에 준하여 운영될 수 있다.

〈표 12-4〉 **6주 연속형 실습 운영과정의 세부 내용 예시**

<table>
<tr><th colspan="2">주</th><th>1일차</th><th>2일차</th><th>3일차</th><th>4일차</th><th>5일차</th></tr>
<tr><td colspan="2">사전방문과 교육</td><td colspan="5">• 사전 방문하여 실습 오리엔테이션을 실시
• 보육실습 일정과 내용, 준비물, 준비서류 및 기타 유의사항 협의</td></tr>
<tr><td>사전 참여 실습</td><td>1주</td><td colspan="5">• 어린이집의 운영철학 및 보육서비스 등의 특징 파악
• 어린이집 보육교사들과 친밀감 형성
• 모든 연령의 반 참여 관찰 : 일과운영, 보육환경, 영유아-교사 상호작용 등, 영아반과 유아반 고르게 경험, 실습기관의 지침에 따라 순서는 융통성 있게 운영</td></tr>
<tr><td rowspan="8">보육 활동 운영 실습</td><td rowspan="2">2주</td><td colspan="5">실습반 영유아와 친밀감 형성하기 보조교사로서의 역할 수행하기</td></tr>
<tr><td colspan="2">실습반 관찰</td><td colspan="3">3주차 영역별 보육활동 선정 및 계획안 제출과 지도교사의 평가</td></tr>
<tr><td rowspan="2">3주</td><td></td><td>영역별 보육 활동 실습</td><td></td><td>영역별 보육활동 실습</td><td></td></tr>
<tr><td></td><td>자기평가 지도교사 평가</td><td>영역별 보육활동 선정</td><td>자기평가 지도교사 평가</td><td>연계활동 계획안 제출</td></tr>
<tr><td rowspan="2">4주</td><td></td><td>연계활동 실시</td><td></td><td></td><td></td></tr>
<tr><td>연계활동 자료준비 및 제작</td><td>자기평가, 지도교사 평가</td><td colspan="2">반일(일일) 보육계획 합의</td><td>반일(일일) 보육계획안 제출</td></tr>
<tr><td rowspan="2">5주</td><td></td><td></td><td>반일(일일) 보육활동 실시</td><td></td><td></td></tr>
<tr><td colspan="2">반일(일일) 보육활동 자료 점검</td><td>자기평가, 지도교사 평가</td><td></td><td></td></tr>
<tr><td>사후 참여 실습</td><td>6주</td><td colspan="3">• 보육실습기관의 모든 연령 학급 참관
• 보육일지 작성
• 보조교사로서의 역할 수행</td><td>최종 어린이집 실습평가회</td><td>실습일지 및 기타 실습 관련 서류제출</td></tr>
</table>

출처 : 한국보육진흥원(2017).

(4) 보육실습 대상별 실습내용

보육실습의 과정은 관찰과 참여로 시작하여 실제 보육활동의 계획과 실행 및 평가 순서로 진행되지만 실습반의 영유아 연령에 따라 보육실습 내용에 차이가 있다(한국보육진흥원, 2017). 영아반과 유아반은 연령 특성상 학급의 보육환경, 하루일과, 교사와의 상호작용, 활동 등에서 그 특징이 다르므로 실습의 세부 내용도 차이가 있다. 그 내용을 살펴보면 다음과 같다.

〈표 12-5〉 영아반과 유아반 실습세부 내용 비교예시

<table>
<tr><th colspan="2">구 분</th><th colspan="2">영아반</th><th>유아반</th></tr>
<tr><td rowspan="8">참관</td><td rowspan="5">보육환경</td><td colspan="3">흥미영역</td></tr>
<tr><td colspan="2">신체운동·건강, 의사소통, 사회관계,
예술경험, 자연탐구</td><td>언어, 수·과학, 조작,
역할, 쌓기, 음률, 미술영역 등
“연령별 주제에 따른 추가 흥미영역”
컴퓨터, 목공, 요리 영역 등</td></tr>
<tr><td colspan="3">일상생활 영역</td></tr>
<tr><td>0세</td><td>수유 및 이유영역,
낮잠 및 쉬는 영역,
기저귀갈이 영역</td><td rowspan="2">휴식 영역, 화장실</td></tr>
<tr><td>1세/
2세</td><td>쉬는 영역
기저귀갈이 영역(화장실)</td></tr>
<tr><td>하루일과</td><td colspan="2">실내외 개별 활동,
일상생활 활동으로 구성</td><td>실내외 개별 활동, 대소집단 활동,
기본생활습관 및 일상생활 활동으로 구성</td></tr>
<tr><td rowspan="2">상호작용</td><td colspan="3">• 연령별 발달 특성에 따른 영유아-교사 상호작용 관찰
• 영유아의 기질 등 개별적 특성에 따른 영유아-교사 상호작용 관찰
• 갈등 상황에 개입 관찰</td></tr>
<tr><td colspan="2">수유 및 이유, 기저귀갈이, 배변활동, 낮잠 재우기 등과 관련된 상호작용 관찰</td><td>대소집단 활동 관련 상호작용 및 기본생활습관 지도와 관련된 상호작용 관찰</td></tr>
<tr><td rowspan="3">보육
활동
운영
실습</td><td>영역별
부분활동실행</td><td colspan="2">흥미영역별 개별 활동 2개 계획 및 실행</td><td>흥미영역별 개별 활동 1개,
대소집단 활동 1개 계획 및 실행</td></tr>
<tr><td>연계활동실행</td><td colspan="2">실내흥미영역별 개별 활동 1개,
실외활동 1개 계획 및 실행</td><td>실내외 연계활동 1회 대집단 활동
1회 계획 및 실행</td></tr>
<tr><td>반일활동실행</td><td colspan="2">반일활동 구성 및 실행
(실내흥미영역활동 1개,
전이활동 1개, 실외활동 1개 포함)</td><td>반일활동 구성 및 실행
(실내흥미영역활동 1개, 대소집단 활동
1개, 실외활동 1개 포함)</td></tr>
</table>

(5) 보육실습 중 영유아 관찰지도 내용

실습생은 실습기간을 통해 영유아의 발달 특성과 개인차 놀이 특성 등을 관찰해 보는 기회를 갖는 것이 필요하다. 어린이집의 하루 일과 중에 영유아의 행동을 관찰하는 방법에는 일화기록, 평정척도, 행동목록 등 여러 가지가 있다(한국보육진흥원, 2017). 이 중에서 일화기록은 자신이 본 상황이나 사건을 그대로 기술하는 것으로 보육실습생이 유용하게 활용할 수 있는 방법(한국보육진흥원, 2017)이다. 보육실습기관에서 관찰할 때 다음과 같은 사항을 고려해 관찰을 실습할 수 있도록 지도교사가 안내한다.

일화기록에 의한 영유아 관찰
• 매일 1명의 집중관찰 대상 영유아를 선정한다. • 일과 시간대별의 행동이 모두 포함되도록 관찰한다. • 상황, 사건을 발달영역, 표준보육과정(누리과정)의 영역, 흥미영역 중심으로 분류하여 기록한다. • 관찰을 통해 영유아의 개별적 흥미, 놀이행동, 영유아가 지니고 있는 지식, 기술, 태도나 또래관계 특성 등을 파악한다. • 언제든지 관찰기록이 가능하도록 작은 메모지와 필기구를 항상 소지한다. • 일과 중에 자세한 일화기록이 어려우므로 중요사항 중심으로 약식 기록을 하고 일과 종료 후 약식 기록 내용에 기초해서 구체적으로 작성한다.

출처 : 한국보육진흥원(2017).

(6) 보육실습 중 상호작용 관찰 지도 내용

영유아와 보육교사 간의 상호작용은 보육 및 교육의 질을 결정하는 중요한 요소이므로 보육실습생은 이러한 지도교사의 상호작용을 관찰 및 분석하며 모범사례를 습득할 필요가 있다. 실습 지도교사는 영유아 교사 간의 상호작용에 대해 올바른 모델링을 실습생에게 보여주며 다음과 같은 사항을 관찰할 수 있도록 지도한다.

지도교사와 영유아 간의 상호작용 관찰 사항
• 영유아의 발달 수준이나 흥미에 적합하게 상호작용하는가? • 영유아를 믿고 존중하며 영유아의 시도를 적극 수용하는가? • 영유아의 일상 경험에 기초한 보육내용을 통합적으로 운영하는가? • 영유아의 요구와 질문에 경청하고 긍정적으로 반응하는가? • 보육활동을 미리 계획하고 조직하는가? • 영유아를 편견이나 차별 없이 평등하게 대하는가? • 영유아가 스스로 해결하도록 지도하는가? • 영유아의 부정적 정서를 긍정적으로 수용하는가? • 영유아 간의 다툼이나 문제 상황에 어떻게 개입하는가? • 영유아의 자유놀이에 교사가 적극 참여하고 놀이 전체를 수시로 파악하려 하는가? • 또래 간의 긍정적인 상호작용을 격려하는가?

출처 : 한국보육진흥원(2017).

(7) 보육실습 중 보육실습일지 작성 지도 내용

보육실습일지는 보육실습생의 실습내용을 파악할 수 있고 실습기관의 실습지도가 충실히 이루어졌는지 알 수 있는 공식적인 문서로, 실습생의 출근부, 보육실습기관 현황, 보육실습 일정, 연간 및 월간 보육계획안, 매일의 보육일과를 실습한 내용, 보육활동(영역별, 반일 또는 일일보육활동)계획안, 가정 연계 및 행사, 보육실습 평가 등으로 구성된다(한국보육진흥원, 2017). 해당란에 기록될 내용을 살펴보면 다음과 같다.

① 날짜, 날씨, 결재

날짜와 날씨는 보육내용에 영향을 미치는 중요한 요인이다. 날씨 및 월초, 월말, 주초, 주말 등의 일정에 따라 보육내용이 달라질 수 있다. 아울러 결재는 사실과 다름없이 기록되었음을 증명하므로 실습생, 지도교사, 원장이 날인을 필히 하도록 한다.

② 주제와 소주제

연간 및 월간 보육계획으로서 주제 및 소주제를 명시한다. 주제 및 소주제는 실습 해당 반의 연간, 월간, 주간보육계획안을 참고하여 기록한다.

③ 일과운영에 따른 보육내용

보육실습일지는 보육실습생이 보육실습 기간 동안 자신의 보육실습 내용을 기록하고 반복적으로 읽어보며 정리하고 자기 평가를 통한 반성적 사고를 하는 공간이다. 또한 실습생과 실습 지도교사, 실습기관과의 의사소통의 장이라 할 수 있다. 실습 지도교사는 실습생이 반에서 이루어지는 보육일과 운영을 구체적으로 기록하되 반복적으로 기록하지 않도록 지도한다.

④ 보육실습생 평가

하루 동안 반에서 보육실습생으로서 관찰, 실내외 활동 및 놀이 참여, 영유아 일상지도 등을 경험하면서 느낀 소감이나 의문사항을 기록하되 반성적으로 사고할 수 있도록 작성한다.

⑤ 보육실습 지도교사의 조언 및 평가

보육실습 지도교사는 매일 실습생을 관찰하고 지도한 내용이나 실습생의 자기 평가 내용을 바탕으로 조언을 기록한다. 보육실습 지도교사는 실습생 자신이 궁금해하는 점과 보육일과에서 경험했던 내용이나 생각을 솔직하게 쓸 수 있도록 수용적이고 신뢰 있는 분위기로 조언을 한다. 이때 보육실습 지도교사는 실습생이 아직 배우고 있는 학생이라는 점을 이해하고 실습생이 지니고 있는 예비교사로서의 강점과 잠재력, 이론적 내용을 적용하려는 시도, 실습에 대한 열의 등 긍정적인 측면을 언급하며 실습 지도교사는 실습생에게 멘토(mento)로서의 역할을 수행하도록 한다. 보육실습 지도교사가 실습생에게 매일 조언 및 평가를 하는데 포함될 내용을 제시하면 다음과 같다.

- 매일의 보육실습생 역할 수행 정도, 태도 등에 대해 구체적으로 평가하기
- 보육실습생에게 명확하고 깊이 사고하도록 되물어보기
- 자기 평가란에 기록한 보육실습생의 질문에 대해 전문적으로 답변해 주기
- 보육실습생의 신체적 · 심리적 어려움이나 이론을 실제에 적용하는 데 있어서 실수한 행동, 영유아 행동지도의 어려움, 영유아 간 문제를 해결하는 방법에 대한 혼란 등에 대해 적절한 답을 제공하고 공감과 용기 북돋워 주기
- 영유아의 일상생활지도 및 놀이참여, 상호작용에 대해 보육실습생의 역할을 구체적으로 알려주기

출처 : 한국보육진흥원(2017).

(8) 보육실습 중 보육활동 지도 내용

① 부분 및 연계활동 계획안 작성지도

실습생이 학급의 주제 및 소주제와 통합된, 발달에 적합한 부분 및 연계활동을 계획해 볼 수 있도록 지도한다. 주제 및 소주제에 통합된 활동으로 계획되었는지 살펴볼 수 있도록 계획된 활동을 진행하는 시기의 주제 및 소주제와 활동명을 기록하고 활동을 실행할 흥미 영역과 활동유형을 기록한다. 활동목표는 이 활동의 실행을 통해 영유아에게 기대되는 성취도 수준을 기록하되 표준보육과

정(0~1세 보육과정, 2세 보육과정, 3~5세 연령별 누리과정)에 근거하여 기록하도록 한다. 활동목표는 2가지 이상 기록하도록 지도한다. 활동 자료는 활동에 필요한 자료를 의미하는 것으로 구체적으로 기록하고 제작된 자료가 필요한 경우 제작 방법을 기록하도록 한다. 활동방법은 활동 실행의 도입, 전개, 마무리 과정을 기록하도록 한다. 활동의 유의점은 활동을 진행하면서 교사가 특별히 고려해야 할 참고사항을 기록하도록 한다. 확장활동은 계획된 활동과 동일한 영역과 종류로 계획해 볼 수도 있고 계획된 활동과는 다른 영역의 활동으로 계획해 볼 수 있으며 실내활동을 실외활동으로, 오전활동을 오후 활동으로의 확장으로 계획해 볼 수 있도록 지도한다.

② 반일보육활동계획안 작성지도

반일보육활동계획안은 보육활동운영실습의 마지막 단계로 실습 과정 동안 관찰, 계획, 평가했던 내용을 총체적으로 반영하여 영유아의 등원부터 낮잠시간까지 계획해 본다. 그러므로 놀이 활동뿐만 아니라 일상생활 활동지도, 기본생활습관 지도, 전이활동, 대소집단 활동 등이 모두 포함되어야 한다. 반일보육활동계획안은 부분 및 연계수업계획안과 마찬가지로 제출일, 결재, 반명, 일시, 주제, 소주제가 포함되며 시간 및 일과명, 활동계획 및 내용, 활동자료 및 유의점이 기록된다. 일과를 시간대별로 작성하고 일과 명을 기록하되 등원 및 맞이하기, 오전간식, 오전실내 자유놀이(오전실내 자유선택활동), 기저귀 갈이(영아반의 경우), 화장실가기, 대소집단 활동(유아반의 경우), 실외놀이, 점심 및 이닦기, 낮잠 준비 및 낮잠이 포함되도록 한다. 활동계획 및 내용에는 일과에 계획 내용을 순서대로 활동방법을 기록한다.

5) 보육실습 지도의 평가

한국보육진흥원(2017) 보고서에 따르면, 일반적으로 평가를 보육실습의 마지막 단계로 생각하지만 사실상 보육실습의 목적과 목표 설정, 보육실습의 계획과 운영,

보육실습 평가 단계마다 평가활동은 지속적으로 이루어지고 있다고 하였다. 평가는 보육실습생들이 양성교육기관에서 사전에 숙지한 지식, 기술, 태도를 실제 보육현장에서 적절하게 적용할 수 있는가를 객관적으로 알아보기 위한 과정이다.

(1) 보육실습 평가의 목적

- 보육실습의 진행 정도를 파악하여 실습의 질을 진단한다.
- 실습생의 보육 역량을 강화하여 전문성을 확보한다.
- 예비보육교사의 발전과정을 이해하여 반성적 사고를 촉진한다.
- 보육교사의 역할수행에 대한 긍정적 태도를 기른다.

출처 : 한국보육진흥원(2017).

(2) 보육실습의 평가 방법

한국보육진흥원(2017) 보고서에 따르면, 보육실습생을 체계적으로 평가하기 위해서 실습의 모든 과정에 대한 평가가 이루어져야 하며 실습생이 보육실습을 통해 예비보육교사로서의 역할수행에 얼마나 친숙해졌고 직무에 어느 정도 적응하였는지에 초점을 맞추어 평가한다고 하였다.

① 보육실습 평가 영역과 내용

보육실습 평가는 다음에 제시한 평가 영역과 내용에 따른 배점표에 기준하여 공정성과 형평성, 객관성을 유지하면서 엄정하게 진행해야 하며, 지도교사 개인이 평가하는 영역은 실습생이 제출한 객관적인 자료와 실습의 수행 정도에 기초하여 신뢰롭고 타당한 평가가 되도록 한다(한국보육진흥원, 2017).

〈표 12-6〉 보육실습생 평가 영역 및 배점

<table>
<tr><th>평가영역</th><th colspan="2">평가내용</th><th>배점</th><th>점수</th></tr>
<tr><td rowspan="4">근무태도와 자질
(20)</td><td>근무사항</td><td>출석, 결석, 지각, 조퇴 등</td><td></td><td></td></tr>
<tr><td>태도</td><td>성실성, 근면성, 친절, 적극성, 복장 및 용모, 예절</td><td></td><td></td></tr>
<tr><td>자질</td><td>영유아 존중, 책임감, 인성, 열의</td><td></td><td></td></tr>
<tr><td>관계형성</td><td>실습지도교사와의 관계, 동료실습생과의 관계</td><td></td><td></td></tr>
<tr><td rowspan="2">보육활동
계획과 실행
(30)</td><td>보육활동 계획</td><td>영역별, 반일 또는 일일보육활동 계획의 적합성과 충실한 준비</td><td></td><td></td></tr>
<tr><td>보육활동 실행</td><td>영역별, 반일 또는 일일보육활동의 효과적이고 적절한 실행 정도</td><td></td><td></td></tr>
<tr><td rowspan="3">예비보육교사로서
역할 수행
(30)</td><td colspan="2">영유아 행동 및 놀이 관찰, 보육환경 관찰</td><td></td><td></td></tr>
<tr><td colspan="2">보육일과 진행 보조 및 일상생활 지도</td><td></td><td></td></tr>
<tr><td colspan="2">영유아 상호작용과 놀이 참여</td><td></td><td></td></tr>
<tr><td>보육실습일지 작성
(10)</td><td colspan="2">구체적이고 충실한 보육실습일지 작성과 일일자기평가 및 지도교사 평가 반영</td><td></td><td></td></tr>
<tr><td>총평
(10)</td><td colspan="2">실습기간 동안 예비보육교사로서 향상된 정도</td><td></td><td></td></tr>
</table>

출처 : 한국보육진흥원(2017).

② 보육실습 평가 시 유의사항

보육실습 기간 동안 실습생을 평가할 때에는 다음에 제시되어 있는 항목들을 유의하여야 한다.

보육실습생 평가 시 유의사항
• 보육실습 기간 동안 실습생을 주의 깊게 지속적으로 관찰하여 사실을 정확히 기록하고 평가 기록 내용을 보관한다. • 보관한 평가 자료를 충실히 검토하여 신뢰성과 타당성을 가진 평가를 한다. • 인간적인 감정 및 개인적 느낌에 근거하여 평가하지 않도록 주의하며 공정하고 객관적인 기준에 따라 평가한다. • 보육실습을 시작할 때부터 마치는 순간까지 지속적으로 평가가 이루어지도록 하며 공정하고 객관적인 기준에 따라 평가한다. • 보육실습 평가를 빌미로 교재, 교구를 더 만들게 하거나 보육실습 이외의 기간에 출근하여 행사를 돕도록 하는 등 평가를 잘못 이용하지 않는다. • 보육교사 양성기관의 지도교수가 실습기관을 방문할 시, 실습생에 대한 전반적인 평가 의견을 안내하여 양성교육기관의 예비보육교사 교육에 기초자료를 제공할 수 있다.

출처 : 한국보육진흥원(2017).

③ 보육실습 평가회

6주간의 보육실습 과정에 대해 원장, 지도교사, 실습생이 함께 평가하는 과정을 갖는다. 실습기간 동안의 근태상황, 전문적 자질, 태도, 실제실습지도 내용, 기록물 관리 등에 대해 평가한다. 평가회는 실습생에게 실습이 시작된 시기부터 끝나는 시점까지 예비보육교사로서 자신의 변화된 부분을 고찰하고, 반성적으로 사고할 수 있는 기회를 줌으로써, 예비보육교사의 역할을 되돌아보게 된다(한국보육진흥원, 2017). 또한 평가회를 통하여 실습생은 자신의 장단점을 파악하고 미래의 보육교사라는 진로에 대한 긍정적 인식을 가질 수 있도록 도움을 줄 수 있다. 실습생뿐만 아니라 지도교사도 평가회를 통해 자기평가의 기회를 갖고 원장의 평가를 받음으로써 보육실습 지도교사로서 자신의 역할을 인식하게 된다.

생각나누기

- 현재 사회에서 실습생의 양성 방향은 무엇이라고 생각하나요?
- 선생님들은 실습 당시 실습지도교사에게 가장 의미 있게 배운 것은 무엇인가요?
- 선생님들은 실습생을 지도할 때 어떤 자료들을 필수적으로 제공할 예정인가요?
- 선생님들은 실습생에게 자신의 실습지도교사로부터 배운 것 중 어떤 것을 동일하게 지도할 예정인가요?
- 선생님들은 실습생을 지도할 때 어떤 내용들을 필수적으로 지도할 예정인가요?
- 선생님들은 실습생을 지도하는 과정에서 나타날 수 있는 갈등에 어떻게 대처할 예정인가요?
- 강사가 제공하는 6주 연속형 지도항목 세부내용을 토대로 예비 지도교사로서 자신의 실천적 지식을 다시 한번 점검해 볼까요?

참고문헌

강현석(2007). 교사의 실천적 지식으로서의 내러티브에 의한 수업비평의 지평과 가치 탐색. **교육과정연구, 25**(2), 1-35.

고영미(2005). 유치원 교사의 과학교육 학습공동체 형성 및 참여양상. 한국교원대학교 대학원 박사학위논문.

교육부 · 보건복지부(2019). 2019 개정 누리과정 놀이실행자료.

곽영순(2015). 교사학습공동체의 발달 단계 탐색. **교육과정평가연구, 19**(1), 179-198.

권성호 · 서윤경 · 이승희(2001). WOO(Web based multi-user Object Oriented) 기반 학습공동체 설계를 위한 구성요소 탐색. **교육정보미디어연구, 7**(4), 147-170.

김경은 · 정지현(2016). 국내 유아교사학습공동체 관련 연구 동향 분석. **어린이문학교육연구, 17**(1), 213-238.

김금주 · 오진희 · 김은정 · 박형신(2021). **2019 개정누리과정에 기초한 영유아 교수학습방법**. 서울 : 학지사.

김봉옥(1998). 유치원 자율장학의 현황과 활성화 방안. 인천대학교 교육대학원 석사학위논문.

김은영(2022). 「2019 개정누리과정」 운영 실태에 기반 한 교사 지원방안. 육아정책연구소 이슈페이퍼(2022-06).

보건복지부 · 한국보육진흥원(2023). 어린이집 평가 매뉴얼.

서경혜(2008). 학교 밖 교사학습공동체에 대한 사례 연구. **한국교원교육연구, 25**(2), 243-276.

______(2009). 교사 전문성 개발을 위한 대안적 접근으로서 교사학습공동체의 가능성과 한계. **한국교원교육연구, 26**(2), 243-276.

소경희(2009). 교사학습 이해를 위한 이론적 기초 탐색. **교육과정연구, 27**(3), 107-126.

손순복 · 정진화 · 박진옥(2019). **영유아 교수학습 방법**. 서울 : 학지사.

오찬숙(2016). 교사학습공동체 특성에 다른 공유와 정착과정 연구. **한국교원교육연구, 33**(1), 297-328.

윤 정 · 조민지 · 유경훈 · 김병천(2017). 하늘초등학교 교사학습공동체 운영에 관한 질적 사례 연구. **한국교원교육연구, 34**(2), 27-56.

이기숙(2013). **영유아교육과정**. 경기 : 공동체.

이영신(2017). 교사 학습 공동체 이론을 적용한 교사 현직 연수 모형 탐색. 서울대학교 대학원 석사학위논문.

이윤식(2019). **유치원, 초등, 중등, 교원능력개발을 위한 자율장학론**. 서울 : 학지사.

정문성(2004). **협동학습의 이해와 실천**. 경기 : 교육과학사.

조선경 · 서영숙(2010). '서울형 어린이집 자율장학'에서 나타난 교사학습공동체 경험의 의미 탐색. **열린유아교육연구, 15**(3), 147-171.

중앙육아종합지원센터(2021). 놀면서 자란다.

하은옥(2007). 교육실습 전 · 후에 따른 예비유아교사의 이미지 변화. **열린유아교육연구, 6**(12), 19-42.

한국보육진흥원(2017). 어린이집에서의 보육실습 지도.

____________(2022). 어린이집 재무회계 매뉴얼.

Bae, S. Y.(1990). Student teachers' thought processes : The evolution of two student teachers' professional beliefs during their student teaching period. Unpublished Doctoral of Dissertation University of Illinois.

APTER 3

특별한 보육욕구 대상 지원과 사례탐색

박은주(명지대학교 아동학과 박사과정)

학습목표

- 다양한 가족의 특성과 현황 및 이들을 위한 정책 및 제도를 안다.
- 장애가족의 보육지원 사례 탐구를 통해 장애가족의 영유아지원 방법을 모색한다.
- 다문화가족의 보육지원 사례 탐구를 통해 다문화가족의 영유아지원 방법을 모색한다.
- 조손가족의 보육지원 사례 탐구를 통해 조손가족의 영유아지원 방법을 모색한다.
- 긴급복지지원제도의 원칙과 종류에 대해 알고, 신고의무자로서의 역할을 이해한다.

1. 다양한 가족의 특성과 요구의 이해

다양한 가족

1) 가족 특성에 따른 영유아의 발달적 특성 이해

(1) 사회변화와 가족 다양성

사람은 태어나면 가정이라는 집단에 속하고 그 집단에 소속된 가족들과 더불어 생활하게 된다. 가족은 개인의 성장과 발달에 필수적 환경으로 일차원적인 사회집단의 기능뿐만 아니라, 가족 구성원의 삶에도 많은 영향을 준다. 한국 사회는 국제결혼과 다문화가족이 급증하기 이전까지만 해도 핵가족이나 직계가족이 일반화된 가족의 형태로 인식되었다. 그러나 사회적인 변화로 인해 다양한 형태와 유형의 가족이 등장하게 되면서 기존의 혼인과 혈연 중심의 가족을 넘어서 탈가족, 탈제도, 개별화, 재구성 등 다양한 관계가 가족으로 맺어졌다(박수민, 2017). 가족의 모습은 한부모가족, 다문화가족, 조손가족, 장애영유아가족, 무자녀가족, 이혼가족, 재혼가족, 비혼동거가족, 청소년부모가족 등 다양한 유형의 가족이 등장하고 있다(김해원 · 김수정 · 김은영, 2021).

여성가족부는 가족 유형과 변화에 따라 「건강가정기본계획」을 발표하고 가족의 특성에 따른 맞춤형 지원을 논의해 왔으며, 2021년 4월 발표된 「제4차 건강 가정 기본계획(2021~2025)」이 가족의 다양성을 인정하고자 하는 정책과제로 제시되었다(여성가족부, 2021). 가족은 일차적인 사회집단의 기능을 하고, 가족 구성원의 삶과 건강에 큰 영향을 주기 때문에 가족의 특성을 잘 이해해야 한다.

(2) 가족 특성에 따른 영유아의 발달 특성

① 다문화가정의 영유아 발달 특성

다문화가족 영유아의 언어능력은 개인에 따라서 차이가 있지만 일반적인 가정의 영유아보다 언어발달이 낮다고 보고되고 있으며(황상심 · 강복정, 2016), 언어 발달의 문제는 또래와의 관계를 맺는 사회 능력으로 이어지고 있다(정예리 · 이숙희, 2010). 또한 다문화가정 영유아의 발달장애 발생률이 높았는데 한국인 가정의 영유아는 '영유아 선별검사' 1차 시점 이후에 발달장애 발생비율이 1.34%로 나타났지만, 다문화가정의 영유아는 1.7%로 한국인가정의 영유아보다 높았다(황 원 · 이선주 · 노연숙 · 남은우, 2023). 그리고 1차 발달 선별검사 결과에서 정상 결과가 나왔지만, 그 이후에 발달장애가 발생하는 비율이 다문화가정에 영유아가 한국인가정 영유아에 비해 높았다(황 원 외, 2023).

② 장애영유아가정의 영유아 발달 특성

장애영유아도 의무적으로 교육 · 보육을 받을 수 있도록 권리가 보장되면서 일반 어린이집에 통합되어 보육 서비스를 받는 장애영유아의 수가 늘어났다(한국보육진흥원, 2018). 장애영유아 통합보육의 의미는 동일 연령의 비장애 영유아들과 같은 경험을 할 수 있는 환경을 구성하고 프로그램을 운영하는 것인데, 일반적인 교육 · 보육 과정에서 장애영유아의 개별적인 요구에 따른 지원이 이루어져야 한다(육아정책개발센터, 2008). 예를 들어, 단순히 수치화된 연령이 아닌 장애영유아의 발달에 맞는 지원과 개인적 특성이 고려되어야 하며, 통합보육의 과정에서 적절한 교사 교육과 더불어 긍정적인 또래 관계의 교육 · 보육환경이 이루어지는 등 다양한 관점에서 지원이 필요하다(한국통합교육학회, 2009).

③ 조손가정의 영유아 발달 특성

이혼 가정이 많아지고 부모 모두 양육을 거부하거나 포기하는 경우 보육시설에 맡겨지기도 하지만, 조부모가 양육을 담당하는 조손가정이 늘어나고 있다(장현진, 2023). 조손가정의 절반 이상인 53.2%가 부모의 이혼으로 인해 발생하고 있는데, 자녀는 부모의 이혼으로 가족의 해체를 경험함과 동시에 조손가정의 자녀가 되는 이중고에 노출된다(김송이 · 김동일 2020). 이에 따라 열등감과 위축, 우울감, 불안한 자아상 등이 나타나는 경우가 많고 부모의 이혼이 자신의 탓이라고 느끼는 자기 비난이 내재화되는 경우가 있다. 영유아가 새로운 가족에 적응하고, 열등감, 위축감, 우울감, 불안감 등을 벗어나도록 돕기 위한 탐색이 필요하다.

2. 장애아동을 위한 보육지원 사례탐색

1) 장애영유아의 특성 및 현황

(1) 장애영유아 현황

「장애인복지법」에 따르면 장애인은 '신체적 장애와 정신적 장애로 인해 장기간에 걸쳐 일상생활이나 사회생활에서 상당한 제약을 받는 자'로 정의된다. 현재 우리나라라에서 '장애아동'에 대해 정확히 정의된 법은 '장애아동복지지원법'밖에 없다. 이 법 제2조(정의)에서 "장애아동"이란 18세 미만의 사람 중 「장애인복지법」 제32조에 따라 등록한 장애인을 말하며, 6세 미만의 영유아로서 장애가 있다고 보건복지부 장관이 별도로 인정하는 사람을 포함한다. 통계청 지표에 따르면 최근 10년 동안 장애영유아의 수가 꾸준히 증가했으며, 5세는 2,431명에서 4,110명으로, 6세는 3,651명에서 6,056명으로 1.7배 가까이 늘어났다. 연도별 장애영유아 현황과 유형별 장애영유아 현황은 다음과 같다.

〈표 13-1〉 연도별 장애영유아 현황(2014~2023)

(단위 : 명)

구분	2014	2015	2016	2017	2018	2019	2020	2021	2022	2023
계	11,018	11,701	12,808	13,620	14,040	14,337	14,515	15,283	15,290	15,017
0세	31	26	46	46	41	43	36	28	20	25
1세	446	459	521	517	482	483	381	409	354	330
2세	1,067	1,066	1,047	1,157	1,066	1,014	916	801	728	730
3세	1,583	1,566	1,583	1,640	1,804	1,721	1,614	1,599	1,320	1,180
4세	2,032	2,196	2,293	2,313	2,482	2,898	2,825	2,734	2,701	2,324
5세	2,498	2,809	3,108	3,310	3,300	3,520	3,957	4,121	4,110	4,227
6세	3,361	3,579	4,210	4,637	4,865	4,658	4,786	5,591	6,056	6,201

출처 : KOSIS(국가통계포털). 복지. 장애인현황. 전국 연령별 등록장애인 수.

〈표 13-2〉 유형별 장애영유아 현황(2023)

(단위 : 명)

구분	전체장애	영유아	0세	1세	2세	3세	4세	5세	6세	영유아 비율
전체	2,641,896	15,290	25	330	730	1180	2324	4227	6201	0.58
장애유형										
지체	1,153,501	326	1	21	34	46	60	72	92	0.03
시각	248,360	202	0	8	11	25	36	58	64	0.08
청각	432,854	896	24	90	117	142	161	184	178	0.21
언어	22,830	2251	0	0	0	106	443	812	890	9.86
지적	229,780	2949	0	0	28	127	320	819	1,655	1.28
뇌병변	240,546	3060	0	196	499	550	573	629	613	1.27
자폐	42,744	5099	0	0	13	151	676	1,611	2,648	11.93

정신	104,197	0	0	0	0	0	0	0	0	
신장	108,623	26	0	5	5	2	5	6	3	0.02
심장	4,933	48	0	0	6	9	8	14	11	0.97
호흡기	11,029	2	0	0	0	0	2	0	0	0.02
간	15,634	85	0	8	10	14	17	14	22	0.54
안면	2,757	4	0	0	1	0	0	2	1	0.15
장루 · 요루	17,117	33	0	2	2	3	12	4	10	0.19
뇌전증	6,991	36	0	0	4	5	11	2	14	0.51

출처 : KOSIS(국가통계포털). 복지. 장애인현황. 전국 연령별 등록장애인 수.

장애영유아는 오랫동안 비장애 영유아가 당연시하는 일상적인 삶의 기회를 빼앗겼을 뿐만 아니라 같은 장애인 안에서도 주변에 머물러 있어야만 했다. 장애영유아는 장애를 가진 성인보다 더 세심한 배려와 지원이 마련되어야 하지만, 성인 중심으로 발전되어 온 한국의 장애복지 제도 내에서 장애영유아가 가지는 특별한 욕구에 대한 지원은 먼저 시행해야 하는 과제에서 밀려나 '이중적 소외'를 경험하고 있다. 따라서 영유아가 현재 처해 있는 상황이나 장애영유아의 특성을 고려한, 별도의 교육 · 보육 과정에 따른 접근이 필요하다. 장애영유아를 교육 · 보육할 때 가장 먼저 적용해야 하는 원칙은 장애를 지니지 않은 또래들이 일반적으로 경험하는 많은 것을 함께 할 수 있도록 도와주면서 특별한 지원을 해주는 것이다. 따라서 장애영유아 교육 · 보육의 기본적인 원칙인 장애가 없는 영유아들이 경험하게 되는 모든 발달상의 경험을 할 수 있도록 환경을 구성하고 프로그램을 운영해야 할 필요성이 있다.

(2) 장애영유아의 통합 교육 · 보육 비율

장애가 있는 영유아가 비장애 영유아와 함께 동등한 인격을 가진 존재이자 사회구성원으로 인정받고 같은 선택의 자유를 누려야 한다. 어린이집에서 교육 · 보육받을 수 있는 장애아 통합보육(한국보육진흥원, 2018)을 운영하는 장애아전문 · 통합시설 현황은 다음과 같다. 장애아전문 · 통합시설은 장애아 전문시설과 장애아통합시설로 나뉘는데, 장애아 전문시설의 경우 상시 12명 이상의 장애아(미취학 9명 이상 포함)를 교육 · 보육하는 시설이며, 장애통합어린이집은 장애아 전담 교사 배치 및 정원의 20% 이내에서 장애영유아 종일반을 편성 및 운영하거나 미취학 장애영유아를 3명 이상 통합보육하고 있는 시설을 말한다(통계청 e나라지표). 2022년 기준 장애아 전문시설은 177개소, 장애영유아 통합시설은 1,393개소가 운영 중이다. 2013년에 비교하여 장애영유아 전문시설은 5개소가 증가하였으며 장애아통합시설의 경우 526개소가 증가하였다.

〈표 13-3〉 연도별 통합어린이집 현황(2014~2023) (단위 : 개소)

구 분	2014	2015	2016	2017	2018	2019	2020	2021	2022	2023
계	1,046	1,074	1,088	1,124	1,177	1,276	1,388	1,495	1,570	1,637
장애아전문시설	174	175	177	178	177	176	177	178	177	173
장애아통합시설	872	899	911	946	1,000	1,100	1,211	1,317	1,393	1,464

출처 : 통계청 e-나라지표(2024). 장애아전문, 통합어린이집 현황.

2) 장애 영유아의 보육 지원 방안

장애아보육은 1994년 「영유아보육법」, 「아동복지법」에 준하여 장애아 탁아소로 시범 운영되다가 장애아보육의 활성화 방안 마련으로 1996년에 장애아보육을 본격적으로 시행하게 되었다(보건복지부, 2004). 「특수교육진흥법」에 의거해서 교육부는 1994년부터 소속 특수교육기관에서는 무상교육이 이루어졌고, 2003년부터 보건복지부 소속 어린이집에서 장애영유아 무상보육이 시행되면서 교육 · 보육은 양적으로 팽창하였다(교육인적자원부, 2006). 또한 장애영유아의 통합교육 참여율이 증가하고 있으며, 교육부에 따르면 2022년 기준 전체 특수교육대상 유아 8,248명 중 통합교육을 받는 유아는 7,249명(87.9%)로 조사되었고, 비율은 2013년 79.3%에서 해마다 증가하고 있다(국립특수교육원, 2022). 장애영유아를 통합해서 교육할 수 있는 방향과 내용은 장애와 비장애 영유아 모두가 등등한 자유와 선택을 두고 소속감을 지닐 수 있도록 실현되어야 하며(이소현, 2006), 기본적인 권리를 존중받아야 한다. 이는 장애영유아를 특별히 분리해서 보호하는 것이 아닌, 모든 영유아가 누리는 인권의 보호에 장애영유아가 포함되는 것이 바람직하다(국가인권위원회, 2015). 다양한 요구와 배경을 가진 장애영유아가 통합교육과정에 참여할 수 있도록 다양한 지원이 요구된다.

① 장애아보육지원

어린이집 이용 장애아동에 대한 보육료 지원을 통해 부모의 자녀 양육 부담 경감 및 원활할 경제활동을 지원

기준연도	지원주기	제공유형
2024	월	현금 지급

복지로
https://www.bokjiro.go.kr

지원대상

장애인복지카드(등록증)를 소유한 미취학 12세 이하의 장애아동을 지원
단, 다음의 아동에 대해서는 예외적으로 지원할 수 있음

- 장애인 등에 대한 특수교육법 제15조에 따라 특수교육 대상자로 선정된 3~5세 아동이 특수교육대상자 진단 / 평가 결과 통지서를 제출한 경우
- 취학연령이 되었음에도 부득이하게 질병 등의 사유로 일반 초등학교나 특수학교에 취학하지 못한 장애아동은 무상보육 대상에 포함(장애인복지카드를 소지하거나 특수교육 대상자 진단 / 평가 결과 통지서를 제출한 경우)
- 장애인복지카드 또는 특수 교육 대상자 진단, 평가 결과 통지서를 미소지한 5세 이하 영유아가 장애소견이 있는 의사 진단서를 제출할 경우
- 장애아가 부득이하게 휴학한 경우에도 보육료 지원 가능(장애인 복지카드 소지자는 6세 이상 12세까지 지원, 특수교육 대상자 진단 / 평가 결과 통지서를 제출한 경우 6세 이상, 8세 지원 가능)
- 장애아동이 정부 지원을 받는 특수학교(유치부 또는 초등학교 과정)를 이해할 경우 장애 무상보육료 지원 불가하며, 초등학교 과정 아동은 방과 후 보육료 지원이 가능

※ 특수교육 대상자의 경우 8세까지 장애아 방과 후 보육료 지원 가능

선정기준

보호자의 소득수준에 상관없이 지원하되, 장애인복지카드(등록증), 장애 소견이 있는 의사의 진단서 또는 특수교육 대상자 진단, 평가 결과 통지서를 제출해야 함

진단서 제출로 장애아 보육료를 지원하는 경우 주의 사항은 다음과 같음

- 제출된 의사 진단서(장애 등록용 장애 진단서와는 다름)는 장애아 등급이 반드시 명기될 필요는 없으나 진단서상의 장애 소견이 「장애인복지법」 시행령 [별표1]에 있는 "장애인의 종류 및 기준"에 한정
- 진단기관은 장애인복지사업안내(장애인 등록)의 "장애 진단기관(의료기관) 및 전문의 등"의 기준에 한정

서비스내용

- 장애아반 편성 아동은 587,000원을 지원함
- 3~5세 누리반(장애아) 아동은 587,000원을 지원함
- 일반아동반 편성 장애아동은 시 · 도지사가 고시한 연령별 보육료 수납한도액을 지원함

신청방법

해당 읍/면/동 주민센터에 직접 방문 신청하거나 복지로(www.bokjiro.go.kr)에서 온라인으로 신청

- 복지로 온라인 신청 경로 : 복지로 로그인 > 서비스 신청 > 복지급여 신청 > 영유아 > 보육료(어린이집)

출처 : 복지로 https://www.bokjiro.go.kr

② 장애아동수당

장애로 인하여 생활이 어려운 장애아동이 더 편안한 생활을 할 수 있도록 지원

기준연도	지원주기	제공유형
2024	월	현금 지급

복지로
https://www.bokjiro.go.kr

지원대상

18세 미만의 등록장애인으로 생계 · 의료 · 주거 · 교육 급여 수급자 및 차상위계층을 지원
소득인정액, 연령, 기타 기준은 선정 기준의 내용을 참고

선정기준 순서 및 기준 금액

신청일 현재 「장애인복지법」 제32조에 따라 등록한 장애인을 대상으로 함

- 중증장애인 : 장애인연금법상 중증장애인에 해당

• 경증장애인 : 장애인연금법상 중증장애인에 미 해당
• 신청하는 달을 기준으로 18세 미만(신청일이 속하는 월의 말일까지 18세가 되는 자는 제외)
• 다만, 18~20세로서 「초중등교육법」 제2조에 따른 학교*에 재학(휴학 포함) 중인 자는 포함됨
  * 특수학교의 전공과정도 「초 · 중등교육법」 제2조에 따른 학교에 포함
  국민기초생활보장 수급자나 차상위계층을 대상으로 함
• 가구의 범위는 국가기초생활 보장제도의 가구 범위와 동일하게 적용하며, 가구 해체 방지를 위하여 별도의 가구 특례 적용이 가능함
• 소득인정액 산정방식은 국민기초생활보장제도의 방식을 적용함
  * 소득인정액 = 소득평가액 + 재산의 소득환산액
  ① 소득평가액 = 실제소득 − 가구특성별 지출 − 근로소득공제
  ② 재산의 소득환산액 = {(일반/금융재산의 종류별 가액 − 기본재산액 − 부채) + 승용차 재산 가액} × 재산의 종류별 소득환산액
• 소득의 범위에 사적 이전소득, 보장기관 확인소득, 부양비는 적용하지 않음
• 차상위 계층 선정 기준은 소득인정액이 기준 중위소득 50% 이하인 경우로, 2024년 기준 4인 가구 2,864,956원 이하
• 부양의무자의 기준은 적용하지 않음

서비스내용

중증장애아동수당(중증장애인) 지급액은 다음과 같음
• 국민기초생활보장 생계 또는 의료급여 수급자 : 매월 22만 원
• 국민기초생활보장 주거 또는 급여급여 수급자 및 차상위계층 : 매월 17만 원
• 보장시설수급자(생계, 의료) : 매월 9만 원

경증장애아동수당(경증장애인) 지급액은 다음과 같음
• 국민기초생활보장 생계 또는 의료급여 수급자 : 매월 11만 원
• 국민기초생활보장 주거 또는 교육급여 수급자 및 차상위계층 : 매월 11만 원
• 보장시설수급자(생계, 의료) : 매월 3만 원

신청방법

읍면동 주민센터에 방문하여 신청하거나 복지로(www.bokjiro.go.kr)에서 온라인으로 신청이 가능
• 복지로 온라인신청 경로 : 복지로 로그인 > 서비스 신청 > 복지급여 신청 > 장애인 > 장애(아동)수당

출처 : 복지로 https://www.bokjiro.go.kr

③ 장애아가족양육지원

상시적인 돌봄이 요구되는 장애아 가정의 돌봄부담을 경감하여 가족안정성을 강화해야함

기준연도	지원주기	제공유형
2024	월	프로그램/서비스

복지로
https://www.bokjiro.go.kr

지원대상

18세 미만의 장애 정도가 심한 장애아동을 양육하는 가정을 지원

선정기준

돌봄서비스 대상자 선정기준은 다음과 같음
- (연령기준) 18세 미만 중증장애아동
  - 대상자로 선정된 후 사업기간 중 만 18세 도래 시에는 해당 사업 기간 종료일까지 자격 유지
- (소득기준) 기준중위소득 120% 이하 무료, 소득 초과 가정은 이용료의 40% 본인부담
- (장애정도) 장애정도가 심한 장애아동

다음에 해당하는 경우 지원대상에서 제외됨
- 다른 법령(또는 국가 예산)에 따라 장애아가족 양육지원사업과 유사한 재가서비스를 받고 있는 자
  - 장애인활동지원, 아이돌봄서비스, 기타 이에 준하는 서비스

서비스내용

1 아동당 연 1,080시간 범위 내 돌봄서비스, 휴식지원프로그램을 지원

신청방법

읍면동 주민센터에 방문하여 신청하거나 복지로(www.bokjiro.go.kr)에서 온라인으로 신청이 가능
- 복지로 온라인신청 경로 : 복지로 로그인 > 서비스 신청 > 복지급여 신청 > 장애인 > 장애아가족양육지원

출처 : 복지로 https://www.bokjiro.go.kr

④ 발달장애인 부모상담지원사업

발달장애인 부모에게 발달장애인의 양육과 부양에 따른 심리적 부담 완화 및 가족기능 향상 도모를 위한 전문 심리상담을 지원

기준연도	지원주기	제공유형
2024	년	전자바우처

복지로
https://www.bokjiro.go.kr

지원대상

(등록기준)
- 발달장애인(「장애인복지법」상 지적·자폐성 장애인)으로 등록된 자녀의 부모 및 보호자
  - 지적장애 또는 자폐성 장애를 부장애로 가진 경우도 포함
  - 발달장애인 자녀의 부모 동시 지원 가능
    ※ 단, 우선적으로 부모를 지원하는 것이 원칙이나, 발달장애인과 거주를 같이하면서 부모를 대신하여 발달장애인을 돌보는 보호자(2촌 이내)도 이용 가능

(기타요건)
- 자녀가 영유아(6세 미만)의 경우, 장애등록이 되어 있지 않더라도 발달장애(지적·자폐성)가 의심된다는 발달재활서비스 의뢰서 또는 6개월 이내 발행된 의사소견서(진단서)로 대체 가능

(제외대상)
- 다른 법령(또는 국가 예산)에 따라 발달장애인 부모상담지원 사업과 유사한 서비스를 받고 있는 자
- 「장애인복지법」 제32조의 2(재외동포 및 외국의 장애인등록)에 따라 장애등록한 외국인(재외동포 포함)

선정기준

지원대상의 내용을 참고

서비스내용

발달장애인 부모 및 보호자에게 개별, 집단 상담을 제공
대상자 1인당 12개월간 지원을 기본으로 함
대상자는 서비스 제공기관과 서비스 제공(이용)계획 수립을 통해 이용 기간을 결정할 수 있음
- 대상자와 서비스 제공인력 상담 실시
- 심리-정서 검사를 통한 욕구 확인 선행

서비스 이용자에게 서비스 지원연장이 필요하다고 판단하는 경우 1회(최대 12개월)에 한하여 지원

연장 가능
- 단, 대상자의 요청, 상담사 의견, 심리-정서 검사 등 확인 절차 지원 대상자로 선정되어 서비스를 제공받은 후, 서비스가 종료된 자는 종료일로부터 2년간 서비스 재이용이 불가능
- 단, 연장 이용하지 않은 자 중 지자체의 판단에 따라 예외적으로 필요한 경우에 한하여 종료일로부터 2년 내 1회(최대 12개월) 재이용 가능
  지원 대상자로 선정된 후 정당한 사유 없이 2개월 이상 연속 사용하지 않은 경우, 시 · 군 · 구청장은 대상자에게 사전 안내 후 중지 가능
- 사전 안내를 받은 지원 대상자가 정당한 사유를 증명하기 위해서는 소명 자료 첨부하여 결과를 통지받은 날로부터 60일 이내에 이의신청서를 작성하여 읍 · 면 · 동 주민센터 및 시 · 군 · 구청에 제출
- 서비스 중지 대상자도 중지일로부터 2년간 서비스 재이용이 불가

신청방법

서비스를 신청할 수 있는 사람은 다음과 같음
- 서비스를 필요로 하는 본인, 가구원, 대리인 신청 가능
- 개인별지원계획서*에 발달장애인 부모상담지원사업 지원 필요성이 명시된 경우, 복지담당공무원이 직권으로 신청 가능
  * 「발달장애인법」 제19조에 근거하여 수립완료된 개인별지원계획서(동법 시행규칙 별지 제4조)
  주민등록상 주소지 관할 읍 · 명 · 동 주민센터/시 · 군 · 구 방문신청 또는 복지로(www.bokjiro.go.kr)에서 온라인으로 신청이 가능
- 복지로 온라인신청 경로 : 복지로 로그인>서비스 신청>복지급여 신청>장애인>발달장애인 부모심리상담지원

신청기간은 연중 상시 신청 가능하며 시 · 군 · 구 담당자는 매월 말경에 대상자 결정을 완료

신청서류는 다음과 같음
- 사회보장급여(사회서비스이용원) 신청(변경)서
- 사회서비스 전용 국민행복카드 발급(재발급) 신청서
- 국민행복카드 상담 전화를 위한 개인정보 제공동의서
- 개인정보 수집 · 이용 및 제3자 제공동의서

증명서류는 아래를 참고해 주시기를 바람
- 등록기준 확인 : 발달장애인의 부모 및 보호자 확인이 가능한 서류
- 자녀가 영유아(6세 미만)의 경우, 장애등록이 되어 있지 않더라고 발달장애(지적 · 자폐성)가 의심된다는 발달재활서비스 의뢰서 또는 최근 6개월 이내 발행된 의사소견서(진단서)로 대체 가능
- 의뢰서

출처 : 발달장애인 권리보장 및 지원에 관한 법률 제2조.

출처 : 복지로 https://www.bokjiro.go.kr

3) 장애영유아가족 보육 지원 사례

제4차 표준보육과정과 2019 개정 누리과정에서는 영유아의 놀이 가치와 중요성을 강조하고 있다(교육부 · 보건복지부, 2019). 장애 여부와 상관없이 모든 영유아에게 자발적인 놀이를 통해 영유아는 스스로 배우는 과정을 통해 성장할 수 있음을 명시하면서, 국립특수교육원에서도 2020년 놀이운영사례집을 발간하여 장애유아의 놀이 지원을 위한 장애유아의 놀이의 필요성과 중요성을 강조하였다. 그러나 장애영유아의 놀이의 필요성에도 불구하고 교육과 보육의 현장에서는 장애영유의 자유와 욕구, 흥미가 고려되기보다 언어발달, 사회성발달, 인지발달 등을 중요한 요소로 인식하고 있다(원계선, 2020). 또한 장애통합을 하는 교육 · 보육기관에서도 장애유아의 놀이는 IEP(Individualized Education Program)를 기본으로 세운 목표를 토대로 목표 달성을 위한 중재와 치료 도구로 사용되고, 놀이는 훈련의 수단이 되어 기술이 습득된 후에 얻는 보상으로 놀이가 인식되고 있다. 장애영유아의 놀이권을 존중해 주기 위해서는 장애영유아의 놀이의 중요성에 대해 교사의 인식이 필요하며, 장애 정도와 개인의 특성을 고려한 협력관계가 이루어져야 할 것이다. 그러나 영유아 교사들은 장애영유아를 놀이중심 교육과정으로 지원하는 것에 어려움을 호소하고 있어(김경은 · 이대균, 2017), 서로 함께 나누며 놀이중심 교육을 실천할 필요성이 있다.

생각나누기 장애영유아의 놀이지원

- 기관에서 경험했던 장애영유아의 놀이지원 사례를 이야기 나누어 보아요.

장애아동놀이
세이브더칠드런
https://www.youtube.com/watch?v=LAdVpl_Qq1Q

3. 다문화아동을 위한 보육지원 사례탐색

1) 다문화가구의 자녀의 특성

(1) 다문화가구 자녀의 연령

우리나라는 태어나는 신생아 100명 중 6명이 다문화가정일 정도로 다문화사회로 빠르게 진입하고 있다(통계청, 2022). 서울시교육청 「2023 다문화교육 기본계획」에서도 최근 3년간 전체 학생은 34,706명 감소했지만, 다문화 학생은 꾸준히 증가했으며, 2022년을 기준으로 전체 학생 2.41%가 다문화 학생으로 해마다 증가하는 것으로 나타났다(서울시교육청, 2023).

다문화가구의 자녀 연령 현황을 살펴보면 2012년 104,694명, 2013년 116,696명 등 꾸준히 늘어났으며, 최근 9~24세 자녀의 비중이 증가하고 있다. 그러나 전국 다문화가족 실태조사에서 보면 다문화가정 출산 자녀 중 5세 이하의 비중이 39.0%로 타 연령대에 비해 비중이 높은 것으로 나타났다(여성가족부, 2021).

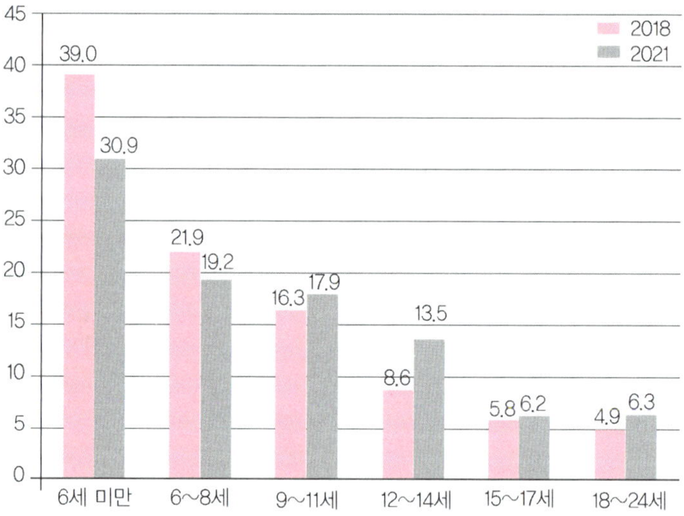

| 그림 13-1 | 다문화가구의 자녀 연령

출처 : KOSIS(국가통계포털)(2021). 사회일반. 전국다문화가족실태조사.

(2) 다문화가구 자녀의 돌봄

여성가족부(2021)는 5세 영유아를 대상으로 보육 · 돌봄기관(Eearly Children Education and Care, 이하 ECEC) 참여 여부와 이에 따른 양육수당수급 여부 실태를 조사하였는데, 다문화가족 자녀의 ECEC 참여율이 71.9%로 나타났고, ECEC 미참여 유아는 23.3%가 양육수당을 받는 것으로 확인되었다. 2018년 조사와 비교해 보면 ECEC 참여율은 낮아진 대신 양육수당을 수급한 비율이 높아진 것은 코로나 팬데믹 상황에서 실시되어 단순히 ECEC 참여율이 낮아졌다고 보기는 어렵다. 또한 3~5세 유아는 ECEC 참여율이 91.8%로 대다수의 영유아가 어린이집이나 유치원에 다니는 것으로 나타났다.

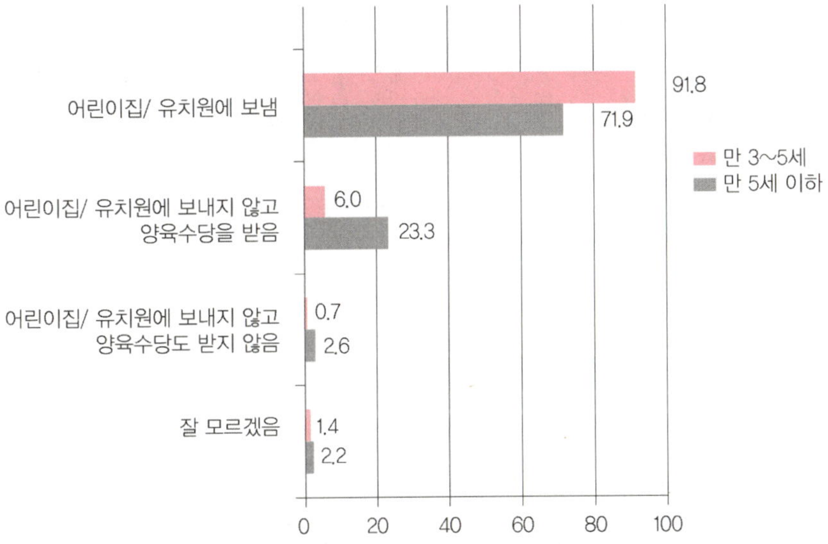

【그림 13-2】 미취학 아동의 자녀 돌봄 유형

출처 : KOSIS(국가통계포털)(2021). 사회일반. 전국다문화가족실태조사.

(3) 다문화가구 자녀의 양육의 어려움

결혼이주부모는 자녀와의 의사소통뿐만 아니라 문화의 차이로 인해서 부적응과 자녀를 보살펴야 하는 책임감과 부담으로 많은 스트레스에 놓인다(행정안전부, 2020).

특히 자녀를 돌봐야 하는 결혼이주여성은 어머니로서 자녀의 교육 · 보육의 어려움과 함께 한국사회 적응과 정체감 혼란을 겪을 수 있다. 전국다문화가족 실태조사(2021)에서 5세 이하 자녀의 다문화부모로서 어려운 점은 '자녀에게 한국어를 직접 가르치기 어려움'이 26.8%로 가장 많았으며, '내가 바쁘거나 아플 때 자녀를 돌봐줄 사람을 찾기 어려움' 20.5%, '자녀 양육에 대해 배우자나 가족과 의견차이'가 15.8%로 나타났다. 기타 '어린이집, 유치원 학교 등에 잘 모르는 것에 대한 어려움'과 '자녀양육에 대한 내 의견을 주위 사람들이 무시하는 것'은 각각 1.4%, 1.2%로 조사되었다(통계청, 2021).

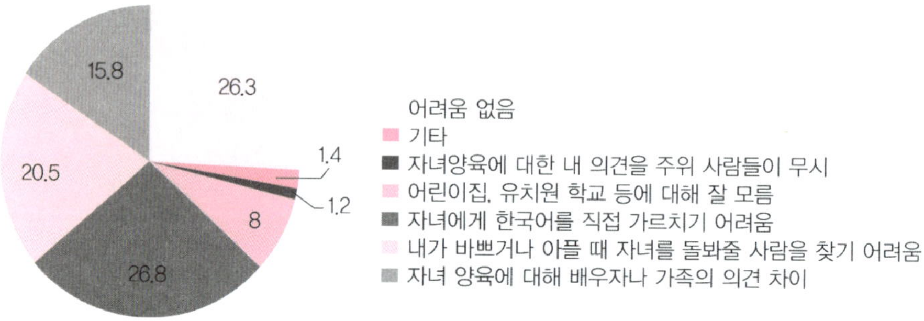

| 그림 13-3 | 5세 이하 자녀의 다문화부모로서 어려운 점(2021)

출처 : KOSIS(국가통계표 2022).

① 다문화보육료 지원

어린이집을 이용하는 다문화가정의 영유아 자녀의 보육료를 지원하여 부모의 양육에 대한 부담을 덜고, 부모가 원활한 경제활동을 할 수 있도록 도움

기준연도	지원주기	제공유형
2024	월	전자바우처

복지로
https://www.bokjiro.go.kr

지원대상

다문화가족 자녀 중 초등학교 취학 전 0~5세를 지원

선정기준

보호자의 소득수준에 관계없이 지원
다문화가족의 결혼이민자(인지신고 또는 귀화허가를 받은 자 포함)와 대한민국 국적을 취득한 자 사이에 출생한 자녀는 동일세대 여부와 상관없이 지원
다음의 아동에 대해서는 예외적으로 지원할 수 있음

- 다문화가족의 결혼이민자(인지신고 또는 귀화허가를 받은 자 포함)와 대한민국 국적을 취득한 자 사이에 출생한 자녀가 아닌 전처 또는 전 남편과의 사이에서 출생한 자녀는 다문화가족과 동일 세대원으로 생계를 같이하는 경우 지원 가능
  ※ 단, 대한민국 국적인 아동에 한해 지원
- 취학대상(2017. 1. 1.~12. 31) 아동이 취학을 유예하는 경우 5세아 보육료 재지원 가능

결혼이민자 중 아래의 경우에는 다문화보육료를 지원하지 않음

- 직계존속이 외국에 영주할 목적 없이 체류한 상태에서 출생하여 외국 국적을 취득함으로써 복수국적자가 된 남자가 병역을 기피할 목적으로 대한민국 국적을 이탈하여 외국인이 된 경우
- 대한민국 남자가 병역을 기피할 목적으로 외국국적을 취득하고 대한민국 국적을 상실하여 외국인이 된 경우
- 재외동포의 출입국과 법적 지위에 관한 법 제2조 제2호에 따른 외국국적동포(이하 '외국국적동포'라 함)의 경우 외국에서 15년 미만 거주한 자
  ※ '외국에서의 거주기간'은 외국국적 취득과 상관없이 본인의 현재 생활연령에서 국내에서의 거주기간을 모두 합산하여 뺀 잔여 기간으로 산정

서비스 내용

0~2세반의 경우는 다음과 같이 지원(2024년 1~12월 지원단가)

- 0세반 : (기본보육) 540,000원 / (야간) 540,000원 / (24시) 810,000원
- 1세반 : (기본보육) 475,000원 / (야간) 475,000원 / (24시) 712,500원
- 2세반 : (기본보육) 394,000원 / (야간) 394,000원 / (24시) 591,000원

3~5세반의 경우는 다음과 같이 지원(2023년 2월까지 지원단가)

- 3세반 : (기본보육) 280,000원 / (야간) 280,000원 / (24시) 420,000원
- 4세반 : (기본보육) 280,000원 / (야간) 280,000원 / (24시) 420,000원
- 5세반 : (기본보육) 280,000원 / (야간) 280,000원 / (24시) 420,000원

3~5세반의 경우는 다음과 같이 지원(2024년 3월부터 지원단가)

- 3세반 : (기본보육) 280,000원 / (야간) 280,000원 / (24시) 420,000원
- 4세반 : (기본보육) 280,000원 / (야간) 280,000원 / (24시) 420,000원
- 5세반 : (기본보육) 280,000원 / (야간) 280,000원 / (24시) 420,000원

신청방법

해당 읍/면/동 주민센터에 직접 방문하여 신청

출처 : 다문화가족지원법 제2조.

출처 : 복지로. https://www.bokjiro.go.kr

② 다양한 가족지원

다문화가족, 북한이탈주민 가족, 한부모가족, 1인가구, 군인가족, 일탈청소년 가족 등 다양한 가족유형 중에서 지역적인 특성에 맞는 대상을 선정해서 상담, 교육, 문화가 포함된 통합 맞춤형 서비스를 제공

한국건강가정진흥원
https://www.familynet.or.kr

언어발달 서비스

다문화가족 자녀의 언어발달 상태를 평가하고, 의사소통에 어려움을 가진 아동에게 적절한 언어교육 실시

방문교육

가족센터에 직접 방문하기 어려운 다문화가족을 대상으로 지도사가 가정으로 직접 찾아가 한국어교육, 부모교육, 자녀생활서비스를 제공

다문화가족 사례관리

다문화가족의 복잡하고 다양한 문제해결 및 욕구 해소를 위한 심리, 정서적 안정 및 자립역량 강화 지원 등 맞춤형 종합서비스

가족센터에 직접 방문하기 어려운 다문화가족을 대상으로 지도사가 가정으로 직접 찾아가 한국어교육, 부모교육, 자녀생활서비스를 제공

출처 : 한국건강가정진흥원.

③ 다문화 정보서비스

한국에서 살면서 필요한 문화와 의료, 육아 취업 등 생활에서 쓸 수 있는 기본 정보 소개
최신 정보를 제공하여 13개국의 다국적 언어로 정보를 제공해 줌

다문화가족지원포털 다누리
https://www.liveinkorea.kr

한국정착정보(한국생활안내, 다국어학습정보, 교육취업 정보)
가족센터 정보(가족센터 프로그램, 가족센터 행사)
인식개선(가족다양성 (다문화)이해교육, 다문화가족 인재 DB, 인식개선 영향, 법령 정보, 통계자료 등)

출처 : 다문화가족지원포털 다누리(2023). https://www.familynet.or.kr

2) 다문화가족 자녀 보육 지원 사례

다문화가정이 증가함에 따라 영유아교사는 어린이집에서 교육·보육해야 하는 다문화가족 자녀가 늘어나고 있으며, 교육·보육현장에서 다문화가정의 부모와 영유아와 마주하게 된다. 그러나 보육교사들이 다문화보육현장을 경험할 기회가 충분히 제공되지 못해서 다문화교육·보육 실제에 대해 알 기회가 적었으며, 영유아의 발달 수준에 맞는 다문화교육·보육 프로그램이나 활용할 자료가 부족해서 교사들은 이를 적용하고 지원하는 것에 어려움을 느낀다(권이정, 2014; 문성은·방은령, 2014). 이에, 다양한 다문화보육의 사례를 통해 다문화 보육 현장에 관해 이야기를 나누면서, 다문화교육·보육 상황에 대해 이해할 필요성이 있다.

생각나누기 다문화보육현장

- 기관에서 경험했던 다문화보육현장의 사례를 이야기 나누어 보아요.

4. 조손가족을 위한 보육지원

1) 조손가족의 특성 및 현황

최근의 한국사회는 부모의 이혼으로 등 가족 해체로 인해 만들어진 조손가족이 증가하고 있다. 일반적으로 조손가족의 조부모는 부모의 양육 공백시간을 메워주는 대리자로 손자녀의 수면이나 식사와 같은 기본적 요구를 제공하는 역할을 하며(김채연 · 이민경, 2022), 일상생활과 관련한 양육과 법적인 보호 권한 등을 포함한 신체적 보호 권한을 가지게 된다(Jendrek, 1994). 다시 말하면, 조손가족이란 조부모와 손자녀가 함께 생활하면서 손자녀들에 대한 종일 대리부모의 역할을 비동거 성인자녀를 대신해서 하는 가족이라고 정의할 수 있다(서홍란 · 김양호, 2009).

조손가족 증가는 이혼율과 맞물려 함께 증가하는 것으로 예측되며, 미국의 경우도, 1980년대부터 현재까지 조손가족 조부모들이 증가하고 있다(Wimberly, 2000; Waldrop & Weber, 2001). 이는 손자녀의 부모가 이혼, 학대나 유기, 약물중독, 십대임신 등으로 자신의 자녀를 양육하는 것에 어려움이 있어 조부모가 손자녀 양육을 제공하는 데 있다(Wimberly, 2000; Waldrop & Weber, 2001). 이처럼 국내뿐만 아니라 국외적으로도 조손가족의 관심이 많아지고 있다고 할 수 있다.

2) 조손가족 영유아의 보육 지원 방안

한부모가족지원법에 의거한 조손가족 정책은 18세 미만의 손자녀과 부모의 부양을 받지 못하고 실종, 유기, 행방불명, 경제적 능력 상실 등의 이유로 조부, 조모의 양육을 받는 자에게 복지급여를 제공하는 것이다.

① 한부모가족 자녀양육 지원

저소득 한부모가족의 아동양육비, 아동교육지원비,
생활보조금 등의 지원을 통해
아동의 건강한 성장과 가정의 생활안정 도모

여성가족부
https://www.bokjiro.go.kr

지원대상

사별, 이혼 등에 의한 한부모가족으로 다음 조건을 모두 충족하는 자

- 한부모가족증명서 발급대상
- 세대주인 모 또는 부가 18세 미만(취학 시 22세 미만)의 자녀를 양육하는 경우
  - * 부모로부터 부양을 받지 못하는 18세 미만(취학 시 22세 미만) 손자녀를 (외)조부 또는 (외)조모가 양육하는 조손가족 포함
- 가구 소득인정액 기준 중위소득 63% 이하인 경우

한부모가족 복지급여 지급대상

- 세대주인 모 또는 부가 18세 미만의 자녀를 양육하는 경우
  - * 단, 고등학교 재학(고3 12월까지) 중인 경우 22세 미만 자녀까지 지원
  - ** 부모로부터 부양을 받지 못하는 18세 미만 손자녀를 (외)조부 또는 (외)조모가 양육하는 조손가족 포함
- 가구 소득인정액 기준 중위소득 63% 이하인 경우

〈표 13-4〉 한부모가족 지원 지급기준

(단위 : 원)

가구규모	2024년 중위소득	아동양육비 등 복지급여 지원, 한부모가족증명서 발급 (기준 중위소득 63%)
2인 가구	3,682,609	2,320,044
3인 가구	4,714,657	2,970,234
4인 가구	5,729,913	3,609,845
5인 가구	6,695,735	4,218,313
6인 가구	7,618,369	4,799,572

지원내용

한부모가족증명서 발급(기준 중위소득 63% 이하)

〈표 13-5〉 복지급여 지급기준(2024년 1월~)

지원종류	지원대상	지원금액
아동양육비	• 소득인정액이 기준 중위소득 63% 이하인 가족의 18세 미만 자녀 * 단, 고등학교 재학(고3 12월까지) 중인 경우 22세 미만 자녀	월 21만 원
추가 아동양육비	• 소득인정액이 기준 중위소득 63% 이하인 조손 및 35세 이상 미혼 한부모가족의 5세 이하 아동	자녀 1인당 월 5만 원
	• 소득인정액이 기준 중위소득 63% 이하인 25세 이상 34세 이하 청년 한부모가족의 5세 이하 아동	자녀 1인당 월 10만 원
	• 소득인정액이 기준 중위소득 63% 이하인 25세 이상 34세 이하 청년 한부모가족의 6세 이상 18세 미만 아동 *단, 고등학교 재학(고3 12월까지) 중인 경우 22세 미만 자녀	자녀 1인당 월 5만 원
아동교육지원비 (학용품비)	• 소득인정액이 기준 중위소득 63% 이하인 가족의 중학생 · 고등학생 자녀	자녀 1인당 연 9.3만 원
생계비 (생활보조금)	• 한부모가족복지시설에 입소한 가족 중 소득인정액이 기준 중위소득 63% 이하인 가족	가구당 월 5만 원

지원대상에서 제외되는 가구

아동양육비

• 아동복지법에 의한 가정위탁양육보조금을 받는 경우

아동교육지원비(학용품비)

• 국민기초생활보장법에 의한 교육급여
• 장애인복지법에 의한 교육비 지원
• 긴급복지지원법에 의한 교육지원

생활보조금

• 국민기초생활보장법에 의한 생계급여를 지원받는 경우
• 긴급복지지원법에 의한 생계지원을 받는 경우
• 아동복지법에 의한 가정위탁양육보조금을 받는 경우

신청절차 방법

복지로 누리집(www.bokjiro.go.kr), 주민등록 소재지 관할 읍 · 면 · 동 행정복지센터/주민센터를 통해 온 · 오프라인 연중 신청 가능 → 시 · 군 · 구청에서 지원 여부 결정 및 지원

* 신청서식, 구비서류 등 자세한 사항은 읍 · 면 · 동 행정복지센터/주민센터에 문의

출처 : 여성가족부(2024).

② 온가족보듬사업

여성가족부
https://www.bokjiro.go.kr

온가족보듬사업

한부모·조손가족 등 가족기능이 약화된 가족과 위기 가족이 가진 복합적 문제해결과 욕구 해소를 위해 지속적인 사례관리를 통한 가족기능 회복과 정서·경제적 자립역량 강화 도모

지원대상

(손)자녀를 둔 한부모·조손가족, 1인 가구, 다문화가족 등 가족기능 강화를 위해 지원이 필요한 모든 가족
재난, 사고 등 경제·사회적 위기사건을 직면한 위기가족

지원내용

- 가족상담 및 심리·경제적 자립, 역량 강화를 위한 지속적인 사례관리
- 정보제공 및 지역사회 자원 활용·연계
- 부모교육, 가족관계, 자녀양육교육 등 프로그램 및 자조 모임
- 자녀 학습·정서 지원
- 생활도움서비스
- 긴급 위기지원

신청절차 및 방법

지역별 가족센터 유선 또는 방문 신청 가능(대표번호 1577-9337)

필요서류

공통 : 서비스이용 신청서
이 외 센터에서 요청하는 별도 제출서류

출처 : 여성가족부(2024).

정부는 가족의 해체와 사회 양극화 등의 현상으로 인해 아동의 빈곤 문제가 심각하게 대두된 것을 사업의 추진 배경으로 제시하고, 빈곤 상태에 있는 아동에 대한 사회투자 가치의 중요성을 강조했다. 아동과 가족 중심의 통합적 사례관리를 통해

모든 아동에게 공평한 출발 기회를 보장할 것에 주안을 두고 있다. 조손가정의 공평한 출발이 이루어질 수 있도록 사회적인 긍정적 사건과 더불어 차별 없는 교육과 보육의 필요성이 있다.

생각나누기 조부모, 손자 입양

- 최근 손자를 아들로 입양한 대법원의 판결이 있었습니다. 가족 내부의 질서와 입양될 자녀의 이익에 대해 함께 이야기 나누어 보아요.

손자 입양
KBS NEWS
https://www.youtube.com/watch?v=2o_HuIpo1q4

5. 긴급복지지원제도의 이해와 적용

1) 긴급복지 기본원칙과 종류

가족의 형태가 다양해지고 서로 다른 생활양식이 존재하면서 현 가족의 환경과 실태에 맞는 가족정책과 서비스 지원이 중요해졌다. 국민기초생활보장제도의 사각지대에 놓인 빈곤층에 대한 사회안전망 확충의 필요성이 대두되면서 긴급복지지원법이 제정되었다(여유진 외, 2014). 또한 코로나19와 같은 새로운 사회적 위험으로부터 발생하는 위기 상황이 증가하면서 긴급복지지원 제도의 중요성이 더해지고 있다. 긴급 지원은 생계 곤란 등의 위기 상황에 부딪혀 도움이 필요한 사람 또는 그와 생계 및 주거를 같이하고 있는 가구 구성원에게 「긴급복지지원법」에 따라 일시적으로 신속하게 지원하는 것을 말한다(「긴급복지지원법」 제1조). 생계지원, 의료지원, 주거지원, 사회복지시설 이용지원, 교육지원 등의 직접 지원과 대한적십자사, 사회복지 단체와의 연계로 지원된다. 긴급 지원의 기본원칙으로는 선지원 후처리 원칙, 단기 지원 원칙, 다른 법률지원 우선의 원칙, 가구 단위 지원의 원칙이 있다. 긴급 지원의 대상과 선정 기준 및 지원 내용은 다음과 같다.

〈표 13-6〉 긴급지원 대상과 선정기준 및 지원내용

<table>
<tr><td>긴급복지지원제도
〈서울특별시청 : www.seoul.go.kr〉</td><td>긴급복지지원제도</td></tr>
<tr><td>갑작스러운 위기사유 발생으로 생계유지가 곤란한 가구</td><td>지원대상</td></tr>
<tr><td>• 주소득자의 사망, 가출, 행방불명, 구금시설에 수용되는 등의 사유로 소득을 상실한 경우
• 중한 질병 또는 부상을 당한 경우
• 가구 구성원으로부터 방임, 유기되거나 학대 등을 당한 경우
• 가정폭력을 당하여 가구구성원과 함께 원만한 가정생활이 곤란하거나 가구 구성원으로부터 성폭력을 당한 경우
• 화재 등으로 인하여 거주하는 주택 또는 건물에서 생활하기 곤란하게 된 경우
• 주소득자 또는 부소득자의 휴업, 폐업 또는 건물에서 생활하기 곤란하게 된 경우
• 주소득자 또는 부소득자의 실직으로 소득을 상실한 경우
• 보건복지부령으로 정하는 기준에 따라 지방자치단체의 조례로 정한 사유가 발생한 경우
• 그 밖에 보건복지부장관이 정하여 고시하는 사유</td><td>위기사유</td></tr>
<tr><td>• 소득기준 : 기준 중위소득 100% 이하
(2024년 기준, 단위 : 원)
<table>
<tr><th>구분</th><th>1인 가구</th><th>2인 가구</th><th>3인 가구</th><th>4인 가구</th><th>5인 가구</th><th>6인 가구</th></tr>
<tr><td>기준 중위소득 100% 기준액</td><td>2,228,445</td><td>3,682,609</td><td>4,714,657</td><td>5,729,913</td><td>6,695,735</td><td>7,618,369</td></tr>
</table>
• 재산기준 : 4억 900만 원 이하
• 금융재산기준 : 1,000만 원 이하(가구원수별 생활준비금에 10백만 원을 합산한 금액 이하)</td><td>선정기준</td></tr>
<tr><td>
<table>
<tr><th rowspan="2">지원항목</th><th colspan="6">가구 구성원 수</th></tr>
<tr><th>1인</th><th>2인</th><th>3인</th><th>4인</th><th>5인</th><th>6인</th></tr>
<tr><td>생계지원</td><td>713,100원</td><td>1,178,400원</td><td>1,508,600원</td><td>1,833,500원</td><td>2,142,600원</td><td>2,437,800원</td></tr>
</table>
</td><td>지원내용</td></tr>
</table>

의료지원	가구원 수 구분 없이 최대 100만 원					
주거지원	가구원 수 구분 없이 최대 100만 원					
사회복지시설 이용지원	552,000원	941,700원	1,218,400원	1,494,100원	1,770,800원	2,047,400원
교육지원	초(127,900원), 중(180,000원), 고(214,000원, 수업료+입학금)					
기타지원	연료비 110,000원, 해산비 700천 원, 장제비 800천 원, 전기요금 500천 원 이내					

- 지원내역 : 위기가구에 필요한 맞춤형 물품 및 현금 지원
- 지원횟수 : 1회
- 추가지원 : 생계지원, 의료지원 항목만 처음 지원 시와 상이한 위기상황 발생 시 동 · 구 사례회의를 통해서 1회 추가지원 가능

• 신청 : 거주지 구청 혹은 동주민센터 • 문의처 : 동주민센터, 구청, 서울시 다산콜센터 120	신청방법

서울형 긴급복지지원 절차

출처 : 서울특별시청, www.seoul.go.kr

2) 긴급복지지원제도의 신고의무자 교육

긴급복지 신고의무자 교육은 긴급사태를 대처하기 위해 관련법령에서 정한 자격요건을 갖춘 사람으로 매년 1시간 이상 교육을 실시해야 한다. 긴급복지 신고의무자 제도의 목적은 긴급지원대상자를 쉽게 발견할 수 있는 직종에 종사하는 사람을 신고의무자로 지정함으로써 위기 가구 적극 발굴 및 보호를 하기 위함이다(「긴급복지지원법」 제7조).

교육 대상 기관에서는 공공누리 제4유형 기준을 준수하여 교육을 진행해야 하며 세부내용은 다음과 같다.

〈표 13-7〉 긴급복지지원제도의 신고의무자 교육

<table>
<tr><td>긴급지원 신고의무자 오프라인교육
〈보건복지부: www.mohw.go.kr〉</td><td rowspan="2">긴급보육 신고의무자</td></tr>
<tr><td>교육내용 ① 긴급지원대상자의 신고의무에 관한 법령
② 긴급지원대상자 발견 시 신고방법
③ 긴급지원대상자 보호 절차 등
* 긴급보육지원 제도 및 주요 내용 포함</td></tr>
<tr><td>• 교육교재를 활용한 집합교육, 시청각교육, 인터넷 강의 등 기관 여건에 맞게 긴급지원 신고의무 교육을 매년 1시간 이상 실시
* 자격취득이나 보수교육 과정에 긴급지원 신고의무 교육을 매년 1시간 이상 포함하여 실시
• (집합교육) 교육자료를 활용하여 기관 · 시설 내 자체교육 추진
동영상 자료는 보건복지부 홈페이지 게재(정보/연구 · 조사 · 발간자료)
• (사이버교육) 보건복지부에서 위탁 · 운영하는 기관의 사이버교육 또는 각 기관 · 시설 등의 온라인학습시스템 탑재
<table>
<tr><th>교육기관</th><th>사이트 주소</th><th>교육대상</th></tr>
<tr><td>한국보건복지인재원 의무교육</td><td>in.kohi.or.kr</td><td>전 국민</td></tr>
<tr><td>중앙교육연수원 원격연수지원센터</td><td>neti.go.kr</td><td>교원, 교육전문직, 학교관계자</td></tr>
<tr><td>보건복지부 나라배움터</td><td>mw.nhi.go.kr</td><td>복지부 직원</td></tr>
</table>
* 위 기관과 별도로 협약을 통해 공동활용하여 운영 중인 긴급지원 신고 의무 사이버교육인 경우에는 인정</td><td>교육방법</td></tr>
</table>

출처 : 복지로. https://www.bokjiro.go.kr

3) 긴급복지 신고의무자 범위

긴급복지법 제7조(지원요청 및 신고)에 해당하는 사람은 진료나 상담 등 직무를 수행하는 과정에서 긴급지원대상자가 있음을 알게 된 경우에는 관할시장 · 군수 · 구청장에게 이를 신고하고, 긴급지원대상자가 신속하게 지원을 받을 수 있도록 도움을 주어야 한다. 긴급복지 신고의무자의 범위의 규정은 다음과 같다.

1. 「의료법」에 따른 의료기관의 종사자
2. 「유아교육법」, 「초 · 중등교육법」 및 「고등교육법」에 따른 교원, 직원, 산학겸임교사, 강사
3. 「사회복지사업법」에 따른 사회복지시설의 종사자
4. 「국가공무원법」 및 「지방공무원법」에 따른 공무원
5. 「장애인활동 지원에 관한 법률」 제20조에 따른 활동지원기관의 장 및 그 종사자와 같은 법 제26조에 따른 활동지원인력
6. 「학원의 설립 · 운영 및 과외교습에 관한 법률」 제6조에 따른 학원의 운영자 · 강사 · 직원 및 같은 법 제14조에 따른 교습소의 교습자 · 직원
7. 「건강가정기본법」 제35조에 따른 건강가정지원센터의 장과 그 종사자
8. 「청소년 기본법」 제3조 제6호에 따른 청소년시설 및 같은 조 제8호에 따른 청소년 단체의 장과 그 종사자
9. 「청소년 보호법」 제35조에 따른 청소년 보호 · 재활센터의 장과 그 종사자
10. 「평생교육법」 제2조에 따른 평생교육기관의 장과 그 종사자
11. 그 밖에 긴급지원대상자를 발견할 수 있는 자로서 보건복지부령으로 정하는 자

참고문헌

교육부 · 보건복지부(2019). 2019 개정 누리과정 해설서. 세종 : 교육부 · 보건복지부.

교육인적자원부(2006). 특수교육진흥법 개정 공청회 자료집. 서울 : 교육인적지원부.

국가인권위원회(2015). 2015 장애인차별금지법 현장 모니터링 결과보고서. 서울 : 국가인권위원회.

국립특수교육원(2022). 2022 특수교육통계. 충남 : 국립특수교육원.

권이정(2014). 문화 수업 수강 여부에 따른 예비유아교사들의 다문화 교육에 대한 태도, 다문화 교육에 대한 인식, 다문화 교수효능감에 대한 연구. **다문화콘텐츠연구, 17**, 39-63.

김경은 · 이대균(2017). 장애통합보육을 경험한 교사들이 느끼는 어려움과 보람. **열린유아교육연구, 22**(1), 549-575.

김송이 · 김동일(2020). 조손가정 청소년의 스마트폰 중독 예방과 또래애착 사례연구. **예술 인문사회 융합 멀티미디어 논문지, 10**(3), 79-89.

김채연 · 이민경(2022). 조부모의 손자녀 양육 참여 인식 및 실태와 양육지원 요구 분석. **차세대융합기술학회논문지, 6**(8), 1402-1411.

김해원 · 김수정 · 김은영(2021). 다양한 가족들의 유튜브를 통한 가족실천 : '가족시연' 개념을 중심으로. **방송과 커뮤니케이션, 22**(4), 41-77.

문성은 · 방은령(2014). 유아교사의 다문화수용성이 다문화교육 실제에 미치는 영향-다문화 교수효능감의 매개효과를 중심으로. **한국자치행정학보, 28**(2), 285-314.

박수민(2017). 비혼을 통해 본 결혼의 탈제도화와 문화적영향력의 지속. **가족과 문화, 29**(4), 94-121.

보건복지부(2004). 영유아보육법. 보건복지부.

서울특별시교육청(2023). 서울특별시교육청 다문화교육 진흥 조례 일부개정조례.

서홍란 · 김양호(2009). 조손가족 조부모의 손자녀 양육경험과 사회서비스 욕구에 대한 질적연구. **한국가족관계학회지, 14**(1), 267-296.

여성가족부(2021). 2021년 전국다문화가족실태조사 연구. 서울 : 여성가족부.

__________(2023). 가족역량강화 지원 안내. 서울 : 여성가족부.

여유진 · 김미곤 · 황도경 · 정재훈 · 김기태 · 김성아(2014). 긴급복지지원제도 사업성과 평가 및 제도개편 방안 연구.

원계선(2020). 개정 누리과정과 통합된 장애유아의 놀이지원에 관한 연구. **영유아교육지원연구, 5**(1), 1-26.

육아정책개발센터(2008). 장애아 보육프로그램 운영 매뉴얼.

이소현(2006) 장애 영유아 지원 체계 구축을 위한 질적 구성 요소. 정책적 제도 수립을 위한 기초 연구. **유아특수교육연구, 6**(2), 83-107.

장현진(2023). 영유아기 손자녀를 둔 공동양육 조부모 관련 연구동향 : 2005~2022년 국내 학술지 논문을 중심으로. **한국영유아보육학, 141**, 85-110.

정예리 · 이숙희(2010). 거주 지역에 따른 다문화가정 유아와 일반가정 유아의 언어발달 및 사회적 힘의 비교 : 도시와 농촌지역 비교를 중심으로. **한국영유아보육학, 63**, 79-108.

통계청(2022). 다문화 인구-2022. 통계청.

통계청 e-나라지표(2024). 장애아전문, 통합 어린이집 현황.

한국보육진흥원(2018). 장애아 통합보육 컨설팅 매뉴얼.

한국통합교육학회(2009). **통합교육**. 서울 : 학지사.

행정안전부(2020). 2019 지방자치단체 외국인주민 현황.

황상심 · 강복정(2016). 다문화아동의 이중언어사용 추이 연구. **언어치료연구, 25**(1), 123-134.

황 원 · 이선주 · 노연숙 · 남은우(2023). 다문화가정 영유아와 한국인가정 영유아의 발달장애에 대한 비교 연구. **대한보건연구, 49**(2), 67-77.

Jendrek, M. P.(1994). Grandparents who parent their grandchildren : Circumstances and decisions. *The Gerontologist, 34*(2), 206-216.

Waldrop, D. P., & Weber, J. A.(2001). From grandparent to caregiver : The stress and satisfaction of raising grandchildren. *Families in Society, 82*(5), 461-472.

Wimberly, A. S.(2000). From intercessory hope to mutual intercession : Grandparents raising grandchildren and the church's response. *Journal of Family Ministry, 14*(3), 19-37.

CHAPTER 4

부모상담과 갈등 해결

문현영(국제발달심리학습센터 소장)

학습목표

- 가정 양육지원을 위한 상담에서의 교사의 역할을 알고, 효과적으로 부모상담을 실시할 수 있다.
- 지역사회와 유관기관과 연계한 가족지원 프로그램을 시행할 수 있다.
- 부모와의 갈등사례를 탐색하고, 갈등상황 대처능력을 익힌다.

1. 어린이집 연계 가정양육지원 상담

1) 부모상담의 목적

현대사회가 산업화, 도시화, 지식 정보화 사회로 변화하면서 핵가족이 보편화되었다. 여성의 경제활동이 증가하면서 전통적인 가족역할과 기능이 변화하고 한부모가족, 재혼가족, 조손가정, 다문화가족 등 다양한 가족의 형태가 더 이상 특수한 가족의 형태가 아닌 일반적인 가족의 형태로 보편화되어 가고 있다. 이러한 가족의 구조와 기능이 변화하면서 기존의 부모세대가 사용했던 양육 방식을 모델로 자녀를 키우기 어렵게 되었으며 정보사회 속에서 어떠한 정보로 어떻게 자녀를 양육할지의 개인의 취사선택과 결정도 쉽지 않다.

사회 환경의 변화와 가족구조 및 기능의 변화는 자녀의 양육과 교육을 부모만의 책임으로 제한할 수 없게 되었으며, 사회가 책임져야 한다는 인식과 함께 영유아들이 기관에서 보내는 시간이 증가하면서 기관에서의 교사의 역할이 중요하게 되었다.

영유아기 자녀를 둔 부모들이 효율적인 부모역할을 위해 전문적인 부모상담과 교육을 인식하고 요구한 선행연구들(김은설 외 2009: 이윤진 · 김아름 · 임준범, 2016)은 이러한 사회적 필요를 반영한 결과라 하겠다.

부모와의 상담을 통해 교사는 유아의 가정에서의 부모와의 상호작용, 환경을 알 수 있고 부모는 기관에서의 자녀의 모습을 이해할 수 있다. 특히 유아의 문제행동 시 부모와의 협력적이고 건강한 의사소통은 필수적이며 갈등해결에 중요하다.

교사가 영유아의 부모와 상담하는 목적은 유아에 대한 상호 이해와 원만한 의사소통을 통해 교사와 부모의 신뢰로운 관계를 만들고 부모의 역할, 양육, 교육의 정보를 지원하여 유아의 적응과 성장을 돕기 위한 것이다. 즉, 부모와 상담을 통해 부모의 태도, 전략, 기술 등이 변화하고 가정과 기관의 연계 교육을 통해 교육의 효율성을 증가시켜 궁극적으로 영유아의 성장과 발달이 촉진된다는 것이 중요하다.

2) 부모상담과 부모참여의 필요성

부모상담과 부모참여의 필요성은 시대에 따라 다르며 그 변화를 반영하는 부모상담과 교육이 부모에게 가장 필요한 도움이 될 수 있다.

① 영유아기 자녀에게 모든 발달 영역에 가장 강력한 영향을 미치는 존재가 부모이나 자녀를 양육한 경험의 부족하므로 부모상담과 부모참여가 필요하다.

② 현대사회에서는 위기의 가족뿐만 아니라 가족의 안녕(well-being)과 예상되는 문제의 예방 차원에서 모든 부모에게 부모상담과 부모참여가 필요하다.

③ 전문적인 지식과 기술이 필요한 부모의 역할을 건강하게 수행할 수 있도록 부모상담과 부모참여가 필요하다.

④ 부모의 역할을 전 생애에 영향을 미치는 측면으로 인식하고 인간으로서 성장, 발달할 수 있도록 부모상담과 부모참여가 필요하다.

⑤ 현대사회의 부모는 과거에 비해 다양한 스트레스에 노출되어 있고, 자녀 양육 환경이 악화되어 있어 부모상담과 부모참여가 필요하다.

⑥ 현대사회는 다양한 가족의 형태와 그에 따른 부모의 역할이 다르기 때문에 부모상담과 부모참여가 필요하다.

⑦ 발달에 필요한 정보와 다양한 자원의 공유 차원에서 부모상담과 부모참여가 필요하다.

⑧ 건강한 부모 역할에 대한 상충적인 정보가 있기 때문에 부모상담과 부모참여가 필요하다.

⑨ 현대사회는 자녀를 양육할 때 적용할 적절한 모델이 없기 때문에 부모상담과 부모참여가 필요하다.

⑩ 현대사회는 만능부모에 대한 역할중압감 때문에 부모상담과 부모참여가 필요하다.

⑪ 급속히 변해가는 미래사회에 건강하게 적응할 수 있는 성인으로 자녀를 키우기 위해 부모상담과 부모참여가 필요하다.

⑫ 유아기관과 가정과의 연계성을 위해 부모상담과 부모참여가 필요하다.

⑬ 국가, 정부 차원에서 투자의 효율성을 고려해 볼 때 부모상담과 부모참여가 필요하다.

3) 상담자로서의 교사의 역할

부모상담을 통해 부모참여를 지원하고, 유아의 성장 발달을 증진할 수 있도록 지원하는 상담자로서의 교사 역할이 중요하다.

① 유아의 일상생활과 교육, 정보에 관해 부모가 이해하기 쉽도록 전달한다.

② 부모와의 협력적 관계 증진을 위해 부모의 다양한 욕구를 충족시킬 수 있도록 한다.

③ 유아의 발달심리와 놀이기능, 의사소통방법 등 정보를 안내하고 부모가 이해할 수 있도록 전문성을 함양한다.
④ 유아가 표현하는 감정을 수용하고 지원하는 방법을 공유한다.
⑤ 자녀의 식습관 및 기본생활습관을 지도할 수 있도록 안내한다.
⑥ 부모가 가지고 있는 어려움을 이해하려고 노력한다.
⑦ 유아의 발달기 문제행동에 대해 이해하고 대처 방법에 대해 안내한다.
⑧ 어린이집 활동에 부모 참여 기회를 제공한다.

4) 갈등해결을 위한 부모상담의 중요성

영유아에게는 가정과 어린이집에서 일상적인 생활이 매일 연속되는 동일한 곳으로 느껴져 유아가 혼란스럽지 않도록 어린이집의 교사와 부모는 원활한 소통과 이해로 상호 협력해야 한다. 영유아가 어린이집에서의 적응 유무에 따라 부모와 교사의 관계가 긍정적일 수도 있고 갈등 관계에 놓일 수도 있다.

부모와 교사의 생각의 차이나 부정적인 의사소통으로 인해 갈등 관계가 생긴다면 부모는 교사와 기관에 대한 불신과 불만족으로 갈등이 증폭될 것이며, 교사는 이로 인해 스트레스가 높아질 뿐만 아니라 보육 업무에 혼란을 야기하게 된다. 또한 유아는 어린이집 적응과 성장발달에 어려움이 증가하게 된다.

어린이집에 처음 다니는 유아의 연령이 낮아지고 기관에서 지내는 시간이 증가하면서 어린이집에서의 안정적인 적응을 위해 무엇보다 부모와 교사의 협력적인 관계가 중요하다. 갈등 해결과 협력적인 관계를 위해서는 부모상담을 통한 건강한 소통이 필요하다.

부모상담은 부모와 교사 간 의사소통과 정보를 나누고 유아에게 가장 적절한 발달이 이루어지도록 돕는 역할을 하지만 상담을 전문적으로 훈련하지 않고서는 상담자로서의 역할은 경력이 많은 교사라도 부담스럽고 어려운 것으로 경험된다.

부모상담의 필요성에 대한 교사의 인식이 높아지고(김태인 · 김혜원 2010; 김영옥 · 홍지명 · 김세루 · 김권일, 2008), 이에 따른 부모상담에 대한 체계적이고 질 높은 교육을 필요로 하고 있다(김지영 · 곽아정, 2007). 교사들은 부모상담에 대한 교육 내용으로 부모와의 효과적인 대화방법을 원했으며, 부적응아동의 부모상담 시 아동 유형별 이해와 부모상담 방법을 원했다(김태인 · 김혜원 2010).

부모상담에 대한 부모들의 요구(이원영 · 배소연, 2000)와 상담 필요성에 대한 부모의 인식도 증가하고 있다(최형윤, 2007).

(1) 부모와 교사의 갈등

부모와 교사가 경험하는 구체적 갈등 유형은 다음과 같다(김초롱 · 권미량, 2021).

〈표 14-1〉 부모와 교사의 구체적 갈등 유형

상위범주	하위범주
건강과 안전	• 영유아의 위생과 건강을 위한 관리 부족 • 안전사고로 인한 상처, 부적절한 조치 문제 • 안전사고 시 부모의 민감한 반응 • 영유아의 건강한 생활의 부모 인식 부족 • 대소변 후 뒤처리 문제 • 식사, 생활습관 지도 방법 차이
교육과정	• 부모와 교사의의 교육과정 운영 전반에 대한 이해의 차이 • 학습의 늦어짐에 대한 부모의 초조함
소통의 부재	• 교사와의 부모의 부족한 소통 • 교사의 유아에 대한 세밀한 관찰 부족 • 부모의 오해로 인한 대화
마음과 태도	• 교사가 유아를 대하는 부적절한 태도 • 부모가 유아를 대하는 부적절한 태도 • 부모의 자기중심적인 태도 • 무리한 영상 요구하는 부모 • 교사에 대한 부모의 부정적인 의심 • 부정적 감정을 표현하는 부모

또래 관계	• 또래 갈등에 대한 부적절한 반응 • 또래 관계를 위한 교사의 노력 부족 • 또래 관계에 시 부모의 이해 부족과 반응 • 또래 관계를 위한 지나친 교사 개입 요구
문제행동	• 문제행동 시 부모의 소극적 대처 • 문제행동 시 교사의 수용적 태도 • 자녀 문제행동 시 교사의 언급 • 자녀 문제행동 시 부모의 회피와 부적절한 반응 • 문제행동을 바라보는 시각의 차이

따라서 부모 교사 간 갈등의 해결하고 영유아의 성장과 발달, 교육의 효과를 증가하기 위해선 교사가 학부모 상담과 부모참여를 중요하게 여기고 현명하게 준비하는 것이 필요하다.

5) 유관기관 연계 가족지원

부모와 상담을 통해 영유아 발달 특성을 인식하고 부모 교사 간 공감대를 형성, 특별한 요구를 가진 영유아의 발달을 돕는다.

(1) 상담을 통해 부모와 공감대가 형성된 경우

영유아를 도울 수 있는 지역사회의 전문기관을 연계한다. 부모와 교사는 지속적으로 영유아의 변화를 관찰하고 기록하며 서로 소통한다.

(2) 부모와 공감대가 형성되지 않은 경우

부모가 영유아의 발달 특징에 대해 부인하고 저항할 수 있음을 인정하고 교사는 시간을 갖고 영유아의 특징에 대해 계속 관찰하여 영유아를 정확하게 이해하고, 영유아에 대한 객관적인 기록, 관찰의 자료를 남겨두고 부모에게 안내한다. 부모가 영유아의 진단 검사 및 전문 상담을 받을 수 있는 곳을 안내한다.

2. 부모상담의 사례

1) 부모상담의 실행 절차와 방법

(1) 부모상담의 기본원리

상담의 분위기가 건강하게 발전하기 위해서는 기본적으로 신뢰로운 관계가 형성되어야 한다. 긍정적인 관계 형성(rapport)이란 교사와 부모 간 신뢰롭고 조화로운 관계를 말한다. 다음은 교사가 부모와 상담할 때 고려해야 할 기본적인 원리이다.

① 부모의 마음 읽기

부모상담에 임하는 부모의 마음에 대한 공감적 이해가 필요하다. 자녀의 문제를 인식하고 있지만 다른 한편으로는 부정하고 싶은 이중적인 마음을 이해해야 한다. 부모가 궁금해하는 것을 확인하고 알려준다.

② 친밀감 형성하기

부모와의 친밀한 관계를 형성하기 위해 교사의 편안한 마음과 진솔하게 임하는 태도가 중요하다. 유아와 교사는 동반자라는 인식으로 의사소통해야 한다.

③ 수용적 존중하기

언어적, 비언어적 다양한 방법으로 부모의 표현에 집중하고 존중한다는 반응을 한다("~라는 말씀이시군요.", "네~ 그렇군요").

④ 효과적인 질문

개방적인 질문을 통해 부모가 다양한 표현을 하도록 한다.

⑤ 적극적인 경청

부모의 언어적, 비언어적인 표현을 모두 경청해야 부모와 영유아에 대한 다양한 정보 수집이 가능해지며, 부모의 기대, 욕구, 문제 상황 등이 보다 명료해질 수 있다.

⑥ 전문적 능력 함양

부모상담 시 부모는 교사에게 도움을 요청하고자 방문하므로 발달에 대한 이해, 대처방법 등 영유아의 이해에 대한 교사의 전문성은 중요하다.

(2) 부모상담의 효과적인 기술

① 적극적인 경청하기 방법

- 시선을 부드럽게 응시하고 자세를 약간 상대 쪽으로 기울인다. 무릎의 방향이 상대 쪽으로 향하도록 한다.
- 부모가 이야기하는 동안 끄덕이거나 "네~" 등의 언어적 표현으로 잘 듣고 있다는 표현을 한다.
- 부모의 목소리, 억양, 시선, 자세, 표정 등 비언어적 메시지에 귀를 기울인다.
- 부모가 그렇게 할 수밖에 없었던 이유가 무엇인지 입장을 바꾸어 이해해 보고자 노력한다.
- 주관적 판단은 배제하고 가정의 모습을 객관적으로 살펴본다.

② 질문하기

- 질문은 유아와 가정에 대한 구체적인 정보를 얻기 위해서이며 부모로부터 특정한 요구, 주제, 사건들을 기술하게 하고 심층적으로 탐색하도록 하기 위해 활용된다.
- 질문은 '예' 혹은 '아니요'로 답할 수 있는 폐쇄적인 질문보다 개인의 폭넓고 자세한 반응을 표현할 수 있는 개방적인 질문으로 한다.
- 한 번에 한 가지 사안에 대해 묻는 질문으로 질문은 간결하고 명확하여 알아듣기 쉬워야 한다.

③ 순화해서 표현하기

- 부모와 상담 시 영유아의 문제행동에 대해 이야기할 때, 유아의 문제행동을 명확하게 표현해야 하지만 직설적인 표현('ADHD 같다')보다는 순화된 표현을 사용하는 것이 적절하다.

- '집중하지 못하고 주의가 산만하다'보다는 '놀이나 활동을 끝까지 하는 것을 힘들어한다' 또는 '이야기할 때 항상 아기처럼 말한다'보다는 '아기들이 사용하는 말을 한다'의 순화된 표현이 부모에게 불편한 감정을 덜 유발한다.

(3) 부모상담과 부모참여의 효과

부모상담을 통한 교사와의 협력은 가정에서 긍정적인 부모의 역할을 할 수 있도록 동반자 관계를 형성한다는 의미이다. 많은 연구 결과에서도 자녀에 대한 부모의 관심과 참여 활동은 부모 자신과 자녀에게 긍정적인 행동변화를 보고하고 있다(이재림 · 김지애 · 차동혁 · 이향희, 2013; Henderson & Mapp, 2002).

① 영 · 유아에게 나타나는 효과

- 영유아기 환경의 안전, 안정성을 확보할 수 있다.
- 자아개념을 향상시킨다.
- 성인의 합리적이고 일관된 반응을 확보할 수 있다.

② 부모에게 나타나는 효과

- 지지와 지원을 받는다는 인식을 준다.
- 다양한 지식과 기술을 습득할 수 있다.
- 자아개념을 향상시킨다.

③ 교사에게 나타나는 효과

- 자신감을 향상시킨다.
- 다양한 지원을 통한 교육의 질이 향상된다.

부모상담과 부모참여를 통한 협력은 영유아의 성장과 발달, 부모의 개인 내적 성장, 기관의 교육의 효과가 극대화되며, 교사의 높은 직무만족도와 함께 낮은 이직률, 국가의 인력 양성 및 예산 절감에 기여하는 등 다양한 측면에서 중요하다.

(4) 부모상담에서 부모참여의 목표

① **정보의 제공** : 자녀 성장과 양육방법 등 전문적인 지식과 정보 제공

② **부모의 자기인식** : 자신의 신념, 부모의 가치관이 영유아의 성장에 어떠한 영향을 미치는가 인식과 태도의 변화

③ **기술의 습득** : 부모, 자녀 간의 원만한 상호작용을 위한 의사소통방법(나-전달법, 반영적 경청, 감정코칭)

④ **문제해결능력 증진** : 상호작용 과정에서 직면하는 여러 가지 문제들에 대한 해결력 증진(떼쓰기, 공격성 등)

(5) 상담을 위한 준비 과정

① **사전 준비** : 상담 목적 안내. 상담 가능 일정 조사

② **당일 준비** : 부모상담 장소 지정 및 준비(원아 관련 자료), 창이나 밖이 보이는 위치는 교사의 위치로 선정

③ **상담의 시작** : 날씨, 환경, 교통 등 서먹한 분위기를 완화하는 이야기 준비, 상담 전 원에 관한 정보파악 숙지, 근거자료 제시 및 언급

④ **상담의 전개** : 유아의 긍정적 행동이나 강점에 대해 먼저 말하기, 부모의 부정적 표현을 순화하여 말하기, 원아에 대한 판단 결정은 부모가 하도록 하게 하기

⑤ **상담의 마무리** : 부모와 상담했던 내용 중 도움 될 내용을 간결하게 정리해서 말하기, 지속적인 지원의 메시지 전달하기

⑥ **평가 및 피드백** : 상담일지 작성하기, 자주 의사소통하며 긍정적 변화에 관심을 가지고 있다는 것 알리기

(6) 부모상담 사례 공유

① 부모유형별 효과적인 부모상담

- **무관심, 비협조적인 부모** : 무관심하거나 기관의 행사와 자녀교육에 비협조적인 부모의 경우라도 자녀를 매개로 상담을 요청하고 기관의 교육방침, 자녀 발달의 중요한 시기임을 설명하고 이해시켜야 한다. 친밀하고 신뢰로운 관계가 불만이나 폭발을 줄일 수 있다.
- **자기 자녀에게만 신경 써주길 원하는 부모** : 부모의 자녀에 대한 관심과 사랑의 마음을 반영해 주고 '어머님~ 더 노력하겠습니다'라고 수용한 후 '그러나 모든 영유아들이 선생님의 관심이 필요하고 소중하다'고 부드럽게 표현한다.
- **자녀를 객관적으로 파악하지 못하는 부모** : 부모와 친밀감을 형성한 후 발달에 대한 안내와 자녀의 상황을 인식시켜준다. 자녀의 강점을 먼저 전달하면서 문제점이나 지도가 필요한 점을 전달하는 게 더 효과적이다.
- **빠른 변화를 원하는 부모** : 부모의 조급한 마음속에 깔려 있는 기대와 불안을 수용하면서 조급함은 오히려 자녀에게 불안과 스트레스로 작용할 수 있음을 안내한다.

② 부모상담 예시

㉠ 도입

- 별이 어머니 오늘 바쁘실 텐데 시간 내주셔서 감사합니다. 오시는 길은 괜찮으셨나요? (부모의 이야기 경청과 반영)
- 별이는 이번 주에 잘 지냈어요. 특히 이번 주는 ○○에 흥미를 보이면서 놀이를 하였습니다. 집에서는 별이는 어떻게 지내나요? 특별히 어머님은 별이와 어떻게 지내세요? 아버님과의 관계는 어떤가요? (질문을 통한 관계의 탐색, 부모의 이야기 경청과 반영)

㉡ 전개

- 별이 어머니 오늘 면담을 하게 된 이유는, 별이가 요즘 어린이집에서

보여지는 ○○ 모습이 있어서요. 제가 그동안 관찰한 자료를 좀 보시겠어요?

- 혹시 집에서도 ○○부분을 보신 적이 있으신가요? 이런 행동을 할 때는 주로 언제, 어떻게 나타났나요? 그럴 때 어머님은 어떻게 반응하시나요? 아버님은요? 부모님의 반응을 본 별이는 어떻게 반응하나요? (부모의 이야기를 경청, 반영, 질문을 통해 부모자녀 관계의 역동을 탐색)

㉢ 마무리

- 어린이집과 유사한 행동이 가정에서도 보이는데 어머님 생각에는 무엇 때문이라고 생각하시는지요? (부모의 이야기를 경청과 반영) 어머님의 말씀을 들으니 별이가 더 잘 이해되어 감사합니다. 제 생각에는 ~~이런 측면으로도 생각해 볼 수 있을 것 같습니다. (유아기 발달심리의 정보 안내) 저도 원에서 별이를 관심 있게 보고 지도하겠습니다. 아이의 성장과 발달을 위해서 어머님과 기관의 일관된 지원이 필요하다고 생각합니다. 어머니, 더 궁금하거나 도움 필요하시면 언제든지 연락 주시기 바랍니다.

전문가의 상담이 필요하다고 생각될 경우 "발달기의 가장 중요한 시기인 만큼 별이를 잘 이해하고 돕기 위해 전문가에게 가서 한번 상담을 받아보시면 좋을 것 같은데 어떻게 생각하세요?" 부드럽게 안내한다.

(7) 부모상담을 위한 전문 지식

부모상담에 있어 교사는 전문적인 능력이 필요하다. 부모의 고민 내용에 정보를 제공할 수 있는 발달이론, 문제행동의 요인 등을 연결지어 영유아의 문제를 파악하고 연결 지어 부모에게 안내할 수 있다. 영유아의 성장에는 가족의 구성, 성격, 의사소통, 양육태도가 반영되므로 부모상담에 참여하는 부모의 성격 특성과 양육환경을 이해하는 것도 중요하다.

① 부모역할의 차이 요인

㉠ 부모요인

- **부모의 성격** : 부모의 성격은 부모역할에 매우 중대한 영향을 미친다. 부모의 성격과 양육 태도와 관한 연구에서 신경증 점수가 낮고 외향성, 경험에 대한 개방성, 순응성, 성실성이 높은 부모는 자녀에 대하여 더 지지적이고 민감한 반응을 보이며, 지적 자극을 많이 한다.
- **부모의 신념과 태도** : 부모의 신념이나 태도는 부모역할에 큰 영향을 미친다. 부모의 신념이란 부모가 진리라고 믿는 생각이나 지식으로서 자녀양육 방법, 아동발달 부모-자녀관계나 형제자매관계를 포함한다. 부모의 태도는 신념에 근거하여 칭찬이나 체벌같이 자녀에게 잘잘못의 평가를 내리는 것이다.
- **부모 자신의 성장과정** : 결혼 전 원가족 부모와 안정된 관계 속에 성장한 사람은 자기 자녀와도 안정된 애착을 형성할 가능성이 높다.

㉡ 자녀요인

- **자녀의 성별** : 자녀의 성별에 따라 부모의 양육태도가 달라진다. 아버지가 아들과 딸을 대하는 태도가 다르며, 어머니가 아들과 딸을 대하는 태도가 또 다르다.
- **자녀의 출생순위** : 자녀의 출생순위에 따라서도 부모의 양육태도가 달라진다.
- **자녀의 기질** : 자녀의 기질 또한 부모역할에 영향을 주는 요인이다. 자녀의 수줍음이 부모로 하여금 특정한 인식이나 감정을 유발한다고 한다. 신천적으로 특별한 기질을 가진 발달상의 문제를 안고 태어나는 아동은 부모의 양육태도에 큰 영향을 미친다.

㉢ 환경요인

- **배우자와 사회적 지원체제** : 배우자의 지지가 있거나 사회적 지원체제가 확실한 부모들은 자녀에게 더욱 지지적인 양육태도를 보여준다. 부부 사

이가 원만하지 않거나 사회적으로 장기간 스트레스에 시달리는 부모는 부모역할을 제대로 하기가 어렵다.

- **사회계층** : 사회계층은 부모의 신념이나 양육태도, 언어적 상호작용 통제 방식이 달라지게 하는 요인이 된다. 중산층 이상의 부모는 자녀에게 더 수용적이고 평등한 반면, 복종이나 질서를 덜 요구하는 경향을 보인다고 하였다. 하류계층의 부모는 부모 중심적이고 권위주의적인 태도를 보이는 경향이 있다.
- **문화적 기준** : 부모가 어려서 경험한 문화는 부모역할을 하게 되었을 때 문화적 기준이 된다.

② 영 · 유아기 발달의 이해

㉠ 애착의 발달

영아는 생의 초기에 맺는 양육자와의 상호작용의 관계 경험 속에서 나와 타인(대상)에 대한 내적 실행모델을 조직하게 된다. 이렇게 형성된 내적 실행모델은 관계에 대한 개인의 내적 해석에 영향을 주게 된다. 생애 초기의 경험을 통해 안정된 애착을 형성하게되면 타인(대상)에 대한 신뢰감과 함께 자신이 가치 있는 존재라는 개념을 발달시켜 또래와 긍정적 관계 및 성인들과 더 조화로운 관계를 형성한다.

- 1978년 Ainsworth의 '낯선상황실험' : EBS 아기성장 보고서 '애착' 편 참고

㉡ 영유아의 기질

기질이란 뚜렷한 개인차를 나타내는 개인적인 특성으로 선천적 생리적 경향성이 크며 평생 지속되는 안정성을 가진다.

- **쉬운 아이**(융통성 있는 아이) : 신생아기 규칙적인 일과 형성, 대체로 기분 좋고 새로운 환경에 적응적(영유아의 약 40%)
- **반응이 느린 아이**(조심성 많은 아이) : 비활동적이며 온순하고 환경자극에 대한 감정 반응을 겉으로 드러내지 않으며 기분이 부정적이며(무표정) 새로운 경험과 자극에 천천히 순응(영유아의 약 15%)

- **까다로운 아이** : 불규칙적인 하루 일과를 가지며 새로운 경험을 느리게 수용, 환경자극이나 욕구좌절에 부정적이고 강렬하게 반응하는 경향(영유아의 약 10%)

㉢ 프로이트의 심리성적 발달단계

성격발달은 원초아 → 자아 → 초자아의 세 가지 요소에 의해 결정된다. 이 세 가지 요소가 심리성적인 발달단계를 통과해 가면서 개인의 성격이 형성되어 가는데, 특히 출생 시부터 6년 동안이 개인의 성격형성에 있어 가장 중요한 기간이다.

- **구강기 oral stage**(출생 시~12, 18개월) : 이 시기에 리비도는 입으로 집중되며, 영아는 주로 입으로 빠는 행위를 통해 쾌감을 얻으며, 깨물고, 씹는 행동으로 리비도의 욕구를 충족한다. 만일 수유를 아기의 욕구에 맞지 않고 지나치게 규칙적이거나 이유를 지나치게 빨리 하여 구순만족이 지나치거나 결핍되면 아동은 구순기 고착(oral fixation) 성격을 갖게 된다.
- **항문기 anal stage**(12, 18개월~3세) : 이 시기에 리비도는 항문으로 집중되며, 괄약근을 조절을 통해 자신의 변을 보유하고 배설하는 행위로 만족감을 느끼게 된다. 발달적으로도 이 시기는 배변훈련이 진행되는 시기로 배변훈련의 과정을 통해 유아는 자신의 충동을 외부로부터 억압, 통제받는 경험을 하게 된다.
- **남근기 phallic stage**(3~6세) : 유아는 성기로 쾌를 느낄 수 있을 만큼 신체적으로 성장했으므로, 성기를 통해 리비도의 만족을 추구하게 된다. 이 시기 남아는 오이디푸스 콤플렉스, 여아는 엘렉트라 콤플렉스라는 독특한 심리적 경험을 하게 된다. 과정을 통해서 유아는 자신과 동성의 부모에게 적대감과 죄의식을 갖게 되며 이에 대한 방어기제로 자신의 감정을 억압하고 자신과 동성의 부모를 동일시로 승화시켜 초자아를 형성하는 기초를 마련한다.

㉣ 에릭슨(Erikson)의 심리사회적 발달단계

에릭슨은 발달단계마다 직면하게 되는 심리사회적인 위기 경험을 어떻게 경험하고 극복해 나가는지에 따라 인성 발달이 이루어진다고 보고 있다.

- **신뢰감 대 불신감**(출생~12, 18개월) : 양육자(어머니)와의 관계가 중요하며 일관성 있는 부모의 신뢰로운 반응경험이 중요하다. 영아는 세상을 예측할 수 있고, 영아 자신의 환경에 영향을 미치는 능력에 대한 기본적인 신뢰감이 형성된다. 반면에 비일관적인 돌봄을 받으면 불신감을 형성하게 된다.
- **자율성 대 수치심**(2~3세) : 자기조절의 단계로 근육의 성숙과 스스로 하려는 자유의지의 표현이 많아지며, 새롭고 행동지향적인 경험을 추구하며 자기의 행동영역을 확장하게 된다. 자기조절력에 대한 욕구와 주변의 승인을 얻고자 하는 욕구가 강하다.
- **주도성 대 죄책감**(3~6세) : 유아는 계획을 세우고 목표를 설정하며, 달성하기 위해 노력하는 주도성을 지니게 된다. 유아의 관심은 보다 넓은 주변 세계와 주위 사람에게로 확대되고 사회적 놀이에 참가하며 적극적인 시도와 다양한 탐색을 통해 환경과 활동에서의 주도권을 가지려 한다.

㉤ 유아의 중요 발달과업

자율성과 주도성 / 놀이를 통한 인지 및 운동 능력의 발달 / 협조적인 놀이를 통한 또래 관계의 확장 / 다양한 경험을 통한 사회적 역할 학습 / 부모를 통한 남녀의 역할 배우기/ 자아, 초자아의 발달 / 다양한 감정의 분화

3. 교사-부모 갈등해결 사례

1) 어린이집에서 발생할 수 있는 부모와의 갈등사례

(1) 영유아 발달기의 다양한 문제행동

영유아 발달기에 발생하는 다양한 문제행동은 가정과 어린이집에서 부모와 교사의 갈등으로 확장될 수 있다.

〈표 14-2〉 발달기 문제행동

발달기 문제행동	임상적 장애
고집, 화, 대소변 문제, 애착 문제	지적장애, 섭식장애, 자폐스펙트럼장애
고집, 반항, 주의 끌기, 과잉행동, 불안, 자위, 취침시간 거부	언어장애, 불안장애, ADHD, 전반적발달장애

2) 부모와의 갈등 대응 방안

(1) 부모상담을 통한 대처방법

① 깨무는 아이

영아들은 친구를 깨무는 일이 빈번하다. 이 시기 영아는 타인의 감정이나 상호작용을 쉽게 이해하지 못하며 자신의 감정을 조절하고 억제하는 사회적 의식이 부족하다. 영아가 성장하면서 깨무는 행동은 점점 사라지지만 깨무는 행동은 안 된다는 것을 초기부터 부드럽고 단호하게 알려주어야 한다. 아이의 욕구를 파악한 후 교사와 부모는 얼굴표정과 행동으로 일관되게 알려주어야 한다.

② 친구와 놀지 못하는 유아

수줍음이 많거나 또래들과의 경험이 부족할 때, 부모의 지나친 간섭과 통제로 인해 불안이 높거나 위축되어 있을 때 등 원인을 진단하고 유아의 마음을 수용하고 유아의 발달 수준을 고려하여 또래관계 경험을 늘리고 지지한다.

③ 분노를 폭발시키는 유아

유아기는 신경학적으로 미성숙한 시기이다. 자신의 욕구가 강하게 좌절되었거나 분노표현 후 요구가 받아들여지는 부정적인 강화, 어른의 행동을 모방, 관심 끌기 등 분노의 원인을 파악하고 감정을 반영해 주고 언어적으로 표현할 수 있게 한다. 감정은 공감해 주되 부정적인 행동은 제한한다.

④ 언어표현을 안 하고 몸으로 표현하는 유아

부모가 미리 다 해줄 경우 언어적 표현을 할 필요가 없다. 반대로 부모의 무관심, 우울 등으로 언어적 자극이 부족할 경우도 원인이 될 수 있다. 언어발달의 현저한 지연은 인지발달의 지연이 원인일 수 있다. 유아의 의도를 교사와 부모가 언어로 표현하고, 원하는 것을 언어로 표현할 수 있도록 촉구한다. 언어발달이 또래에 비해 6개월에서 1년 이상 늦어진다면 발달지연으로 전문가의 도움이 반드시 필요하다.

⑤ 주의가 지나치게 산만한 유아

집중력이 짧고 충동적이고 자신의 행동을 조절하는 데 어려움을 보이는 경우가 많은데 영유아기에는 발달과정에서 나타날 수 있는 행동이므로 ADHD라고 진단하기 어렵다. 과잉행동, 충동성, 주의력 부족 등의 특성은 개인차에 따라 차이가 크므로, 부모와 교사가 지속적으로 관찰하고 상의하고 어려움이 가중될 경우 전문가에게 상담받는 것이 필요하다.

⑥ 이기적인 유아

유아기 자기중심적인 행동을 하는 것은 유아의 발달과정에서 자연스럽게 나타난다는 것을 이해해야 한다. 내 것과 타인의 것, 공동의 것에 대한 인식과 분별이 부족한 시기이며 타인과 나누고, 양보하고, 돕는 경험이 부족하거나, 지나치게 행동을 통제받아 욕구 불만과 반발심이 생겨서일 수도 있다. 유아의 욕구와 마음을 공감해 주고 타인의 입장을 생각해 보도록 한다. "나도 같이 놀고 싶어. 같이 하자" 등의 말로 표현하는 방법을 알려주고 바람직한 행동을 하도록 안내한다.

(2) 다양한 가족 유형에 따른 어려움과 대처방법

사회환경 변화에 따른 다양한 가족 유형과 갈등, 지원체계는 다음과 같다.

① 저출산에 따른 외동아의 증가

형제아에 비해 자기중심적, 비협조적, 사교성이 떨어지며, 행동문제가 높아 적응 문제의 어려움을 나타내기도 한다. 한편 어린이집 등 또래 상호작용 통해 완화, 독립성, 창의성이 발달하기도 한다.

② 맞벌이가족

부부가 모두 직업을 통해 경제적 활동을 하는 가족 형태이다. 맞벌이 가정은 자녀와 함께하는 시간이 절대적으로 부족해 자녀 양육에 대한 막연한 불안감과 '아이는 엄마가 키워야 한다'라는 전통적 가치관이 심리적 죄책감을 가지게 한다. 이러한 특성은 보상 차원에서 과도한 사교육과 조기교육으로 이어져 폐해를 가져오기도 한다. '건강하고 행복한 워킹맘 대디 지원 프로그램'(김미정 · 신혜원, 2015)은 맞벌이 부모의 특성과 요구가 반영된 체계적인 부모교육 프로그램이며, 유아교육기관에서 부모교육을 실시할 수 있도록 체계적인 부모교육 매뉴얼을 제시한다.

③ 한부모가족

부모의 이혼, 유기, 구속, 취업, 가출, 별거 등의 이유로 한쪽 부모와 함께 사는 경우로, 편부와 자녀 혹은 편모와 자녀로 가족형태가 이루어진다. 2021년 한부모가족 실태조사에 의하면 대다수가 이혼 한부모(81.6%)이며, 평균 1.5명의 자녀를 키우고 있으며 모자가구(53.4%), 모자-기타가구(14.0%), 부자가구(20.7%), 부자-기타가구(11.9%)로 나타났다.

일반적으로 여성 한부모가정은 경제적 어려움과 불안과 고독, 우울, 절망감 등 심리적 어려움을 호소하며 저소득계층이다. 한편 남성 한부모가정은 딸을 양육하는 경우 모델링 대상의 부재와 아버지가 자녀의 생활에 개입하거나 감정의 표현경험이 적어 정신건강이나 사회성 발달에 더 부정적 결과를 보고한다. 서울시 한부모 가족지원센터에서는 한국가족상담연구소와 함께 한부모 부자가족 교육 프로그램을 개발하며 실시하고 있다.

- 여성가족부 홈페이지 http://www.mogef.go.kr
- 13회 생계와 육아의 이중고, 한부모 가족 1부
  https://www.youtube.com/watch?v=Ws6uUavN7-Q
- 14회 생계와 육아의 이중고, 한부모 가족 2부
  https://www.youtube.com/watch?v=PdJ48faoMsU

④ 조손가족

조손가족이란 조부모가 18세 이하의 손자녀들과 동거 1세대 조부모와 3세대 아동으로만 구성된 핵가족으로 조부모는 손자녀를 전담 양육하기 때문에 손자녀의 의료적인 보호, 교육, 훈육 등의 책임을 져야 한다. 부모의 별거, 이혼, 재혼 등으로 인해 부모에게 버려졌다는 배신감, 그리움, 미움, 원망 등 왜곡된 심리 · 정서적 특성이 있다.

학부모 온누리 홈페이지 자료 : 조손가정 조부모의 학부모역량 강화를 위한 지원방안 연구(김은정, 2022)

- 한부모가정 손주 돌보는 꽃보다 할매 https://www.youtube.com/watch?v=l2ROxqNwNlc

⑤ 다문화가족

2000년대 이후의 사회변화에 따라 많은 국제결혼과 외국인 노동자의 유입으로 다문화, 다인종 사회로 변화되어 가고 있다. 다문화가족의 아동 수는 매년 증가하고 있다. 단일민족이라는 배타성, 피부색과 발음의 차이에 대한 사회적 편견과 문화적 차이, 언어로 인한 부부간의 갈등이 아동에게 그대로 전달된다. 다문화 가족의 아동은 사회적 차원에서, 가정적 생활에서 좀 더 불리한 환경에서 생활학습 부진, 따돌림 및 정체성 혼란과 같은 발달적 부적응을 나타낸다. 다문화가족을 위한 부모교육은 다문화가족 지원센터를 중심으로 실시되고 있다.

- 부모-자녀놀이프로그램 https://www.youtube.com/watch?v=c2JjE6aBl7s

⑥ 장기분거가족

기러기가족을 의미하는 것으로, 장기적으로 아이와 아내는 해외로 남편은 경제활동을 하며 국내에 남아 생활하는 가족을 의미하고 있다. 장기간 분거하기 때문에 부모역할을 수행하는 데 어려움이 있다. 아버지의 경우 경제적인 역할자로만 인식이 되어 훈육자로서의 역할이 어렵다. 어머니에 대한 경우 외국어가 익숙지 못한 상황에서 문화적 가치의 차이 언어적 장벽과 정체성의 혼란을 경험한다.

- 경기도 20% 분거가구 직장 학교 때문에
  https://www.youtube.com/watch?v=tE34BUzvhQM

⑦ 이혼가족 · 이혼위기가족

이혼가족은 두 부모가 하는 과업을 한 부모가 하는 역할의 과부담과 이혼 이후 경제적인 빈곤, 정서적 불안정성, 부모자녀 관계의 어려움 등이 따른다.

프로그램 사례로는 사법부 내에서 실시하는 부모교육 공동연구회에서 「이혼위기 가족 부모교육 프로그램」을 개발하였다.

대법원 산하 부모교육공동연구회의 부모 홈페이지(parents.scourt.go.kr)에는 이혼을 생각하는 부모, 이혼과정에 있는 부모, 이혼 후 부모를 위한 자녀교육 자료와 전문가의 조언 내용 등이 담겨있다.

- 부모교육공동연구회의 부모 홈페이지
  https://parents.scourt.go.kr/websquare/websquare.html?w2xPath=/xml/main.xml#w2xPath=/xml/main.xml

⑧ 입양가족

다양한 원인으로 원가족과 분리되어 새로운 가족이 필요한 아동을 입양하여 부모자녀 관계를 형성하는 가족을 의미한다. 우리나라의 입양기관은 2016년 1월 기준, 10개의 기관이 있으며, 입양기관별로 예비입양부모교육을 실시하고 있다.

(재)중앙입양원이 개발한 「예비입양부모교육 교재」 프로그램이 있다(변미희 외, 2015).

아동권리보장원은 입양 이후 입양아동의 건강한 성장과 발달, 입양부모의 양육, 교육지원을 위해 '국내 입양가정 심리정서지원사업'을 진행하고 있다.

- 아동권리보장원 https://www.ncrc.or.kr/ncrc/main.do

⑨ 가족폭력 · 아동학대가족

아동학대는 2001년(2,105건)에 비해 2015년(11,709)에는 약 5.5배 이상 증가하였다. 학대 가해자의 77.2%가 친부모였으며 계부모, 양부모를 포함하면 부모에 의한 학대가 81.8%(2014년 기준)나 된다. 학대부모들은 양육태도 및 방법의 부족과 사회 · 경제적인 스트레스의 이유로 자녀를 학대하였으며(길혜지, 2016) 이러한 결과는 부모교육의 필요성을 시사한다. 프로그램 사례로는 보건복지가족부(현 보건복지부)가 제작한 '아동학대행위자특성별 치료프로그램 개발'(한인영 외, 2009)이 있다. 「아동학대행위자특성별 치료프로그램」은 알코올-약물남용 행위자 치료, 아동성학대행위자 치료, 부모의 건강한 양육태도를 위한 집단상담의 3개의 프로그램으로 이루어져 있다.

- 아동권리보장원 아동학대 예방 및 보호
  https://www.ncrc.or.kr/ncrc/cm/cntnts/cntntsView.do?mi=1030&cntntsId=1033
- 2023년 아동학대 예방캠페인 https://www.youtube.com/embed/-vL1QElvN0s
- 어린이집안전공제회 영상
  https://e.csia.or.kr/user/bbs/recsChildList.do?fileTypeGb=&pageNo=6&cate=&searchWord=

⑩ 저소득가족

저소득가족을 대상으로 하는 부모교육 프로그램 사례로는 보건복지부 · 드림스타트 「영유아 부모교육 프로그램(전혜정 · 김진이, 2009)」, 육아정책연구소 「KICCE 부모교육 핸드북」과 「KICCE 부모교육 프로그램 지침서-소집단용-(김희진 외, 2011)」, 육아정책연구소「KICCE 부모교육 프로그램-개별용-(장명림 외, 2010)」이 있다.

위에서 살펴본 것처럼 개인적 · 사회적 이유와 자녀의 발달단계가 다르고, 가족의 구조와특성별로 가족이 처한 상황이 다르기 때문에 그에 따른 부모상담과 지원이 필요하겠다.

(3) 부모상담, 부모참여 프로그램 우수사례

① **부산광역시육아종합지원센터「부모상담가이드 : 유아성 행동 관련 어린이집**(2021)」

내용구성은 영유아의 성 행동문제 예방을 위한 부모상담, 영유아 간 성 행동문제 관련 중재 상담으로 구성되어 있다.

- 부산광역시육아종합지원센터
  https://busan.childcare.go.kr/ccef/community/data/DataImgSl.jsp?BBSGB=42&BID=406552&flag=Sl&programId=P0002PG00000536

② **중앙육아종합지원센터「2023년 온라인 양육상담 자료집**(해볼 만한 고민, 해볼 만한 양육)」

내용구성은 문제행동 상담사례, 영유아 발달 상담사례, 양육방법 상담사례로 구성되어 있다.

- 중앙육아종합지원센터
  https://central.childcare.go.kr/lcentral/d1_40000/d1_600067/d1_600068.jsp

③ **국가평생교육진흥원 전국학부모지원센터-「우리아이 유치원 보내기」동영상 무료 교육**

학부모 자녀교육 역량 강화를 위한 '우리아이의 첫학교 유치원', '행복한 유치원 생활 걱정 없어요', '우리아이를 알고, 나를 알면 백전백승', '놀면서 배우는 아이, 내 아이 인성교육 어렵지 않아요', '안전사고 미리미리 예방해요' 총 6차시로 구성되어 있다.

• 학부모 온누리 홈페이지 바로가기 http://www.parents.go.kr/

④ **교육과학기술부 · 육아정책연구소 「유아 인성교육을 위한 교사용 부모상담 가이드북」**

1부 유아기 인성발달과 부모상담, 2부 인성덕목별 문제행동 이해 및 대처방안 3부 상담의 실례, 4부 부록으로 구성되어 있다.

• 교육부
https://www.moe.go.kr/boardCnts/viewRenew.do?boardID=312&lev=0&statusYN=C&s=moe&m=0301&opType=N&boardSeq=44492

⑤ **교육과학기술부 · 육아정책연구소 「유아 인성교육을 위한 부모 훈련프로그램 및 연수 자료집**(김희진 외, 2012)」

자녀 인성교육을 부모에게 교육하는 데 필요한 정보와 양육의 태도, 양육방식, 양육전략에 대한 구체적인 정보를 제공한다. 강사용 매뉴얼과 강의 내용을 담은 소책자와 CD-ROM으로 구성되어 있다.

⑥ **보건복지부 · 드림스타트 「영유아 부모교육 프로그램**(전혜정 · 김진이 2009)」

본 프로그램은 영유아기 부모를 대상으로 가족체계 관점을 근거로 부모 자신 탐색, 영유아의 특성 이해 및 자녀 양육에 필요한 정보와 기술 습득을 통해 바람직한 부모역할 수행과 긍정적인 부모-자녀 관계 형성을 돕고자 개발되었다. 16개의 주제에 따른 회기별 교육안에는 각각 목표가 제시되어 있다. 도입, 전개, 정리로 이루어진 활동 부분, 부모에게 내주는 과제, 부모교육 강의 시 필요한 준비물을 제시하고 있다.

⑦ **보건복지부 · 육아정책연구소 「누리과정 부모교육 프로그램**(이미화 외, 2012)」

3~5세 누리과정에 근거해 부모됨(2회기), 부모의 역량 강화(3회기), 창의 · 인성 함양(5회기)의 세 가지 주제하에 총 10회기로 구성되어 있다. 어린이집에서 부모교육 프로그램을 실시하고 부모와의 토론, 활동지 만들기, 검사지 활용, 퍼포먼스, 퀴즈 등이 포함되어 있어 소집단 교육에 적당하다.

⑧ **보건복지부 · 육아정책연구소「영유아 문제행동지도 프로그램 개발 : 영유아 문제행동지도를 위한 부모교육용 안내서**(이미화 외, 2013)」

0~5세의 자녀를 둔 부모를 대상으로 영유아의 신체운동발달, 사회성발달, 정서발달, 언어발달, 인지발달, 기본생활 등 6개의 영역으로 나누어 자녀의 문제행동을 지도하는 데 필요한 정보와 지식을 부모에게 제공한다. 부모교육용 안내서 13권으로 구성되어 있다.

⑨ **육아정책연구소 · 한국보육진흥원「영유아 부모교육 프로그램**(이미화 외, 2015)」

총 11회기로 구성되어 있으며, 각 회기는 워크숍, 가족참여활동, 가정연계로 활용할 수 있도록 짜여있다. 부모됨과 부모역량강화, 우리 아이의 건강한 발달로 3개의 영역으로 나누어져 있다. 워크숍은 사례, 참고자료 등을 제시하고 있다.

⑩ **중앙육아종합지원센터「누리과정 가정연계 부모교육 행복한 아이를 위한 부모인성교육**(최명희 외, 2014)」

본 프로그램은 부모됨(1회) 부모역량강화(1회), 인성교육(6회)으로 총 8회기로 구성되어 있고, 교육 자료로는 8가지 주제 관련 부모교육용 소책자, 부모교육 진행 시 참고 가능한 매뉴얼, 소책자의 내용이 구성된 강의용 PPT 자료, 소책자 PDF 파일이 포함되어 있다.

⑪ **제주특별자치도교육청 · 교육과학기술부「자녀양육 역량 강화를 위한 부모교육 프로그램 : 일반적 부모역할 지원 프로그램**(류지후 외, 2008)」

0~5세 자녀를 둔 부모를 대상으로 자녀의 인지, 언어, 사회 및 정서 발달 등을 지원하기 위하여 개발된 프로그램으로 프로그램 실시를 위한 전체 프로그램 매뉴얼, 부모교육자 상의 지침서, 참여부모를 위한 부모용 소책자와 앞에 제시된 내용이 저장된 CD-ROM으로 구성되어 있다

⑫ **한국정보화진흥원「영유아 스마트기기 중독 예방교육 가이드북 : 우리 아이, 스마트기기 사용해도 될까요**(정윤경 외, 2014)」

48개월 미만의 자녀를 둔 보호자 및 예비 보호자를 대상으로 영 · 유아 발달에

대한 이해를 증진시키고 양육방식의 자기점검과 놀이 활동의 교육을 통해 영유아가 올바른 스마트기기를 사용할 수 있도록 돕는 데 목적이 있으며 총 6회기로 구성되어 있다.

⑬ **한국건강가정진흥원 「부모교육 매뉴얼 : 쑥쑥 크는 아이! 성장하는 부모」**

기존의 매뉴얼을 재구성하여 총 2회기로 구성되어 있으며 부모역할에 대한 내용을 다루며(1회기), 영유아기 자녀의 발달 특성과 중요성, 영유아기 자녀의 발달에 따른 부모의 역할(2회기)을 다루고 있다. 120분의 회기로 구성되어 있고, 강사용 TIP과 9개의 활동이 워크북에 있다.

⑭ **부모 효율성 훈련 프로그램**(PET : Parent Effectiveness Training)

부모-자녀 관계에서 자녀의 행동을 이해할 수 있는 수용력을 키우고, 자녀에게 자신의 감정을 진솔하게 표현할 수 있는 기법을 습득하게 한다. 부모-자녀 사이에 문제가 발생할 경우 문제의 소지자가 누구인가를 파악한 후 이에 적절한 문제해결을 위한 의사소통 기술을 익히게 한다. 의사소통 기술에 대한 이론교육, 실습교육으로 이루어져 있으며, 매주 1회 3시간씩 총 8주 교육과정으로 구성된다. 부모효율성훈련과 워크북을 주교재로 해서 이루어진다.

⑮ **적극적 부모역할 훈련 프로그램**(APT : Active Parenting Training)

부모자녀 의사소통, 적극적 부모역할, 용기와 자존감 불어넣기, 자녀 이해하기, 책임감 발달시키기, 의사소통을 통한 협동심 발달시키기 등 민주적인 방식의 자녀교육을 강조한다(장성애 · 유연옥, 2008).

매주 1회, 2~3시간 소요, 총 8주 동안 진행되며, 강의, 역할놀이, 토의활동, 경험 나누기, 비디오 시청 등의 다방면적인 교육을 통해 이루어진다.

⑯ **체계적 부모효율성 프로그램**(STEP : Systematix Training for Effective Parenting)

체계적 부모효율성 훈련 프로그램은 적극적인 경청과 의사소통 기법과 상호교류분석이론, 행동수정이론을 체계적으로 구성한 부모교육 프로그램이다. 매주 1회, 2시간 소요, 총 9주 교육과정으로 구성된다. STEP 교육은 지도자 매뉴얼 외에 부모 매뉴얼과 카세트를 활용해서 이루어진다.

(4) 지역사회 및 전문기관과의 협력

- **육아종합지원센터** : 특수교사, 교사교육, 부모교육, 가족 상담, 영유아 발달검사, 심리상담, 언어치료 등이 진행된다.
- **건강가족지원센터** : 부모 상담(개인상담, 가족상담) 무료 상담이 진행된다.
- **정신건강증진(복지)센터** : 정서발달에 대한 상담, 영유아 심리검사(차상위계층은 검사비 일부 지원도 가능), 무료 상담과 치료 필요시 전문기관으로 연계 진행된다.
- **지역사회 복지관** : 다양한 심리상담 서비스 제공, 전반적 발달검사 가능하다.
- **상담(발달)센터** : 영유아 발달, 심리상담 및 검사가 유료로 제공된다.

정부지원 심리치료서비스는 유아동의 심리적 지원, 발달적 지원 서비스가 있으며, 관할 동사무소에서 신청할 수 있고 자세한 서비스 내용은 다음과 같다.

① **발달재활서비스** : 발달에 어려움이 있는 영 · 유아(만 6세 미만) 및 장애아동을 조기에 발견하여 심리, 언어, 인지, 사회, 신체영역의 지원을 통해 통합적인 발달을 돕는다.

② **발달재활 부모상담서비스** : 발달에 어려움이 있는 영 · 유아 및 장애아동의 부모에게 자녀 발달에 대한 안내와 정서적 지원을 통해 부모의 건강한 심리적 안정을 돕는다.

③ **우리아이 심리지원서비스** : 심리적 어려움을 보이는 유 · 아동 · 청소년(18세 미만)에게 조기개입을 통해 문제행동 감소와 전인적 발달을 돕는다.

④ **교육청 바우처** : 3세 미만 장애 영아, 유치원, 초등, 중등, 고등 교육과정에 재학하는 특수교육 대상자에게 치료비 지원을 돕는다.

4. 성공적인 갈등해결 사례

- 다양한 문제행동의 사례와 대처방법
- 등원 시 엄마와 분리과정에서 우는 유아와 안쓰러워하는 엄마의 사례
- 일반 학급에 속해 있는 발달지연 유아의 지도 방법 사례
- 아이가 먹기 싫어하는 것은 먹이지 말라는 부모의 사례
- 원에서 유아들의 장난이나 다툼으로 상처를 입었을 때 부모들 간의 갈등사례
- 유명한 TV 육아 프로그램에서 나오는 방법을 보고 똑같은 방법으로 아이에게 실시해 봤는데 우리 아이한테는 적용이 안 된다는 사례
- 3세 남아로 언어표현이 거의 없고, 울음과 떼쓰기, 자기가 하고 싶은 것만 한다. 활동 중 전이와 교사의 지시 따르기가 어려우며 또래 관계도 안 된다. 부모는 아이가 집에서는 전혀 문제가 없다고 보고 한다. 다른 유아들이 행동을 모방하고 수업진행이 어려워 난처하다는 사례
- 4세 유아로 베이비시터, 조부모, 부모님이 번갈아 가면서 육아를 하신다. 서로의 육아방식이 달라 교사와 양육자와 소통이 어려운 사례

참고문헌

강은진 · 권미경 · 박창현 · 최윤경 · 박혜원 · 최일선 · 이경옥 · 김형미 · 양성은 · 김영아(2022). 위험군 영유아 지도를 위한 교사안내자료 : 아이의 발달속도에 맞춘 러닝메이트. 육아정책연구소.

교육과학부 · 육아정책연구소(2012). 유아 인성교육을 위한 교사용 부모상담 가이드북.

길혜지(2016). 아동학대 현황에 관한 통계. 교육정책포럼.

김길숙 · 김지현 · 이혜민(2016). 부모교육 프로그램 내용분석 및 활용방안. 육아정책연구소.

김미정 · 노성향 외(2015). 경기도 영유아기 부모교육 프로그램 개발. 경기도가족여성연구원.

김영옥 · 홍지명 · 김세루 · 김권일(2008). 유아교육기관의 부모상담 현황 및 교사와 부모의 요구 분석. **유아교육학논집, 12**(1), 165-191.

김용남(2001). 부모교육으로서의 부모면담이 갖는 효과에 대한 연구. 경남대학교 교육대학원 석사학위논문.

김은설 · 장혜진 · 김문정 · Susan Walker(2011) 영유아기 자녀 부모 특성별 부모교육 강화 방안. 육아정책연구소.

김은설 · 최 진 · 조혜주 · 김경미(2009). 육아지원기관 부모교육, 참여활성화 방안 연구. 육아정책연구소.

김지영 · 곽아정(2007). 예비교사의 초기 교직적응을 돕기 위한 직전교육 프로그램 모형개발. 영유아교육연구, pp. 129-149.

김초롱 · 권미량(2021). 부모와 교사 간 갈등유형에 관한 연구. **학습자중심교과교육연구, 21**(2).

김태인 · 김혜원(2010), 유아교육 기관 내에서의 상담 자원과 관련된 요구. 육아정책연구소.

김희진(2014). **유아교육기관에서의 부모교육과 지원**. 서울 : 파란마음.

김희진 · 김은영 · 김현주 · 최명희 · 고지민 · 강재희(2011). KICCE 부모교육 프로그램 지침서(소집단용). 육아정책연구소.

김희진 · 이경미 · 김은영 · 최명희(2012). 유아 인성교육을 위한 부모 훈련 프로그램 및 연수 자료집. 교육과학기술부 · 육아정책연구소.

류지후(2008). 자녀양육 역량 강화를 위한 부모교육 프로그램 : 일반적 부모역할지원 프로그램. 제주특별자치도교육청 · 교육과학기술부.

양미진 · 남은영 · 이수림(2009). 저소득 가정 부모 교육 프로그램 개발. 한국청소년상담복지개발원.

여성가족부(2022). 2021년 한부모가족 실태조사.

육아정책연구소(2011). 영유아기 자녀 부모 특성별 부모교육 강화 방안.

이경우(1994). 유아의 도덕성 함양을 위한 부모교육 프로그램. 교육부.

이미화 · 황혜정 · 양미선 · 장혜진 · 엄지원(2012). 누리과정 가정연계 보육프로그램 개발을 위한 연구-누리과정 가정연계 어린이집 부모교육. 보건복지부 · 육아정책연구소.

이미화 · 김의향 · 김온기 · 심미경 · 강지현 · 유희정 · 최혜영 · 장명림 · 김은설 · 이정림 · 장혜진 · 권미경 · 엄지원 · 서원경 · 손승희 · 안현숙 · 유주연 · 정혜원 · 민미희 · 김수진 · 김영란 · 윤지연(2013). 영유아 문제행동지도 프로그램 개발- 영유아 문제행동지도를 위한 부모교육용 안내서. 보건복지부 · 육아정책연구소.

이미화 · 김은설 · 이진화 · 김길숙 · 윤지연 · 김의향 · 신윤승 · 신혜원 · 신영아 · 배성연 · 김영란(2015). 부모교육 제도화를 위한 시스템 구축 및 표준교육과정 개발. 경제 · 인문사회연구회.

이소희(2016). 클로버부모교육. 보건복지부 · 중앙육아종합지원센터.

이순형 · 민하영 · 권혜진 · 정윤주 · 한유진 · 최윤경 · 권기남(2014). **부모교육**. 서울 : 학지사.

이원영 · 배소연(2000). 유아기 자녀를 둔 어머니들의 부모교육 내용에 대한 요구. **아동학회지**(2), 17-31.

이윤진 · 김아름 · 임준범(2016). 아버지 양육참여 실태 및 역량강화 방안. 육아정책연구소.

이윤진 · 이정림 · 임준범(2017). 영유아기 부모교육 참여실태 및 내실화 방안연구.

이재림 · 김지애 · 차동혁 · 이향희(2013). 부모교육 프로그램의 효과성 메타분석 : 국내학술지 연구를 중심으로. 한국가정관리학회지.

장명림 · 김희진 · 김은영 · 김현주 · 최명희 · 고지민 · 강재희 · 민현숙 · 송윤정 · 조유리(2010). KICCE 부모교육 프로그램-개별용-. 육아정책연구소.

장명림 · 민현숙 · 송윤정 · 조유리 · 김희진 · 김은영 외(2010b). KICCE 부모교육 프로그램-개별용-. 육아정책연구소.

장성애 · 유연옥(2008). 적극적 부모역할 훈련 프로그램이 어머니의 양육효능감과 양육 스트레스에 미치는 영향. 한국아동교육학회.

전혜정 · 김진이(2009). 영유아 부모교육 프로그램. 보건복지부 · 드림스타트.

정옥분 · 정순화(2012). **부모교육**. 서울 : 학지사.

최명희 · 조성희 · 손효진(2014). 누리과정 가정연계 부모교육 행복한 아이를 위한 부모인성교육매뉴얼. 중앙육아종합지원센터.

최형윤(2007). 유아교육기관의 부모교육 · 부모참여에 대한 맞벌이 부모의 인식 및 요구. 이화여자대학교 대학원 석사학위논문.

한국건강가정진흥원(2014). 부모교육 매뉴얼. 여성가족부 가족정책과.

한국정보화진흥원(2014). 영 · 유아 스마트기기 중독 예방교육 프로그램 매뉴얼. 우리아이, 스마트기기 사용해도 될까요?.

한인영 · 박명숙 · 전종설 · 김보애 · 박소영 · 노원주(2009). 아동학대행위자특성별 치료프로그램 개발. 보건복지가족부.

Belsky, J.(1984). The determinants of parenting. *Child Development, 55*, 83-96.

Gestwicki, C.(2012). *Home, school, and community relations*. NY : Delmar.

Henderson, A., & Mapp, K.(2002). *A news wave of evidence : The impact of school, family, and community connections on student achievement*. Austin, TX : South Eastern Developmental Laboratory.

건강가정지원센터 홈페이지 https://www.familynet.or.kr/

여성가족부 홈페이지 https://www.mogef.go.kr

저/자/소/개

■ **정가윤**
명지대학교 아동학과 교수

■ **김지현**
명지대학교 아동학과 교수

■ **강은영**
시립 은계행복어린이집 원장

■ **김에스더**
꿈틀협동조합 - 꿈틀아동발달센터, 총괄 센터장

■ **문현영**
국제발달심리학습센터 소장

■ **박은주**
명지대학교 아동학과 박사과정

■ **신수아**
전 명지대학교 아동학과 객원교수

■ **안명옥**
전 명지대학교 아동학과 객원교수

■ **안명현**
명지대학교 아동학과 객원교수, 봄아동청소년심리발달센터 대표

■ **유광재**
전 명지대학교 아동학과 객원교수

■ **이은지**
명지대학교 아동학과 박사

■ **이은화**
중앙어린이집 원장

■ **이진실**
명지대학교 아동학과 객원교수

■ **최지경**
마음in심리발달센터 소장, 명아가족어울림협회장

■ **한승의**
전 중앙대학교 평생교육원 강사

【제2판】

보육교사 1급 승급교육

|공저자| 정가윤 김지현 강은영 김에스더 문현영 박은주 신수아 안명옥
안명현 유광재 이은지 이은화 이진실 최지경 한승의

|1판 1쇄| 발행 2024년 2월 15일
|1판 2쇄| 발행 2024년 7월 30일
|2판 1쇄| 발행 2025년 4월 25일
|2판 2쇄| 발행 2025년 10월 20일

|발행인| 김동훈
|발행처| 공동체

|주소| 경기도 고양시 일산동구 호수로 358-39, 동문타워 1차 905호(백석동)
|전화| 031)814-3000(대표)
|팩스| 031)814-3100
|홈페이지| http://www.compub.co.kr
|전자우편| compub@naver.com
|출판등록| 2005년 10월 6일
|등록번호| 제396-2005-36호

|ISBN| 979-11-6725-908-0
정가 22,000원

Memo

Memo

Memo

Memo